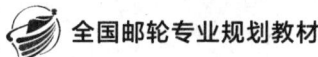
全国邮轮专业规划教材

水上旅游管理

M OF WATERWAY TOURISM
ANAGEMENT

孙玉琴 甘胜军 李 华／编著

北京·旅游教育出版社

全国邮轮专业规划教材编委会

主　任：肖宝家
副主任：刘　斌　郑炜航　杨丽萍　程爵浩
成　员：任声策　李　华　孙玉琴　郑玉香
　　　　甘胜军　刘义军　王建喜　刘　伟
　　　　佟和龙　郭一明　郭　训

序

邮轮产业被誉为漂浮在水道上的黄金产业。

自20世纪80年代至今,邮轮业的发展以每年7.6%的平均速度增长。综观全球邮轮旅游市场,虽然目前国际邮轮旅游市场仍主要集中在北美和欧洲,两地区的发达国家邮轮旅游占了市场的最大份额,但随着国际邮轮产业将发展重点转向亚洲尤其是中国内地这一新兴市场,亚太地区邮轮业发展迅速,增长速度已明显高于世界平均值。

我国的邮轮产业经历了近10年的磨砺前行,已经步入飞速发展阶段。中国交通运输协会邮轮游艇分会(CCYIA)的统计数据表明,2006—2014年,中国港口接待邮轮数量从115艘次增加到466艘次,同比增幅达到267.8%。中国以优越的地理位置、独具魅力的东方文化、丰富的旅游资源和潜力巨大的客源市场成为亚洲邮轮市场的核心组成部分,越来越受到邮轮公司的重视。随着国民经济实力的不断提升和对外开放程度的不断加强,邮轮旅游为越来越多的人所熟知和接受,中国已经成为未来最具潜力的邮轮市场。

海洋是各国经贸文化交流的天然纽带,在建设"21世纪海上丝绸之路"的战略蓝图下,我国邮轮产业的发展将有利于重现海上丝绸之路的繁荣,促进沿线国家的经济发展与共同富强。同时邮轮经济的健康持续发展也将为实现我国海洋强国的梦想起到推动作用。在我国经济发展新常态下,邮轮旅游作为旅游产业中的新兴产品,因其较强的产业关联性,将成为现代服务业发展的新经济增长点,进一步促进整体经济结构的升级和变革。

邮轮产业涉及邮轮建造业、邮轮经营业、邮轮母港服务以及邮轮旅游四大环节。目前我国邮轮的"产业化"格局尚未形成,邮轮经济的乘数效应仍未得到明显体现,邮轮业务的发展对港口城市带来的综合影响很小,本土经济受益有限。其原因在于与邮轮经济发展相关的制度法规体系、人才培养体系、产业服务体系以及文化意识培育等还不够系统。

伴随着国际邮轮公司在华运营力度的加大,各大邮轮品牌争相布局中国,以及国内邮轮港口的规模化建设与本土邮轮公司的起步和发展,中国邮轮产业的发展无疑将需要大批通晓国际邮轮运营、港口管理、邮轮产品销售、邮轮服务等知识和技能的专业人才。据估算,到 2020 年我国邮轮人才的需求量将超过 30 万。因此,加强和规范邮轮人才的培养任务非常紧迫。

上海海事大学是一所以航运、物流、海洋、经济管理为特色学科的综合性大学。结合邮轮产业蓬勃发展的契机,上海海事大学有责任承担在上海市"国际航运中心"建设中为中国乃至全球提供邮轮中高端人才培养的任务。为了休闲旅游产业的蓬勃发展,2012 年 4 月 18 日,上海海事大学与英国海贸集团、上海国际港务集团等共同成立了亚洲邮轮学院,开启了旅游管理(邮轮管理方向)本科人才培养之路。随后,立足国际邮轮产业发展前沿,针对中国邮轮产业面临的诸多前瞻性问题,以教育带动问题研究,上海海事大学首创开设了邮轮管理 EMBA 班,致力于打造汇集邮轮产业产、学、研、政、商、资本等各领域碰撞和融合的平台。

本套邮轮系列规划教材由上海海事大学组织兄弟院校共同编写,集结了我国邮轮行业专家和学者的智慧和力量,主要包括《邮轮运营管理》《邮轮旅游地理》《邮轮港口规划与管理》《邮轮旅游服务管理》《邮轮市场营销》《邮轮英语》《海洋旅游学》《水上旅游管理》和《航运市场营销管理》共 9 本,意在为我国中、高端邮轮人才培养提供一套全面系统的邮轮专业教材。

我衷心地希望通过本系列教材的出版,有更多的学生选择邮轮管理专业,更多的旅游从业者选择邮轮行业,并参与邮轮管理相关培训和学习,切实提高自身综合素质和业务能力,真正推动上海乃至全球邮轮产业朝着更规范和可持续发展的方向迈进。

也祝愿全球邮轮产业蓬勃发展!

中国交通运输协会会长 钱永昌

前 言

水上旅游是旅游业和交通运输业发展的一种新兴业态,随着我国居民收入水平的提高和旅游消费意识的转变,水上(临水区域)休闲娱乐活动已成为一种时尚,水上(临水区域)旅游企业应运而生且有蓬勃发展趋势。上海海事大学是国内最早一批开设水上旅游管理课程的院校,并在水上旅游研究和水上旅游管理课程建设方面成果显著。早在2004年,我校旅游管理专业即开始在本科层面开展水上旅游相关课程建设,2009年在企业管理硕士生培养计划中开设了水上旅游管理选修课,2011年旅游管理专业硕士点成立,水上旅游管理作为旅游管理专业硕士点专业学位基础课程被纳入培养计划,从而提升了水上旅游管理课程的建设层次。目前,水上旅游管理已成为上海海事大学研究生精品课程建设项目,水上旅游管理教材也是该课程建设成果中的重要组成部分。

本教材以古典管理理论、现代管理理论和水上旅游管理相关理论和思想为基础,依托水上旅游环境分析方法,根据水上旅游资源与产品的特点,对水上旅游行业和水上旅游企业的管理职能进行了分析和研究,对水上旅游管理创新与发展进行了研判。

本教材展现出如下几个特点:一是书名新,目前在国内还没出现与本教材同名的书籍,某种意义上说本教材充实了水上旅游理论宝库,服务了水上旅游人才培养的需要;二是内容新,本教材的部分内容来自教师们多年的研究成果,且已陆续见刊见报,体现了教师们在教学中的创新思考;三是适用性广,本教材(内部版)已在我校研究生层面和本科生层面试用了几年,反映良好,有广泛的市场基础;四是实践性强,本教材配备了较多的案例,便于读者结合实际分析问题,深入思考。

本教材适合旅游管理专业的本科生、研究生、MTA、MBA、EMBA等各类型、各层次的学生使用,还可以作为各级干部的学习、培训参考用书。

本教材由上海海事大学经济管理学院孙玉琴教授主持,甘胜军、李华两位教师共同编著完成。教材的框架、编写思路由孙玉琴教授提出,孙玉琴、甘胜军负责完成了全书的统稿和修订工作,旅游管理和企业管理2011级研究生张可友、周一帆、曲林、韩慧敏、侯瑶、黄校婷等同学参与了资料收集、整理和部分章节的初稿撰写工作,2016级旅游管理专业研究生张璐清参与了后期的整理和校对工作。全书共分13章内容,具体分工如下:第1、11、12、13章由孙玉琴编写及修改完成;第5、8、9章由甘胜军编写及修改完成;第2、6、7、10章由李华编写及修改完成;第3、4章由孙玉琴和甘胜军共同编写及修改完成。在本书的编写和出版过程中,上海海事大学旅游管理专业的张璟、刘义军、程爵浩、刘伟等老师提供了智慧成果,旅游教育出版社的同志给予了大力的支持和帮助,上海海事大学研究生院、经济管理学院的专家、教授也对本书提出了许多宝贵的修改意见和建议,在此一并致谢。

  由于编著者的水平和时间有限,书中肯定存在许多不足之处,敬请各位同行专家、学者和读者予以批评指正,以帮助我们在今后的使用和修改中能够更加完善。谢谢!

编 者

目 录

第1章 水上旅游概述 ·· 1
  1.1 水上旅游基本概念 ··· 2
  1.2 水上旅游主体 ·· 9
  1.3 水上旅游客体 ··· 13
  1.4 水上旅游产品 ··· 22
  1.5 水上旅游研究的理论基础 ··· 25

第2章 水上旅游的起源与发展 ··· 32
  2.1 水上旅游的发展历史 ··· 32
  2.2 近代水上旅游 ··· 38
  2.3 水上旅游发展现状 ··· 42
  2.4 水上旅游发展趋势 ··· 47

第3章 水上旅游管理理论 ··· 52
  3.1 古典管理学理论 ·· 52
  3.2 现代管理理论的新发展 ·· 58
  3.3 水上旅游管理相关理论 ·· 61

第4章 水上旅游管理环境 ··· 68
  4.1 水上旅游管理环境概述 ·· 68
  4.2 宏观环境分析 ··· 70
  4.3 微观环境分析 ··· 74
  4.4 环境管理 ··· 78

第5章 水上旅游业 ··· 86
  5.1 水上旅游业的概念 ··· 87

5.2 水上旅游业的构成 ······ 88
5.3 水上旅游企业 ······ 88

第 6 章 水上旅游管理组织 ······ 101
6.1 旅游组织的设立与职能 ······ 101
6.2 水上旅游管理组织与职能 ······ 103
6.3 水上旅游管理模式 ······ 108
6.4 水上旅游管理内容 ······ 113

第 7 章 水上旅游决策与计划管理 ······ 126
7.1 水上旅游决策管理 ······ 126
7.2 水上旅游计划管理 ······ 134
7.3 水上旅游规划 ······ 139

第 8 章 水上旅游营销管理 ······ 149
8.1 水上旅游营销概述 ······ 150
8.2 水上旅游市场的营销战略 ······ 152
8.3 水上旅游市场的营销策略 ······ 158
8.4 水上旅游营销理念的创新 ······ 168

第 9 章 水上旅游人力资源管理 ······ 175
9.1 水上旅游人力资源管理概述 ······ 175
9.2 水上旅游人力资源管理的构成要素 ······ 176
9.3 水上旅游人力资源管理的步骤和方法 ······ 185

第 10 章 水上旅游质量管理 ······ 192
10.1 水上旅游质量管理概述 ······ 192
10.2 水上旅游质量管理体系构成 ······ 196
10.3 水上旅游服务质量管理 ······ 199

第 11 章 水上旅游信息管理 ······ 203
11.1 水上旅游信息系统的建立 ······ 203
11.2 水上旅游信息管理系统的运行管理 ······ 209
11.3 水上旅游客户信息管理 ······ 212

第 12 章　水上旅游安全管理 ·· 219
12.1　水上旅游安全概述 ·· 219
12.2　水上旅游安全管理现状与问题 ······························ 221
12.3　水上旅游安全管理系统及构建 ······························ 225
12.4　水上旅游危机管理概念及方法 ······························ 227

第 13 章　水上旅游管理创新与发展 ································ 233
13.1　水上旅游创新理论 ·· 234
13.2　水上旅游发展趋势 ·· 235
13.3　水上旅游产品创新 ·· 241
13.4　水上旅游管理创新 ·· 245

参考文献 ··· 249

第1章 水上旅游概述

 **本章导读**

　　我国经济持续和稳定的发展,为人们的户外旅行、休闲与游憩活动创造了极为有利的条件;水上旅游作为有别于常规旅游的一种新型旅游方式,引起了广泛的关注。目前,在世界水上旅游快速发展的背景下,我国水上旅游业发展迅速,尤其是滨水地区和水上(海洋)旅游近年来呈现出方兴未艾的大好局面。

　　然而,水上旅游的顺利开展离不开旅游活动主体(游客)和旅游活动客体(旅游资源与旅游产品)两大要素。因为再好的旅游产品如果没有游客购买,旅游效益就不会呈现,旅游企业的生存和发展必将受到威胁。当然,如果没有优质的资源和产品吸引游客,激发游客产生旅游动机,旅游活动也将无法正常开展,旅游业的可持续发展即成为空话。因此,对旅游活动主体(游客)的概念、需求特征和消费行为的认知是地区旅游业发展必须关注的;同时对旅游活动客体(旅游资源和旅游产品)的概念、特征和分类进行研究也是十分必要的。

　　以滨海旅游为例,目前世界上著名的滨海度假地都是因为拥有良好的资源和特色产品吸引游客,也是因为游客的聚集和消费促进了这些地区经济的快速增长。例如:夏威夷群岛依托蓝色的海洋、怡人的气候、银色的沙滩、水上各色旅游活动、民俗表演等产品取得的旅游收入占当地总产值的60%,经济增长率一直高于美国平均水平;坎昆依托滨海环境资源、热带气候、大海、水上运动、古文明展示等产品成为世界第七大海滩度假胜地,接待的国外游客人均停留时间达5~7天,人均消费1000美元以上;波多普拉塔依托海水浴场、潜水、海底世界、绿树花卉等资源成为拉美地区最主要的旅游目的地;蓝色海岸更是蜚声世界,成为法国仅次于巴黎的旅游接待地,其旅游收入占整个国际旅游收入的1%,游客平均过夜7.4晚,80%是回头客,其依托的资源也是阳光、海滩、舒适的气候等;加那利蓝岛在欧洲人的心目中是天堂的代名词,以阳光、海滩、棕榈树、宜人气候、丰富的食物和淡水加上悠久的文化历史成为欧洲最具吸引力的旅游胜地,每年为西班牙政府创造几百亿欧元的旅游收入。还有芭堤雅、槟榔屿、巴厘杜阿岛、黄金海岸等均以其特色的旅游资源和产品对游客产生极大的吸引力,且让游客流连忘返。资料显示,世界各滨水区域都是旅游业发达的地区,而国际著名的大都市几乎都是滨水区,诸如纽约、伦敦等。近年来,在旅游外汇收入排名前25位的国家和地区中有23个是沿海国家;滨海旅游业收入已经占到全球旅游业总收入的1/2,沿海37个国家的旅游总收入占全球旅游总收入的80%。故对旅游活动主体和客体及相关概念的研究也是水上旅游管理研究的前提。

1.1 水上旅游基本概念

1.1.1 水上旅游基础概念

旅游活动自古开始即深受人们的喜爱。近代以来，当人们认识到旅游可以带来经济效益和社会效益后，旅游业出现并发展迅猛，关于旅游相关概念和理论的探讨也随之兴起，学者们纷纷从各自研究的视角对旅游的概念加以了诠释。比较国际国内众多关于旅游的定义，虽然各自有所侧重，不尽相同，但几个基本要义已经达成共识：第一，必须外出，强调异地性；第二，时间较短，强调暂时性；第三，强调非谋生性或非职业性；第四，必须是以休闲活动为基础而引起的现象和关系的总和，即体现旅游现象的综合性。本章选择国际国内有影响力的两个概念作为研究基础，并将相关联的几个概念列出，目的是为了更清楚地界定旅游及相关概念的界限，以便更好地学习和把握旅游概念之内涵，为认知水上旅游的相关概念打下基础。

1.旅游

关于旅游的定义有很多种，不同的学者从自己的研究领域给予了不同的理解，本文选择两个有代表性的定义。一是国际上认同和普遍采用的定义，它是瑞士学者汉泽尔(Hunziker)和克拉普夫(Krapf)1942年在他们合著的《普通旅游学纲要》中给旅游下的定义："旅游是非定居者的旅行和暂时居留而引起的现象和关系的总和。这些人不会导致长期定居，并且不牵涉任何赚钱的活动。"这一定义在20世纪70年代为"旅游科学专家国际联合会"(AIEST)所采用，所以也被称为"艾斯特"(AIEST)定义。

在国内，人们引用较多的是李天元教授在《旅游学概论》中写的定义：旅游是人们出于移民和就业之外的其他原因，离开自己生活的惯常环境前往异国他乡的旅行和逗留活动，以及由此所引起的各种现象和关系的总和。

2.休闲

关于休闲的概念讨论也较多，美国《里特莱辞典》对休闲的解释是：离开正规的业务，在正规(除了睡觉、工作、学习)的时间里进行的娱乐和活动。法国社会学家杜马兹迪埃(Joffre Duma Zedier)在《走向休闲的社会》一书中则指出：所谓休闲，就是个人从工作岗位、家庭、社会义务中解脱出来，为了休息，为了消遣，或为了培养与谋生无关的智能，以及为了自发地参加社会活动和自由发挥创造力，是随心所欲的总称。梁颖在《娱乐设施经营管理》一书中提出，休闲"是有计划地暂时停止日常工作，以刻意安排参加各种与本职工作完全不同或毫无关系的活动来摆脱日常工作、劳动带来的各种精神压力，并利用这些活动与日常工作之间的极大差异来恢复消耗的体力和精神，弥补智力磨损，获得新的知识和新的灵感，增强创造力"。

总结下来，所谓休闲是个人闲暇时间的总称，也是人们对可自由支配时间的一种科学和合理的使用;休闲活动虽然与人们所从事的日常工作毫无关系,但与劳动并不冲突(有利于更好地劳动);休闲活动是人们自我发展和完善的载体。

休闲活动的类型包括:接受教育、从事创作、参加健身、进行娱乐、外出旅游、体验刺激、参与社会公共服务活动等。

3. 休息

休养、歇息,是人们用来恢复体力和精力所从事的活动。

4. 游憩

一般是指人们在闲暇时间所进行的各种活动。游憩可以恢复人的体力和精力,它包含的范围极其广泛,从在家看电视到外出度假都属于游憩。

5. 闲暇时间

闲暇时间是指人们扣除谋生活动时间、睡眠时间、个人和家庭事务活动时间之外剩余的时间。

任何一种管理理论都是基于对人的认识提出的。第二次世界大战后,人们生活水平在不断提高,自身需求结构也在发生变化,人类在从事社会活动的过程中也在不断地完善和认识自己。正是人类对自身认识的不断深化,才促进了人们对管理活动规律性认识的深化,促进了管理理论的发展。

1.1.2 水上旅游的概念

1. 水系的概念

水系是一个区域性的有机体,是由流域内大大小小的水体构成的脉络相通的系统,由干流、若干级支流及流域内的沼泽、湖泊等组成,是区域内江河、湖库、港渠等各种水体构成的脉络相通系统的总称。

2. 水系旅游的概念

水系旅游强调旅游水面范围的广大,依托包括江河湖海等在内的各类水域和包括主干、支流、港汊等在内的景观水系。它常常是一个大型旅游景区或跨越好几个旅游景区甚至省市的旅游活动,如运河旅游、太湖旅游,经常是长线或者大块面的区域旅游概念。

3. 滨水旅游的概念

滨水旅游的意义在于对滨水景观进行的游览观光,因为滨水地带旅游线路的安排通常是水陆结合的,滨水旅游应既包括狭义的滨水地带的水上旅游还应包括滨水地区的陆上旅游。

4. 水上旅游的概念

水上旅游研究起步较晚,目前国内关于水上旅游的定义还没有统一的认识。有学者认为,水上旅游是以地域范围内的自然和水系空间资源特色为载体,以地域水历史文化资源为依托而开展的休闲、观光、度假、水上活动等游憩活动。定义于水上旅游的地点,是在水面上,无论它是人为圈起来或挖出来的一小块水面,还是蜿蜒流过一个城市的河流;无论它是直接置身于水面进行的比如踏水冲浪、水上排球等旅游活动,还是借助于皮艇、帆船、摇橹船、竹筏、游轮进行的旅游活动,都属于这个范畴。

本文研究得出以下认识,首先从词义上看,"水上"主要包含两种意思:一是水面上;二是水边。从这两个意思上来理解,水上旅游应该是指在水面上或水边开展的旅游活动。因此,本文认为,水上旅游和其他旅游活动的区别即在于游客出游的目的地和旅游对象。故所谓水上旅游,即指居民为了观光、度假、休闲、康乐、科考等的需要,离开自己生活的惯常环境,前往水域环境中(包括滨水区)开展的旅行和逗留活动以及由此引起的现象和关系的总和。根据水体形态的不同,可分为江、河、湖、海、溪涧、瀑布、涌泉等旅游活动形式;根据旅游目的地环境的不同可划分为水面上旅游和滨水区旅游活动形式;根据水上旅游活动载体的不同可分为邮轮、游船、游艇、竹筏、皮筏、摇橹船等旅游活动形式。

1.1.3 水上旅游的类型

1. 水系旅游资源的分类

地球表面约有 3/4 的面积覆盖着水,形成了海洋水、陆地水、大气水等各种类型的水体。在海洋内形成了海滩、海岛、珊瑚礁、海洋生物等海洋旅游资源,在陆地上形成了江河、湖泊、瀑布、涌泉等水体旅游资源。水体旅游资源包括海洋旅游资源、湖泊旅游资源、江河旅游资源、瀑布旅游资源、涌泉旅游资源和溪涧旅游资源等。

2. 水上旅游城市类型

滨水城市是指临近水域的城市,即是指沿海、沿江河、沿湖等的城市。城市水上旅游依托城市水域环境、优美的水上旅游风光、原始的生态自然环境,满足人们旅游消费的更高层次的观光和休闲的旅游需求。这里按照不同的水域环境,把水上旅游城市分成滨江、滨海、滨河、滨湖等旅游城市。

城市由于其毗邻水体的性质和相交方式不同,在形态上各具特色(见图1-1)。

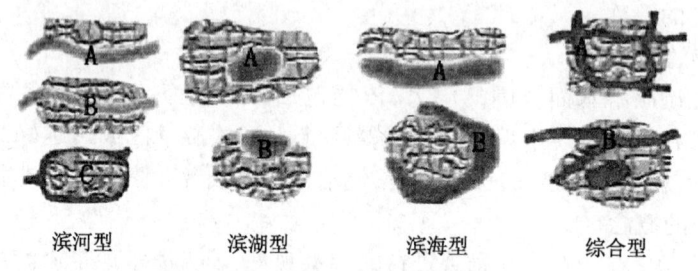

滨河型　　　滨湖型　　　滨海型　　　综合型

图1-1 城市类型与水体平面的关系

3. 水上旅游方式类别

(1)游船

游船指依托风景河流、风景湖泊的城市内河水系游览船,是用于水上旅客运输、旅游、娱乐、餐饮等活动的船、移动式平台或者其他水上移动装置。其可以是指装备了较为齐全生活娱乐设施,用于游览、度假、娱乐休闲的豪华游船,其各项生活娱乐设施是水上旅游的组成部分,也是作为上岸观光的配套设施。也可以是设施装备较简单仅供游览观光的小船只或非机动船。其定位就是旅游用途,游船本身就是没有目的地的旅游目的地。

（2）邮轮

邮轮是一种快速航行的大型定班客轮，是以发达的客源输出市场和海洋海岸线的风景资源为基础，以设施完善、综合服务配套的大型邮轮为载体，以完善的港口服务设施条件为依托的一种极度休闲的综合度假旅游产品。

（3）游艇

以游艇为载体，以滨水环境和沿岸风光特色为环境背景的结合独特的水上活动而开展的旅游活动，具有观光、休闲娱乐或者度假等功能。

1.1.4 水上旅游的特点

1. 水上旅游的特性

（1）水的流动性

水流水域常常贯穿不同的行政区域、不同的地理特征的很多地区。

（2）空间的大尺度和敞开性

水上景区要规划的地区呈带状、环状、扇状等在大区域、大尺度的面上空间展开。开阔的水面给人心旷神怡之感，本身就是风景。滨水地区濒临水面，视野开阔，拥有可以共享的敞开空间。

（3）水陆联动

水上旅游的发展尤其要依托两岸陆地的旅游资源，依托沿河景观带和沿湖景观圈，才能有广阔的发展空间和深厚的发展基础。

（4）多元构景

水的形态特征有很多种类，可构成泉、瀑、潭、溪、涧、池、矶等各种景观，而水体的源流、水情的动静、水面的聚分，以及岸线、岛屿、矶滩、洲渚等各种岸型，使点线面的构景要素穿插搭配。

（5）审美效果的特殊性

水可以达到净化环境、澄净空气的效果。水面大，又易形成烟波迷离之致的神秘美感。四季、朝暮、阴晴，加上水的透明，可以充分发挥借景的特性，构成水上景观的丰富多变。

（6）水上活动的特殊性

如游船、游艇以及涉及到的码头、航线、观荷、钓鱼以及其他观赏动植物的活动，滑水、快艇等水上运动，都依托于水。

2. 我国水上旅游的特点

我国东临太平洋，海岸线长达18 000公里，拥有5000多个海岛，沿海重要港口城市有十几个，内陆有大小河流5000多条，另有较大的天然湖泊900多个。在我国陆地资源日渐稀缺，对其开发已经达到饱和状态的情况下，水系资源的开发必将成为旅游开发的一个新亮点，水上旅游将会发展成为我国最具潜力的新兴产业。全国各地每年的水上旅游人数节节攀升，也表明水上旅游已经成为人们时尚的休闲方式。

（1）发展规模不断扩大

我国水上旅游无论是从事游船行业的企业数量及其拥有的游船规模，还是接待的游客数量,都出现了不断扩大的趋势。比如之前广州珠江的花船曾经繁盛一时。经过那么多年发展,如今,珠江游拥有20余艘船、6000多个客位,经营企业也增至4家,形成"四方争霸"之势。

(2)发展潜力巨大

尽管各地水上游览起步时间不同,发展条件各异,但对未来发展的潜力,各地从不同的角度做出预测,每个城市都充满信心。如重庆独特的山城地貌形成的错落美和丰富的景观资源,赋予了重庆"山城夜景"作为城市名片和形象展示平台巨大的开发潜力。为给"两江四岸"夜景增色,重庆将在"两江游"完成"八秀"工程(灯光秀、音乐秀、焰火秀、船舶秀、表演秀、大桥秀、索道秀、美食秀)。

再如珠海水上休闲旅游观光条件得天独厚,发展前景自然广阔。

首先,珠海海洋面积广大、海岛资源丰富,海岛游项目存在巨大的潜力。其次,珠海市位于珠三角密集的水网地区,同时还拥有港澳发达地区和消费力极强的珠三角富庶地区作为发展休闲旅游观光的洲腹地,发展海上休闲旅游观光业条件优越。最后,珠海市提出了"发挥优势,突出特色,重点发展休闲度假旅游、海洋海岛生态旅游和会议会展旅游"的发展规划,珠海海岛旅游、海上观光具有很大的潜在市场,未来发展前途广阔。

至于上海,众所周知,2010年上海世博会有700万中外游客光临。黄浦江主要地段恰好处于世博园区内,届时浦江游船必将成为世博会展示上海形象的窗口和途径。对境外游客调查得知,62%的游客有水上旅游的需求,而现在只满足了不到3%。预计未来,来沪旅游的国内游客要达到1.2亿人次,境外游客达到900万人次。这说明水上旅游的发展空间非常大。

(3)水上服务产品逐渐丰富多样

除经营传统水上游览外,还承办婚礼寿宴、生日派对、商务推介、公司庆典、专线旅游、日航包船等业务。比如在桂林,除了可以欣赏风景如画的漓江美景外,漓江游船公司还在漓江航区推出了"超豪华游船自助餐""环保自助餐""宫廷御用药膳餐""民俗风情餐""西式套餐""漓江船家风味餐"等系列各具特色的餐饮,丰富了游客的选择,全面提升了漓江风光游览的内涵与档次。

(4)水上旅游成为滨水城市名片

除了众所周知的广州"珠江游"是羊城八大景之一,重庆"两江游"也成为重庆旅游市场上一张响当当的名片。重庆"两江游",将重庆人引以为傲的山水、夜景乃至美食结合起来,让每一位来自他乡的游客都能近距离、立体地感知这个城市。在上海,2006年上海合作组织会议各国元首和贵宾的接待也都不约而同地选在黄浦江的游船上举行,说明水上旅游已成为滨水城市重大接待任务的活动项目。更别说作为珠海市传统经典旅游项目之一的澳门环岛游以及桂林山水之精华游——风景如画廊的漓江游了。

(5)民营水上旅游企业发展迅速

旅游业民营经济发展无论在数量上还是在规模上都有不断扩张的趋势,很多综合性的水上旅游企业集团表现出很强的扩张力,一些专业性的水上旅游企业集团的发展势头也颇为迅猛。

3.国外水上旅游发展

(1)河道功能和两岸产业布局的转变

国外著名水上旅游城市内的河道功能大都经历了从原来的航运、为工业企业服务转变到以水上观光、休闲娱乐为主,相应的两岸产业布局也从工业企业区转变到商住、游憩娱乐等更注重周边生态环境和景观环境的滨江走廊。沿江布置纵通连续的生态绿化带,辅之以休闲娱乐、景观小品等设施,以替代原有的杂乱的工厂建筑,并实行严格的环境保护措施。在这个过程中,政府起着决定性作用,通过制定规划和进行强有力的管理,营造优美宜人的城中滨水环境。

(2)游船类型多样,档次不一

水上旅游活动要以游客为导向,满足各层次游客的需要。国外滨水名城水上旅游充分体现了市场主导原则,推出的游船既有星级宾馆式的大型豪华游轮,也有水上巴士、小型游艇、小汽船、水面飞行器等,满足各种游客的需求。

塞纳河上的船有不同档次,豪华型的船上有乐队奏乐,游客可以在高出地面约20公分的面积约10平方米的"舞池"中跳舞,可以享用到著名的法国大菜法国蜗牛、鹅肝酱等。普通型的没有餐饮,分上下两层,上层敞篷,下层封闭,视野都很好。河上还开办了"巴黎游乐码头",向游客出租小游艇、小气艇。塞纳河上的游船主要有以下几家:Bateaux Mouches(俗称苍蝇船);BateauxParisiens(巴黎游船);Bateaux Vedettes du Pont Neuf(新桥游船公司);BATOBUS(公共汽船)。

伦敦City Cruises城市游船公司拥有多艘游船,每一艘船都经过特别设计以达到与其功能相适宜。游船类型按功能分主要有观光游、私人游、伦敦演艺船、迪斯科巡游(Disco Cruises)、午餐巡游、茶点巡游。经历5年多时间开发成型的"The Riverliners"系列船型是泰晤士河所有船型中的主打支柱性船型,游船一共可容纳500名乘客,下层的大厅可容纳250人,开阔的顶层甲板也可容纳250人。游船也用于私人出租,豪华的大厅能容纳170人就餐,或者可供220人享用自助餐。包括"伦敦千禧号"——Millennium of London(该系列的第一艘)、"和平千禧号"——Millennium of Peace、"城市千禧号"——Millennium City、"黎明千禧号"——Millennium Dawn以及"时间千禧号"——Millennium Time,这5艘千禧号游船的总造价为600万英镑,在泰晤士河观光游船市场发挥主力作用。

(3)多条航线,多个码头,多个站点

自从20世纪中大型船只不再进入内岸后,泰晤士河逐渐成为伦敦游船观光的最佳去处。泰晤士河上的游船公司提供的游程分为上行与下行两种,上行最远可达汉普顿宫(hampton court),中间途经帕特尼(putney)、邱园(kew)、里士满(richmond)等停靠点;下行最远达泰晤士水门(thames barrier),会经过伦敦塔、格林尼治。通常上行游程仅在夏季开船。游船行程中最受欢迎的是从西敏码头到塔桥这一段航程,可欣赏国会大厦等许多伦敦主要建筑,需时约30分钟;其他航程也多从西敏码头出发。城市游船公司(City Cruises plc)是泰晤士河游客服务的主要运营商,每年为约75万名游客提供观光、轮渡和租赁服务。还采取一站式营业方式:将参观伦敦塔、卡提萨尔克号快帆或英国航空公司的伦敦眼三个最著名和受欢迎的伦敦旅游景点和顾客对航线的多种选择结合在一起。无论乘客持有的是泰晤士河游船票,还是超值的泰晤士河游车票,包括全天游,都可以在任意码头随时上、下船;码头轻轨也一样,给乘客更多的旅游选择。只要持有泰晤士河游船票和泰晤士河游车票,就可以在四个码头随时上、下游船。

巴黎 BATOBUS 公共汽船，每日 10:00~19:48 之间，约 30 分钟一班，整个航程一小时二十分钟，其中设有 6 站，起点埃菲尔铁塔、奥塞博物馆、圣日尔曼、巴黎圣母院、市政厅、卢浮宫。

(4) 服务产品多样化，船上活动内容丰富多彩

水上旅游活动是一种有别于陆地旅游的游览观光形式，趣味独特，但如若一味观光，则会使游客游兴下降，在游览过程中举行主题多样、体验性强的活动，会使游客产生难忘的回忆。国外滨水名城的水上旅游项目十分注重船上活动内容的充实，摆脱单纯的水上观光，融入更多休闲文化娱乐活动，如船上餐饮、音乐、舞会等。

(5) 解说和导引系统：国际化和人性化

巴黎塞纳河的新桥游船公司现场由专人用英法双语解说，巴黎游船公司和 Bateaux Mouches 公司则都是用录音，有 8 种语言解说。巴黎游船公司在观光游中，伴随解说和音乐。解说是个人手持的广播，有 13 种语言。解说词有好几个版本，都有文化背景的介绍。针对年轻人的（仅有法语）是特别为 8 到 14 岁的孩子和父母准备的，充满乐趣，充满教育意义，有很多故事。现场导游手持麦克风，可用 4 种语言解说，随时丰富和补充广播里的解说，并介绍发生在巴黎的最新的新闻，如最近的展览、文化事件、体育比赛等。

城市游船公司拥有带轮椅功能的游船甲板。有提供服务的四个码头为轮椅使用者们提供有直接的轮椅通道，方便他们登上游船。有适应各种气候的河上游船，拥有全景式的窗户、酒吧和盥洗室，都很方便轮椅通行。导游提供流动解说，利用全球定位系统技术。乘客可以从 7 种解说语言中任选一种：英语、法语、德语、意大利语、日语、西班牙语和葡萄牙语。乘客不仅可以看到伦敦的著名景点，还可以听到景点背后的传奇故事，有时，还可以听到当地的一些奇闻逸事。

(6) 注重综合效益

水上旅游项目不仅能给各城市带来巨大的经济效益，是当地旅游业的重要组成部分，同时，伴随水上旅游开发而进行的河道整治，会优化美化城市整体的生态环境。另外，水上旅游也会成为领略都市风采、展示都市形象的有机载体。国外滨水名城充分认识到水上旅游项目的开发所带来的综合效益，达到经济效益、社会效益和生态环境效益的高度统一。

滨水城市随着滨水区功能的转变，景观更具吸引力，生态环境也随之更为优美，开发水上旅游项目已成为众多滨水城市的选择。目前，我国国内的滨水城市竞相发展水上旅游，经过几年的建设，取得了一些成效，社会影响也较大，但普遍存在管理体制混乱、多头管理、各自为政，缺乏统一的管理机构和规范的规章制度，沿岸景观观赏性不足，游船类型单一，活动内容不丰富等问题，而这些方面国外著名滨水城市做得很成功，学习、借鉴他们的水上旅游开发经验，对于国内滨水城市制订科学合理的水上旅游开发方案具有重要的现实意义。当然，水上旅游开发要结合各城市的具体实际情况，充分挖掘城市的文脉，展现城市的独特文化，体现城市的个性，使水上旅游项目成为展示所在城市形象的窗口。

(7) 政府出资建设泊靠码头和配套服务设施

水上旅游活动的开展离不开泊靠码头和配套服务设施，这些硬件的建设耗资大，而且其布局要符合滨水区总体规划，这些设施宜由政府投资建设，不宜由企业承担。国外滨水

名城一般由政府出资建设码头和停车场,再出租给游船公司经营,规定使用期限,收缴租金。泊靠码头力求简练,与主要景点相连。

(8)政府制定管理制度和扶持政策

发展水上旅游离不开政府部门的支持、管理和引导,有效的行业管理和政策支持是水上旅游开发取得成功的重要因素。国外滨水名城的政府部门对水上旅游经营项目实行严格的经营审批制度,控制游船公司数量,优先考虑让具有水上运营有利条件的企业经营,如航运、旅游企业。水上旅游项目的开发还应得到政府政策的扶持,国外滨水名城在这方面做得比较成功。

塞纳河游船与码头实行分离管理。巴黎码头由巴黎自治港管理部门(属中央,而不是巴黎地方)管理,岸上码头部分由政府管理,水上浮台等由租用码头的游船公司投资建设。游船公司向巴黎自治港租用码头。

宣传资料详尽,设计合理。塞纳河游船上提供一份有英文、中文等外文的塞纳河游宣传资料。从收集的宣传资料来看,塞纳河游宣传资料有以下特点:一是将塞纳河图示出来;二是通过箭头表现游程方向;三是围绕着塞纳河将沿岸的景观方位、名称、内容简介标注出来;四是注明停车场位置,通过主要码头的地铁、公交车线路号码以及游船时刻表等;五是突出重点,图文并茂,简洁明了。

1.2 水上旅游主体

优质的资源和成功的开发是地区旅游业发展的基础,对旅游资源和旅游产品(旅游活动客体)的概念、特征和分类进行研究十分必要。当然,再好的产品如果没有游客购买,旅游效益也不会显现。因此,对旅游者(旅游活动主体)概念、需求特征和消费行为的认知也是地区旅游业发展必须关注的。

1.2.1 水上旅游主体的概念

旅游主体即旅游者,关于旅游者的概念,国际国内有多种解释。

1. 国际旅游者的定义

(1)国际联盟定义

国际联盟(The League of Nations)专家统计委员会于1937年对"外国旅游者"作出如下定义,即"外国旅游者就是离开自己的常住国到另一个国家访问超过24小时的人"。

1963年在罗马举行的联合国旅行和旅游会议,在国际联盟对旅游者定义的基础上,做了修改和进一步补充,并提出了游客(Visitors)、旅游者(Tourists)和短途游览者(Excursionists)三种人,并规定旅游者和短途游览者都包括在游客之内。

(2)罗马定义

罗马会议规定,"游客"是"除为获得报酬和从事某项职业以外,基于任何原因到一个非常住国去访问的人"。

罗马会议定义的"游客"包括：

第一，旅游者：到一个国家去暂时逗留至少24小时的游客。其旅行目的是为了消闲（如从事娱乐、度假、宗教和体育运动等）、健康、研究、工商业务、探亲、出差和开会等。

第二，短程游览者：指到一个国家去暂时逗留不足24小时者（包括乘游船在海上旅行的人）。

（3）我国对国际旅游者的定义

为了满足统计工作的实际需要，1979年，我国国家统计局根据我国的实际情况，对旅游者和非旅游者作了如下明确规定：

旅游者是指来我国参观旅行、探亲、访友、休养、考察或从事贸易、业务、体育、宗教活动、参加会议等的外国人、华侨和港澳台同胞。

非旅游者包括下列8种人：

第一，外国驻华使馆人员；

第二，来我国常住的外国专家、留学生、学者；

第三，应邀来访，由部长以上人员率领的党、政、军、议会代表团；

第四，乘坐国际航班或国际列车过境的旅客、工作人员；

第五，边境地区往来居民；

第六，归国定居的华侨、港澳台同胞；

第七，到我国定居的外国人和原已出境又返回我国定居的外国侨民；

第八，归国或出国工作人员。

2.国内旅游者的定义

（1）世界旅游组织的定义

与对国际游客所做的划分类似，国内游客也被区别为过夜国内旅游者(domestic tourists)和不过夜国内旅游者(domestic excursionists)。

国内过夜旅游者是指在本国某一目的地旅行超过24小时而少于一年的人。其目的是休闲、度假、运动、商务、会议、学习、探亲访友、健康或宗教。国内不过夜旅游者是指基于以上任一目的并在目的地逗留不足24小时的人。

（2）北美国家的定义

北美的加拿大和美国是以出行距离为标准来区别是否属于国内旅游者的。例如美国有些机构如美国国家旅游资源评价委员会用至少80公里（单程）作为衡量是否国内旅游者的临界尺度，而美国旅游数据资料中心和美国人口普查局则坚持用至少160公里的标准。

加拿大统计局和加拿大旅游局在他们所进行的加拿大旅游调查中使用了最小距离为80公里的标准，而一些省份也在使用自己的确定的标准（如安大略省用40公里）。

（3）欧洲国家的定义

与北美国家的风格不同，以英国为代表的一些欧洲国家在判断是否属于国内旅游者时所采用的标准不是出行距离，而是在异地逗留的时间长度。例如，英格兰旅游局在每年一度的英国旅游调查中对国内旅游者的定义是：基于上下班以外的任何原因，离开居住地外出旅行过夜至少一次的人。

3. 我国国内旅游统计中的界定

国内游客是指任何休闲、娱乐、观光、度假、探亲访友、就医疗养、购物、参加会议或从事经济、文化、体育、宗教活动而离开长住地到我国境内其他地方访问,连续停留时间不超过6个月,并且访问的主要目的不是通过所从事的活动获取报酬的人。

国内游客分两类:国内旅游者、国内一日游游客。

1.2.2 决定个人旅游需求的主客观因素

1. 客观因素

决定个人旅游需求的客观因素包括3个方面:

第一,足够的可随意支配的收入;

第二,足够的闲暇时间;

第三,良好的身体和充沛的精力。

前述之外,一个人能否成为旅游者还受许多社会经济因素及个人因素的影响和制约。例如:收入、家庭户主学历、家庭户主职业、带薪假期、户主年龄、生命周期、种族、性别等,且这些因素对旅游倾向造成重要影响。

2. 主观因素

决定个人旅游需求的主观因素主要是旅游动机。

(1)旅游动机的概念

旅游动机是指促发一个人有意于旅游以及到何处去、作何种旅游的内在驱动力。

旅游动机主要包括4个方面:身体方面的动机、文化方面的动机、人际方面的动机、地位和声望方面的动机。

(2)旅游动机的影响因素

影响旅游动机的因素主要有:

第一,人的个性心理因素;

第二,个人的文化与修养(教育程度);

第三,年龄和性别;

第四,家庭及个人的经济状况;

第五,社会历史条件;

第六,微社会环境因素。

马斯洛需要层次理论提出,人有五个层次需要:生理需要、安全需要、爱的需要、受尊重的需要、自我实现的需要,当人们满足了前三种需要后,旅游需求便会产生。

1.2.3 旅游者类型及其需求特点

1. 消遣、休闲型旅游者

这种类型的旅游者特点是:

第一,在全部外出旅游人数中所占的比例最大;

第二,他们外出旅游的季节性很强;

第三，消遣、休闲型旅游者在对旅游目的地的选择以及对出发时间的选择方面，拥有较大程度的自由；

第四，消遣、休闲型旅游者在旅游目的地停留时间一般较长；

第五，由于自费的缘故，消遣、休闲型旅游者大都对价格较为敏感。

2.公务、差旅型旅游者

这种类型的旅游者特点是：

第一，人数上虽然相对较少，但在出行次数上较为频繁；

第二，对于旅游服务的要求方面，较强调舒适和方便；

第三，因出于工作业务的需要，不受季节的影响；

第四，对目的地和外出动身时间的选择性较小；

第五，外出任务的性质决定了他们的停留时间受计划影响；

第六，他们在价格方面不太敏感。

3.家庭及个人事务型旅游者

这种类型的旅游者特点是：

第一，在出游时间上，多选择传统节假日外出探亲；

第二，很多家庭及个人事务型旅游者，因日期限制较紧，出行季节性较弱，具有类似于公务、差旅型旅游者的特点；

第三，就对价格的敏感程度而言，他们又与消遣、休闲型旅游者的需求特点相像；

第四，在对旅游目的地的选择方面，他们又与公务、差旅型旅游者相同，没有选择旅游目的地的自由。

4.特种旅游者

特种旅游者是指出于以上目的之外的旅游者，其旅游的类型称为特种旅游。特种旅游主要有以下类型：

"生态游"——返璞归真大自然；

"探险游"——无限风光在险峰；

"农家游"——来到乡下认个亲；

"企业游"——体味蓝图变宏图；

"仿古游"——一夜回到世纪前；

"红色游"——革命圣地红似火；

"美食游"——行万里路尝百味；

"服饰游"——新装兴更浓；

"影视游"——实地过把追星瘾；

"院校游"——戴回博士学者冠；

"科技游"——感悟知识回天力；

"邮轮游"——海上休闲赛神仙。

1.3 水上旅游客体

1.3.1 旅游资源的概念

人们习惯将旅游客体称为旅游资源,关于旅游资源的概念,不同的学者也有不同的理解。

1. 国内学者对旅游资源概念的理解

第一,自然界和人类社会凡能对旅游者产生吸引力,可以为旅游业开发利用,并可产生经济效益、社会效益和环境效益的各种事物和因素,均称为旅游资源。(国家旅游局2003年颁布的《旅游规划通则》)

第二,旅游资源是指对旅游者具有吸引力的自然存在和历史文化遗产,以及直接用于旅游目的的人工创造物。(保继刚,1993)

第三,凡是足以构成吸引旅游者的自然和社会因素,亦即旅游者的旅游对象或目的物都是旅游资源。(邓观利,《旅游概论》,天津人民出版社,1983)

第四,从现代旅游业来看,凡是能激发旅游者旅游动机,为旅游业所利用,并由此产生经济价值的因素和条件即旅游资源。(邢道隆,《谈谈旅游资源》)

第五,凡是能为人们提供旅游观赏、知识乐趣、度假休闲、娱乐休息、探险猎奇、考察研究以及人民友好往来和消磨闲暇时间的客体和劳务,都可称为旅游资源。(郭来喜)

第六,所谓旅游资源是指:自然界和人类社会,凡能对旅游者有吸引力,能激发旅游者的旅游动机,具备一定旅游功能和价值,可以为旅游业开发利用,并能产生经济效益、社会效益和环境效益的事物和因素。[国家旅游局和中国科学院地理研究所制定的《中国旅游资源普查规范(试行稿)》]

西方国家将旅游资源称作旅游吸引物(tourist attractions),与中国不同的是,它不仅包括旅游地的旅游资源,而且还包括接待设施和优良的服务因素,甚至还包括舒适、快捷的交通条件。

2. 对旅游资源概念的解析

(1) 存在形式

既有有形物质资源,如山川、河流,也有无形的非物质资源,如神话传说。更多的则是有形的物质资源和无形的非物质资源的结合体。如长城与孟姜女哭长城、故宫与历代王朝的故事、泰山与历代皇帝封禅的故事、杭州的雷峰塔与许仙和白娘子的故事等。

(2) 发展变化

旅游资源并不是一成不变的,它本身是带有发展性质的概念。表现在某些事物在其存在之初并没有被作为旅游资源,但随着旅游者需求的变化,它成了具有吸引力的旅游资源;反之亦然。

旅游资源具有阶段性特征。有些现在不是旅游资源的事物,将来就可能成为旅游资源。如"文革"遗迹。即所谓未开发的潜在旅游资源和已开发的现实旅游资源。

旅游资源吸引力具有群体倾向性或吸引力的定向性,如对城市人来说农村田园风光、对农村人来说城市的高楼大厦都是具有吸引力的旅游资源。

(3)主要内涵

旅游资源的本质属性——吸引功能;

旅游资源的作用对象——旅游者;

旅游资源的内容——自然和人文因素的总和;

旅游资源可开发性——旅游价值和原材料。

1.3.2 水上旅游资源的类型

凡赋存在水上(包括一定空间范围的滨水区域),能对旅游者产生吸引力,能激发旅游者的旅游动机,具备一定旅游功能和价值,可以为旅游业开发利用,并能产生经济效益、社会效益和环境效益的事物和因素,统称为水上旅游资源。

1. 水上旅游资源的基本类型

2003年国家旅游局发布的《中华人民共和国标准旅游资源分类、调查与评价》(GB/T18972—2003)标准,将旅游资源分为自然资源、人文资源两大类,地文景观类、水域风光类、生物景观类、天象与气候类、遗址遗迹类、建筑与设施类、旅游商品类、人文活动类8个主类。8个主类以下含31个亚类、155个基本类型。这一分类体系差不多把绝大多数的旅游资源单体包括了进去。国家标准还对155种基本类型做出了释义。(见2003版国家标准)

除了极少数的基本类型,如雅丹之外,这些基本类型在水上旅游空间中都有蕴藏,从类型的全面性来看,我们不必再有另外的旅游资源的分类标准。《国家标准》在类型的全面性和类型的排列系统性方面,具有足够的科学性。

另外,从旅游者的感受、旅游资源吸引力的生成、旅游资源的开发利用上来看,其中水体是水上旅游的核心资源,这一资源凸显了水上旅游的个性。但在《国家标准》中,水上旅游资源的个性显得比较薄弱,这就构成了另行设计水上旅游资源分类原则和评价标准的必要。这正是水上旅游研究者想做,而目前尚未做到的事情。

为了满足旅游业者开发水上旅游的需要,我们采取以下办法,对水上旅游资源做出系统的把握。

第一,按照《国家标准》的框架对水上旅游资源做主类、亚类和基本类型的分类,即分为水上自然资源、水上人文资源两大类;在自然资源中分为地文景观、水域风光、生物景观、天象与气候4个主类,在人文资源中分为遗址遗迹、建筑与设施、旅游商品、人文活动4个主类。

第二,对未被列入《国家标准》或无法进行归类的资源作补充。

(1)地文景观类水上旅游资源

地文景观类水上旅游资源有:综合自然旅游地、沉积与构造、地质地貌过程形迹、自然变动遗迹、岛礁五大亚类。基本类型有:滩地型旅游地、断层景观、奇特与象形山石、岸滩、重力堆积体、岛区、岩礁等37种。在水上旅游中蕴藏最丰富的、最具独特性的有岸滩、奇特与象形山石(海蚀岩石)、岛区、岩礁等基本类型的资源。

其一,海滨沙滩。

海滨沙滩是由于被海流搬运的泥沙在水深最小、波浪作用最弱的海湾顶部堆积,日积月累而形成。随着堆积作用的不断进行,海滨沙滩逐渐变宽,海岸不断向海推进。沙滩的外形多种多样,按其形态可分直线沙滩、对称弧形沙滩、对数螺旋形沙滩等。沙细滩平、阳光充足的沙滩是开展以水浴为主的水上体育运动的好地方。世界上许多海滨都具备这些条件,经大规模开发,成为当今世界最有吸引力的海滨浴场、游乐基地和避暑、避寒旅游活动中心。如意大利借助地中海气候和海滨的优越条件,在全国海岸带建设了长达数百千米的旅游基地,包括浴场 6000 多个,旅游港口 150 多个,旅游中心 500 多个。西班牙南部濒临地中海的各省是以阳光充足著称的"太阳海岸",这里冬暖夏凉,海水平静清澈,沙滩与岩岸交替连接。西面大西洋中则有具热带风光的加那利群岛。这些海域资源使西班牙成为世界"三 S(Sea、Sun、Sandy)"旅游王国,每年吸引外国游客数以百万计。所以西班牙人说"我们向全世界出口海滩和太阳"。另外,世界著名的沙滩还有牙买加尼格瑞尔海滩(Negrll Beach)、菲律宾博龙岸海滩(Boracay Beach)、佛罗里达南部海滩(Daytona Beach)、泰国普吉海滩(Phuket Beach)、斐济主岛海滩(Natadola Beach)、夏威夷怀基基海滩(Waikiki Beach)、墨西哥坎昆海滩(Cancun Beach)、西班牙加那利群岛海滩(Tenerif Beach)、巴西里约热内卢海滩(Brazil Ri de Janeiro Copacabana Beach)等。

国外对海滩的等级评定早已有标准,如 1970 年乔戈拉斯(Georgulas)在研究旅游地一般特征时,提出的一级海滩(海浴用)评价标准:

用于消极活动(阳光浴等)要求如下:一是海滩。沙质细洁,海滩至少长 300 英尺,宽 50 英尺,全年至少有 80%的时间免于曝晒。二是后腹地。有遮掩,有树木,环境幽静,无人工废弃物和自然危害物,坡度小于 150 度,易于通达,具开发潜力。

用于积极活动(游泳等)要求如下:水底没有或很少淤泥,水质无色、无臭味,大肠杆菌含量小于 50/100 毫升,无生物垃圾。与水域邻近之海滩坡度不大于 8 度。海滩性质同上,但要更长更宽,一年中应有 9 个月的时间适于游泳。我国尚未形成统一的海滩评定标准,多数著作和实际操作中大多以上述标准来论述或评定海滩(海浴用)。

此外,海滨的砾石滩、滩涂也具有较高的旅游开发价值。砾石滩上的石头通常奇形怪状、形态各异,可开展海洋旅游观光项目;滩涂则由于其淤泥含有对人体有益的微量元素和矿物质,适合开展泥浴、滑泥等海洋旅游活动项目。

其二,海蚀岩石。

海蚀岩石是指海岸带或海中的岩石受到波浪、潮汐、海流等长年累月的侵蚀作用,所形成的形状各异的景观岩石。根据其形状可以分为海蚀穴、海蚀崖、海蚀柱、海蚀平台、海蚀拱桥、水下阶地等。

海蚀穴。海蚀穴是海崖裂缝受海浪侵蚀作用留下的洞穴。海蚀穴的形成与海平面的关系密切,可以分为 3 种类型:一是潮下带海蚀穴。部分或全部发育在水下,其形成为生物或化学作用。二是潮间带潮汐海蚀穴和潮间带波浪海蚀穴。前者整个或部分在潮间带,由海浪淘蚀而成;后者通常在高潮位,亦由海浪淘蚀而成。三是潮上带海蚀穴。发生在浪花带及其附近。舟山群岛普陀山的潮音洞/梵音洞为典型的海蚀穴。

海蚀崖。波浪打击海岸主要集中在海平面附近，使海岸形成凹槽，凹槽以上的岩石悬空，当波浪继续作用时，悬空的岩石就会崩坠，促使海岸步步后退，从而形成壁立的海蚀崖。旅顺口外的峭壁、山东半岛险峻的成山头以及崂山头的峭壁悬崖都是这样形成的。

海蚀柱。海蚀柱的形成有多种原因，有的是由于大型的岩石、岩层崩落，在海水中再接受海水的侵蚀，形成孤立的柱状景观。有的耸立在海蚀崖前的柱状岩石，形态直立而陡峭，这是海岸岬角遭受海浪冲击淘蚀，完全与基岸分离，残留在水下海蚀台地上的石柱。另外，当岬角两侧裂隙都受到海浪的强烈冲蚀时，会首先形成海蚀拱桥，然后海浪继续冲蚀，拱的规模越来越大，最后导致海湾顶部崩塌，形成一些奇特的、棱状的或塔状的海蚀柱。故在某些地方的同一海岬方向上，会出现两个以上海蚀柱，一般高出海面数米或数十米。俄罗斯克里木的喀拉达格海岸基岩复杂，形成的海蚀柱与众不同，往往是一些受剥蚀和海蚀共同作用的火山岩墙。

海蚀平台。海浪日夜不停地淘刷海崖，久而久之海崖逐渐崩退，形成和海平面近乎同高度的平坦岩石。

海蚀拱桥。当波浪从两侧打击突出的岬角时，可在两侧同时形成海蚀洞，洞穴不断扩大，最后可贯通一起，形成拱门状形，称海蚀拱桥。福建大练岛的海蚀穴和海拱石十分瑰丽奇特；葫芦岛附近突出的小海岬，远看形如象鼻；大连附近小平岛的海拱石，高潮时小船可以通过。

水下阶地。由于地壳下沉或者全球海平面上升而被淹没在海底的海岸阶地。

其三，岛礁。

岛礁是海中的"陆地"，是海洋旅游者能够在海上不借助于工具、随心所欲游玩的基地。根据其成因，岛礁可以分为大陆岛、冲积岛、火山岛、珊瑚岛、岩礁5种。

大陆岛。大陆岛是指那些地质构造和形成动力与附近大陆基本一致的岛屿。它们在第四纪低海面时，曾是大陆的一部分，与大陆相连；后因气温回升，海水上涨，其与大陆间的陆地被淹没，四周被海水包围，形成了现在的大陆岛。我国的大岛除崇明岛外几乎都是大陆岛。有些大陆岛靠大陆较近，因海峡被泥沙淤塞，可再次与大陆相连，如山东烟台的芝罘岛。

冲积岛。冲积岛是由于河流入海时，携带的泥沙受海水的顶托、水流的分散及坡度的降低等多种因素的影响，导致泥沙逐渐沉积、逐渐堆积而成。典型的有我国长江口的崇明、横沙、长兴诸岛。

火山岛。火山岛是指由海底火山喷发物质堆积起来的岛屿。有的火山岛是耸立在海面上的单一火山，有的则是成群的火山，如夏威夷群岛、冰岛。印度尼西亚、菲律宾及冰岛等是火山岛最多的国家，印度尼西亚有400多座，其中有120多座活火山；仅爪哇岛就有120多座火山，其中活火山32座。活火山山口有烟雾冒出，白天烟云萦绕，早晚映红天际，形成独特的火山景观。

珊瑚岛。珊瑚岛是由一种叫珊瑚虫的骨骼逐渐堆积而成的。这种造礁珊瑚对生长条件的要求十分高，海水温度必须在25~29℃之间，海水盐度要在27%~40%之间，且要求海水洁净、透明。因此，珊瑚岛只出现在北、南回归线之间和两侧的热带、亚热带海域上。从形态上,珊瑚礁又可分为岸礁、堡礁和环礁3种基本类型,最著名的堡礁是澳大利亚的大堡礁,南北长达1900千米,东西宽约2~150千米。

岩礁。岩礁是指江海中隐现于水面上下的岩石及珊瑚虫的遗骸堆积成的岩石状物。海中有许多岩礁形状各异,凸显于海上,似一座座岩石盆景,形成较好的景观。

其四,海底震迹。

海底震迹景观是指受强烈的地震活动破坏又被保存在海底的建筑遗址等景观,在世界上很多地方都有保留。震迹奇观可供人参观、游览、凭吊和进行科学研究。我国最著名的震迹景观在海南省。1605年7月31日,琼州发生8级地震,有72座村庄陷入海底,至今琼州海峡南岸东寨港一带,沉陷的村庄在退潮时就会袒露出来,那些锅碗盆罐、石臼、墓碑历历在目,向人们诉说着当年那次灭顶之灾。

(2)水域风光类

水域风光类旅游资源有河段、天然湖泊与池沼、瀑布、泉、河口与海面、冰雪地六大亚类。

(3)生物景观类

生物景观类旅游资源有树木、草原与草地、花卉地、野生动物栖息地四大亚类,基本类型有林地、草地、水生动物栖息地等11种。在水上旅游中,涉及到的特征性资源主要有树木和野生动物栖息地两个亚类,基本类型有林地、丛树、独树水生动物栖息地、鸟类栖息地等。水上动物资源没有单独作为一种基本类型,而是结合其栖息地作为一种资源。

在水上旅游中,植物种类繁多,尤其是在热带和亚热带地区,不但植物种类多,而且有特色,如红树林、椰树、槟榔树、棕榈树等,都有较好的观赏价值。

海洋动物栖息地是指一种或多种海洋生动物常年或季节性栖息的地方,有鱼类丰富的海域、鸟岛、沙滩等。我国建有专门的海洋自然保护区,截止到2000年我国共有国家海洋自然保护区19个(详见表1-1国家级海洋自然保护区一览表),地方级海洋自然保护区50多个。这些保护区同时也是宝贵的海洋旅游资源。

(4)天象与气候景观类

天象与气候景观类旅游资源包括光现象、天气与气候现象两个亚类,基本类型有日月星辰观察地、光环现象观察地、海市蜃楼现象多发地、云雾多发区、避暑气候地、避寒气候地、极端与特殊气候显示地、物候景观8种。在水上旅游地旅游价值高的类型有避暑气候地、避寒气候地和海上自然气象奇观等。

自然气象奇观,是十分罕见而珍奇的旅游资源,这些景观规模小,出现的概率也小,有的只能依附于海岸带上其他景观之中,但对喜欢猎奇和探秘的旅游者来说,仍然具有极大的吸引力。

海市蜃楼。海市蜃楼是海上最为著名的奇景之一。海市蜃楼是晴朗、无风或微风条件下,光在折射率不均匀的空气中连续折射和全反射而产生的一种光现象。由于空气折射率变化的不均匀,物像变形,再加微风的扰动,仙境随之消散,这就更使它蒙上了一层神秘色彩。靠近海面的空气由于海水温度较低和潮湿的水蒸气的缘故,折射率较大,而上方的空气因受日照温度较高,亦即海面上空空气层的折射率是由下而上随高度逐渐减小的,光线穿过该空气层时,经连续折射向下弯曲,海面远处的景物隐匿于地平线以下,人们不能直接看到。当这些景物射向空中的光线连续弯向地面而到达人眼时，人们逆着光线看去，就会看到海面上空出现了从未见过的奇景，好似仙阁凌空。我国山东半岛北端有一座丹崖山，上面有蓬莱仙阁。每逢春夏之交或夏秋之交，登蓬莱仙阁北眺，长岛诸岛历历在目。倏忽间它们一改平昔面貌，变得一会儿像雄城横亘大海，一会儿像虹桥飞架长天，迷蒙中似有行人车马，刹那间又见群峰倒悬。这便是令人称奇叫绝的海市现象了。在我国古代，传说中有两座神山，据《史记·封禅书》载："自威、宣、燕昭使人入海求蓬莱、方丈、瀛洲。此三神山者，其传在渤海中，去人不远，患且至，则船风引而去。盖尝有至者，诸仙人及不死之药皆在焉。其物禽兽尽白，而黄金、银为宫阙。未至，望之如云；及到，三神山反居水下，临之，风辄引去，终莫能至，世主莫不甘心焉。"可见"三神山"，很可能是因"海市"现象而使人们产生的错觉。1981年7月7日，在山东蓬莱阁出现了一次海市蜃楼。1988年6月17日，在蓬莱阁对面小山上，出现了一次长达4个多小时的海市蜃楼，范围长达100千米。同年4月的一天，浙江普陀山也出现了一次罕见的海市蜃楼现象。但见古刹奇峰，若隐若现，烟云萦绕，清晰可辨，令人叹为观止。

日出。在海上或海滩或空阔的湖面上观赏日出日落，是自古以来就有的事。而百慕大的日出、日落景色最有特色，其日出、日落速度特别快。早晨，当朝阳露出水面，霎时海面和陆地霞光万道，一片辉煌海水蓝得出奇，而岛上植物全都蒙上一层嫩绿，鲜花更艳丽夺目。日落如同日出，也是如此突然、急速。太阳一接近水面，转眼间，黑夜降临，街灯闪烁，令人惊奇。中国台湾八景之一"安平夕照"早有名声。浙江普陀山朝阳洞，也是观看日出的一处佳地。

海火。海火是一种海发光现象。发光体为海洋生物，从结构简单的细菌到结构比较复杂的无脊椎动物和脊椎动物都有，种类繁多。海火可分为3种类型：火花型（闪耀型）、弥漫型和闪光型（巨大生物型）。每一类型，按其光亮的程度可分为五级，从微弱光亮到醒目可见和特别明亮。海发光现象在我国沿海广泛分布。其中以火花型发光为主，到处都有分布；弥漫型发光只有闽、粤少数地方出现过；闪光型发光只出现在闽、粤、琼、桂沿海。北方沿海比较弱，南方沿海较强，一般均清晰可见。其中，台山、三沙、北茭、云澳、遮浪、闸坡等是我国沿海海火发光最强的地方。海火有季节性变化，因为发光生物的生长发育具有季节性，大体上，杭州湾以北的沿海地区秋季发光现象最显著，发光亮度极高。杭州湾以南沿海的发光现象几乎终年皆有，但以夏季和秋季达最高峰，亮度也最大。

避暑、避寒地。由于水的物理特性，多数以水著称的旅游地都是避暑、避寒的好地方，尤其是海洋旅游地，主要集中在热带和亚热带地区。热带和亚热带滨海由于海洋和地球纬度的因素，气候冬暖夏凉。夏天，由于海洋的调节，热带滨海也比大多数高纬度的内陆地区凉爽；冬天，当寒带、温带绝大部分地区白雪皑皑时，热带滨海仍然温暖如春。

（5）遗址遗迹类

人类历史上的活动，在地球上留下了众多的痕迹，这些痕迹被遗址遗迹记载着。遗址遗迹类旅游资源具有十分重要的历史、科学、文化价值，代表了各地独有的历史文化遗存，它包括"史前人类活动场所"和"社会经济文化活动遗址遗迹"两大亚类。史前人类活动场所包括人类活动遗址、文化层、文物散落地、原始聚落遗址4种基本类型。社会经济文化活动遗址遗迹包括历史事件发生地、军事遗址与古战场、废弃寺庙、废弃生产地、交通遗迹、废城与聚落遗迹、长城遗迹、烽隧 8 种基本类型。这些类型在水上旅游地有丰富的蕴藏,有些史前人类活动场所在一些海滨和海岛上还被完整地保留着,如著名的宁波市河姆渡遗址、舟山市马岙新石器时代遗址等。

(6) 建筑与设施

建筑与设施类旅游资源种类繁多,有综合人文旅游地、单体活动场馆、景观建筑与附属型建筑、居住地与社区、归葬地、交通建筑、水工建筑七大亚类,有康体游乐休闲度假地、祭拜场馆、建筑小品、传统与乡土建筑、陵寝陵园、港口渡口与码头、水库观光游憩区段等 49 种基本类型。

建筑与设施类旅游资源在水上旅游地蕴藏比较丰富,是水上旅游资源重要的组成部分。水上旅游地有许多闻名世界的建筑,如悉尼歌剧院、英国滨海绍森德突堤码头等。我国已建成的东海大桥、杭州湾跨海大桥、舟山连岛大桥等都属这一类。

(7) 旅游商品

旅游商品是指具有跨地区声望的当地生产的物品,有地方菜系及饮食、农林畜产品及制品、水产品及制品、中草药材及制品、传统手工产品与工艺品、日用工业品等。旅游商品兼具文化特征、艺术特征、纪念特征和实用特征,给消费者带来物质上和精神上的双重享受。

旅游购物是构成旅游消费活动的六大要素之一。在一些国家,旅游商品收入占到了整个国家旅游收入的一半以上的份额,如新加坡、法国、西班牙、美国、泰国等。我国香港以"购物天堂"著称,是国内外旅游者向往的购物理想地区,旅游商品收入达到香港旅游收入的 $50\% \sim 60\%$。可见,旅游商品对提高旅游业经济收入具有十分重要的意义。水上资源丰富,可开发成旅游商品的资源也很多,有直接利用水产品进行加工的,如鱼类、贝类、珊瑚、礁石、沙等;也有以水为主题进行艺术创作的绘画、雕塑等。新技术的发展,使得旅游商品更加丰富,一些新开发的旅游商品科技含量高,实用价值、观赏价值等方面都得到了提高,如海洋药物、海洋化妆品、精深加工的鱼虾等,丰富了水上旅游商品市场,促进了水上旅游的发展。

(8) 人文活动

人文活动类海洋旅游资源包括人事记录、艺术、民间习俗、现代节庆四大亚类。基本类型有人物、地方风俗与民间礼仪、民间节庆、文学艺术作品、特色饮食风俗、旅游节、文化节等 16 种。其中有些基本类型之间互相交融,没有明晰的界限,在归类时只能按照其突出的、具有代表性的特征进行界定。下面仅选取影响力较大的、特色较鲜明的几种基本类型加以介绍。

地方风俗与民间礼仪。地方风俗与民间礼仪是指地方性的习俗和风气,如待人接物礼节、仪式等。海洋旅游地由于特殊的地理区位条件,地方风俗与民间礼仪较之内陆有较大的差异性。一些远离大陆的海岛,由于交通的阻碍,基本上与世隔绝,只有到了近现代才与外界有较多的联系。这些地区至今还保持着自己独特的、原始的地方风俗与民间礼仪,吸引着众多旅游者前去体验。因而,相应的旅游项目应运而生,如渔家乐就是体验渔民风俗的一种旅游项目。渔家乐项目是一项迎合现代人回归自然、返璞归真的旅游新观念,集游泳、烧烤、垂钓、养殖、观海、听潮于一体的综合性休闲旅游活动。整个过程一般为:游客上船之后先穿救生衣,船行驶到预定海域,放下渔网。然后时隔30~40分钟开始收网,获取捕获物,有时还有回收蟹笼的活动。此过程原为渔民的生产行为,现开发为旅游观光项目,游客可以全程观看并参与部分活动。在参与内容更为丰富的"渔家乐"旅游中,旅游者还可以品尝渔家饭,住渔家屋,与渔姑一起织网,和渔民一起出海捕鱼,也可以到海湾去垂钓。白天出海劳作,在海里沐浴,在沙滩上晒太阳,傍晚在村间小道或海边散步,呼吸略带海腥味的新鲜空气,这是体验真正的渔民生活。

海洋节庆。海洋节庆有传统节庆和现代节庆之分。传统节庆也称为民间节庆,历史文化底蕴深厚,是当地民间习俗的一种表现形式,参与这种节庆活动能够感受到当地古老而浓郁的历史文化。现代节庆大多数是针对旅游应运而生,虽然就文化底蕴而言不及传统节庆,但现代节庆具有主题突出、配套设施完善、宣传面广、可参与性强等特点,同样深受旅游者的喜爱。在我国现代海洋节庆中,主要的主题有:海洋、海洋文化、海洋民俗、开渔、风、海鲜、沙雕、沙滩等。影响力较大的现代海洋节庆有:青岛的国际海洋节、宁波象山的中国开渔节、舟山的国际沙雕节、中国海鲜美食节、中国普陀山南海观音文化节、中国海洋文化节、海南岛欢乐节等。

2.水上旅游资源的补充类型

(1)船体景观旅游资源

水上漂浮着各种各样的船只,有货运船、载客船、军舰、邮轮、游艇、帆船等等。各种用途的船只,其外形也大不相同,是重要的水上旅游资源,即便不是专门用以旅游的船只,也有较大的观赏价值。如大型的运输船、军舰、潜艇等。往往能够吸引许多好奇的旅游者。邮轮、游艇、帆船等本身就是专门为海洋旅游而打造的,其旅游观赏价值不言而喻。

《国家标准》未将船体作为一种基本类型列入,我们也难以将船体归入八大主类中的某一类。而船体自古以来就是重要的水上旅游资源,世界上最早的环球旅行就是借助船体得以完成,中国古代的文人墨客也常常乘船游水览胜。邮轮、游艇、帆船、摩托艇等专门用来开展水上旅游活动的船体的大量涌现,更使得船体在水上旅游中的价值越来越明显。

(2)水上航线旅游资源

水上航线,尤其是海上航线有点对点的货运或客运航行路线,也有一条线串联多个点的综合旅游航行路线。综合旅游航行路线是邮轮发挥其水上旅游价值的重要组成部分,是一种不可忽略的水上旅游资源,但按照《国家标准》它无法归入八大主类中的某一类型,只能作为水上旅游资源的补充作简单介绍。

目前世界上主要的水上综合旅游航行路线有:

第一,太平洋旅游航线。北太平洋旅游航线,从太平洋东岸的美国和加拿大到太平洋西岸的中国、韩国、日本等国家;中太平洋旅游航线,从北美洲西岸经夏威夷到日本、韩国、中国和东南亚;南太平洋旅游航线,从北美洲经新西兰、澳大利亚到印度尼西亚。

第二,印度洋旅游航线。亚欧旅游航线,由亚洲各个旅游港口经马六甲海峡、印度洋、红海、苏伊士运河、地中海、直布罗陀海峡至欧洲各旅游港口;波斯湾对外旅游航线,东去日本,西绕好望角到欧洲和美洲各国。

第三,北大西洋旅游航线。欧洲和北美洲之间的旅游航线。

第四,南大西洋旅游航线。由西欧经西非至南美洲东岸的旅游航线。

第五,南北美旅游航线。从北美洲通往加勒比海和南美洲各个国家和地区的旅游航线。

第六,非洲旅游航线。亚洲和欧洲之间途经好望角的旅游航线。

(3)整岛水上旅游资源

《国家标准》中的岛区旅游资源指的是小型岛屿上可供游览休憩的区段。这个规定完全把海岛的旅游价值局限于其内部的某一范围,而未将海岛整体在海洋旅游中的价值完整地表达出来。海岛的旅游意义不仅仅在于其上拥有可供游览休憩的区段,更大的意义在于海岛整体的观赏性,包括海岛的形状、海岛四周水域、岛上的植被、岛上栖息的动物、岛上的气象、岛上的建筑等组合而成的一个整体。这个整体(或者多个)是环岛航行最主要,也是最基本的旅游对象。从海上观赏整岛的环岛航行旅游,在国外兴起比较早,也比较繁荣;在我国真正意义上开展环岛航行旅游的地方不多,最早的是澳门,接着是青岛、大连等地。2004年,舟山群岛开发了"南部诸岛"旅游路线,以舟山群岛南部56个大小岛屿作为观赏对象,此处,水与岛层层环绕,动静结合,构成了一幅得天独厚、美丽动人的海岛风景画。游船穿梭其间,可以使游客获得全方位的海洋体验。

表1-1 国家级海洋自然保护区一览表

保护区名称	所在地区	面积(hm²)	主要保护对象	主管部门
蛇岛—老铁山自然保护区	辽宁旅顺口	17 000	蝮蛇、候鸟及其生态环境	国家环保总局
鸭绿江口滨海湿地自然保护区	辽宁东港市	112 180	沿海滩涂、湿地生态环境及水禽、候鸟	国家环保总局
昌黎黄金海岸自然保护区	河北昌黎	30 000	自然景观及其邻近海域	国家海洋局
江苏盐城国家级珍禽自然保护区	江苏盐城市	453 000	丹顶鹤等珍禽及滩涂湿地	国家环保总局
南麂列岛海洋自然保护区	浙江平阳县	20 106	岛屿及海域生态系统、贝藻类	国家海洋局
北深沪湾海底古森林遗迹自然保护区	福建晋江市	3400	海底古森林、牡蛎礁遗迹	国家海洋局
惠东港口海龟自然保护区	广东惠东县	800	海龟及其产卵繁殖地	农业部
珠江口中华白海豚保护区	广东省	460 km²	中华白海豚	广东省
内伶仃福田自然保护区	广东深圳市	858	猕猴、鸟类和红树林	国家林业局
广东湛江红树林自然保护区	广东廉江县	11 927	红树林生态系统	国家林业局
山口红树林生态自然保护区	广西合浦县	8000	红树林生态系统	国家海洋局
北仑河口红树林自然保护区	广西防城	2680	红树林生态系统	国家海洋局
合浦儒艮自然保护区	广西合浦县	86 400	儒艮、海龟、海豚、红树林等	国家环保总局
东寨港红树林保护区	海南琼山市	3337	红树林及其生态环境	国家林业局

续表

保护区名称	所在地区	面积(hm²)	主要保护对象	主管部门
大洲岛海洋生态自然保护区	海南万宁县	7000	岛屿及海洋生态系统、金丝燕及生境	国家海洋局
三亚珊瑚礁自然保护区	海南三亚市	8500	珊瑚礁及其生态系统	国家海洋局
天津古海岸与湿地自然保护区	天津市	21 180	贝壳堤、牡蛎滩古海岸遗迹及湿地生态系统	国家海洋局
黄河三角洲	山东东营市	153 000	原生性湿地生态系统及珍禽	国家林业局
厦门文昌鱼自然保护区	福建厦门	6300	文昌鱼及其生态系统	国家海洋局
辽宁双台河口国家级自然保护区	辽宁盘锦市	80 000	丹顶鹤、白鹤、天鹅等珍禽	国家林业局

1.4 水上旅游产品

1.4.1 旅游产品的概念

1. 旅游产品的一般定义

总体旅游产品(从需求角度理解):指以在旅游目的地的活动为基础所构成的一次完整的旅游经历。

总体旅游产品(从供给角度理解):指旅游目的地为旅游者提供的旅游供给的全部内容集合体。

单项旅游产品:指旅游企业所经营的设施和服务,或者说是旅游企业借助一定的设施而向旅游者提供的项目服务。

实际上,一次旅游活动的完成是多个单项旅游产品的组合,可以说就是一个整体旅游产品。

2. 水上旅游产品的定义

水上旅游产品(从需求角度理解):即指以旅游者在水域环境中(包括滨水区)旅行和逗留期间的活动为基础所实现的一次完整的旅游经历。

水上旅游产品(从供给角度理解):指水上旅游企业(或临水旅游区域)为旅游者提供的旅游供给的全部内容集合体。

1.4.2 旅游产品的构成

1. 一般旅游产品的构成

旅游产品的构成包括以下4个方面:

第一,旅游吸引物:是旅游者选择目的地的决定因素。

第二,旅游设施:是直接或间接向游客提供服务所凭借的物质条件。

第三,旅游服务:是旅游产品的核心,主要是指接待和导游服务。

第四,可进入性:是指游客进入目的地的难易程度。

2. 水上旅游产品的构成

水上旅游产品的基本构成是旅游吸引物、旅游设施、旅游服务和可进入性4部分,但由于水上旅游资源的类型更丰富,所以水上旅游产品的内涵也更为丰富。

1.4.3 旅游产品的特性

1. 一般旅游产品的特性

一般旅游产品具有以下特性:

第一,无形性;

第二,不可转移性;

第三,不可储存性;

第四,综合性;

第五,生产与消费的同步性;

第六,易损性。

2. 水上旅游产品的特性

除了具备一般旅游产品的特性外,水上旅游产品还有如下特性:

(1) 休闲娱乐性

人类自古以来就有逐水而居的历史。人们在休闲放松的情况下往往倾向选择有水的地方,"近水、亲水、乐水"心理已经成为人类选择休闲生活的诱因,滨江或滨海公园往往都是城市各个休闲公园中最受欢迎的。今天,水上旅游中的游船和邮轮旅游又成为了居民追崇的休闲方式。水上运动也是人们娱乐活动的极佳方式。

(2) 丰富的文化性

水是生命的源泉,人类生存空间都是围绕着水域展开,滨水区一般都是一个城市发育最早的地方,保留了丰富的城市历史文化痕迹;同时,城市滨水区也是城市中自然要素最为密集、自然过程最为丰富的地域,鱼类、鸟类、昆虫、小型动物以及各种植物均以此为生活环境和迁徙廊道,是城市中可以自我保养和更新的天然花园。

(3) 高度的参与性

水上旅游产品消费时的参与度一般都高于观光旅游产品,如海洋科考、岛礁垂钓、水上摩托车、跳水、冲浪、温泉浴、海水浴、沙滩日光浴、品尝海鲜河鲜等都需要旅游者亲力亲为才能完成。

(4) 多样性

水上旅游产品类型丰富,观光类、竞技类、探险类、休闲度假类、高科技类、人文类、节庆类、购物餐饮类等俱全,可以满足不同旅游者的个性化需求。

1.4.4　水上旅游产品的类型

水上旅游产品主要有 4 种类型:滨水区旅游产品、邮轮旅游产品、游船旅游产品和游艇旅游产品。下面以海洋旅游产品体系为例,说明水上旅游产品的主要类型和市场表现。

根据相关分析,结合国际海洋旅游产品开发现状,本文将我国海洋旅游可开发产品作了一个系统梳理,归纳为纵横两大体系:一是由水上模块、陆地模块、水陆兼容模块及空中模块组成的空间立体交叉板块体系;二是由海洋观光、海洋休闲、滨海度假等常规旅游产品和各种专项海洋旅游产品(如科普旅游、生态旅游、会议旅游、水上竞技、体验购物等)所构成的产品功能平行、互补体系。两大体系互为交融,组成海洋旅游产品完整内容,以方便各区域在开发海洋旅游产品时选择,避免雷同(见表 1-2)。

表 1-2　我国海洋旅游产品体系表

模块	类型	产品	市场
水上模块	观光类	海上旅游产品:海上观光巡游、海上观岛…… 海岛旅游产品:海岛观光、海岛生态观光…… 远洋旅游产品:海洋风光游……	各类旅游群体
	竞技类	水上旅游产品:水上摩托车、水上打靶、水上单车、水上飞机、水上托弋伞游泳、划船、帆船、帆板、跳水、快艇、划艇、摩托艇、滑水、冲浪…… 海底旅游产品:潜航、潜水、海中探胜……	年轻族
	休闲度假类	海岛旅游产品:岛礁垂钓、海岛垂钓…… 海岸线旅游产品:海岸垂钓 近海旅游产品:出海捕鱼、海上游钓……	都市白领、退休人群、垂钓爱好者
	高科技类	海底观光公园:利用潜艇、游艇或大型豪华游轮进行远洋游;海底观光隧道……	学生族及科研人士
陆地模块	观光类	海滨自然风光游、海洋工业游(如港口参观)、鸟类观赏、观潮探密、体验性观光航运业、渔人码头游、野外漫游……	各类旅游群体
	人文类	历史人文型:自然保护区游、海洋名胜古迹游、海洋历史遗迹…… 民风民俗型:海岛民俗游、海洋宗教文化游(观看海洋宗教祭典)、海天佛国游、渔家民俗游…… 科普知识型:海洋博物馆游、海洋生物馆、海洋科技馆、海洋文化游、海洋书市、渔业博物院、举办"海洋知识竞赛""海洋夏令营" 商务娱乐型:海洋商务游、沙雕、海洋公园……	各类旅游群体

续表

模块	类型	产品	市场
陆地模块	休闲度假类	健康疗养型:营养药膳、温泉浴、海水浴、沙滩日光浴、泥浴、沙浴、气功疗养…… 娱乐活动型:海洋夜生活、温泉康乐度假、高尔夫、马术、野营、海洋渔业盐业游、海滩拾贝、涉水采集、听潮、狩猎垂钓活动…… 度假型产品:滨海、海岛、海岸"阳光度假";渔乡风情游;"海上丝路"游;红色海洋游;海洋生态游……	都市白领人群、商业活动组织者
	竞技类	各种沙滩球类运动,如沙滩拔河、"跳伞"、滑沙、沙滩排球、沙滩足球、沙滩健美、沙滩摔跤、沙滩竞技、开发攀岩项目;大型海陆空军事乐园、射击、石滩高尔夫球……	学生族
	节庆类	海洋节庆活动(如海洋节等)、海洋饮食文化……	各类旅游人群
	纪念品类	各种海洋土特产和工艺美术品,如珍珠、贝画、贝雕、海洋奇石、海洋生物标本、海洋舰船模型……结合潮汐发电和风力发电的试点开发,开展科技观光和修学旅游	各类旅游人群
	购物餐饮类	海洋水产品、海洋保健品、品尝鲜活海鲜……	各类旅游人群
	高端消费品类	海滨房产、海洋景观房产……	高端消费群体
水陆兼容模块	娱乐和科考类	渔家乐、水下考古旅游文化产品、Duck Tour……	学生族及科研考察群体
空中模块	竞技和探险类	空中览海、热气球、滑翔艇、蹦极、海上跳伞……	年轻族

水上旅游活动和其他旅游活动一样,由旅游活动主体(旅游者)、旅游活动客体(旅游资源)和旅游活动媒介共同构成旅游活动体系。旅游者是作用于旅游活动的核心,没有旅游者的行为是不可能完成一次旅游活动的。因此,了解旅游者的需求特点和旅游者行为特征十分必要。同时,旅游资源是吸引旅游者购买和完成旅游活动的吸引物资源,如何发挥其效应,激发旅游者的旅游动机,也必须加以研究和探讨。水上旅游资源有其特点,水上旅游者也有特殊需求,本章对其进行探讨有利于更好地开发利用好水上旅游资源,促进水上旅游业的发展。

1.5 水上旅游研究的理论基础

旅游学是一门新兴交叉边缘学科,水上旅游学同样与众多学科有着千丝万缕的联系,其学科理论基础涵盖面广。水上旅游学研究涉及3个领域:水上旅游开发和水上旅游活动与所依存的资源环境,旅游管理者、旅游经营者、旅游者、当地居民等之间的关系。因而这里把"人—自然关系"和"人—人(社会行为)关系"理论作为旅游学研究的理论基础,并对这两种理论作了阐述。

1.5.1 人与自然关系理论

人—自然关系泛指人类活动与自然地理环境的关系,人—自然关系属于人与自然关系的范畴。研究人与自然的关系除地理学外,还有许多自然科学、技术科学、社会科学和环境科学等的分支学科,它们分别从不同的角度进行研究。作为水上旅游学理论概念的"人"是指在自然上叠加有社会人文特征的社会性的人,即在一定生产方式下,从事各种产业活动的"经济人"(水上旅游开发经营者和水上旅游管理者);是指在地球表面一定地域空间上活动着的行为人(水上旅游者、水上旅游开发经营者、水上旅游管理者)。"自然"是指与水上旅游活动有密切关系的自然环境,也是在人类作用下,已经改造过的经济环境、社会环境和行为环境等组成的复合人文自然环境。"人—自然关系"就是指水上旅游开发和发展进程中,不断地扩大改造、加深利用、适应自然环境;与此同时,自然存在的和改造了的环境也深刻影响旅游活动的地域特征和地域差异,它们之间的这种空间与宏观关系即是人—自然关系。水上旅游学研究人—自然关系,主要研究人类水上旅游活动与自然环境相互关系的具体形式、表现程度和变化规律。事实上,水上旅游活动与水上自然环境是密切相关的。

首先,自然环境提供了水上旅游活动所需要的水上旅游资源基础,自然地理环境为水上旅游活动提供了风景河流、湖泊、瀑布、泉水、冰川等水域风光;古树名木、森林、奇花异草、奇珍异兽、草原等水上和沿岸生物景观;云蒸霞蔚、日月星辰、佛光普照、日出日落、海市蜃楼等人文气象景观,这些是自然旅游资源。人文旅游资源如果从地理视角上看,各地人文景观是人地相互作用、相互影响下的产物、印记和存在形式,也可以看成是人类利用、影响和改造地理环境的产物,可概括为各地人地关系的现实表现。古人择地而居,形成今日之古人类文化遗址;古人改造自然、兴修水利等而形成今日诸如都江堰、灵渠等水上建筑古迹;自然地理环境对人类生活习惯、语言、宗教、文学艺术等影响也颇深,形成今日各地、各民族风土人情、水域地方文化、水域地方建筑、地方文学艺术等。尽管现代可以"人造景观",但人造景观也要考虑其所在的地理区位、经济地理条件、交通地理条件、人口地理条件等,也受自然环境条件的约束或促进。

其次,自然环境以其提供水上旅游资源的数量和质量影响到水上旅游活动的开展和水上旅游发展的程度,之所以国内外均有一些滨水地区成为著名的旅游目的地,之所以国内外均有一些水上旅游热线,皆应属自然环境之所赐。

最后,水上旅游活动和水上旅游发展与自然环境之间或相互促进,或相互制约。有着优异的水上旅游资源和环境的地方、有着奇异特殊的水上自然景观的地方往往是水上旅游开发经营者首选之地,也是旅游者向往和前往的旅游目的地。如果自然环境恶劣或者自然环境质量下降(如水污染、大气污染、自然灾害频发等),必然导致旅游形象的损害,旅游地生命周期很快就会进入到衰落阶段。事实上也就存着一种客观、动态、因果、对立统一的关系。在水上旅游活动中,人是活跃的主导因素,人们在旅游活动中,也要主动认识自然环境,按照自然规律去改造利用自然环境,才有利于水上旅游活动的开展。现今水上生态旅游、水上探险旅游、水上文化旅游、水上体育运动旅游之所以发展如此迅猛、受到人们热切关注,应该说与自然环境是息息相关的。

1.5.2 人与人关系理论

人—人关系与人—自然关系有着一定的联系和区别,在前面讲人—自然关系中已经讲到人是社会人、经济人、行为人,是最活跃的主导因素。其实,在水上旅游活动过程中,无论是旅游管理者、旅游开发经营者、旅游者、当地居民的行为都是在一定的理论和思想指导下的行为。一般认为,行为科学(动作的科学)的理论来源有心理学、社会学、人类学及相关学科。行为科学是运用自然科学的实验和观察方法,研究在自然和社会环境中行为(以及低级动物的行为)的一切科学。已经经确认的学科包括心理学、社会学、社会人类学及其他学科中的类似的观念和方法。这是广义的行为科学定义。狭义的行为科学是应用心理学、社会学、其他相关学科的成果,来研究人的行为和人与人之间关系的一门科学。所谓的组织行为学(或叫管理心理学)、临床行为学(或叫临床心理学)、犯罪行为学(或叫犯罪心理学)等等都可视为行为科学的分支学科。行为科学的任务可概括为解释(对人的行为给予科学上的说明)、预测(从个体现在的需求、动机、愿望等心理倾向,推测其未来的行为)、控制(引导人们的行为朝着实现组织的目标发展,克服消极面,调动积极性)人的行为。

就旅游者水上旅游活动行为而言,旅游行为的产生和旅游活动的开展都在其一定心理支持下而进行。在心理学家马斯洛(A.H.L.MasLow,1954)提出著名的"需要层次理论"之时,法勃(Farben,1954)开拓、探索旅游心理理论,认为旅游活动的产生是人类在满足基本生理需求、生活需求、安全需求等之后的人类需求。后来提尔登(Tieden,1957)研究了有关文化差异引起的心理反应等问题,特纳(V.Turner,1978)则将心理学理论应用于研究旅游现象,提出了生活与旅游的心理学区别,以后美国D.J.梅奥出版了《旅游心理学》专著。旅游心理学主要研究的范畴包括:旅游者心理品质、心理活动及相应的旅游行为,还涉及到旅游服务心理、旅游企业管理心理,从旅游知觉、旅游动机、旅游态度、旅游决策、人格与旅游方式、旅游偏爱、满意度等等,研究旅游活动过程中人的心理规律和行为规律。人们旅游需求产生的相关理论还有闲暇与游憩学理论。人类技术与经济发展的必然趋势是生产效率进步。

就水上旅游开发经营者的行为而言,主要涉及到水上旅游经济学和水上旅游管理学。水上旅游经济学主要涉及到水上旅游经济活动性质、特征,水上旅游产品、需求与供给,市场与价格,水上旅游需求与消费,水上旅游收入与分配,水上旅游经济效益,水上旅游投资决策,水上旅游经济结构等。水上旅游市场学特别关注水上旅游产品的特征——无形性、不可储存性、就地消费性、产品潜在性、季节波动性,在此基础上研究水上旅游商品的一般市场营销问题,如目标市场定位及交通条件、水上旅游者的内在需求及其社会文化经济背景、旅游路线、现实需求及潜在需求、产品替代威胁,等等,以便优化广告渠道、水上旅游项目、服务项目、可接受的价格、行业合作等。水上旅游管理学则综合运用社会科学、技术科学的原理与方法,研究水上旅游管理活动及其发展规律,涉及到水上旅游管理职能、管理体制、管理资源,水上旅游管理原理(含系统原理、组织原理、领导原理、能级原理、弹性原理、封闭原理、反馈原理等)、水上旅游管理技术(市场开发、经济预测、经营决策、目标管理、计划管理、沟通协调等技术)、水上旅游管理实务(行业管理;旅行社、饭店、车船、商店、餐饮、娱乐等的管理)等,以最大限度地提高旅游的社会经济效益。

就水上旅游管理者而言,除了上述水上旅游企业管理以外,还涉及到水上旅游的政策。水上旅游的宏观经济利益不断地影响政府制定政策的观点和态度,水上旅游的微观经济利益也必须反映到为经济服务的政治生活中,水上旅游的社会利益还被当今世界各种社会制度确认为一种公民权利。水上旅游政策研究包括水上旅游政策史、水上旅游政策的制定程序、水上旅游政策影响评价、水上旅游政策的作用预测、水上旅游政策的形式类型、水上旅游政策的比较与国际间的接轨、水上旅游政策的制定与实施机制等方面,甚至还涉及到水上旅游立法。水上旅游政策学的作用在于:它不仅指导人们科学地认识和分析政策的能力与方式,引导和规范政策的制定与实施,帮助人们正确地把握政策的本质及其规律,引导人们的行为,还能为化解水上旅游引起的社会、经济、环境矛盾提供正确的政策原则和科学的机制选择,促进水上旅游业可持续发展。

就旅游者与旅游者本身、旅游者与接待服务者之间而言,随着水上旅游规模的扩大,社会和文化影响日益扩大,水上旅游社会学和水上旅游人类学应运而生。水上旅游社会学主要研究范围包括:水上旅游者及旅游者之间的关系、水上旅游者与接待服务者的关系;水上旅游的社会影响(如水上旅游与宗教、道德、伦理、语言、治安、保健等)。其研究课题及研究方法多种多样。以人类学的观点来认识水上旅游的年代较晚。水上旅游社会学与水上旅游人类学的相互关系,从研究对象看,两者均研究水上旅游活动中人际或人、物间的关系,并使用几乎相同的研究方法与技术手段。它们之间的差别在于:旅游社会学偏向于研究水上旅游者的动机与行为,以及接待服务者对水上旅游者的相关反应规律;水上旅游人类学则较多地侧重于关注主客文化碰撞及其后果,如接待服务者文化的改变与文化价值取向的矛盾、文化群落的衰退等等。

上述几个方面,实际上是涉及在水上旅游活动中的人—人关系或者叫社会行为理论,因而人—人关系或社会行为理论也就成为了水上旅游学研究的理论基础之一。

上述人—自然关系、人—人关系连接的关键或叫焦点是人围绕着人(实质上是人的水上旅游活动或者叫水上旅游活动中的人)而进行研究,也突出了"人本主义"精神。

水上旅游研究的理论基础还涉及城市规划学、城市旅游学、景观生态学等多个学科以及休闲理论、系统理论等理论。

总之,水上旅游作为新兴的旅游业态,旅游市场需求日益旺盛,其良好的发展趋势也受到各国政府的重视和企业界的青睐。回顾水上旅游发展历史,理解水上旅游相关概念,认清水上旅游研究的理论基础,有助于人们更好地认识和把握水上旅游产业的发展方向,做好水上旅游开发与管理工作。

思考题

1. 如何理解水上旅游的相关概念?水系旅游资源有哪些类型?

2.简述我国水上旅游的特点。
3.为什么有学者把"人—自然关系"和"人—人（社会行为）关系"理论作为旅游学研究的理论基础？

 案例分析

我国水上旅游发展现状

我国东临太平洋，海岸线长达 18 000 公里，拥有 5000 多个海岛，沿海重要港口城市有十几个，内陆有大小河流 5000 多条，另有较大的天然湖泊 900 多个。在我国陆地资源日渐稀缺、对其开发已经达到饱和状态的情况下，水系资源的开发必将成为旅游开发的一个新亮点，水上旅游将会发展成为中国最具潜力的新兴产业。全国各地每年的水上旅游人数节节攀升，也表明水上旅游已经成为人们时尚的休闲方式。

1.发展规模不断扩大

我国水上旅游活动经历半个世纪的发展，无论是从事游船行业的企业数量及其拥有的游船规模，还是接待的游客数量，都出现了不断扩大的趋势。

新中国成立前，广州珠江的花船曾经繁盛一时。经半个世纪发展，至今，珠江游拥有 20 余艘船 6000 多个客位，经营企业也增至 4 家，形成"四方争霸"之势。据广州市交通委员会资料显示，2004 年，珠江游共接待游客 102.09 万人次，2005 年共接待 98.02 万人次，2006 年共接待游客 106.35 万人次，同比增长 5.43%、-3.99% 和 8.50%。

重庆的"两江游"于 1988 年开始兴起，此后经历一段惨淡经营的时间，一直到 2000 年以后，随着城市灯饰工程的发展和完善，以及 AAPP 等重要会议在重庆的召开，"两江游"一度繁荣。目前，经营"两江游"的游船一共有 5 艘，分别是隶属于长江轮船公司的"朝天宫"，隶属于重庆市客轮总公司的"满江红""江上明月"和"清风"，隶属于私营企业重庆汇东船务有限公司的"金碧辉煌"。5 艘船核定载客量为 1700 人。年接待游客量也在不断增长，2007 年"两江游"接待了 25 万人次游客，比 2006 年的 18 万人次增加了 7 万人次，而在 2003 年"两江游"轮船全年收入只有 1000 万元左右。

海滨城市珠海海岸线长达 690 公里，全市共有大小岛屿 140 个，发展水上旅游条件得天独厚。目前，珠海水上旅游企业主要有：①珠海市九洲邮轮有限公司（原濠江旅行社），现有专业游览船 15 艘，其中豪华游览船 3 艘、豪华游艇 2 艘，总客位 2738 个，年接待游客 80 多万人次。②珠海惠嘉旅行社有限公司，拥有游轮 7 艘，白天有 3 艘进行澳门环岛游，3 艘往返于珠海各岛屿及珠海市九洲港到深圳市蛇口港，还有一艘是"惠嘉明珠"，晚上进行香洲至澳门水域环岛游。

广西桂林 70 年代初期游览漓江大都是乘坐木质客货交通船，载客量少，无专用服务设施。现今，漓江游船公司共有 28 家，拥有 200 多艘各类规模、大小不同的钢质游船，约 16 000 个客位。接待量也逐年增加，2005 年接待境内外游客 185.53 万人次，2006 年接待境内外游客 218.10 万人次，2007 年接待境内外游客 211.88 万人次，2007 年比 2005 年增长 14%。

上海黄浦江的游览船项目起步也较早，在上世纪30年代初市轮渡公司已于每年夏季利用轮渡船开办"浦江乘凉夜班"。改革开放后，1979年5月"浦江号"游览船投入运营，开展"浦江游览"项目，翻开了城市水上旅游业的新篇章。在2001年APEC会议召开期间，黄浦江两岸的音乐烟花、游船巡航的节目吸引了全球的眼球，更推动了上海水上旅游业的发展，上海的游览船发展迅猛，游览船数量越来越多，质量也在提高。上海市旅委自2003年起，在每年的旅游节都举办彩船游浦江节目，展示和引导了水上旅游业的发展。截止到2007年，从事上海浦江游览共有11家游船公司，游船数量有36艘，共计8300个客位。据统计，2005年黄浦江游览游客接待量为261万人次，比2000年的65万人次增长了4倍之多；2006年，上海黄浦江旅游总人次达到305万，比2005年增长17.7%。

2. 发展潜力巨大

尽管各地水上游览起步时间不同，发展条件各异，但对未来发展的潜力，各地从不同的角度做出预测，每个城市都充满信心。

重庆因独特的山城地貌而形成的错落美和丰富的景观资源，赋予了重庆"山城夜景"的城市名片和形象展示平台，具有巨大的开发潜力。重庆为给"两江四岸"夜景增色，在2008年9月底前，在"两江游"完成"八秀"工程（灯光秀、音乐秀、焰火秀、船舶秀、表演秀、大桥秀、索道秀、美食秀）。在今后5年内，每年还将投入旅游发展资金300万元。随着工程的实施，两江游的前景将更加广阔。

至于对珠江游的发展前景的预测，可能企业更有发言权。广州金航游轮总经理林润明明确表示，珠江游市场潜力很大。理由一：目前珠江游以观光客为主，假若能适时推出高档产品，走休闲、商务和文化的路数开拓市场，珠江游很有可能突破现状，获得较大发展。理由二：2005年进入广州的游客有1亿，只要有10%的游客游珠江，也就是1000万，这个数目是目前珠江游市场的8倍，现有的客位远远不能满足市场。

珠海水上休闲旅游观光条件得天独厚，发展前景自然广阔。首先，珠海海洋面积广大、海岛资源丰富，海岛游项目存在巨大的潜力。珠海广播电视台2007年11月10日报道，北京师范大学—香港浸会大学联合国际学院日前完成的珠海旅游市场调查显示，八成市民对海岛游感兴趣，海岛游项目存在巨大的潜力。其次，珠海市位于珠三角密集的水网地区，同时还拥有港澳发达地区和消费力极强的珠三角富庶地区作为发展休闲旅游观光的腹地，发展海上休闲旅游观光业的条件优越。最后，珠海市提出了"发挥优势，突出特色，重点发展休闲度假旅游、海洋海岛生态旅游和会议会展旅游"的发展规划，珠海海岛旅游、海上观光具有很大的潜在市场，未来发展前途广阔。因此，珠海市发展水上休闲旅游观光具有其他地区不可比拟的得天独厚的条件。

至于上海，众所周知，2010年上海世博会有7000万中外游客光临。黄浦江主要地段恰好处于世博园区内，届时浦江游船必将成为世博会展示上海形象的窗口和途径。另外，从2005年的情况看，来沪旅游的国内游客达9011万人次，境外游客达571万人次，但参加水上旅游的游客只有268.9万人次。据对境外游客的调查，62%的境外游客有水上旅游的需求，而现在只满足了不到3%游客的需求。在2010年，来沪旅游的国内游客达到1.2亿人次，境外游客达到900万人次。这说明水上旅游的发展空间非常大。

3. 水上服务产品逐渐丰富多样

为改变"两江游"产品单一的现状,重庆市旅游局在2008年对"两江游"品牌进行扩容,把单纯的夜景游拓展到白天游。因此,游客不仅可以夜游、昼游、快游、慢游,还可以把观景和休闲结合起来,坐在游船上品尝美味佳肴,到磁器口古镇游玩。

发展历史比较悠久的珠江游,服务产品也根据市场需求,不断推陈出新。与上世纪60年代的珠江夜游情形不同,今天的珠江游船,外观上装修考究,内部环境也豪华舒适。一批在陆地上随处可见的餐饮娱乐项目也被移植到珠江游船上。"珠江夜游""珠江日夜游""自选式小团体逍遥游""珠三角西江风情游"等项目组成的"珠江系列游",让珠江航运公司的竞争力得到很大提升。另外珠江航运公司的"白海豚"号游船还推出了客房服务;广州市客轮公司大年初一举行焰火晚会,安排16艘豪华游船进入晚会区域观看烟花;蓝海豚公司旗下的游船,除经营传统珠江夜游外,还承办婚礼寿宴、生日派对、商务推介、公司庆典、专线旅游、日航包船等业务。

除了可以欣赏风景如画的漓江美景外,漓江游船公司还在漓江航区推出了"超豪华游船自助餐""环保自助餐""宫廷御用药膳餐""民俗风情餐""西式套餐""漓江船家风味餐"等系列各具特色的餐饮,丰富了游客的选择,全面提升了漓江风光游览的内涵与档次。

4. 水上旅游成为滨水城市名片

相对于众所周知的广州"珠江游"是羊城八大景之一,重庆"两江游"也成为重庆旅游市场上一张响当当的名片。重庆"两江游",将重庆人引以为傲的山水、夜景乃至美食结合起来,让每一位来自他乡的游客都能近距离、立体地感知这个城市。特别是2002年AAPP会议在重庆成功举办,市政府将招待宴会设在两江游船上,使重庆两江游市场声名鹊起,空前火爆。2005年亚太市长峰会在重庆举办,进一步提升了重庆"两江游"的品牌,产品内容不断丰富。在上海,2006年上海合作组织会议各国元首和贵宾的接待也都不约而同地选在黄浦江的游船上进行,说明水上旅游也已成为滨水城市重大接待任务的活动项目。

旅游业已经成为珠海经济中的重要产业。澳门环岛游是珠海市传统经典旅游项目之一,深受国内外游客的欢迎,几乎是每一位光临珠海游客的必游项目,每年参观、游览的游客达百万人次。风景如画的漓江,是桂林山水的精华,大凡到过桂林的游客无不感到:不乘船游览漓江等于没到过桂林。旅游业是桂林市的支柱产业,且以游览漓江风光为主。

[资料来源:张晨,林章林.我国水上旅游业的发展现状与对策研究[J].经济问题探索,2009(6):121-125.]

结合案例思考以下问题:

(1)结合案例资料,分析水上旅游的主要特征。

(2)根据案例资料,分析我国水上旅游存在的主要问题。

(3)针对我国水上旅游存在的问题,应该如何解决?

第 2 章 水上旅游的起源与发展

本章导读

从中外旅游发展史可以看出,旅游活动自古就有。总结世界古代旅游活动的主要区域分布和表现形式:一是古代地中海沿岸的旅游活动。如公元前 15—前 10 世纪,埃及每年都要举行宗教节日集会,参加集会的男男女女,乘着大型游艇,妇女打着手板,男子吹着笛子,还有许多人唱着歌、拍着手,沿途所经市镇,都要靠岸表演,热闹非凡。二是东西方经济和文化交流的旅游活动。有记载,公元前 7 世纪兴起的阿拉伯帝国,地跨亚、非、欧三洲,以巴格达为中心,驿道四通八达,并控制了海上贸易和欧洲至远东的贸易通道,当时以贸易为主要形式的旅游活动遍及"三洲"。三是从地理大发现到环球旅游。众所周知,意大利航海家哥伦布、葡萄牙航海家麦哲伦的航海探险,不仅激起了各国探险家的航海之行,也掀起了西欧各国探险旅游的高潮。从以上三个方面可以看出,世界古代旅游活动都与水有关,因此可以得出,水上旅游的产生和发展与世界旅游的产生和发展紧密相伴。

再看中国也是如此。前秦时期我国第一部诗歌总集《诗经》中,记载了不少有关旅游的事,其中"驾言出游,以写我忧","泛彼柏舟,亦泛其流。耿耿不寐,如有隐忧。微我无酒,以敖以游",即描写了先秦时期的旅游活动,而且使用舟船作为旅游工具。另外隋炀帝凿运河下扬州、唐明皇驾临华清池、清康熙建造避暑山庄、乾隆下江南等也都展现了不同的水上旅游活动内容。至于流传下来的一些山水诗词、民间节庆活动(端午节龙舟竞渡、泼水节等)更是水上旅游活动的精华体现。

2.1 水上旅游的发展历史

古代的水上旅行活动主要活跃在古文明的发祥地,如古埃及、巴比伦、古希腊、古罗马、古中国等。古代的水上旅行活动是与海洋密切相关的。本节重点介绍欧洲和中国的海洋旅行。

航海自古以来就是人类活动的一个项目。早期的航海,既是一种产业活动,又是一种探险之举,也是一种科学考察的旅行。在航海中也有着离开定居地的解脱、发现新陆地的喜悦和到达港口地的快乐,但整个过程表现为豪迈与艰苦,主要的不是享乐与消遣,因而我们如实地把早期的航海称作海洋旅行。同时,早期的海洋旅行确实也有着旅游的成分,也不乏零散的仅以享乐和游玩为内容的海上旅游。尤其是早期的旅行者所带回来的海外的新奇见闻和故事,是人类海洋旅游动机的最初孕育。据此我们将早期的海洋旅行作为海洋旅游发展历史的最初阶段。在这一阶段上,海洋旅游的欲望被激发了出来,海洋旅游地得到了发现,海洋旅游手段——船舶、航海技术,取得了重大的成就。而这些古老的航海手段和故事在今天又成了一种海洋旅游的文化历史资源,很多国家、很多民族都有海洋旅行的事迹。

2.1.1 西方古代的水上旅行活动

在人类历史上,有记载的海洋旅行可能最早肇始于腓尼基时代,早在公元前3000多年,腓尼基人就开始在地中海和爱琴海进行海洋旅行,他们的旅行范围西越直布罗陀海峡,北至波罗的海,东到印度洋的波斯湾,腓尼基人因而被称为"海上民族"。谈到"科学性质"的海上旅行,人们会想到希罗多德(Herodotos,公元前5世纪)和毕特阿斯(Pytheas,公元前4世纪)。希罗多德是古希腊人,在地中海沿岸做了多年的旅行,写出了历史学巨著——《历史》。毕特阿斯绕过不列颠,驶向北冰洋,并且了解到月相与潮汐的关系。斯特拉波(Strabo,公元前64—20)在完成他的地理名著《地理学》之前,游览了许多国家来核实著作中的描述。851年出版的《苏莱曼游记》,记述了阿拉伯的旅行家苏莱曼到中国旅行的经过,记述了他所经过的海区和岛屿、阿拉伯商人聚居地广州的风土人情。在中世纪,宗教旅游(朝圣)特别普遍,商业的发展也促进了商务旅游。1275年意大利人马可·波罗来到中国,1295年回到威尼斯,他的《马可·波罗游记》记述了中亚、西亚、东南亚等地区许多国家的风俗人情,对新航线的开辟和航海事业的发展带来重大的影响。此后,著名的海洋旅行有:

1. 亨利王子的航海之举

在郑和首航后的第11个年头,即1415年,葡萄牙的亨利王子率领船队越过直布罗陀海峡到达非洲北部。欧洲史学界认为这是欧洲人首次大规模的海上探险之举,也是欧洲人掠夺海外殖民地的开始。欧美地理学界常把1415年作为地理大发现开始的一年,亨利王子是葡萄牙人海上探险活动的先驱者。在他的主持下,在葡萄牙西南海岸的石角建立了天文观测台,修筑了船埠,创办了航海学校。

2. 巴·迪亚士发现好望角

亨利王子首航之后,一队队葡萄牙船队沿非洲西海岸向南航行,每到一地,便上岸树立碑石,作为葡萄牙新占领土的标记,同时根据当地物产,起名为"胡椒海岸""象牙海岸""黄金海岸"等等,有些名称一直沿用到今天。在这些船队中,迪亚士率领的船队从1486年出发,于1487年到达了非洲的南端。这时,开拓东方航线的夙愿实现在望,因而将非洲最南端海角命名为"好望角"。这次航海是欧洲人航海的重大转折点,从此浩瀚无涯的印度洋展现在欧洲航海者的面前。

3. 达·伽马首航印度

在迪亚士之后,葡萄牙国王经过10年准备,决定派大型船队进入印度洋,寻找香料的产地。宫廷侍从官瓦斯哥·达·伽马任船队司令。1497年7月8日,由4艘帆船组成的船队在里斯本的外港扬帆出海。他们沿迪亚士开拓的航路南进,11月初顺利到达好望角。1498

年5月20日达·伽马率领的船队抵达印度西海岸。在印度停留3个多月,1498年8月29日,达·伽马率船队返航。返航途中船员们因淡水不足,尤其是没有新鲜蔬菜,而饱受坏血病的折磨,多半人葬身大海。1499年9月船队返回里斯本。通往印度的海上新航线从此开通。

4. 哥伦布跨世纪的航行

客观地说,意大利的航海家哥伦布并不是他那个时代最杰出的航海家,他发现了美洲大陆,但在他有生之年却根本不知道他自己发现了一块"新大陆",可是哥伦布却占尽了"天时"和"地利",因此他的航海活动广为人知。1492—1502年,哥伦布所率船队进行了跨越世纪的航行,横渡大西洋,到达巴哈马群岛、古巴、海地、多米尼加、波多黎各、牙买加、洪都拉斯、巴拿马等地,发现新大陆。这是欧洲人横越大西洋的首次尝试,在这10年中,他率船队4次穿越大西洋,往返于西班牙和加勒比海诸岛、中美地峡,以及南美洲北部之间。然而哥伦布一直认为他到达的地方是印度附近的亚洲。所以,他们把加勒比海诸岛称为"西印度群岛",把当地土著居民称为"印第安人"(印度人的音译)。哥伦布的这个错误造成的地名、居民名一直沿用到今天。

1501—1502年,意大利另一位航海家亚美利哥·韦斯普奇率船队抵达南美洲时,准确地判断这里绝非亚洲的土地,于是,亚美利哥第一个宣称,他们的船队到达了一个新的大陆。1507年,德国地图学家在新绘地图上为这块新大陆注记时,使用了"亚美利加"的名称,这是否是为了纪念首先宣布发现新大陆的航海家亚美利哥,却无从可考了。

5. 麦哲伦环球旅行

麦哲伦环球旅行是世界航海旅行史上最值得提及的事件。麦哲伦是葡萄牙著名的航海旅行家,出身于贵族家庭,青年时做过宫廷的侍从。麦哲伦出生的1480年正是他的同胞葡萄牙航海家们热情地进行海上探险的时代,年轻的麦哲伦十分崇拜迪亚士、达·伽马、哥伦布这些时代的巨人。25岁以后的5年间,他曾出航印度,参加非洲的殖民战争,最远到达过东南亚。1505年,他随葡萄牙舰队去印度,进行探险、考察和征服活动;1511—1512年在亚洲的西南地区和非洲的东部地区随军作战;1513年,在非洲北部的一次战斗中负伤。后来,还因此失去了葡萄牙国王的恩宠。这些经历,开阔了他的眼界,他看到大海茫茫,他相信地球是圆形的,他热切地渴望能环航地球,实现人类史上旷古未有的壮举。麦哲伦希望作一次大规模的远航旅行,他首先向葡萄牙国王提出申请,希望得到国王的支持,结果没有被批准,远洋旅行的计划未能实现,但麦哲伦并没有灰心。1517年,37岁的麦哲伦怀着愤懑的心情离开自己的祖国,到了西班牙的塞维利亚。他又向塞维利亚要塞司令提出了进行环球航行的请求,他的才华和魄力颇受要塞司令的赏识,不仅他的请求得到了强有力的支持,他还成了司令大人的"东床快婿"。1518年3月,西班牙查理国王接见了麦哲伦,麦哲伦带去了一个彩色地球仪,向国王详述了探险计划,这一计划立即得到了国王的批准。于是麦哲伦奉命组织探险队准备出航。1519年9月,麦哲伦率领的西班牙探险队离开欧洲的海岸开始了他们的航程。由5条船、265名船员组成的舰队,从西班牙的圣罗卡出发,向西航行,穿过大西洋,抵达南美洲的东海岸,接着沿巴西海岸南下,绕经南美洲大陆与火地岛之间的海峡,进入太平洋。火地岛是麦哲伦命名的海岛,因为他们望见南面海岛上正冒着浓烟,有烟必有火,所以取名火地岛。他们经过的海峡则被后人称为麦哲伦海峡。在横渡太平洋的110天中,海洋情况良好,风平浪静,未遇到任何风暴,因此麦哲伦将其命名为"太平洋"。1521年,舰队到达了亚洲的菲律宾,因为他们介入了当地土著人的纠纷,麦哲伦和7名船员被土著人打死。伙伴们在狄加诺的带领下,乘两条船逃到摩鹿加群岛(现在的马鲁古群岛)。然后继续向西航行,横渡印度洋,绕过非洲南端的好望角,又进入大西洋,他们沿着非洲的西海岸往北航行,于1522年7月30日,乘坐"维多利亚号"船返回了西班牙,此时船员还剩下18人。西班牙舰队在3年的时间里经历了无数的艰险,遇到了想象不到的困难。在长期的航行中,储备的淡水和粮食早就用完了,到最后,甚至连船上的皮带、老鼠和只要能吃的东西都吃光了。生病的船员也越来越多,但是,他们仍坚持在风浪险恶的海洋里继续航行,终于完成了第一次环绕地球一周的伟大的航海旅行。通过这次环球旅行,证明了地球确实是个球形,人们形象地把它叫作"地球",并将麦哲伦称为最早进行环球旅行的人。这是人类航海史上最完美,但相当悲壮的第一次环球航行。

18世纪中叶以后,出现了科学考察旅行和探险旅行,从事航海路线、动物、植物和地质等方面的研究。18世纪中叶以后英国、德国等国家科学家进行了大规模的海洋探险,其中以库克船长为首的探险队,曾于1768年至1779年进行了三次环球旅行。1831年英国生物学家达尔文乘"贝格尔"号军舰进行环球航行,在这次历时5年之久的旅行中,达尔文不畏艰险,跋山涉水,深入不毛之地,采集了大量生物和化石标本,写下了大量科学考察笔记,为其后的科学研究打下了坚实的基础。1859年达尔文出版了《根据自然选择的物种起源》一书,整个欧洲的学术界为之震动。接着,又先后出版了《动物和植物在家养下的变异》《人类起源及性的选择》两本名著,充实了进化论学说的内容,恩格斯称进化论是19世纪自然科学三项最伟大的发现之一。

6. 温泉疗养地的开发

温泉的发展是旅游史上有趣的一面。罗马人最早使用温泉,后来扩大到英国及整个欧洲大陆。18世纪,温泉洗浴在上流社会广为流行。1562年,一位名叫威廉·特纳的医生出版了一本著作,谈到英格兰、德国、意大利的天然温泉对各种体痛都有疗效,引起温泉旅行的潮流,这一潮流一直延续了两个世纪才开始向海水浴转移。温泉旅游在当时上流社会非常流行,它不仅有治疗的功效,而且还为社交活动、比赛、舞会和赌博活动增添了许多色彩。英国巴斯的温泉区是一个非常有名的度假胜地。

18世纪和19世纪初,在各国君主来访之后,巴斯已经成为上流阶层重要的社会生活中心。18世纪初,该地在B.纳什的指导下很快成为高级女子时装设计和制作中心,因此,温泉旅游地由保健中心逐步演变为娱乐中心。到18世纪末,英格兰温泉疗养地的黄金时代已经过去。

2.1.2 中国早期的水上旅行活动

中华民族是一个古老的民族,其水上旅行历史久远,事迹辉煌。《山海经》是我国先秦典籍中内容极为奇特的一本书,记述了普天之下有史以来山、海、人物和故事,共有18经。从第六经开始为海经,有《海外经》四篇、《海内经》四篇、《大荒经》四篇和《海内经第十八》一篇,共13篇。《大荒经》和《海内经第十八》成书最早,约在战国初期和中期。仅《大荒东经》记录的东海之外、大荒之地的国名就有羲和国、大人国、小人国、君子国、白民国、青丘国、维嬴土国、黑齿国、夏州国、盖余国、玄股国、中容国、女和月母国等。《山海经》说:"大荒之中有山,名曰鞠陵于天、东极离瞀,日月所出。"还说:"东海中有流波山,入海七千里。"可以认为,这些都是中华民族最早的海洋旅行的记录。

先秦时期,临海的吴、越、齐、燕等国的航海事业都很发达,而且与日本、朝鲜、越南等国家已有海上往来。秦汉时期,随着社会生产力的提高、中央集权封建制国家的出现与发展,使北起渤海,南至两广一带的海上旅行交通线全部开通,而且彼此联系密切,商业和贸易旅行盛行。

1. 秦始皇巡游

秦始皇一生巡游5次。第一次公元前220年巡游咸阳—陇西—北地(甘肃庆阳)—咸阳,目的是确保西北防务,进行军事考察,因为在西北和北方的匈奴已威胁到帝国的安全,而咸阳近西北。第二次巡游,是在公元前219年,沿齐鲁—东临渤海—长江流域一线,主要目的是祭名山大川,宣扬王朝的声威、功德。第三次巡游,在公元前218年,巡游东方一直到渤海岸边。第四次巡游,在公元前215年,沿沧海—河北—山西、内蒙、陕西一线。第五次巡游,在公元前215年,到浙江、江苏、山东海边,最后病死在巡游途中。秦始皇以后,秦二世、汉高祖、汉武帝等都曾有过巡游。

2. 秦朝的徐福东渡

秦始皇曾派徐福率领工匠和数千童男童女出海,去寻找蓬莱、方丈、瀛洲三座海上神山,寻求让人长生不老的仙药。徐福的船队从山东青岛的琅琊台出发,顺着洋流航行,经朝鲜到日本。近来的研究表明,徐福也有可能是从浙江岱山出发,顺洋流到达日本。秦始皇生性暴烈,徐福寻求不到仙药是要丢掉性命的。于是,徐福等人就在日本居住下来,以免遭杀头。这些人不仅带去了中国的生产技术,而且传播了中国文化,深受日本人民的敬重。千百年来,日本人民祭祀徐福的活动一直延续了下来。有人认为日本距中国很近,徐福为了逃避秦始皇的追杀,又带了部分人远涉重洋去了美洲。学者们考证,檀香山发掘有"篆字",墨西哥等地发掘出中国秦代文物,均说明确有其事。另外,在委内瑞拉北部距墨西哥湾不远处,至今仍有一部分黄皮肤的"山上人",身穿中国古装,脸型与口语发音都与中国人相似,与当地华人互相称为"拜山拿",即"同胞",据说是中国"寻药人"的后代,看来他们有些人很可能是徐福所率领的数千人的后裔。从时间上来看,很可能徐福去美洲要大大早于哥伦布发现新大陆。

3. 魏晋南北朝时期的玄游

魏晋南北朝时中国陷入300余年的大分裂、大动荡的历史时期,此时社会黑暗到了极点,不论帝王将相、乡绅富豪、百姓都被现实世界的反复无常折磨得胆战心惊,所以只能在精神世界为自己的苦难一生寻求一条光明的出路。于是,以人为主题的哲理的探索,对宗教的崇拜和情感的寄托,汇成了三国六朝文化玄虚而温柔的底蕴,兴起在山水中超脱、放灵魂在自然中净化的山水旅游活动——玄游、佛游、仙游。

玄指道家精深微妙的哲理,以老庄思想为本。玄游指的是在自然山水中陶冶人的自然之情。玄游之风,始于曹魏正始年间,当时统治阶级之间钩心斗角,尔虞我诈,当权的司马家族党同伐异,手段阴险,所以许多正直的官僚和读书人痛恨政治黑暗,思慕老庄玄学,日以谈玄为荣,以玄游为尚,以山水为友。六朝寄情于山水的高潮,促进了山水诗、文、画的繁荣,并由于道教和佛教的兴盛,增添了许多神秘而庄严的宗教景观,如六朝导师开发的名山有青城山、罗浮山、茅山、龙虎山等,再如三大石窟也是当时的产物。

4.东晋的法显渡海

著名僧人法显(337—422),山西平阳郡武阳(今山西临汾西南)人,于东晋安帝隆安三年(399)从长安出发,历尽千辛万苦到达印度。他在印度留居 10 余年,从海路回国,途中经过狮子国(今斯里兰卡)、爪哇(今印度尼西亚)等国家,义熙八年(412)在山东青岛的崂山登陆。法显把旅行中的所见所闻写成《佛国记》一书,记载了他经历的 30 多个国家的山川风物。《佛国记》不仅是 5 世纪初年亚洲的佛教历史资料,也是我国现存历史资料中关于海上交通和航海旅行最早的详细记录,是今天研究南亚次大陆的重要史料。

5.隋炀帝舟游

隋唐时代,中国重新走上了统一、和平的道路,并达到封建社会的顶峰时期,这时候的旅游活动空前发展,主要的旅游形式有帝王舟游、文人漫游、宗教旅游、国际旅游。隋炀帝杨广是一位喜欢游乐的皇帝,上台伊始,就大修巡游基地——东都洛阳。随后,又修了大运河,并派官兵到江南伐木,造龙舟,开始他最着迷的泛舟运动。由于隋炀帝无休止的巡游,劳民伤财,导致了最后的亡国。虽然他的巡游给隋代人民造成了巨大的灾难,但却以新建的洛阳城和漫长的大运河使后代受益无穷。他所酷爱的水上旅游也使他在历代帝王的巡游中别具一格,自成一家。

6.唐代的义净求法和鉴真东渡

著名僧人义净(635—713),在唐高宗咸亨二年(671)从广州出发,乘船经过爪哇、苏门答腊、马来半岛到印度求法。他用了 25 年时间,游历 30 多个国家,在武后证圣元年(695),从海路回国转到洛阳,带回来梵本经典约 400 部。义净在归国旅途中写成《南海寄归内法传》和《大唐西域求法高僧传》,记载了他在各地考察所得到的关于佛教的戒律以及唐代赴西域、南海等地的 60 位僧人的传记和旅行情况,是研究当时中国和东方海上交通旅行史的重要历史资料。

唐代著名的律宗大师鉴真和尚(688—763),本姓淳于,扬州江阴(今扬州市)人,14 岁出家,22 岁受具足戒。在唐朝天宝元年(742),应日本僧人荣叡和普照的邀请东渡日本,先后 5 次东渡,历尽艰辛均遭失败,鉴真也双目失明。天宝十二年(753),他与弟子 34 人又进行第 6 次东渡,终于在第二年抵达日本九州萨摩秋妻屋浦(今日本九州南部),翌年在奈良东大寺筑坛,传授戒律,成为日本佛教律宗派的创始人。鉴真等僧人的 6 次东渡,为发展中日两国人民的友好关系和航海旅行作出了杰出的贡献。

7.元朝的汪大渊渡海

航海旅行家汪大渊(1311—?),字焕章,江西南昌人,自幼喜欢游历,20 岁时航海考察,先后两次下"东洋"和"西洋"(元朝和明朝以现今南海东经 110 度以东为东洋,以西至非洲东海岸为西洋),游历了几十个国家,并将所见所闻写成《岛夷志略》一书,是研究元朝南海交通和旅行的重要著作。

8. 明朝的郑和下西洋

三保太监郑和(1371—1435),本姓马,原名文和,小字三保,回族,云南昆阳(今属昆明晋宁)人,从 10 岁起做明成祖朱棣的太监,后被赐名郑和。永乐三年(1405),郑和奉命与副使王景弘率领一支庞大的船队第一次"下西洋"进行远航旅行。船队共有长 44 丈、宽 18 丈的"宝船"62 条,船员 27 800 多人,船队由今上海与江苏省交界处的浏河出发,经福建、虎门扬帆南下到爪哇(今印度尼西亚)、暹罗(今泰国)、满剌加(今马六甲)、苏门答腊、忽鲁漠斯及非洲东岸等地,历时两年三个月返回。此后从永乐六年至宣德八年(1408—1433)相继率船队远航 6 次。郑和前后出使 7 次,历时 28 年,纵横于太平洋和印度洋,沧海旅途 10 余万里,出访和游历了亚洲和非洲 30 多个国家和地区,最远到达非洲东岸和红海海口。郑和航海促进了中国和亚非各国的经济、文化交流,这是中国也是世界航海旅行史上规模空前的伟大创举。

9. 清代帝王巡游

清以前曾出现三次高潮,其中秦始皇一次,汉武帝一次,隋炀帝一次。清代主要是康熙、乾隆时,宫廷旅游再一次掀起高潮。康熙、乾隆爱好巡游,曾一前一后,各自六下江南。

鸦片战争以后,中国沦入半封建半殖民地的深渊,在这种形势下,旅游也趋于外向,包括下南洋、打工。清政府与列强建立外交关系,向西方各国派驻使节。有些家庭派子女接受西式教育,游学欧美。爱国人士在戊戌变法失败后,逃亡海外,结交同志,组织革命团体。

2.1.3 古代水上旅行的特点

旅行活动的兴起和发展同一个国家或地区的政治、经济状况有直接的关系,从整个古代时期来看,旅行活动主要繁荣在古代文明国家,如古希腊、古罗马、古埃及和古中国等。

古代旅行中商务旅行人数较多,一直处于主导地位。西方和中亚由于政教合一,宗教旅行较为活跃。而在东方,帝王巡游和文人旅行对社会产生较大的影响。

古代旅行参加人数有限,消遣性旅行只限于统治阶级及其附庸阶层人士。

旅行活动的范围与交通工具有很大的关系,在古代旅行时期,主要的交通工具是马车、船,速度较慢,所以决定当时的旅行仅是区域旅行活动。

2.2　近代水上旅游

2.2.1　孕育阶段

从整个世界的旅游发展史来看,到 19 世纪中叶,旅游活动才真正作为一个产业开始出现,而这种变化原因主要归功于产业革命的影响。从 18 世纪中叶一直延续到 19 世纪中叶,世界主要资本主义国家相继完成产业革命,它促进交通方式的变革、经济的快速发展、人们购买能力的提高,同时也为旅游业发展提供了巨大的需求市场,需求的发展刺激旅游供给的发展。

近代水上旅游发源于18世纪早期,根据历史文献记载,世界上最早的为城市居民提供的海水浴出现于1730年英国的斯盖堡拉和布赖顿。后来,随着海水对某些疾病的治疗功能的发现和海水浴的推广,诞生了专门的海滨疗养地。至此,滨海旅游的雏形开始形成。

2.2.2 诞生阶段

近代蒸汽动力技术的产生,主要源于当时的社会生产的直接推动和当时的实验科学的长期孕育。英国资产阶级革命为资本主义的发展扫清了道路,在工厂手工业的迅速发展中,社会需要促使了早期蒸汽机的问世。1705年,纽可门、考利和赛维利一道,终于试制出了第一台真正算得上是动力机的蒸汽机。早期蒸汽动力技术的发展,已最初向人类社会预告了即将兴起的第一次工业革命的信息,特别是预告了蒸汽时代的即将到来。1769年,瓦特在新设计的蒸汽机上安装曲轴、连杆等器件,使它更为自动化。这些重大的改进,使工厂和交通运输等方面都能使用蒸汽机,因此蒸汽动力的巨大潜能被逐渐地发掘了出来。从总体上来看,蒸汽时代的两项技术对后来交通和旅行业务的增长产生持久的影响,其中一项就是火车的发明。

1814年,史蒂芬孙研制了一台蒸汽机车,能以每小时6公里多的速度牵引8辆装有30吨煤的货车。经过不断改进,1825年,他驾驶自己设计的机车,运载450名旅客,以每小时24千米的速度,从达灵顿驶到斯托克顿。后来,各界人士请他修建利物浦至曼彻斯特的铁路,64千米铁路建成后,曾举行一次机车比赛,他的新机车"火箭号",以时速58千米获胜。1825年9月,由美国人斯蒂芬森负责建造了世界上第一条铁路,开创了陆路现代化运输新纪元。在英国,1830年修建利物浦和曼彻斯特之间的铁路,1839年开始运送旅客。在利物浦与曼彻斯特之间的铁路每公里收费不足1便士,当时的速度是30公里/小时。铁路时代的到来,使人们逐渐抛弃了以马车为交通工具的旅行方式,使一般劳动者能够用低廉价格和较少的时间去享受旅游的乐趣,从而使大规模、远距离的外出旅游活动逐步发展起来。

之后,在英国和欧洲大陆各主要人口中心城市之间修建铁路干线,这些铁路干线后来又逐步延伸到布莱顿等日渐发展的海滨胜地。从此以后,大批休闲旅行者终于有条件前往这些地方了。但是,在铁路运营初期,铁路公司仅是把重点放在满足商务旅游者需求之上。随着短途旅行市场的发育成熟,企业家们便开始以特种车票的方式为公众组织短途旅行,从而刺激了铁路旅行业的发展。短途旅行者一般都乘坐定期的客运列车,但铁路公司有时也增设专列,以便把旅行者运往他们的目的地。如通往斯卡伯勒的铁路于1845年开通还不到12天,从韦克菲尔德将1000名旅客送到海滨的短途列车就开行了。

正如19世纪初铁路在陆地上得到发展一样,蒸汽动力也同样被用来在海上驱动新一代轮船。1807年罗伯特·高尔顿造出一艘长45米的蒸汽机船,用一台英国的博尔顿—瓦特发动机驱动两舷直径4.5米的明轮,由纽约溯哈得孙河,抵奥尔巴尼,240千米航程历时32小时,而帆船需4昼夜。这艘船经加固加宽后,就是著名的"克莱蒙号",是第一艘正式使用的蒸汽机船,又称汽船。它速度快,载量大,缩短旅游时间,降低旅行费用,直接推动了旅游活动的发展。

到1815年,汽船开始在克莱德河、艾冯河和泰晤士河上运送乘客。1833年,伦敦的汽船巡游业开始用大幅广告宣传画招揽游客。到1841年,泰晤士河汽船巡游业的地位已经完全确立,有位出版商还专门出版了一份周刊《汽船巡游导游》。

之后,通往北美洲和远东的远洋航线也已开通,半岛与东方汽船航运公司被认为是首家提供远洋定期汽船服务的公司。该公司于1838年开设了驶往印度和远东的业务,于1840年开设了通往北美大陆的定期服务业务。英国因率先开办了这类远洋定期汽船服务业务而在19世纪下半叶掌握了世界航运业的控制权。但是,没过多久,这条受欢迎的北美洲航线就受到其他主要工业国的挑战。

现代意义的水上旅游几乎是与现代旅游同时产生。早在1871年8月,英国就开始实施"八月海岸休假日"。伴随着欧洲大西洋沿岸以及地中海沿岸冬季避寒疗养地和度假地的出现,世界温带和亚热带滨海旅游日益兴起。这时,滨海旅游的主要目的是疗养康复,旅游产品主要有海水浴、阳光浴、医疗保健以及少量的娱乐活动。

2.2.3 发展阶段

从19世纪末到第二次世界大战结束,为水上旅游的第三阶段发展阶段。科学技术的发展,使人类有足够的能力借助于工具深入海洋游乐。因而在这一阶段,人类不再局限于滨海旅游,而是在海面、海底、洋面上进行旅游活动。主要的旅游产品除传统的海水浴、阳光浴、医疗保健外,还出现了一些水上运动和水上游乐项目,如滑水、划船、空中跳伞、潜水、帆船、邮轮、垂钓等。海洋旅游开发成为一项有利可图的投资,欧美一些著名的滨海建起了种类繁多的娱乐设施。同时,地中海成为世界著名的海洋旅游中心,加勒比海等热带滨海旅游也开始引人注目。海滨旅游资源的开发与保健有很大的关系。在英国,直到18世纪初,那种海水与健康有关的说法才为人们所接受,于是英国海滨旅游地开始兴起,如斯卡伯勒城、布赖顿等。而海水浴的普及却归功于R.拉塞尔医生,他于1752年发表著名的医学论文《论海水在治疗腺状组织疾病方面的作用》。因此,新的海滨度假地纷纷崛起。但是,当时海上的交通工具主要是汽轮,其缓慢的速度限制了海滨旅游业的发展。

二战以后,随着全球经济稳定持续地发展,旅游活动首先在发达欧美国家流行起来。地中海式气候,常年多雨,温暖潮湿,所以助长欧洲国家旅游者对海滨旅游的向往。并且,"二战"以后,喷气式飞机大量使用,使长距离旅行成为可能。于是,"二战"之后,海滨成为大众旅游的目的地。

从全球海滨旅游目的地的分布来看,地中海地区是最古老的海滨目的地,它具体包括西班牙驰名世界的三大海滨旅游区,包括西南部的"太阳海岸"(从南海岸的阿尔梅里亚的马拉加附近),以"幸福岛"闻名的加那利群岛,以"地中海浴池"闻名的巴里阿里群岛;还有法国芒通市的"蓝色海岸"、意大利的亚得里亚海海滨等。之后,加勒比海地区开始兴起,它包括美国的迈阿密、古巴的巴拉德罗、小安得列斯群岛西南的阿鲁巴、开曼群岛等;东亚太平洋地区可以说是最年轻的海滨目的地,如印度尼西亚的巴厘岛、泰国的普吉岛和帕塔亚、马来西亚的槟榔屿、菲律宾的宿务、澳大利亚的布里斯班的"黄金海岸"、马来西亚的槟榔屿等。

随着海滨旅游者迅速地增加,饭店和宾馆在这些游览地也大量出现,如在美国,分时度假分布最为集中的就是在佛罗里达州。同时,海滨旅游地的开发也带来大量的环境问题、垃圾问题、水质下降问题、涂鸦等。

这一阶段水上旅游业发展的动力有：

第一，汽车工业迅速发展，外出旅游变得更加方便，旅游的质量和效率大大提高。

第二，造船工业的发展，使得专门用来游乐的船只出现。

第三，回归自然观念的出现。工业化的迅速扩张使人们对喧嚣的城市生活越来越不适应，人们开始怀念自然世界，去滨海旅游、休闲、度假成为旅游者们的共同向往。

第四，由于经济发展，具备外出旅游经济实力的人不断增多。

2.2.4 繁荣阶段

第二次世界大战以后，世界水上旅游出现空前的繁荣，在旅游产品方面，原有的产品因引入了高科技而不断创新；新的旅游项目，如度假村、海底隧道、玻璃船、水族馆、大型水上游乐园等日新月异地涌现。人类对水上旅游产品的需求也逐步向高品质迈进。

这一时期，促进水上旅游繁荣的新动力主要有：

第一，飞机成为民用交通工具。作为20世纪最伟大的交通革命，飞机的普及使国际旅游成为现实。

第二，和平。和平不仅带来了经济的飞速发展，而且大大改善了国际间的关系，改变了人类国际交往的观念，许多国家相继制定了互免签证、自由兑换货币、开放对外国际航线等一系列政策，对国际旅游业起了巨大的推动作用。

第三，旅游意识增强。随着经济的快速增长、居民收入的普遍提高以及城市化、工业化弊端的日益凸显，人们的旅游观念也随之改变，旅游不再是奢侈的、可有可无的观光或休闲活动，而是不可缺少的生活内容，旅游消费是一种当然的和必需的生活开支。

第四，第三世界国家独立运动。第二次世界大战后，南美洲、亚洲、非洲等地的殖民地相继出现了国家独立运动。一些新型国家诞生，使得具有良好自然条件的国家有足够的精力开发海洋旅游资源，如东南亚的新加坡、马来西亚、印度尼西亚，加勒比地区的牙买加、巴哈马，地中海中的塞浦路斯、马耳他等。现在这些国家都已成为世界海洋旅游的重要地区。

这一时期水上旅游的特点主要有：

第一，地域广泛。海洋旅游从欧洲的大西洋沿岸及地中海地区扩大到世界各地，几乎所有拥有良好自然条件的国家和地区，都已不同程度地进行了开发。

第二，热带滨海成为水上旅游的主要目的地。第二次世界大战后，热带滨海旅游迅速崛起，加勒比、南中国海、夏威夷、澳大利亚等地区，已经成为新的旅游天堂，而波罗的海及大西洋沿岸的温带旅游胜地渐渐地退居二线。

第三，水上旅游成为世界旅游业中发展速度最快的一类旅游。旅游业已经成为某些沿海国家和地区的主要创汇来源，成为国民经济的支柱产业或龙头产业，部分国家或地区（尤其是海岛地区，如巴哈马、百慕大、开曼群岛等）旅游及相关产业在国民经济中的比重甚至超过了50%，人类对海洋旅游的需求也日益旺盛。海洋旅游的概念成为了人类生活中的重要概念。

第四，这一时期也涌现了大批邮轮，这些邮轮游弋于蔚蓝的大洋之中，穿梭于繁华的沿海都市。

在新世纪里,随着人类亲水意识的提高,水上旅游终于成了人类生活中的一个重要事项,而水上旅游概念则成为最频繁使用的字眼之一。滨海旅游、海洋旅游作为水上旅游的一个区域概念,已渐渐融合在水上旅游的说法之中。

2.3 水上旅游发展现状

地球表面面积约为 $5.1×10^8$ 平方千米,其中海洋表面面积约为 $3.61×10^8$ 平方千米,占 71%,是陆地面积的 2.4 倍。在茫茫的海洋中,散布着大大小小 5 万多个岛屿,犹如形状各异的玉石镶嵌在蔚蓝的海面上。目前全世界约有 250 个国家和地区,除 44 个国家和地区属完全内陆国外,其余 200 多个国家和地区均有领土与大海相连,均有自己的海岸线,其中大洋洲是唯一没有内陆国的洲。水上旅游已成为旅游业重心,受到世界各国、各地区广泛重视。要全面描述世界水上旅游是困难的,本节重点对四个水上旅游热点地区进行讨论,即地中海区、加勒比海区、大洋洲区和东南亚地区。

2.3.1 地中海区

1.地理位置

地中海位于欧、亚、非三洲之间,是世界上最大的陆间海。东西长约 4000 千米,南北最宽约 1800 千米,总面积约 250 多万平方千米。地中海是世界上最重要、最繁忙的水上通道。

地中海沿岸的国家共有 21 个,北面有西班牙、法国、意大利、斯洛文尼亚、克罗地亚、波斯尼亚和黑塞哥维那(简称波黑)、南斯拉夫、阿尔巴尼亚、希腊 9 个欧洲国家;东南有土耳其、叙利亚、黎巴嫩、以色列、巴勒斯坦 5 个亚洲国家和地区;南面有摩洛哥、阿尔及利亚、突尼斯、利比亚和埃及 5 个非洲国家;另外还有马耳他和塞浦路斯两个岛国。

2.旅游业概况

从地区旅游业来考察,地中海区的旅游业是世界上旅游业最发达的,无论从大旅游的角度,还是从水上旅游的角度来对比,地中海都处于世界领先地位。据世界旅游组织统计 2006 年全世界国际游客到达量及市场占有量最大的国家,排名前五位的是法国、西班牙、美国、意大利和中国,其中地中海区三国国际游客到达总量为 1685 百万人,市场占有率为 24.1%。

在地中海地区各国旅游业发达程度有较大差别,欧洲 9 国旅游业发达,中东与北非的旅游业有些逊色,但增长迅速。世界旅游组织统计资料表明,2003 年埃及、摩洛哥和突尼斯北非三国分别增长 49%、17% 和 19%。2004 年,中东地区平均增长了 20%,紧靠地中海的黎巴嫩则增长了 30%。综上可见,地中海地区在世界旅游业中占有重要的地位,而且潜力巨大,发展迅速。

3.水上旅游业发展的优势

地中海地区旅游业发达与丰富的人文资源与自然资源密切相关。

(1) 历史文化悠久灿烂

在人文资源方面,地中海的历史文化蕴藏,是加勒比地区、大洋洲甚至东南亚地区都无法企及的。地中海是人类文明的发祥地之一。在地中海北部的爱琴海曾孕育了古希腊文明和古罗马文明,在地中海东岸曾孕育了古犹太文明,在地中海南部曾孕育了古埃及文明。在地中海地区,古代文化遗迹遍布各地,最著名的有开罗金字塔、耶路撒冷的三大宗教圣地、罗马科洛赛奥竞技场、梵蒂冈、雅典卫城等。地中海还是近代世界文化的摇篮,如意大利的佛罗伦萨、米兰、威尼斯,法国的马赛等。地中海孕育了世界文明,也出现了许多世界名人,灿若繁星,如古希腊的荷马、苏格拉底、柏拉图,古罗马的亚里士多德、恺撒、亚历山大,再如意大利的但丁、达·芬奇、米开朗琪罗、拉斐尔、哥伦布、马可·波罗等等。有关他们的遗迹散布各处,马可·波罗在水城威尼斯的故居至今保存完好。

地中海还有许许多多神话传说,特别是希腊神话,描述了古代希腊人所信仰的众多神灵的故事,如宇宙之神宙斯、海神波塞冬、美丽之神阿芙罗狄忒(维纳斯)。到希腊旅游,这些希腊神话会陪伴你走进人类的历史,撇开这些神话,人们的旅程将黯然失色。

(2) 海岛海滨旅游资源异常丰富

地中海沿岸有漫长的海岸线,其北部和东部海岸线曲折而多港湾,北非海岸则较为平直。大多数沿海国家都有可供旅游开发的海滩,其中最著名的要数西班牙的"太阳海岸""布拉瓦海岸"和突尼斯的"珊瑚海岸"。

地中海有众多岛屿,主要集中在爱琴海,在诸多岛屿中,意大利的西西里岛、撒丁岛及塞浦路斯的塞浦路斯岛依次为前三大岛屿,而那些旅游业颇为发达的岛屿则被人们称为旅游岛,如西班牙的巴利阿里群岛、法国科西嘉岛、希腊的罗得岛和克里特岛及马耳他岛和塞浦路斯等。这些岛屿既有自然资源,又有历史文化资源。其中意大利卡普里岛是闻名于世的旅游岛,被称为欧洲旅游中心。卡普里岛位于那不勒斯湾。公元前29年,罗马皇帝奥古斯都看中了这个小岛(10.4平方千米),开始在岛上建造避暑行宫,此后历代帝王、公侯不断扩建,逐渐成为欧洲最著名的海丘游览地。除了历代行宫,其主要旅游资源还有海滨浴场、蓝洞、植物。其中蓝洞神秘莫测,为欧洲一大自然奇观,洞内,从水面射出的蓝光如同蓝宝石一样柔和。另外值得一提的是著名的死海,它位于约旦与以色列之间,南北长约80千米,东西宽约5~16千米,面积1049平方千米。湖面比地中海海面低392米,平均深度301米,最大深度约400米,为世界陆地最低点。湖水含盐量极高。水中除细菌外,水生动植物不能生存,沿岸树木也很少,故称死海。死海中,人可浮在水面上。此地氧气异常充足,是一处奇特的旅游资源。

(3) 地理位置、气候优越

地中海地理位置优越,正如前述,它跨越欧、亚、非三大洲,自古以来就是人类文化、经济、政治交流的汇合处。地中海沿岸国家不管是陆路还是海路交通均颇方便,西亚与南欧陆域相连,北非与南欧也非常近,如摩洛哥与西班牙之间仅隔14千米水路,突尼斯与意大利仅隔一条突尼斯海峡,这为地中海沿岸国家之间和其他地区的游客之间交流提供了极大方便,也使地中海地区成为世界三大邮轮旅游中心区之一。

地中海地区气候特别,因之被命名为"地中海气候"。这种气候特征是冬季温和多雨,夏季炎热干燥,昼夜温差较大。一年分为夏冬两季,7、8月份气温最高,在22~28℃之间;12月、1月、2月气温最低,在4~10℃。年降水量为300~1000毫米,降水量季节分配不均,集中在冬季。无台风、海啸等灾害性天气。地中海气候是发展海洋旅游的有利条件。

(4)市场优势

地中海区主要客源来自西欧、北欧国家,这些国家经济繁荣,人民殷富,出国度假成为这些国家普通公民的一种生活方式。由于文化渊源、交通便捷及温带、亚热带迷人的美景,地中海对他们有强大吸引力。

2.3.2 加勒比海区

1. 地理位置

加勒比海位于大西洋西海岸的大小安的列斯群岛、南美大陆和中美洲之间。东面和东北面穿过小安的列斯群岛与大西洋相连;北面经海峡,与巴哈马群岛隔海相望;西北面经墨西哥与古巴之间的尤卡坦海峡与墨西哥湾相通;南部经巴拿马运河与太平洋沟通。加勒比海的位置具有十分重要的战略意义,故有"美洲地中海"之称。加勒比海东西最宽2800千米,南北最长约1400千米,总面积275.4万平方千米。

加勒比海区的国家和地区有30多个,有大小安的列斯群岛上的古巴、牙买加、海地、多米尼克(多米尼加联邦)、波多黎各(美属)、圣基茨和尼维斯、安提瓜和巴布达、多米尼加共和国、圣卢西亚、圣文林森和格林纳丁斯、巴巴多斯、格林纳达、特立尼达和多巴哥等;有中美洲的墨西哥、伯利兹、危地马拉、洪都拉斯、萨尔瓦多、尼加拉瓜、哥斯达黎加、巴拿马;有南美大陆的委内瑞拉、哥伦比亚。值得一提的是,我们将大安的列斯群岛以北的巴哈马群岛及孤悬美国东部的大西洋中的百慕大群岛都归属这一旅游地区。巴哈马群岛上有巴哈马国,百慕大群岛属英国。

2. 旅游业概况

加勒比海是世界旅游业发达地区。除墨西哥外,旅游业繁荣、兴旺的地区主要分布在大、小安的列斯群岛,巴哈马群岛和百慕大群岛,其中大安的列斯群岛稍为逊色。中美洲和南美洲北部各国的旅游业则表现平平。按年接待游客人数和创汇计算,墨西哥在加勒比海地区均排列第一位,处于第二、三、四位的分别是波多黎各(美属)、巴哈马和多米尼加共和国。加勒比海区的不少国家和岛屿,人口少,面积小,如果按人均接待游客人数和人均创汇来计算的话,一些名不见经传的小岛,成绩斐然,如安提瓜和巴布达、克里斯托费和尼维斯、维尔京群岛(美属)、安的列斯(荷属)、安的列斯(英属)等海洋旅游业都比较发达。

3. 水上旅游业发展的优势

(1)自然资源丰富

与地中海区相比,加勒比海区的人文资源远为逊色,但自然资源却稍胜一筹,加勒比海地处热带区,其热带海洋风光别具一格。加勒比海有众多的星罗棋布的珊瑚礁,是开发海洋旅游的宝贵资源。在巴哈马的安德罗斯岛有仅次于澳大利亚大堡礁的珊瑚礁。这些珊瑚礁像雕塑、像绘画、像林园,五光十色,美不胜收。为利用丰富的珊瑚资源,巴哈马在安德罗斯岛和拿骚等许多地方建立了海底公园,游客可坐玻璃游艇观看海底珊瑚、鱼类和植物。

众多的海岛、漫长的海岸线、未被工业污染的秀丽的自然风光,为海上游乐和度假休闲提供了宝贵的资源。为了保护这种工业社会稀缺的"世外桃源"特色,百慕大实行"反汽车"政策,限制汽车在岛上的数量。

加勒比海地区到处都是高塔般的悬崖和礁石、拥有峭壁的海湾、奇特的溶洞等,特别是牙买加的大瀑布、泉水为加勒比一绝。而墨西哥的火山众多,有 300 多座,形成了奇特的地貌景观。

(2)地理优势

加勒比海地处南、北美洲中部,海上交通发达,为南北美洲的海运中心,也是世界邮轮旅游的中心区之一。加勒比海区海港星罗棋布,世界著名的巴拿马运河为本地区的航运要道。加勒比不仅是海运中心,而且是南北美洲之间的航空枢纽和陆上交通要道,南北美洲之间的飞机都要在这里中转或加油,世界各地都有航班飞抵加勒比。另有"泛美公路"纵贯中美地峡。便利的海陆空交通,不仅为世界各国游客进出加勒比海提供了方便,而且吸引了许多美国和本区的旅游者自驾车或船来旅游,从而大大增加了旅游的灵活性和形式的多样性,扩大了短线游客队伍。

(3)市场优势

加勒比海区紧靠北美大陆的美国和加拿大,这两个国家经济发达、人口众多,加之本土地处寒带、温带和亚热带,缺乏热带气候和海岛环境,故加勒比对他们具有极大吸引力。2002 年,美国和加拿大出国旅游支出分别为 563 亿美元和 105 亿美元,为世界第一位和第七位。特别是美国,出游人数多,其中度假旅游者比例高,停留时间长,消费高。这是加勒比海旅游业发达的一个极其重要的原因。

(4)语言文化环境优势

加勒比地区曾经是欧美殖民地,至今不少地方仍属美、英、法、荷兰等国,故这里都使用殖民宗主国语言,主要是西班牙语、英语、法语和荷兰语,英语最为通行。在文化习俗上,加勒比各国和地区都受到宗主国巨大影响,以至于可以看作是宗主国的附属文化。到加勒比旅游的多来自西方欧美各国,他们来此旅游不仅没有像到其他语言文化圈的陌生感,反倒有一种主人故地重游之荣,这也是加勒比旅游业繁荣的又一个重要原因。

2.3.3 大洋洲

1.地理位置

大洋洲位于亚洲、南北美洲和南极洲之间的太平洋上,不与任何一洲接壤。距亚、非、欧、美各洲中心甚远,地理位置偏于一隅。除澳大利亚大陆外,大洋洲有大小 1 万多个岛屿,其分布很广。岛屿中以美拉尼西亚、密克罗尼西亚和波利尼西亚为三大群岛。大洋洲区的国家和地区有近 20 个,如澳大利亚、新西兰、巴布亚新几内亚、斐济、瑙鲁、瓦努阿图、夏威夷(美)、关岛(美)、汤加、纽埃等。

2.旅游业概况

大洋洲旅游业同它的经济发展一样极不平衡,夏威夷、澳大利亚、关岛旅游业发达,而其他国家和地区旅游业尚待开发。2004 年夏威夷接待游客近 700 万人次,旅游收入达到

106亿美元(包括美国国内的旅游人数和旅游消费所得收入),两项指标均处大洋洲区前茅。澳大利亚2004年入境旅游人数达760万人次。近年来,海外游客来澳大利亚人数总体呈上升趋势,但以国内游客为主。关岛共17.8万人(2010年),自20世纪90年代以来每年接待游客超过50万人次。

3. 水上旅游业发展的优势

大洋洲具有丰富的旅游资源,如珊瑚礁、火山景观、石灰岩洞穴以及辽阔的海滩。大洋洲是世界上珊瑚礁分布最多、最广,且最美的地区。大洋洲为火山多发地带,其中夏威夷的活火山最为壮观,每年吸引成千上万的游客。此外,由于大洋洲孤悬太平洋上,与其他各洲长久隔绝,故有许多独特的动植物资源,这在澳大利亚有大量分布。大洋洲远离各大洲,各群岛、岛屿间相隔也很远,加之岛屿面积小,开发时间短,因而大洋洲成为目前世界上生态环境最好的一个洲。这一优势对发展度假旅游是世界上任何一地都无法相比的。

2.3.4 东南亚区

东南亚是第二次世界大战后使用的一个新地名。古代中国把这一地区称为"南洋""南海",西方则称为"远印度""外印度""印度群岛"。第二次世界大战期间,盟军设立"东南亚最高统帅部"后,"东南亚"这一名称便被普遍接受和使用。

1. 地理位置

东南亚北接中国,南与澳洲大陆隔海相望,东濒太平洋,西临印度洋,与南亚次大陆的孟加拉、印度接壤。东南亚地理位置非常重要,它地处亚洲和大洋洲、太平洋和印度洋之间的"十字路口",是联系两大洲的桥梁和连接两大洋的纽带。无论是历史上的亚、非、澳各国人民的交往、西方国家对东方殖民地的侵略,还是现代世界各国之间政治、经济、文化往来,都要经过这个"十字路口"。龙目海峡、巴士海峡、巽他海峡、托雷斯海峡等,都是重要的海上通道。马六甲海峡是沟通两大洋的咽喉,包括新加坡海峡在内全长900千米,可通航25万吨巨轮。目前,通过马六甲海峡的各类船舶每年逾10万艘。

2. 旅游业概况

东南亚重视旅游产业是从20世纪五六十年代开始的,其中新加坡开发较早,发展较快,泰国、马来西亚是后起之秀,近年来纷纷取得了很好的成绩。2015年,新加坡共接待外国游客1520万人次,泰国入境旅游人数约达2960万人次,马来西亚2365万人次。东南亚地区旅游业发展一直稳步增长,但在2003年受"非典"影响,旅游业受挫。2004年岁末部分国家又遭受海啸灾难,2005年印度尼西亚发生强烈地震,2009年全球性的金融危机使该地区旅游业再次遭受重创。

3. 水上旅游业发展的优势

东南亚发展海洋旅游有许多优势,如地理位置的优势,背靠亚欧大陆的市场优势,另外其海洋旅游资源也极其丰富。

(1)星罗棋布的海岛

马来群岛拥有的岛屿之多,为世界之最。菲律宾拥有7100多个岛屿,印尼则有17 508个,两者均号称"千岛之国"。其他几国均有众多岛屿,就连弹丸之地的新加坡也有50多个小岛。这些都是东南亚各国开发海洋旅游的重要资源。东南亚开发了许多闻名于世的旅游岛,如印度尼西亚的巴厘岛、马来西亚的槟榔屿及泰国的普吉岛等等。

(2) 曲折的海岸线和优质的沙滩

东南亚各国都有漫长、曲折的海岸线,其中印度尼西亚就有 3.5 万多千米。海岸线上海岸景观有沙滩、红树林及奇特海蚀石等。其中菲律宾的海峡景观确为一奇,其圣胡安尼科海峡为世界上最窄的海峡。1973 年,在海峡上建成了一座马科斯大桥。大桥造型呈 S 形,全长 21.6 千米,共 43 个桥墩,桥身宽 75 米,大桥左右遍布长满椰树的小岛,好似翠绿浮萍,如今这里已成为菲律宾重要的旅游景观。东南亚各国都有众多沙滩,有利于发展海滨观光度假旅游。著名的有马来西亚的柔佛州的迪河鲁、泰国的芭堤雅等。而芭堤雅被誉为"东方夏威夷""泰国夏威夷",同西班牙太阳海岸、澳大利亚黄金海岸及美国夏威夷一起被旅游者称为世界上最迷人的海滩、最理想的度假胜地。在芭堤雅沙滩不仅水上运动广泛开展,而且可乘坐玻璃船观赏色彩斑斓的珊瑚和热带鱼。

(3) 壮丽的火山景观

火山景观是许多海岛海滨旅游地共有的旅游资源,地中海、加勒比海及大洋洲多有分布,但以东南亚火山景观资源最为丰富。菲律宾与印度尼西亚有许多火山,印度尼西亚是世界上火山资源最丰富的国家,几乎各岛都有火山。据统计全国有 400 多座火山,其中活火山就有 120 多座,而世界上活火山总共才 600 余座。火山爆发给当地人民带来了灾难,但火山堆积物也形成了大量的自然奇观,为发展旅游业提供了宝贵资源。菲律宾吕宋岛上的马荣火山,海拔 2421 米,是菲律宾最大的活火山,山体呈圆锥形,周长 130 千米,独兀傲立于一片椰子树和稻田的绿色平原中间,十分雄伟,极似日本富士山,故有"菲律宾的富士山"之称。

(4) 多彩的民族风情

东南亚共有 100 多个民族、几百种语言。既有许多古老民族,又有外来的华人、印度人、阿拉伯人及欧洲白人;既有本地传统文化,又有伊斯兰文化、佛教文化、天主教文化和儒家文化,还有西方现代文化。因此东南亚,尤其是东南亚的岛国几乎可以称为"民族博物馆"和"文化博物馆"。特别是一些与世隔绝的岛上还有许多原始部落,还保持着许多奇特的民俗。如印度尼西亚巴希尔族人从不着衣,并保持文身的习惯,摩鹿加群岛的男性只在腰间系上树叶编成的短蓑衣;伊利安西部的阿斯马特地区居住着 2 万多个处于石器时代的原始部落人,他们仍生活在野蛮蒙昧状态,至今仍保持猎人头、吸脑髓、挂头骨的野蛮习俗。当然东南亚也具有悠久的历史文化与丰富的动植物资源,这里不再加以介绍。

2.4 水上旅游发展趋势

2.4.1 旅游发展的一般趋势

作为一种特殊的旅游活动方式,水上旅游的发展离不开大旅游的背景。2007 年 11 月 12 日在英国首都伦敦开幕的世界旅游交易会发布的《2007 年全球旅游趋势报告》,详细预

测了未来5年内世界旅游的发展新趋势。这对把握水上旅游的发展趋势有很好的借鉴意义。在这份报告中,提出的具体趋势有:

1.英国:带着宠物去旅游

报告说,英国约有4900万只宠物,宠物食品和护理用品的消费支出达到27亿英镑(约合54亿美元),宠物已成为英国人生活中不可或缺的组成部分。带着宠物去旅游的呼声因此日渐强烈,成为英国国内旅游业必须面对的新课题,更是旅游业借此创收的大好时机。报告建议英国旅游业界考虑提供相应的旅游设施与服务,满足这一需求。

2.亚洲:旅游项目进手机

亚洲目前是世界上手机拥有量最大的地区,几乎达到10亿部。手机的大众化和手机短信的低廉费用使手机成为继电视和电脑之后的"第三屏幕",旅游服务运营商将利用手机作为联系消费者和推销旅游项目的重要渠道。

3.北美:偏爱享乐式旅游

北美地区许多居民崇尚"玩命工作,疯狂享乐"的信条,或希望抓住青春的尾巴延长无拘无束的生活;或希望仿效名人休闲方式,在酒店游泳池边举办派对;或喜欢租艘豪华游艇,呼朋唤友狂饮至天明。报告认为,加勒比地区的度假胜地对北美这些追求享乐的游客充满吸引力。

4.南美:"世界尽头"的诱惑

世界最南端的城市位于阿根廷,名叫乌斯怀亚,被称为"世界尽头"。由于全球媒体都在关注气候变暖问题,加上《帝企鹅日记》等电影的热映,当地旅游业趋热,特别是来自北美和欧洲喜爱冒险的游客希望从这里出发,进行极地探险。游轮业和酒店连锁业也瞄准了这一新兴旅游目的地。

5.西欧:慢节奏让心灵放假

对工作压力很大的人来说,慢节奏旅游是帮助他们放松自己的有效方式。他们喜欢走进大自然的怀抱,享受简单生活的乐趣,在快速运转的世界上放慢自己的脚步。报告预计,随着人们越来越重视环保,到郊区或农场度假以及火车旅游都将进入西欧旅游业主流,成为海滨度假和文化旅游之外的新选择。在西欧,这种旅游方式不仅独具特色,还将带动地方经济。

6.东欧:流动人口返乡游

欧盟东扩为西欧国家带来大量经济移民,廉价航班又使这些移民和其他国际流动人口能经常返乡探亲。返乡旅游项目包括文化遗产游、假日游以及投资居住游,东欧国家将有更多旅行社提供这些特色旅游,以满足境外同胞的需求。

7.中东:宗教旅游潜力大

报告分析说,中东地区其他重要城市已开始效仿阿联酋商业城市迪拜的成功经验,将旅游作为重要收入来源之一。目前,中东国家尚未针对全球穆斯林开发特色旅游产品,这意味着宗教旅游的潜力巨大。宗教旅游不仅将吸引中东地区居民,还能让世界各地的穆斯林纷至沓来。

8.非洲:北非游蒸蒸日上

在北非摩洛哥,由于政府鼓励外资,并采取多项措施在海外宣传摩洛哥作为旅游目的地的优势,加上廉价航班的出现,使摩洛哥成为北非旅游的后起之秀,吸引众多欧洲国家的游客。报告同时预测说,突尼斯和埃及的旅游业目前相当成功,今后还将更上一层楼。

2.4.2 水上旅游的发展趋势

1. 水上旅游资源扩展

从世界范围内看,目前水上旅游资源主要还是依托海洋。海洋旅游的主要客观因素如海水的质量、海水的温度、海上的天气情况、海里的生物资源状况等,都是海洋旅游活动开展的主要客观因素。赤道南北纬30度之间的表层海水平均温度为25~27℃,四季变换不是很明显,可全年开展水上活动;此处岛屿资源丰富,往往也是生物资源丰富,且多具有观赏价值。所以,就自然条件而言,赤道低纬度带将继续成为世界水上旅游的中心,比如地中海区、加勒比海区、大洋洲区和东南亚地区。

成为水上旅游中心的条件除了自然条件的优越之外,还要求该地区有区位优势,区位优势包括地理位置优势、人文环境优势、经济环境优势等。具备优越地理位置的地方往往交通业比较发达,能为游客出入旅游区提供便利的交通条件。经济环境的优势不仅是指该区本身经济较发达,而且还包括周边地区经济的发达。经济环境优势为水上旅游提供了市场保证。从这个意义上来说,人文、自然资源丰富的大江大河将有可能与海洋旅游中心并肩。如中国的长江、黄河,欧洲的莱茵河、多瑙河,非洲的尼罗河,西亚的幼发拉底河和底格里斯河,印度的恒河等自然资源、人文资源禀赋特别的河流区域都有可能成为新的水上旅游中心。

2. 水上旅游产品层出不穷

在这些大旅游的宏观背景下,水上旅游产品必然会有新的发展动向。传统的水上旅游产品得到了发展,也出现了一些新的水上旅游产品。例如在海洋渔业捕捞技术、船舶制造技术等发展的基础上出现和发展起来的休闲渔业,载重吨位巨大、设施豪华的现代海洋邮轮,深海潜水等。2009年12月下水的"海洋绿洲"号邮轮,堪称水上旅游巨无霸,为世界最大且造价最昂贵,历经3年时间建造。这艘巨轮设计别出心裁,带有剧院、赌场、商店、游泳池、露天公园以及攀岩场地。"海洋绿洲"号造价大约14亿美元,长360米,宽47米,吃水线上高65米。邮轮大小为"泰坦尼克"号的5倍,连美国军方"尼米兹"级航空母舰都相形见绌。这艘巨型邮轮共有十几层,可容纳2000余名船员和6000多名游客,载客量比已运营的最大邮轮多出近5成。2015年和2016年下水的姊妹船"海洋量子"号和"海洋礼赞"号均是为亚太市场量身定做的豪华邮轮,虽然体积上稍比"海洋绿洲"号精致点,却也是目前中国市场上的佼佼者,有16.8万吨,各种高科技、娱乐设施纷纷搬到了邮轮上,吸引了众多邮轮爱好者和潜在邮轮爱好者的眼球。

现代人观念的转变也促使海洋旅游项目的更新。如乘坐竹筏海上冒险漂流、荒岛探险等。总之,现代海洋旅游项目不单是以休闲观光为主的被动式旅游,游客亲自参与的主动式旅游项目日渐增多。

总之,水上旅游的产生与发展和旅游业的发展密不可分,从早期旅游发展开始,就已经有了水上旅游的雏形;而现在,随着人们的生活水平日渐提高,传统的旅游已不能满足其精神的需求,逐渐重视休闲旅游的发展,水上旅游作为一种新型的休闲旅游方式,受到越来越多的关注。未来,水上旅游将会是旅游行业中的主力军。

思考题

1. 简述近代旅游的各个发展阶段。
2. 地中海区、加勒比海区、大洋洲区和东南亚地区四个地区水上旅游发展现状如何?各地区水上旅游发展有何优势?
3. 请找一个发展成熟的海滨城市,简述该城市水上旅游的发展。
4. 谈谈你对世界水上旅游发展现状的认识。与水上旅游发达地区相比,我国发展水上旅游有何优势?

 案例分析

北戴河旅游的发展

北戴河旅游区的形成和发展经历了100多年的历史,这其中既有它自身拥有的区位优势,又需要各种发展机遇,其最重要的就是可进入性和政府的扶持。我国旅游业的发展从过去到现在都离不开政府的干预和指导。水上旅游需求总是和其他旅游需求同步,在近代甚至早于其他旅游需求,这使得水上旅游具有更好的发展优势。

1. 第一个由中央政府确定的避暑地

1898年3月,在帝国主义列强的侵略下丢失了诸多国家主权,但又在维新思想冲击下不甘于丢失天朝面子的清朝政府,急急忙忙地宣布与北戴河海滨毗邻的秦皇岛为"自开口岸"。按照当时规定,"自开口岸"内是"不准划作租界"的,但作为自开口岸预留地的北戴河海滨域内已有外国人居住且建有教堂,外国人很可能借机闹事,划分租界。为此,清政府派出津海关道李岷琛、候选道王修植、开平矿务局总办周学熙、海关税务司杜维德等人前去勘定:赤土山以东至秦皇岛作为通商口岸,而北戴河以东至金山嘴沿海内3里及往东至秦皇岛对面为各国人士避暑地,准许中外人士相杂居住。北戴河海滨因此成为中国历史上第一个由国家开辟确定的中外人士避暑地,也即各国人士旅游区。

2. 第一条旅游专用铁路支线

1917年,为了方便从北京、天津到北戴河海滨避暑旅游的人们,经当时的交通总长许世英同意,创设了中国第一条旅游专用铁路支线——从北戴河火车站至海滨的旅游铁路支线。该支线每年5月1日开始通车,10月30日停止行驶,每逢春节加开专车。海滨(火车站)至北戴河(火车站)这条旅游支线上每天开4趟往返车,以接应干线(津榆铁路线)列车上下的游客。在通车时间各火车大站都售往返海滨的游览票,票上注明有效期限为5月至10月。旅游专车还设有往返北京、天津的夜车。1934年,北京铁路局决定北戴河至海滨旅游铁路支线改为常年通车,每天列车依然往返4次,与干线列车衔接。

3. 第一条旅游专用航线

1921年夏,南苑航空署开辟了中国历史上第一条旅游专用航线——北京到北戴河海滨的旅游航班,航班每星期五下午3时由北京南苑机场起飞,大约2小时后在北戴河海滨赤土山机场降落,每星期一上午8时由北戴河海滨回北京。使用的是当时美国最新式的维梅商用飞机,可容乘客10人,每人准带行李30磅,同时兼办邮件。此线首航日是1921年8月12日,当时发有首航封。

4. 新中国第一个休疗养区

1948年11月26日北戴河海滨区宣告解放。1949年4月中共中央组织部招待所的几位负责人即到北戴河海滨组建中共中央组织部疗养院,当时他们在西山(今莲蓬山)一带共接收和买下了100多幢房子。与此同时,全国工会系统、中央的一些部委及北京市、天津市与河北省的一些机关单位纷纷在北戴河建起了劳动模范休养所和疗养院。到1954年,北戴河休养、疗养院(所)达到29个,成了新中国第一个也是最大的休疗养区。

5. 全党工作重点转移后办旅游的第一个重大举措实施

1979年2月4日,距中共十一届三中全会结束后才一个多月,《人民日报》在报眼的特殊位置发表了一条重要消息:"党中央、国务院决定,北戴河休养区拨给旅游部门接待外宾使用。"这是全党工作重点转移后办旅游的第一个重大举措。这条简明新闻一石激起千层浪,不仅引起了有关部门与地区的极大重视,也引起了海内外舆论界的密切关注。国内庐山、杭州、济南、大连等地纷纷效仿,把高级招待所交给旅游部门办旅游。

中共中央和国务院的上述决定见报后,作为国家旅游主管部门的中国旅行游览事业管理总局立即与中办管理局、国务院机关事务管理局和总参管理局联系,交换有关交接的意见。河北省委、省政府根据中央精神也作出决定,将省直在北戴河的休养所拨给旅游部门使用。旅游总局党组还邀请河北省委共同商定休养所的管理体制及筹建成立中国国际旅行社北戴河海滨旅游公司。

1979年5月18日,在中国旅游史上具有特殊意义的中国国际旅行社北戴河海滨旅游公司正式成立。该公司成立后,官办的行政供给制的招待所转变为独立核算的企业,实行企业化管理,开始为国家赚取外汇。

(资料来源:马智丽.北戴河旅游业发展对策研究[D].燕山大学旅游管理,2007.)

结合案例思考以下问题:

(1)促进北戴河旅游业逐渐发展的因素都有哪些?

(2)结合北戴河水上旅游业发展谈谈对中国水上旅游业发展各阶段的认识,并预测未来发展趋势。

(3)对北戴河的水上旅游发展有什么创新化建议?

第 3 章 水上旅游管理理论

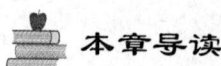
本章导读

　　一位企业老板问一位老师：××老师，你的机构里有没有物理老师，帮我安排一下，对下面的干部都搞个专业培训吧。看着××老师疑惑不解，老板说：你不知道，我们几乎都是机电一体化设备，下面那些干部都没文化，也不懂机械原理，在现场几乎都是乱搞蛮干，就连维护保养都做不到位，导致设备损毁很厉害。你找个人给他们讲讲机械原理吧。

　　确实，不懂得机械原理，就无法在现场处理设备故障和进行设备管理。这个道理很简单，这就像一个不懂汉语拼音的人无法学好汉语以及一个不懂制动原理的司机无法控制车辆是一样的道理。

　　"原理"或"理论"是事物发展的一种基本规律，是在大量观察、实践的基础上，经过归纳、总结和概括而得出的。原理既能指导实践，又必须接受实践的检验。在任何的社会活动中，都必须遵循这种最基本的规律。

　　设备维护保养是这样，企业管理其实也一样，违背了这些基本原理，任何管理行为就一定只能是头痛医头、隔靴搔痒。在当今的管理实践中，雷人的制度层出不穷，荒唐的管理案例不绝于耳，低下的效率比比皆是，这都是因为管理者不学无术、不懂管理规则所致。

3.1　古典管理学理论

　　古典管理理论是管理理论发展的第一个阶段，其产生并形成于19世纪末到20世纪30年代，主要包括以美国的泰勒为代表的"科学管理理论"、法国的法约尔提出的"一般管理理论"以及德国的韦伯提出的"官僚集权组织管理理论"。由于三者都强调用科学的方法进行管理，所以人们又把这个时期的理论统称为"科学管理理论"。

3.1.1　泰勒的科学管理理论

　　泰勒曾在美国米德维尔钢铁厂担任总工程师，其对工人磨洋工现象进行了分析和研究,最终在1991年出版的《科学管理原理》一书中充分阐述了其科学管理的思想。

1. 科学管理理论的主要内容

(1) 进行工时研究

工时研究的目的是制定科学的工作标准。工时研究分为两个阶段,即"分析阶段"和"建设阶段"。在"分析阶段",研究人员把工作的每个动作都分解成尽可能多的简单动作,然后对这些简单动作进行分析,把那些无用的动作去掉,并通过对"第一流的工人"的每个动作进行观察,选择出每一个基本动作的最好的操作方法,并把用最好、最快的操作方法完成的每一个基本动作所需要的时间记录下来,加上一定的百分比(休息、准备与结束时间)。在"建设阶段",建立各种新操作方法和时间的档案,以便尽可能把它们用于其他工作或其他类型的操作上。这样,以后不管遇到什么样的新的工作,只要从工作方法标准档案中找出各种最基本的操作方法和时间加以组合,就可以使每一个新的工作都有最科学的操作方法。用这种操作方法对工人进行训练,就能提高工人的劳动生产率。

(2) 实施标准化

把工人的操作方法、使用的工具、机器、材料及作业的环境标准化。

(3) 实行有差别的计件工资制

差别计件工资制包括三个方面的内容:第一,制定科学的日工作标准;第二,按照工人完成定额的不同情况实行不通的工资率;第三,把工资给"人"而不是给"职位"。

(4) 实行职能工长制

泰勒指出,在传统的组织机构中,为了完满地履行他的职责,一个工长必须具备全面的素质,包括职能、教养、专门的技术性的知识、机智老练、充沛的精力、坚韧刚毅、正直、判断力或常识以及良好的健康状况等。但是,一般人很难完全具备这些素质,而只能具备其中的少数几种。这样,为了使工长有效地履行他的职责,就必须把管理工作细分,使所有的工长只承担一种管理职能。这样一来,同只接受一个上级领导的军队式组织不同,工长就要从几个承担不同职能的上级那里接受命令了。

(5) 实行管理的例外原则

按照例外管理原则的要求,企业的高层管理只集中精力处理企业中的那些重大的经营决策的问题,而把那些经常出现的、重复出现的"例行问题"的解决方法制度化、标准化,并交给企业中的下级人员去处理。

(6) 把计划职能与执行职能分开

为了采取科学的工作方法,泰勒主张把计划职能和执行职能分开,即由专门的计划部门承担计划职能,由所有的工人和工长来承担执行职能。

2. 科学管理理论的基本原理

(1) 建立一门严格的科学

将管理上升到理论的高度,将其作为一门科学来研究,并在实践过程中不断地完善。

(2) 科学地挑选工人

根据工人的素质以及工作要求,建立科学的标准,对工人进行挑选,从而最大限度地提高工作效率。

(3)对工人进行训练和培养

让工人了解科学管理的原理,根据已制定的工作标准来训练和培养工人。

(4)管理部门和工人之间友好合作

管理部门制定工作标准和工作计划,工人负责工作的具体实施,在二者之间他们需要沟通与合作,这样能保证工作计划的完整性以及工作执行的有效性。

3.科学管理理论对人的认识

(1)科学管理理论认为人的本性是"经济人"

即把人当作"经济动物"来看待,认为人的一切行为都是为了最大限度满足自己的私利,工作目的只是为了获得经济报酬。

(2)科学管理理论认为科学管理的实质是心理革命

从根本来说,如何让管理人员可以放心大胆地按照合理有效的规章制度去操作以及怎么让工人心悦诚服地去服从管理是心态自我调节的一个过程,这个过程进行得成功与否关系到科学管理方案能否顺利实行。

(3)科学管理理论强调的是作为"个别"的人

科学管理理论强调的是作为"个别"的人而不是作为组织成员的人,认为管理者应研究每一个下属,对每个人都建立一个档案,记录其优缺点;反对工人成群结伙地工作,否则工作效率低的会影响工作效率高的工人。这些都对工人从个体的角度去考虑,而不是从组织成员的角度去考虑。

4.对科学管理理论的认识与评价

科学管理理论的提出标志着管理作为一门科学已经形成。

(1)"经济人"的认识是科学管理理论对人的本性的基本认识

科学管理理论认为,人们只看重经济利益,根本没有责任心和进取心。这种理论忽视了人的主观积极性和自主性。由于对工人的错误认识,必然导致科学管理理论在实践中的局限性。

(2)提高企业的生产效率是科学管理理论的核心

科学管理理论提出的最终目的就是要提高工作效率,尽可能地获得生产效益,无论是"建立科学的工作标准"还是"计划职能与执行职能分开",都是围绕工作效率的提高而开展的。该理论的提出在当时对企业效率的提高确实有很大帮助,但企业是作为社会整体中的一部分而存在,企业存在的目的不应只是提高生产效率,而是在注重生产效率的同时兼顾社会影响。

(3)用"科学"的方法提高生产效率是科学管理理论的基本特征

科学管理理论认为要提高工作效率就不能运用经验的科学方法,而是要取而代之以科学的工作方法,包括工作定额化、差别计件工资、工作的标准化等。这些"科学"方法有一定的进步性,但却不够全面,没有注意到人有不同的需要,针对不同的需要应该配以不同的激励方法,这样才能更有效地提高工作效率。

(4)科学管理理论强调的是提高企业内部的生产效率

科学管理理论是围绕着个别企业而提出,其旨在强调企业内部的生产效率,这对企业发展来说是值得肯定的。但是该理论却忽视了社会整体效益,忽视了对社会外部整体生产效率的影响。

3.1.2 法约尔的一般管理理论

1.法约尔一般管理理论的基本原则

法约尔提出的一般管理理论认为,管理者在管理过程中的管理职能应包括计划、组织、指挥、协调和控制。对于如何履行这些职能,法约尔提出了管理的14项基本原则。

(1)劳动分工原则

法约尔认为劳动分工属于自然规律。通过劳动分工可以提高人们的熟练程度,从而提高人们的工作效率。

(2)权力与责任原则

即权力要与责任相符原则。所谓权力,就是指挥和要求别人服从的能力或强制力;同时,有权力的地方就有责任,责任是权力的衍生物,是权力的当然结果和必要结果。

(3)纪律原则

纪律是企业同其下属人员之间协定相一致的服从、勤勉、积极、举止及尊敬的表示。纪律是一个企业兴旺发达的关键,没有纪律,任何一个企业都不能兴旺繁荣。

(4)统一指挥原则

对于任何一件工作来说,一个下属人员只应接受一个领导人的命令。如果两个人同时对一个人或者一件事行使权力,就会出现混乱。

(5)统一领导原则

对于力求达到同一目的的全部活动只能有一个领导人和一项计划。

(6)个人利益服从整体利益原则

在一个企业里,一个人或者一些人的利益不能置于企业利益之上。为了坚持这个原则,法约尔认为成功的方法是:第一,领导人的坚定性和好的榜样;第二,尽可能签订公平的协定;第三,认真地监督。

(7)人员报酬原则

法约尔认为人员报酬首先取决于不受雇主的意愿和所属人员的才能影响的一些情况,如生活费用的高低、可雇人员的多少、业务的一般状况、企业的经济地位等,其次再看人员的才能,最后决定采用的报酬方式。

(8)集中原则

就像分工一样,集中是一种必然规律,即"每个动物机体或社会组织中,感觉集中于大脑或者领导部门,从大脑或者领导部门传出指令,使组织各部分运动"。

(9)等级原则

即"从最高权力机构直到底层管理人员领导系列"。贯彻等级制度原则就是要在组织中建立一个不中断的等级链,这个等级链说明了两个方面的问题:一是它表明了组织中各个环节之间的权力关系,通过这个等级链,组织中的成员就可以明确谁可以对谁下指令,谁应该对谁负责;二是这个等级链表明了组织中信息传递的路线,即在一个正式组织中,信息是按照组织的等级系列来传递的。

（10）秩序原则

法约尔所指的秩序原则包括物品的秩序原则和人的社会秩序原则。对于每一件物品来说都有一个最适合它存放的地方，坚持物品的秩序原则就是要使每一件物品都在它应该放的地方。每个人都有他的长处与短处，贯彻人的社会秩序原则就是要确定最适合每个人的能力发挥的工作岗位，然后使每个人都在最能使自己的能力得到发挥的工作岗位上工作，也就是合适的人在合适的位置上。

（11）公平原则

公平原则就是在公道原则的基础上善意地对待员工，也就是在贯彻公道的基础上还要根据实际情况对职工的劳动表现进行善意的评价。

（12）人员稳定原则

法约尔认为："一个人要适应他的新职位，并做到能很好地完成他的工作，这需要时间。"据此，要使一个人的能力得到充分的发挥，就要使他在一个工作岗位上工作一段时间，使他能有时间来熟悉自己的工作，了解自己的工作环境，并获得别人对自己的信任。

（13）首创精神

人的自我实现需要的满足是激励人们的工作热情和工作积极性的有力的刺激因素。因此对于领导者来说，需要有某种勇气并且极有分寸地激发和支持大家的首创精神。

（14）团结一致原则

人们往往由于管理能力的不足，或者由于自私自利，或者由于追求个人的利益而忘记了组织的团结。为了增强组织的团结，法约尔特别提出在组织中要禁止滥用书面联系，而应尽量发挥口头交流的作用。

2.对法约尔一般管理理论的认识与评价

与泰勒的科学管理理论不同，法约尔的管理理论是从一般的角度来研究管理的，是从企业的整体角度来研究如何提高企业的生产效率。其与泰勒的科学管理理论相辅相成，但也有不足之处。例如，他把纪律、首创精神、团结等也作为管理的原则来进行讨论，这是不大适合的。因为这些是组织得以形成运转的因素，并不是科学的管理原则；另外，法约尔反对数学在管理中的应用。

总的来看，法约尔第一次从一般的角度阐述了管理理论，为管理理论的建立提供了一个框架，因此，他对管理理论的贡献是巨大的。

3.1.3 韦伯的官僚集权理论

马克思·韦伯（Max Weber）1864年生于德国，其毕生从事学术研究，并在社会学、政治学、经济学、宗教等方面作出了很大贡献。他在管理学上的贡献就是提出了官僚集权制，认为官僚集权制从技术的角度看是一种理想的组织形式。

1.韦伯关于权力的分类

韦伯认为合法的权力主要有神授的权力、个人魅力型的权力以及法理型的权力，其中只有法理型的权力才能作为科层组织的基础。

(1)神授的权力

这种权力建立在对习惯和古老传统的神圣不可侵犯的基础上,这是一种由族长或部落首领来行使的权力。

(2)个人魅力型权力

这是一种建立在对某个英雄人物或者对某个具有神赋天授品质的人的个人崇拜基础上的权力。

(3)法理型权力

这种权力依据的是对标准规则的模式的"合法化"的信念,或对那些按照标准规则被提升到指挥地位的人的权力的信念。这是一种由法律确定的职位或地位的权力。

2.官僚集权组织的要素

一个官僚集权组织需要具备以下主要要素:

(1)劳动分工

把组织内的工作分解,按照职业专业化对成员进行分工,明文规定每个成员的权利和责任。

(2)连续的指挥链

在组织中建立一个不中断的指挥链,按等级原则对各种公职或者职位进行法定安排,形成一个自上而下的等级链或者等级体系。

(3)广泛的档案系统

对于行政命令、各种条例和决定以及官员的职责等,都要以书面的形式加以记录,形成正式文件。

(4)组织成员的资格

要根据通过正式考核或者经过正式教育而获得的技术资格来挑选组织成员。

(5)组织职位的任命

所有担任公职的人员都是被任命的,而不是被选举出来的。

(6)专职的管理人员

行政管理人员是领取固定薪金的专职人员,而不是他们所管理的单位的所有者。

(7)职责的约束

行政管理人员要遵守有关他的官方职责的记录、规则和制度。这些纪律、规则和制度将制约行政管理人员的行为,使他们的行为能保持理性、客观和公正,不受个人感情的影响。

3.对官僚集权制的评价

(1)理论隐含假设前提的有效性不足

官僚集权制的提出建立在许多假设的基础上,但某些假设未必成立。如官僚集权制强调建立人际关系的非人格化,决策者决策时考虑的职能是规章和程序、合理性和效率。其中隐含的假设是:组织只存在正式组织结构,否认人的情感等社会方面的因素对管理的影响。这些假设前提显然不完全成立。

(2)过分强调组织原则和恪守规章制度

任何制度都不是完善的,过分强调组织原则和规章制度而忽视人性化的一面,容易给员工带来心理上的阴影和工作上的懈怠,不利于组织长期有效地运转。

(3)忽视了在正式组织中存在着非正式组织

正式组织中不可避免地存在非正式组织。非正式组织中的成员因兴趣爱好、价值观、人生观等相似而自发地形成一个个小"团体",他们之间没有等级之分、地位之别,甚至不受组织规章制度的影响。这是官僚集权制所没有注意到的方面。

3.2 现代管理理论的新发展

3.2.1 现代管理理论的产生背景

现代管理理论是指从第二次世界大战以来一直到20世纪80年代初这个历史阶段所形成的西方管理理论。世界经济、科技的发展及人们道德伦理观念的变化是现代管理理论产生的根本原因。

1.战后资源积累的完成又重新提出了提高效率的要求

20世纪20年代末30年代初世界经济危机的发生,使得管理理论研究的重点转向如何满足人在社会和心理方面的需求,以调动人的工作积极性。第二次世界大战结束后,资本主义世界的经济得到了迅速的发展,资本主义世界的资源又以前所未有的速度堆积起来。这种资源积累的完成同样向管理提出了如何对这些资源有效利用的问题。

2.科技的发展为现代管理理论的发展提供了新思想、方法和手段

科技的发展对管理提出了新问题,同时为管理理论的发展提供了新的思想、方法和手段。第二次世界大战后,电子技术、通信技术以及计算机技术的迅速发展对管理提出了新的要求,要求传统管理理念(包括管理思想、管理方法、管理工具、管理手段等)必须有所改变。同时,科技进步在对管理理论提出新要求的同时也为其提供了新思想、新工具和新手段。如电子计算技术的发展为管理、处理大量数据资料提供了可能性。

3.对"人"的本性认识的深化促进了管理理论的发展

任何一种管理理论都是基于对人的认识提出的。第二次世界大战后,人们生活水平在不断提高,自身需求结构也在发生变化,人类在从事社会活动过程中也在不断完善和认识自己。正是人类对自身认识的不断深化,促进了人们对管理活动规律性认识的深化,促进了管理理论的发展。

3.2.2 管理理论的丛林

现代管理理论的发展产生了众多的学派,哈罗德·孔茨(Harold Koontz)在1961年12月美国《管理学会杂志》上将各种管理理论分成6个学派,它们是:管理过程学派、经验或案例学派、人类行为学派、社会系统学派、决策理论学派、数学学派。孔茨认为众多学派众说纷纭,莫衷一是,各种理论交织形成了一个错综复杂的丛林。而其在1980年的《再论管理理论丛林》一文中指出"现在至少有11个学派而不是6个"。这11个学派是:经验或案例学派、人际关系学派、群体行为学派、合作社会系统学派、社会技术系统学派、决策理论学派、系统学派、数学或管理科学学派、权变学派、管理者工作学派和经营管理理论学派。现就其中6个学派主要观点介绍如下。

1. 经营管理理论学派

这个学派又称为"传统学派"或者"管理职能学派",即哈罗德·孔茨所提到的"管理过程学派"。这个学派学者对管理的研究采用一种叫作两步分类的方法,第一步先确定管理者在管理过程中是干什么的,即先确定管理职能;第二步就是对这些职能分别进行研究。

2. 人际关系学派

人际关系学派的基本出发点是:管理就是通过人来完成某些事情,因此,研究管理必须着重于人与人之间的关系。他们以个人心理作为自己理论研究的基础,研究具有社会心理本性的个人行为的动机,认为处理好组织中人与人之间的关系是组织中的管理者能够理解和掌握的一种技巧。

3. 管理科学学派

该学派认为只要管理是一个合乎逻辑的过程,就可以把这个过程用数学的模型来加以描述和表达,也就可以用数学的方法对这个数学模型进行优解。哈罗德·孔茨认为对于这个学派来说,数学模型和数学分析方法对于解决管理中的一些问题是有很大作用的,但它仅仅是一种分析的方法和工具,而不是一种管理的思想学派。

4. 权变学派

权变学派认为不存在最好的、能适应一切情况的管理方法与管理理论。一切只能因情况而异,管理是环境的函数,环境是自变量,管理是因变量。

5. 决策理论学派

决策理论学派是以社会系统论为基础,吸收行为科学和系统论的观点,运用计算机技术和运筹学方法而发展起来的一种理论,主要代表人物是赫伯特·西蒙(Herbert Simon,1916—)。该学派管理思想包括:管理就是决策;用"管理人"的模式替代传统的"经济人"的模式;决策的满意化原则;决策是一个过程;决策分为程序化决策与非程序化决策;决策中的价值要素和事实要素问题。

6. 社会系统学派

社会系统学派创始人是美国高级经理人员和管理学家切斯特·巴纳德(Chester Barnrd,1886—1961)。该学派从社会的角度来研究管理,把企业组织及其成员的相互关系看成是一种协作的社会系统。该学派主要观点:管理人员所拥有的职能以及如何行使这些职能是由组织的本质、特性和过程决定的;把决策而不是作业作为主要研究对象,社会系统理论着重研究的是组织决策过程;通过对组织的本质(组织中人的行为)的描述来研究管理学的问题。

3.2.3 管理理论的新发展

20世纪80年代末90年代初,随着世界经济和科学技术的飞速发展,人类社会进入了由工业社会向信息社会过渡的大变革时代,企业所面临的时代背景和经营环境发生了重大变化。在这种时代背景下，一方面，新的管理理论也应运而生，如比较管理、企业再造、学习型组织、业务流程再造、核心能力、团队精神、管理激励、管理伦理、管理博弈、知识管理、全球化管理等；另一方面，管理门类进一步细化。比如，同一企业关注的管理层面会包括质量管理、信息管理、运营管理、人力资源管理、财务管理、供应商管理、危机管理、创新管理等（本书后面章节将对这些管理内容选择与水上旅游相关的部分进行阐述）。而同一行业则会细分成不同的行业单元。以旅游业为例，现代的旅游业会包括生态旅游、红色旅游、景区景点旅游、探险旅游等。水上旅游即是在旅游业发展过程中，随着经济社会进步以及人们需求结构转变而应运产生的一种时尚旅游，与其相关的理论将在下一节详细介绍。下面就比较管理论、学习型组织理论、业务流程再造以及核心能力分别进行介绍。

1. 比较管理

比较管理研究的是日益增多的跨国公司如何进行管理的问题。研究的问题主要包括各种管理制度的特色和异同、文化所担当的角色以及管理方法如何改变才能适应另一种社会文化的要求，等等。涉及到的管理层面包括组织理论、组织文化、组织行为、人力资源管理以及战略管理等。

2. 学习型组织

1990年，美国麻省理工学院斯隆管理学院的彼得·圣吉（Peter M.Senge）在《第五项修炼——学习型组织的艺术和实务》一书中指出要建立学习型组织的技能，即五项修炼：系统思考、超越自我、改善心智模式、建立共同愿景、团队学习。从此学习型组织成了管理理论和实践的热点。学习型组织不存在单一的模式，而是关于组织及其员工的一种理念，旨在用新的思维方式对组织进行全新的思考。在学习型组织中，每个人都要参与讨论和解决问题，使组织能够进行不断的尝试，改善和提高其能力。

3. 业务流程再造

业务流程再造（BPR）是迈克尔·哈默（Michael Hammer）和詹姆斯·钱皮（James Champy）于1993年在《再造企业》一书中提出的。它是指对企业流程进行根本性的思考和彻底的重建，以期在成本、质量、服务和速度等方面取得显著的改善，使企业最大限度地适应以顾客、竞争、变革为特征的现代企业经营环境。

4. 核心能力

关于企业核心能力代表性的研究是普拉哈德（C.K.Prahalad）与加里·哈默（Cary Hamel）发表的《公司核心能力》一文。所谓核心能力就是"组织中的累积性学识，特别是关于怎样协调不同生产技能和整合各种技术的学识"。他们将多元化公司看成一棵大树，树干是核心产品，树枝是业务单元，叶、花、果是最终产品，而提供营养、保持稳定根系的是企业的核心能力。其中，核心产品是核心能力与最终产品之间的纽带，也是一种或者几种核心能力的实务体现。由于核心能力是企业技术和技能的综合体现，体现了企业的整体竞争力，可实现高于竞争对手的价值，具有进入多种市场的潜力，其他企业难以复制模仿，因而具有持久性，是企业长期竞争优势的源泉。

3.3 水上旅游管理相关理论

3.3.1 休闲经济理论

1. 休闲经济

休闲是 21 世纪的大趋势。休闲正在逐步影响着经济政策和产业结构。国内的专家学者对于休闲概念的界定主要集中在以下三个方面：一是"闲暇时间"，即可自由支配时间；二是"休闲活动"，即个人偏好性活动；三是"精神状态"，即在闲暇时间内获得的精神愉悦和满足。

休闲经济是一种体现着以人为本的人性化经济形态，是指建立在休闲的大众化基础之上，由休闲消费需求和休闲产品供给构筑的经济，是人类社会发展到大众普遍拥有大量的闲暇时间和剩余财富的社会时代产生的经济现象。休闲经济一方面体现着人们在闲暇时间的休闲消费活动；另一方面也体现着休闲产业对于休闲消费品的生产活动(王琪延等,2005)。

(1) 休闲经济是建立在物质文明基础上的经济形态

实际上，当人们解决温饱、进入小康社会之后，休闲经济的比重就会渐渐增大。当人类社会进入富裕阶段之后，休闲经济总量就会占社会经济的绝大比重。国家越富有，国民总休闲时间就会相对越多。新世纪，休闲消费将成为第一消费需求，休闲经济成为推动经济和社会发展的重要力量，成为经济主体。可以看出，休闲经济是建立在物质文明基础上的经济。

(2) 休闲经济不仅是消费活动，本身也包括生产活动

有人认为休闲经济只有消费没有生产。实际上，这是一种误解。休闲经济不仅是消费活动，本身也包括生产活动。在多数情况之下，休闲经济的生产和消费是同时进行的，如我们看歌剧、学习插花、体育活动观赏、旅游观光、享受按摩服务等。事实上，休闲不仅是劳动者体力的恢复，也成为劳动者自我价值实现的重要途径；不仅是在自由支配时间，而且还可以从中获得快乐和获得自身的发展。它是劳动力的生产和再生产活动过程，同时也是人力资本增值过程，即生产要素的再生产和增值过程。

(3) 休闲经济是对传统经济理论中"理性经济人"的挑战

以"理性经济人"为代表的传统经济理论，特别强调人是工具。在传统经济理论中，休闲是非理性的、不创造价值的。休闲经济理论强调人是目的，不能把人当作实现别的目的的手段。在我国，著名经济学家于光远在 2002 年的一个休闲学术讨论会上说："玩是人生的根本需要之一，玩是人的一种本能，它是人处于放松和自由的一种状态"；"玩是人类基本需要之一，要玩得有文化，要有玩的文化，要研究玩的学问，要掌握玩的技术，要发展玩的艺术。"休闲之所以重要，是因为它与实现作为人的终极目的的自由具有内在联系。

2. 休闲产业

城市休闲经济的典型代表是旅游饭店业。从国际趋势看,1997 年 12 月世界旅游组织在土耳其年会的会议上提出旅游业 2020 年前瞻性展望报告，这个报告有三项结论吸引无数

商家的眼球:第一,到2020年全世界每年将有16亿人次到外国旅游;第二,每年的国际旅游花费是20 000亿美元,平均每天50亿美元;第三,中国会变成世界第一位的旅游目的地。从国内形势看,自从1998年中央经济工作会议上把旅游业明确定为新的经济增长点以来,在国内宏观消费市场普遍疲软的现实情况下,国内旅游却连续4年升温。根据专家预测,并经过国际上许多发达国家多次验证,凡是人均国民生产总值达到800~1000美元时,势必产生一个旅游发展的排浪式消费阶段,这种排浪式开始在中国显现出来。

休闲经济已经在中国大中城市快速发展起来。这一发展充分体现在城市文化产业向休闲市场的集中。其结果:一是丰富了城市休闲生活的方式和内容,充实了城市休闲生活的文化内涵,凝练了"城市,使生活更美好"的城市生活主题,提升了城市休闲生活的文化价值和社会价值。二是塑造了城市休闲生活的功能性场景和形态。就像上海的新天地、港汇广场、梅隆镇广场、美罗广场等,形成了"海派文化"的聚合时空;长沙的湘江风光带,形成了生态休闲文化的氛围。三是实现了功能性的消费集中,使闲暇的消遣、实用休闲、身心的放松、身体休闲、社会的联系、社会休闲、自我的发展、文化休闲等休闲生活场景得以在同一时空展开,丰富了休闲生活的内容、利益和价值层面。

3. 我国的发展趋势

第一,转变传统观念,统一思想,鼓励休闲产业发展。休闲产业作为一种资金密集、技术密集和劳动密集型的新兴产业对刺激消费、拉动经济发展具有重要作用。

第二,大力规范市场,创造一个有利于休闲产业健康发展的大环境。目前,我国市场竞争和市场秩序都不规范,现有的部门和单位很难对其进行有效调控。要注意从整体环境的营造方面来支持和促进休闲产业的发展。

第三,注重我国休闲产业的区域协调发展。从城乡角度看,中央及地方应该更多将城镇居民的休闲需求引向乡村,通过发展休闲产业带动农村经济发展。从地域角度看,国家不仅鼓励东部沿海地区发展休闲产业,也要鼓励在中西部基础好的地区发展休闲产业,而且要注意休闲产业的空间地域上的合理分工问题。

第四,提倡带薪假期和弹性假期。我国目前的假日经济带来很多问题。如:大家在同一时间集体外出,对交通、休闲地点都造成很大压力,进而影响人们休闲质量和休闲的欲望。因此,提倡带薪假期和弹性假期。

3.3.2 体验经济理论

1. 体验经济的提出

1999年,约瑟夫·派恩(B.Joseph Pine II)与詹姆斯·吉尔摩(James H.Gilmore)在其合著的《体验经济》(The Experience Economy)一书中首次提出了体验经济的概念。体验经济在美国发展取得一定成绩后,开始向世界其他国家和地区迅速渗透和扩展。2002年9月,以"体验经济与体验设计"为主题的国际学术研讨会在沈阳召开,我国学者逐渐从景区开发管理、产品营销等角度对体验经济加以研究(王欣,2008)。

2. 体验经济的内涵

体验经济是一种产生于传统经济之上的层次更高的经济形态,与其他经济形式相比,它具有显著的体验性和个性化特征,以及注重人本主义和情感性特征。体验经济是企业以服务为舞台,以商品为道具,以消费者为中心,使消费者参与其中,引起其心意间的热烈反响,并且创造出值得消费者回忆的、令其难以忘怀的经历的活动(李文杰,2007)。

3. 体验与旅游的耦合

(1) 旅游的本质就是体验

旅游之所以为旅游的内在规定性(即本质属性),从本质的特点出发,从理性分析的途径来看,就是各种形式旅游的共同属性。无论是"探险旅游""观光旅游""度假旅游",还是"休闲旅游"和"文化旅游"等诸多大家所公认的旅游形式,其内在形式是一致的。这种一致的共性就是人们寻求心理满足的一种体验形式。旅游行为之所以发生,就是潜在旅游者存在心理失衡。各种旅游形式的体验活动正是为了满足自己的心理欲望,调整自己的心理状态。

学者谢彦君曾经指出:"促使旅游行为发生的关键因素是旅游者的心态(很大程度上是在知识的基础上逐渐形成的一种欲望)与现实经验之间的差异。各种不同的旅游体验形式,对应着各种不同的心理欲望(或心理平衡)。"因此,旅游是体验,旅游的核心就是体验。有学者认为旅游根本上是一种主要以获得心理快感为目的的审美过程和自娱过程,其本质在于审美和愉悦,旅游的基本出发点、整个过程和最终效应都是以获得精神享受为指向,旅游的本质属性就在于差异化体验中的精神享受。

(2) 体验是旅游新形式

旅游作为一个产业,尚未成为真正的"体验产业"。目前旅游企业为游客提供的大多还是千篇一律的大众化旅游产品以及批发式的团队服务,并未提供高度个性化的体验,更不用说实现了体验产品的大规模定制。体验经济赋予了旅游新的含义。在体验经济时代,旅游者不再满足于传统的呆板的"上车睡觉,下车看庙,白天拍照,晚上睡觉"式的观光旅游,他们开始追求既能满足个性化需要、提升旅游体验,又能满足环保要求的新型旅游产品与服务。因此,有的学者提出"体验旅游"是继观光旅游、休闲旅游之后旅游发展的高级阶段,它强调游客对文化的、生活的、历史的体验,强调参与性与融入性。体验经济时代的来临为旅游的发展创造前所未有的机遇。

知识链接

体验式旅游

所谓体验式旅游是指"为游客提供参与性和亲历性活动,使游客从中感悟快乐。"上世纪80代中后期,在中国一度兴起的城里人到农村"住农房,吃农饭,干农活"就是体验式旅游的雏形。人们开展旅游活动大多是为了扩展个人视野,感受不同的生活体验或者获取个人生活范围以外的信息。传统的观光式旅游,仅仅依赖一些自然资源或者历史遗产为游客提供一种游览的满足感;而后兴起的探险式旅游则更多的是追求感官或者感受的刺激,例如漂流、登山等,但是也有体验式旅游的雏形;度假式旅游注重的是提供一种休闲的氛围让游客轻松愉快地享受假期。对比于这几种,体验式旅游更注重的是给游客带来一种异于其

本身生活的体验,比如为城市人提供乡村生活的体验;为游客带来不同地域,或者是不同年代生活的体验等等。

从性质上看,旅游体验类似于一种"镜像体验",通过目的地这面镜子,旅游者在凝视"他者"的同时,也在认识着自我。

从结构上看,旅游体验具有多重层次结构:其一,从时间结构上看,旅游体验包括预期体验、现场体验和追忆体验,呈现出阶段性特征,并随时间的流逝而不断地升华,进而演化成人们生活经验和精神世界的一部分;其二,从深度结构上看,旅游体验呈现出一定的层次性,基本上可分为感官体验、身体体验、情感体验、精神体验、心灵体验5个层次,越是深度的旅游体验,越能让游客感到旅游的意义;其三,从强度结构上看,旅游体验通常可分解为一般性体验和高峰性体验两个层面,越是能达到高峰性的体验,越能使游客感到旅游的价值。

4.旅游业中的体验经济

对于体验经济而言,它更加强调面向市场的需求,通过需求对整个生产的过程实施影响,似乎从这一点来说,依然遵循传统经济的规律。但是,体验经济中的需求对于整个经济形态的影响,相对于以前的经济形态来说有很大的不同,即便是与相对而言发展阶段比较靠近的服务经济相比,依然有一些不同之处。体验经济是对于服务经济的发展,而不仅仅是"对于服务经济的丰富和补充"。

发展体验经济,应当把旅游业及其他相关产业的发展放在全球化的视角下来进行,通过这样的分析进而更加契合旅游目的地经济类型的特点。通过全球价值链的分析工具的运用,了解体验经济在全球范围内的增值渠道和增值空间,进而为旅游目的地发展自己的体验经济找到比较好的定位,同时了解旅游目的地体验经济在体验经济全球价值链上的定位以及在价值链上升级的途径。

总之,水上旅游管理作为管理科学的一个分支,其理论内容既体现管理理论大类的一般性,同时还反映出自身的特殊性。任何理论内容都源自实践,同时可以反过来指导实践。自科学管理理论诞生以来,管理学作为一门科学已经有了深入的发展,在原有内容不断完善、深入的同时,随着经济的发展、人类社会实践的拓展,诸如水上旅游管理之类管理学理论的分支也在不断走向成熟与完善。

如今,我国水上旅游事业已经进入蓬勃发展阶段,各地政府、水上旅游组织以及各类水上旅游企业都应以现有理论为抓手,不断总结现有水上旅游实践并将其上升为理论,从而促进水上旅游业高效、快速、有效的发展。

思考题

1.列举古典的管理学理论,并就其中一种加以陈述。
2.现代管理理论有哪些新发展?
3.谈谈你对休闲经济和体验经济的认识。
4.以上海地区为例,陈述在休闲和体验经济背景下,旅游业下一步发展途径和方式。

第3章 水上旅游管理理论

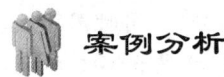 **案例分析**

苏州休闲旅游资源整合

一、苏州休闲旅游资源的分布

1. 旅游景区、景点的发展与分布

近几年,苏州旅游景区、景点在原有基础上有了新的发展与提升,特别是国家A级景区的建设和发展速度很快。根据苏州市旅游局政务网统计资料,截至2015年,苏州共有5A级景区5家,4A级景区21家,3A级景区14家,2A级景区6家,合计46家。全市拥有国家级旅游度假区1家,省级旅游度假区4家,市级旅游度假区5家。苏州工农业旅游示范点41家。苏州景区景点的建设已成为苏州发展休闲旅游的重要载体。

2. 文化休闲旅游资源的分布

文化休闲旅游资源是苏州人文休闲旅游资源的一个重要特色,其形态包括物质休闲文化和非物质休闲文化。物质休闲文化的形态主要包括各类文化古址古迹、古城、园林、古镇、古村、寺观庙宇等,非物质休闲文化形态主要指吴语吴歌、昆曲与评弹、传统工艺美术、吴地民俗风情、吴门书画与琴艺等。

苏州休闲文化涵盖了从古至今苏州人所创造的物质文化和非物质文化的所有成果,种类极其丰富多彩。历代先贤遗留下来的以古建筑为代表的各类文物古迹遍布苏州各地。截至2014年,苏州共有国家级重点文物保护单位33处,省级重点文物保护单位60处,市级文物保护单位222处。苏州的传统文化,异彩纷呈,脍炙人口:吴语吴歌、昆曲评弹、吴语小说等是吴侬软语的吴语文化;渔稻并重、船桥相望、小桥流水人家是独特的水乡文化;精巧精良的传统手工曾经独步全国;园林、盆景和书画艺术名满天下;丰富的吴地民俗独具特色。以拙政园、留园、网师园、环秀山庄、沧浪亭、狮子林、艺圃、耦园、退思园等为代表的苏州私家园林已被列入《世界遗产名录》。昆曲和古琴艺术是我国两项"人类口头遗产和非物质文化遗产"代表作。

苏州的历史街区是历史文化名城重要的组成部分,是城市历史文化的载体,反映着城市文化传统的延续和发展,是一种重要的文化资源。平江历史街区由于保存了较完好的江南民居建筑和小桥流水的风貌,突出了市民文化这一基点,商业味不太浓,深受旅游者的青睐。另外,山塘历史街区、观前历史风貌街区、怡园历史街区和拙政园历史街区都各具特色,构成了苏州古城休闲旅游的新的亮点。

苏州的博物馆资源丰富,被誉为"东方博物馆"之城,其特色为:一是小型多样,占地不大,小巧玲珑,但门类众多;二是地方特色浓,专业性强;三是因地制宜,因陋就简。绝大多数博物馆是古建筑经整修后兴办的,既保护了古建筑,又发挥了文物的作用。较重要的博物馆有:苏州博物馆新馆、园林博物馆、民俗博物馆、戏曲博物馆、碑刻博物馆、苏绣博物馆、丝绸博物馆、钱币博物馆等。

3. 宾馆酒店的发展与分布

宾馆酒店业是休闲旅游产业的重要产业要素。苏州宾馆酒店业起步较早,但在1978年改革开放之前,市区接待境外旅游者的酒店仅有南林饭店、南园宾馆、苏州饭店和乐乡饭店

4家。20世纪80年代后期,旅游饭店建设步伐加快,苏州饭店业逐步走向兴旺,同时国际饭店著名品牌喜来登、假日、万豪、香格里拉等先后落户苏州。自主饭店品牌城堡和书香门第等加速成长,饭店设施、服务水准都发生了很大变化。

截至2010年底,苏州市拥有星级酒店159家,其中挂牌五星级酒店23家,数量仅次于北京、上海,居全国第三位。进入苏州的世界品牌酒店达到21家。酒店业已成为苏州旅游业中起点最高、发展最快的产业。同时,星级酒店特别是五星级酒店一般都配套休闲娱乐设施,如游泳池、酒吧、茶吧、歌舞厅等,构成了苏州重要的休闲旅游的场所。

尤其是工业园区的金鸡湖区域,五星级酒店的建设以超常的速度发展,3公里以内集中了中茵皇冠、凯宾斯基、建屋新罗、尼盛万丽、金鸡湖大酒店、洲际酒店和维景酒店等,还包括不参评星级的万怡酒店和建屋豪生等。另外还有"环球188"和在建的"东方之门"等高端酒店。其密集的程度在全国范围内也属罕见。

目前,苏州五星级酒店的分布以苏州城区和工业园区最为集中,张家港、常熟、昆山、太仓等主要分布于县域市区所在地,大致以工业园区为中心呈环状分布。

4.康体游憩设施的发展与分布

康体游憩是满足游客娱乐、健身及其他需要的一系列活动,康体游憩设施是休闲旅游设施中的重要内容。苏州拥有丰富的康体游憩资源,其中又以游泳馆和高尔夫球场为主要特色。

苏州为全国著名的"游泳之乡",各类游泳场馆遍布全市,据苏州市体育局统计,2011年苏州市区的游泳场馆就达73处,其中工业园区高达24处,吴中区16处,沧浪区14处,高新区9处,金阊区4处,相城区和平江区各3处。游泳健身已成为苏州市民以及外来游客康体休闲的一个重要项目。

苏州拥有建造高尔夫球场的良好自然条件,高尔夫球场的建设最近几年也得到了长足的发展,据《苏州市旅游志》记载,至2005年底,全市有高尔夫球场12座,主要分布在太湖、淀山湖、汾湖、阳澄湖的国家和省级旅游度假区内,还有张家港双山岛旅游区等。其中太湖高尔夫球场占地近2000亩,坐落在蒋墩山下,设有18洞球场和太湖高尔夫大酒店及太湖高尔夫山庄。高尔夫球场主要分布在环太湖地区、昆山淀山湖地区以及张家港沿江地区。

苏州的温泉休闲旅游近几年也逐渐兴起,苏州的温泉旅游现主要分布在高新区通安镇树山村和吴中区临湖镇等地。

二、苏州发展休闲旅游产业的SWOT分析

1.优势(strength)分析

苏州拥有发展休闲旅游的良好条件。首先,苏州拥有种类丰富的休闲旅游资源,既有丰富的自然休闲旅游资源,又有丰富的人文休闲旅游资源。地域组合也相当好。其次,苏州的经济发展速度快,苏州地区的生产总值由2005年的4138.2亿元增加到2015年的14 504.07亿元;2015年末,全市人均GDP达136 702元,居江苏省第一位。人民生活水平明显提高,人均可支配收入增长明显,据苏州市统计局资料显示,2007年苏州市区居民家庭人均可支配收入突破2万元,2015年超过了5万元,达50 390元;农村人均可自由支配收入,2015年达到25 580元,均居全省第一位。再次,随着"三区三城"的建设和城乡一体化的推

进,苏州中心城区的建成区面积已达329.29平方公里,全市城市化率已达70.55%。人们生活中的休闲意识明显增强。最后,苏州人有休闲历史传统。明清时期苏州就是我国典型的休闲城市,各类茶馆和说书、评弹场所遍布市区各地,一直延续至今。

2. 劣势(weakness)分析

苏州休闲旅游的发展起步较晚,落后于邻近的上海和杭州。首先,苏州虽然拥有丰富的休闲旅游资源,但缺少统筹整合,旅游开发中各自为政的模式已经存在,所以至今还没有形成具有鲜明地域特色、具有全国影响的休闲旅游度假精品项目。其次,苏州古城休闲旅游的氛围不够,休闲旅游的设施还不够完善,步行街偏少,只有观前、石路、拙政园三条街区。再加上交通拥堵,缺乏足够的停车场所,客观上阻碍了休闲旅游的发展。再次,苏州水上休闲旅游线路少,不成体系。缺乏上岸休闲旅游、游客参与性的水上休闲旅游项目。最后,苏州乡村休闲旅游定位不明,盲目跟风,空间布局不合理,整体风貌不协调,缺乏模式与管理的创新。有的地方开发时脱离"乡村性"呈现"飞地化"特点。旅游接待设施不配套、服务水平滞后。古镇旅游的商业味儿太浓,同质化恶性竞争,冲淡了休闲度假旅游的氛围。

3. 机遇(opportunity)分析

随着苏州产业的升级转型,加快第三产业的发展、推进城乡一体化建设已经成为今后苏州经济发展的一个重点,而休闲旅游城市的建设正是加快苏州旅游产业发展转型的一次绝好的机遇。

2007年12月,国务院公布了《职工带薪休假条例》和新修订的《全国年节纪念日放假办法》,标志着新的休假制度正式启动。现在我国居民全年约有117天的节假日和休息日(不包括带薪休假的天数),充足的节假休息日是推动休闲旅游产业发展的强大动因。

4. 风险(threat)分析

最大威胁:区域经济竞争日益加强,特别是上海和杭州,既是苏州休闲旅游发展的合作伙伴,又是苏州旅游发展强有力的竞争对手。苏州的休闲旅游资源以人文旅游资源为主,结构相对单一,非观光旅游资源开发不足,旅游资源的文化内涵有待进一步挖掘和开发。以观光型传统旅游产品为主,适应现代休闲度假旅游需求的特色旅游产品开发受到园林旅游产品的影响,发展缓慢。经济发展的速度超过社会文化的承载力,在一定程度上造成了对本土文化的冲击,环境污染的问题仍然存在,环境整治的费用较高。

基于以上分析,苏州休闲旅游资源的整合首先要构建完整的城乡休闲体系,突出古城文化休闲旅游和水上休闲旅游资源特色,在地域空间组合上以古城、环古城、环太湖和沿江四个区域为建设重点,差异化发展,形成自身的特色。

[资料来源:曹健,谢廷新.苏州休闲旅游资源整合研究[J].苏州教育学院学报,2013,30(1):59-64.]

结合案例思考以下问题:

(1)苏州休闲旅游的资源主要有哪些?从全国而言,其质量如何?

(2)根据案例资料分析,苏州市开展休闲旅游面临的主要问题有哪些?

(3)根据案例中对苏州休闲旅游的SWOT分析,提出苏州进一步深化休闲旅游的具体策略。

第4章 水上旅游管理环境

本章导读

水,是生命之源。人类选择聚居环境,首先要考虑那个地方是否有水。因此,大凡城市总会有这样那样的水资源,或江河湖泊,或流泉水瀑。世界上许多著名的城市,通过对水资源的合理开发利用,发展城市水上旅游,树立了自己鲜明的城市旅游形象。意大利威尼斯、伦敦泰晤士河、法国塞纳河等水上旅游项目已经成为该城市的一道独特风景线。近年来,国内一些城市开发的水上旅游项目,如上海着力打造"东方水都"景观水系,苏州确定了构建"1—2—3—4—5"的水上旅游空间格局,广州开始了"环城水上游憩带"工程,杭州开通运营水上巴士,以及桂林的"两江四湖"项目等等,大大丰富了该地的旅游活动内容,使该地区的旅游业不断注入新的活力,为该城市的旅游业起到了锦上添花的作用。其中上海的"黄浦江水上游"、广州"珠江夜游"、南京夫子庙的"桨声灯影"都已成为当地旅游的著名品牌。

广西梧州市水资源十分丰富,江、河、湖、溪一应俱全,兼有航运、灌溉、发电之利。珠江水系的浔江、桂江集广西河流水量的85%以上,在梧州汇合成西江,河流水面积占梧州总面积的9.28%。素有"水都"之称的梧州,山环水抱,风景秀丽,市内有鸳江春泛、龙洲砥峙、云岭晴岚、鹤岗返照、火山夕焰、金牛夜渡等一批带有浓浓水意的景区景点。依托这些水体以及众多的景点可以形成丰富多彩的水体旅游产品体系,包括水上漂流、水上观光、滨水度假、水上娱乐、水上快艇等。通过开发丰富的水资源,将梧州历史上的"水都"变成现代的"休闲水都"。

发展水上旅游,离不开水上旅游环境的支撑。本章主要介绍水上旅游宏观环境和微观环境的分析,并介绍环境预测的方法和对水上旅游环境的管理等问题。

4.1 水上旅游管理环境概述

4.1.1 水上旅游管理环境的定义

环境在政治、军事、经济、社会、文化、日常生活各方面随处可见。它是一个相对的概念,总是与某一中心事物同时存在,中心事物变了它的意义也就变了。如:地质学上的"环境"是指地球的形成与发展的环境,可以不以生物和人类为转移,生物和人类是其发展的必然结果。生物学上的"环境"是指生物形成和发展的环境,可以不以人类为转移,而人类则是其发展的必然结果。

水上旅游管理是管理科学的一个分支,因此水上旅游管理环境的定义与管理科学大类所提到的管理环境的定义在内涵上基本一致。本书将水上旅游管理环境定义为:存在于水上旅游企业或组织的内部与外部、对组织效能具有现实和潜在影响的各种力量和因素,以及它们之间相互关系的总和。

4.1.2 水上旅游管理环境的构成

按照环境所处的层次以及对企业影响程度不同,以水上旅游企业(或组织)为中心将水上旅游管理环境分为外部环境和内部环境(或者称为任务环境)。按照外部环境对组织影响程度的不同,可以把外部环境分为宏观环境(或者称为一般环境)和行业环境(或具体环境、竞争环境);相对于宏观环境而言,行业环境和内部环境又可合称为微观环境。

水上旅游管理环境的构成如图4-1所示。

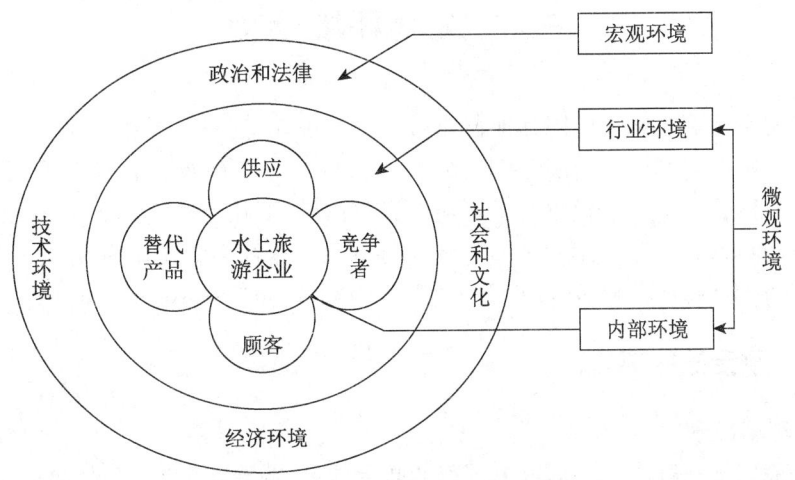

图4-1 水上旅游管理环境的构成

4.1.3 水上旅游环境的特点

1.整体性

水上旅游企业组织环境包含的各环境因素之间既具有一定的独立性,但同时它们又是作为一个整体对水上旅游管理工作起作用的,这种作用具有一定的综合性。在某一特定时期,不同环境因素对水上旅游企业管理影响程度不同,管理者又很难准确地分开来自环境的影响到底是哪种因素所致,这时,管理当局就应把环境作为一个整体,综合考虑其影响。

2. 特殊性

首先，水上旅游有有别于整个旅游业以及其他行业的特殊性。水上旅游是旅游业的一个分支，其环境除带有旅游业的一般性质外，还体现着自身的特殊性。其次，水上旅游行业内部同一地方不同类型企业组织之间具有环境差别性以及不同地方同一类型企业组织之间具有环境差别性。同样的环境对某个企业组织来说可能是机会，而对其他组织来说则可能是威胁。

3. 复杂性

水上旅游企业或组织的环境是多种环境因素的组合体，具有明显的复杂性。一方面，环境对企业及其管理活动的影响是复杂的、多方面的，各种因素甚至相互矛盾和冲突；另一方面，各环境因素之间又相互影响、作用和制约，进一步加大了环境的复杂性。

水上旅游涉及到的旅游区域广，游客往往又来自世界各地，组织管理需要考虑诸多因素的影响。如邮轮旅游，管理者既要考虑到自然天气状况的影响，又要考虑接待港所在地政治、经济、文化环境的不同，还要考虑如何协调来自不同国家的乘客之间不同文化以及饮食的需要，等等。

4.2 宏观环境分析

水上旅游管理的宏观环境同其他行业组织的宏观环境一样，是指对某一特定社会的所有组织产生影响的环境，是存在于管理系统之外，并对管理系统的存在和发展产生影响的外部客观情况和条件。宏观环境（一般环境）可以分为以下几个环境因素：一是政治和法律因素（political factors）；二是经济因素（economy factors）；三是社会和文化因素（social factors）；四是技术因素（technological factors）；五是自然环境因素（nature environment factors）。

4.2.1 政治法律环境

1. 政治环境因素

政治环境因素一般主要包括一个国家的政治体制、政局的稳定情况、政府更迭、执政党的态度和推行的相关政策等。

（1）政治体制的类型

政治体制主要有资本主义和社会主义之分。投资经营一家企业（特别是在外国投资）必须了解所处国家的社会制度，制度的不同影响资产所有权的划分，同时影响经营方式选择、员工福利以及薪酬的分配等。

一个国家的政治体制在短期内一般不会发生很大甚至颠覆性变化，因此可以说政治体制是水上旅游管理外部环境的一个相对稳定的因素。对于本土水上旅游投资而言，这个因素很好把握与控制，而对于国外旅游投资而言，这则是需要事先重点了解的因素。因为，即便是政治体制相同的两个国家，其在体制的某些方面也会存在一些细微的差别。如中国的社会主义体制就有别于其他几个社会主义国家，表现出明显的中国特色。近年来中国经济飞速发展，中国旅游市场需求持续增长,为响应这一市场需求,外商在华旅游投资也在不断增加。因此,对于外商投资来说,切实了解中国特色的政治体制给投资带来的利处是可想而知的。

(2)政局的稳定情况

政局的稳定能为企业创造稳定的经营环境,可以更好地吸引投资,同时可避免政局不稳对旅游者消费需求的影响。对于政局持续动荡的国家来说,如伊拉克、泰国以及叙利亚等,它们国家的旅游业都相应受到了不同程度的冲击。以叙利亚为例,据中国经济网报道,叙利亚局势动荡导致其国内经济发展几乎陷入停滞,旅游业首当其冲地受到了冲击。旅游业曾经在叙利亚国民经济总量中的比重占到11%,但如今几乎已经看不到西方游客的身影,旅游业收入因此暴跌90%。

人们向来有近水亲水心理,近年来随着生态旅游的蓬勃发展,水上旅游更加受到游客的青睐。但可以预计,一旦某个国家政局出现动乱,作为旅游业的重要组成部分的水上旅游将不可避免地遭受冲击。

(3)政府的更迭

政府的更迭往往带来相关行业政策的变化,要求行业作出相关调整。

(4)执政党态度和政策

中国是一党制国家,改革开放以来,随着经济的发展,社会日趋稳定,政府对旅游业的政策在整体支持力度上呈现逐渐加大的稳定趋势。西方资本主义国家实行多党制,不同执政党对产业经济发展往往会表现出不同的态度,其在出台相关政策(产业政策、税收政策、旅游者进出境政策等)引导产业发展方面会作出相应的调整。

2.法律环境因素

法律环境是指一系列的法律规范、法律规范的制定和实施机构(国家司法机关和执法机关)以及相应的社会法律意识(国际法所规定的国际法律意识和本土国的国内法律情况)。法律是政府管理经济生活和企业活动的一种手段,全球大部分国家已经成为或正在成为受监管的经济体。法律的强制性决定法律环境对组织的影响具有刚性约束的特征,它规定了哪些事能做,哪些事不能做,从而确定了组织的行为边界,对组织管理行为具有导向和规范作用。

随着经济的发展、社会的进步,中国旅游业从无到有,并且正处在蓬勃发展的可喜阶段。中国政府对旅游业的监管也随着旅游业的发展在不断完善。2013年《中华人民共和国旅游法》出台,其分别就旅游规划、旅游经营、旅游服务、旅游安全、旅游监管、权利义务、法律责任等各方面对旅游业发展加以约束和引导。如《旅游法》"总则"第四条在旅游发展原则方面指出"旅游业发展应遵循社会效益、经济效益和环境效益相统一的原则";"旅游经营"第三十二条(旅游经营条件)指出"从事旅游经营应当依法取得相关资质,接受当地人民政府有关部门的监督管理",第三十三条(旅行社经营许可)指出"设立旅行社应当具备一定条件,经旅游行政主管部门许可,并依法进行工商登记"等。这意味着我国旅游业所面临的法律环境将更加清晰、完善,今后无论是对国内旅游企业、组织或政府来说,还是对国外来华投资于旅游行业的投资者而言,他们都必须事先深刻领会这些法律内涵,方能在未来的发展中避免出现尴尬的局面。

4.2.2 经济环境

经济环境是影响水上旅游企业的重要环境。经济环境主要指社会经济所处的发展阶段,包括社会的经济发展水平和发展速度,社会的经济结构(社会经济结构主要包括5各方面的内容:产业结构、分配结构、消费结构、交换结构和技术结构等),经济计划的集中与分散程度,社会的劳动生产率水平、汇率水平、财政政策、工资制度等。

4.2.3 社会文化环境

社会文化环境包括一个国家和地区教育程度、文化水平、宗教信仰、风俗习惯、审美观念以及价值观等。它们通过人口结构(人口数量、年龄结构、人口分布)和生活方式(家庭结构、教育水平、价值观念)这两方面的改变影响一国的经济活动。它们对劳动力的数量和质量、就业机会、所需商品和服务的类型等产生重大影响。人是社会中的人,要受到人们普遍接受的各种行为准则的约束。道德准则或社会公德虽然大多没有形成法律条文,但对于约束个人或集体行为仍具有事实上的作用和威力,任何组织行为都不能不考虑社会文化和伦理道德的影响。

1.人口特征

人口特征是指人口的地理分布、人口密度、年龄、性别、职业、收入、家庭规模及教育水平等方面的特征。人口特征是水上旅游企业或组织人力资源选拔以及开展水上旅游营销所要考虑的关键因素。

2.宗教信仰和风俗习惯

宗教信仰和风俗习惯影响人们的价值观念,使人们自觉地禁止或抵制某些行为。因此,水上旅游资源的开发需谨慎考虑所在地的宗教信仰和风俗习惯,所提供的旅游产品和服务以及内部管理政策应依据不同的宗教信仰和风俗习惯作出相应的调整。

3.个人觉悟

人的觉悟包含其价值观、信念、心理、文化传统及受教育程度等方面。其中,价值观是人们对社会存在的反应,是社会成员用来评价行为、事务以及从各种可能的目标中选择自己合意的目标的准则。价值观通过人们的行为取向及对事物的评价、态度反映出来,是世界观的核心,是驱使人们行为的内部动力,它支配和调节一切社会行为,涉及社会生活的各个领域。而文化传统则是一个国家和民族在长期发展中积累和沉淀下来的具有代表性的特质,对社会环境的影响至关重要。

个人觉悟经常与宗教信仰以及风俗习惯相联系。《中华人民共和国旅游法》(草案)第十三条"受尊重权"指出"旅游者的人格尊严、民族风俗习惯和宗教信仰自由应当得到尊重";第十五条"尊重旅游目的地习俗"指出"旅游者应当尊重旅游目的地的社会公共秩序、风俗习惯、文化传统和宗教信仰,爱护旅游资源,不得损害当地居民的合法权益";第十六条"不损害他人权益"指出"旅游者进行旅游活动或者解决纠纷时,不得干扰他人的旅游活动,不得损害旅游经营者的合法权益"。这些既体现了对不同个人觉悟的规范,又体现了对不同风俗习惯和文化传统的尊重。

4.2.4 技术环境

市场或者行业内外部的技术趋势与事件会对企业战略产生重大影响。某个特定行业内的技术水平在很大程度上决定了应生产哪种产品或提供哪种产品和服务、应使用哪些设备以及应如何进行经营管理。技术进步从劳动力、劳动资料、劳动对象等方面推动着生产力的发展。不同的技术条件和技术过程,又要求有不同的管理方式和管理方法。技术的发展也改变着管理活动,在规划、决策、计划调度、组织、控制等方面,技术都占据着重要的位置,组织方式和管理方式也随着技术的发展而改变。

现代技术的发展的特点是:发展速度快,技术更新周期短;电子计算机广泛应用,人的素质日益成为竞争的关键。

1. 生产技术环境

生产技术的进步主要体现在自动化程度、工艺能力和生产效率的提高,以及生产操作简化、劳动强度降低等方面。对技术环境的深刻认识和把握使技术进步的成果得到充分应用,并推动组织结构的改进和管理方式的更新,最终使组织得以发展。

2. 辅助技术环境

辅助技术虽没有直接生产产品,但却对生产效率的提高和生产环境的改善有着重大影响。如同生产技术进步一样,辅助技术的进步也会对工作质量以及工作结果——产品质量产生重大作用。比如空调技术(包括温度调节、湿度调节、空气净化等)和消音技术(降低噪声)的进步,创造了良好的工作环境,有助于管理效果的改善。

3. 管理技术环境

科学技术的发展一方面为管理理论的发展提供了强有力的支持;另一方面,亦为管理活动提供了新的信息技术、网络技术、运筹学、决策技术等数量技术和程序软件等管理技术。

4.2.5 自然环境

自然环境主要包括地理位置、气候条件以及资源状况等。

1. 地理位置

地理位置指水上旅游企业或组织所坐落的地理方位。不同的地理方位,不仅自然条件会有差异,而且还包含着社会经济条件的差异。

地理位置制约水上旅游企业的经营,特别是国家在经济发展的某个时期对某些地区采取倾斜政策时尤其如此。以海南为例,国家要将海南建成国际旅游岛,这无疑给海南旅游的快速发展带来巨大的机遇。

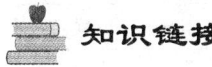 知识链接

海南国际旅游岛

2010年1月4日,国务院发布《国务院关于推进海南国际旅游岛建设发展的若干意

见》。至此,海南国际旅游岛建设正式步入正轨。作为国家的重大战略部署,我国将在2020年将海南初步建成世界一流海岛休闲度假旅游胜地,使之成为开放之岛、绿色之岛、文明之岛、和谐之岛。

海南是中国最大的经济特区和唯一的热带岛屿省份,建省办经济特区20多年来,经济社会发展取得显著成就。但由于发展起步晚,基础差,海南经济社会发展整体水平仍然较低,保护生态环境、调整经济结构、推动科学发展的任务十分艰巨。充分发挥海南的区位和资源优势,建设海南国际旅游岛,打造有国际竞争力的旅游胜地,是海南加快发展现代服务业、实现经济社会又好又快发展的重大举措,对中国调整优化经济结构和转变发展方式具有重要示范作用。

2.气候条件

水上旅游相对于其他行业更加关注气候状况,很多气候宜人地区的水上旅游产品或服务大多受到游客的喜爱。例如,水上旅游活动之所以在加勒比海地区以及欧洲地区比较盛行,就是因为当地一年四季气候宜人,适合各种水上旅游活动的开展。

3.资源状况

资源状况是指一定的社会自然资源的性质、数量和可利用的程度。影响水上旅游的资源主要是水资源,包括河流、湖泊、瀑布、海洋等;另外就是水系附属的自然以及人工资源,如沙滩资源以及人工开发的各种旅游产品等。水上旅游资源是开展水上旅游的前提,但同时要考虑到资源的可开发和可利用性。例如,我国海岸线很长,但并不是每个沿海地带都可以开展水上旅游活动。

4.3 微观环境分析

微观环境是指那些对组织影响更频繁、更直接的环境,是与某一具体的决策活动和处理转换过程直接相关的各种特殊力量,是那些与组织目标的制定与实施直接相关的环境。前面介绍过微观环境是行业环境和组织内部环境的统称,下面将从两方面分别说明。

4.3.1 行业环境

所谓行业是指其产品具有主要共同特征的企业群体。对处于同一行业内的所有企业或组织都产生影响的环境因素的总和就构成了行业环境。水上旅游企业在整个旅游行业内从事经营活动,旅游行业的特点直接影响水上旅游企业的竞争能力。美国学者迈克尔·波特(Michael E.Porter)认为影响行业内竞争结构及其强度的因素主要有现有企业竞争者、潜在进入者、替代品威胁、原材料供应商的讨价还价能力以及顾客的购买能力五种力量,如图4-2所示。

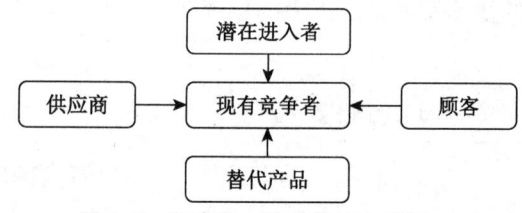

图4-2 迈克尔·波特的五力模型

第4章 水上旅游管理环境

1.顾客

顾客或者游客是指水上旅游企业或组织为其提供产品或劳务的人或单位。服务对象购买比重的多寡决定他们具有一定的讨价还价能力。如某个顾客或单位购买了市场上某种产品的50%以上,则其在购买产品或者服务时就有很大的议价能力。单个游客一般不具备旅游消费的讨价还价能力,而对于较大的特别是消费水平高的组团旅游来说,他们可以利用人数优势要求旅游企业给他们提供比单个游客更多的价格优惠。

 **知识链接**

无锡市水上旅游调查

2011年5月21—22日,江南大学2008级旅游管理专业本科生6组29人进行了无锡市水上旅游游客感知的问卷调查。以小组为单位,分别在锡惠公园、梅园、鼋头渚、中央电视台影视基地三国城、水浒城、灵山胜境景区内或出入口以及清名桥古运河游览沿线进行问卷的现场发放与回收,共发放问卷550份,回收有效问卷515份,有效率93.6%。

在回收的515份有效游客样本中,涉及男性被调查者255人,占49.5%;女性260人,占50.5%。从年龄分布来看,20岁以下的青少年约占10.0%,20~49岁的青壮年占71.8%,老年人占18.1%。可见目前旅游市场以青壮年为主,"银发"市场不容小觑,青少年受时间和财力的限制,参与当地水上旅游的比例较低。学历方面,初中及以下学历人群占17.9%,高中和高职的人群比例接近20.0%,专科人群比例为16.3%,大学学历人群在样本中所占比例最高,为41.6%,研究生及以上的高学历人群不足5.0%。其中,20~29岁的年轻人群占总样本数的40.0%,同时也是学历最高的人群,占到专科生的46.4%、本科生的62.6%、研究生及以上学历的47.8%。从样本源地看,涉及29个省区,其中无锡市当地人占33.6%,江苏省其他地区游客占样本总数的27.8%;华东地区其他省市的游客为104人,占20.2%;来自其余23个省区的游客样本共95人,占18.4%。

[资料来源:吴媛媛.基于游客视角的无锡市水上旅游调查分析与对策研究[J].安徽农业科学,2011,39(36):22429-22431.]

2.供应商

一个组织的资源供应者是指向该组织提供资源的人或单位。这里所指的资源不仅包括设备、人力、原材料、资金等,也包括信息、技术和服务等。对大多数组织来说,金融部门、政府部门、股东是其主要的资金供应者;劳动人事部门、各类人员培训机构、人才市场、职业介绍所是其主要的人力资源供应部门;各新闻机构、情报信息中心、咨询服务机构、政府部门是其主要的信息供应者;大专院校、科研机构、发明家是其主要技术源泉;各种运营设备的制造商是其主要的设备供应者。旅游业具有自身的特殊性,成本较高的旅游设备的供应商数量稀少,这使得他们在设备供应上有很大的议价优势。如邮轮的供应,目前我国还没有自己建造的邮轮,今后组建自己的邮轮公司势必要经受邮轮供应商议价能力的考验。

3. 现有竞争者

一个组织的竞争对手是指与其争夺资源、服务对象的人或者组织。例如某特定区域内同时提供旅游咨询服务的中介机构、相距不远的两个邮轮接待港以及水上旅游活动区域内的两家酒店等都互为竞争对手。

4. 潜在进入者

一种产品或服务的开发成功,会引来许多企业的加入。这些新进入者既可以给行业注入新的活力,促进市场竞争,也会给原有厂家造成压力,威胁他们的市场地位。新厂家进入行业的可能性的大小,既取决于由行业特点决定的进入难度,又取决于现有厂商可能作出的反应。原有厂商可能采取的反击措施,迫使那些对某种产品的生产垂涎欲滴、跃跃欲试的企业不得不认真思考、慎重决策。

5. 替代产品

企业生产的产品,从表面上看是具有一定外观或形状的物质产品,或者是无形的服务产品,它们都是能够满足某种需要的价值或者功能。不同的产品或服务,其外观形状或者提供的方式不一样,但却完全可能具备相同的功能。如到目的地旅游来说,游客可以乘坐飞机,也可以乘坐列车,还可以乘船或者其他交通方式,不同的旅游方式就互为替代产品。沙滩排球和沙滩足球在沙滩体育活动上也是互为替代产品。

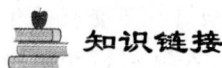
知识链接

水上旅游利益相关者分析

1. 核心型利益相关者

主要包括当地旅游部门、水上旅游企业、旅游者等。这些利益相关者对当地水上旅游业的发展的兴趣度、参与度与影响度都是最高的。

当地旅游部门:当地旅游部门直接负责本地水上旅游的发展方向与前景,一个地区的水上旅游业发展,必然离不开地方旅游部门的支持和投入。而且旅游部门专业性较其他部门更强,由其具体负责水上旅游业的发展规划,同时协调与其他政府部门的关系,能更好地促进政府职能的发挥。由于旅游部门所拥有的政策制定、管理、审核等权力,它对水上旅游的影响也是很大的。

水上旅游企业:水上旅游企业包含面极广,有游船公司、码头公司等等,它们作为这一行业的主体,对其发展起着中流砥柱的作用。它们提供的游览服务等产品是水上旅游业的主要消费产品,其服务质量高低、航线安排是否合理等直接制约着整个行业的发展。

旅游者:旅游者作为这一市场中的产品消费者,他们希望通过购买水上旅游的产品,来获取一种满足,这是实现效益的交换前提。倘若旅游者不能获得预期的满足感,之后就不会再愿意选择这一旅游方式,这势必会影响水上旅游的长久发展。

2. 战略型利益相关者

与核心型利益相关者相比,战略型利益相关者的影响度相对弱一些,但是也对水上旅游的发展有着不可忽视的作用。如国家政府部门的宏观调控会影响整个市场环境,使投资者会考虑将资金投入水上旅游业是否有利可图;目前我国还没有具体区分出管理水上旅游这一领域的政府部门,有些职责是由海事局、港口局等部门代为执行,它们的权力、责任也不容小觑;鉴于我国水上旅游发展历史不长,没有足够的管理经验,行业协会能担任起企业间、企业与政府间的沟通桥梁作用,协调起整个行业的合作前进;媒体的褒贬态度会影响大众的决策;学术界善于总结,能提出一些切实的建议。

除了以上的核心型利益相关者和战略型利益相关者之外,水上旅游业和其他行业一样,还面临着宏观的经济、科技、文化、政治、自然环境的影响。

[资料来源:张璟,纪洁.水上旅游利益相关者分析[J].中国水运,2011(10):14-15.]

4.3.2 内部环境

组织的内部环境是指单个企业或组织所独有的、存在于组织边界以内、能够为组织所控制的各种有形和无形资源。它包括组织结构、财务因素、人力资源因素、营销因素、信息因素、旅游服务产品的"生产"因素以及企业或组织的文化、价值观以及服务理念等。

1. 组织使命

组织使命表明其存在的价值,它是指导和规范组织全部活动的依据,组织的一切活动都必须服从和服务于它的使命。另外,使命还是确定组织性质、划分组织类型的依据。

组织的使命对管理有很大的影响。使命不同,组织的性质、类别、责任、任务就不同,组织从事的业务活动也就不同,因此其管理就有很大的差别。组织使命是对管理的一大约束力量,管理必须服从和服务于组织的使命。

2. 组织资源

任何组织的正常运行都需要资源的支撑,按环境资源的内容划分,可以把组织资源分为人力资源、物力资源、财力资源、技术资源和信息资源5种。另外,按照环境资源的表现形态划分,可以将组织资源分为有形资源和无形资源两类。

(1) 人力资源

人力资源是那些体现于组织个体成员身上的、能够为组织提供服务的知识技能,它们包括组织成员的智力、经验、教育和社会资本,以及他们的洞察能力、分析判断能力、领导组织能力等。根据不同的标准可以将人力资源划分为不同的类型,比如根据企业人力资源所从事的工作性质的不同,可分为生产工人、技术工人和管理人员3类。关于水上旅游企业人力资源的具体内容将在第九章加以详细阐述。

(2) 物力资源

物力资源包括各类劳动的手段、劳动对象和必要的劳动条件。如组织拥有的土地、建筑物、设施、机器、原材料、产成品和办公用品等。

(3) 财力资源

财力资源包括组织资金拥有情况、构成情况、筹集渠道和利用情况。财力资源最直接地显示了组织的实力,其最大的特点在于能够方便地转化为其他资源,即它可以被用来购买物力资源和人力资源。

(4)技术资源

技术资源包括技术技能和知识等。

(5)信息资源

从信息的流向来看,信息资源可以分为"外部内向"和"内部外向"信息资源两种。"外部内向"信息资源是指组织所了解和掌握的、对组织有用的各种外部信息。"内部外向"信息资源是指组织的历史、传统、社会贡献、核心竞争力和信用等信息,这些信息为外部所了解就会转化为组织谋求发展的重要条件。

3.组织文化

组织文化是组织及其成员的行为方式,以及这种方式所反映的被组织成员共同接受的信仰、价值观念及准则。

组织文化的正面作用主要表现为导向、激励、协调和自我约束,负面影响主要表现为组织文化的惯性、扼杀个性和思想观念的多元化、排斥外来文化。管理者在管理活动中,既要充分发挥组织文化的正面作用,又要善于发现并消除其负面影响。

4.4 环境管理

4.4.1 环境的预测

环境预测是指利用科学的方法,根据环境调查收集的资料,分析环境变化规律,并据此预测环境在未来的变化趋势。环境预测通常分为定性预测法和定量预测法两种。

1.定性预测法

定性预测是根据个人的知识、经验和主观判断,对环境的未来发展趋势作出估计。这种方法的特点是时间短、费用省、简便易行、能综合多种因素。其局限性是预测结果在很大程度上取决于预测人员的经验,难以提供准确的数据。

(1)综合判断法

这种方法是组织若干了解环境的人员,要求他们根据对客观情况的分析和自己的经验,对环境的未来状况作出各自的估计,然后将这些人的预测进行综合,得出预测的结果。这种方法的优点是能综合不同个人的知识,充分吸收他们的意见,得出的预测结果比较全面;缺点是可能受到预测者对情况了解的限制。

(2)用户期望法

有些组织,其服务对象范围有限或者规模较大,因此数量不多。这时只要根据这些用户对组织未来服务的需要就可以预测组织未来活动的规模。

(3)德尔菲法

德尔菲法又称为专家调查法,是就需要预测的问题征求专家的意见,经过多次信息交换逐步取得比较一致的预测结果。其步骤如下:

第一,组成专家小组。按照课题所需要的知识范围,确定专家。专家人数的多少,可根据预测课题的大小和涉及面的宽窄而定,一般不超过 20 人。

第二,分发问题及背景资料。向所有专家提出所要预测的问题及有关要求,并附上有关这个问题的所有背景材料,同时请专家提出还需要什么材料。然后,由专家做书面答复。

第三,专家独立进行预测。各个专家根据他们所收到的材料,提出自己的预测意见,并说明自己是怎样利用这些材料并提出预测值的。

第四,汇总意见并分发给专家。将各位专家第一次判断意见汇总,列成图表,进行对比,再分发给各位专家,让专家比较自己同他人的不同意见,修改自己的意见和判断。也可以把各位专家的意见加以整理,或请身份更高的其他专家加以评论,然后把这些意见再分送给各位专家,以便他们参考后修改自己的意见。

第五,多轮调整预测意见。将所有专家的修改意见收集起来,汇总,再次分发给各位专家,以便做第二次修改。逐轮收集意见并为专家反馈信息是德尔菲法的主要环节。收集意见和信息反馈一般要经过三四轮。在向专家进行反馈的时候,只给出各种意见,但并不说明发表各种意见的专家的具体姓名。这一过程重复进行,直到每一个专家不再改变自己的意见为止。

第六,对专家的意见进行综合处理。

德尔菲法的优点:参与预测的专家数量比较多,预测结果具有代表性;预测结果经过多轮得出,其科学成分和正确程度较高;问卷采用匿名形式,因此预测结果受权威的影响较小;预测综合了全体专家的意见,具有较高的可靠性和权威性。

2. 定量预测法

定量预测方法是通过分析环境调查收集的资料,用数学模型来描述影响环境变化的多种因素之间的关系,并据此预测环境发展的趋势。

定量预测分为时间序列预测和因果关系分析两种。时间序列预测包括简单平均法、移动平均法、指数平滑法等;因果关系分析的常用方法有回归分析法、基数叠加法等。

(1)时间序列预测法

第一,简单平均法。此方法假定事物在历史上各个时期的状况对未来的影响程度是相同的。在预测中将反映事物在历史上各个时期状况的数据看得同等重要,用他们简单的算术平均值作为下一时期的预测值。这种方法简单但准确度较低,一般用于短期预测。

第二,移动平均法。这种方法假设事物在历史上比较远的时期的状况对未来基本没有影响,有影响的只是近期的状况,所以在利用历史数据时,采用分段平均、逐步推移的方式来分析时间序列的趋势,取最近一段时期的平均值作为预测值。基本公式为:

$$M_t = \frac{y_t + y_{t-1} + y_{t-2} + \cdots + y_{t-n+1}}{n} = \frac{\sum_{i=t-n+1}^{t} y_i}{n}$$

式中,M_t——第 t 期的移动平均值;y_i——第 i 期的实际值;n——移动平均期数。

第三,指数平滑法。指数平滑法也是假设事物在历史上各个时期的状况对未来均有影响,只是影响程度不同,远期的要小些,近期的要大些。第 t 期的加权平均值 S_t 计算公式如下:

$$S_t = ay_t + (1-a)S_{t-1}$$

式中，S_t——第 t 期加权平均值；y_t——第 t 期的实际值；S_{t-1}——第 t-1 期的加权平均值；a——权数，也称为平滑系数。

(2) 因果分析法

各种经济现象是相互影响、相互联系的，可以将它们分别定为因变量和自变量，通过数据调查分析找出它们之间的数学关系。线性回归就是一种常见的因果分析法。

4.4.2 环境的分析

根据环境层次的不同，环境分析可分为外部环境分析、行业环境分析以及内部环境分析。外部环境分析方法主要是 PEST 分析，即主要从政治和法律因素(political factors)、经济因素(economy factors)、社会和文化因素(social factors)、技术因素(technological factors)4 个方面对水上旅游企业外部环境进行深入分析；行业环境分析主要是按照前面提到的波特的五力模型，从 5 个方面对某个企业在行业中所处地位进行衡量分析；同样，对于内部环境分析也主要从前面介绍的内部环境因素着手。

进行环境分析的目的是为组织发展提供基础，通过环境分析找出企业外部环境的机会与威胁、内部环境的优势与劣势，在此基础上构造 SWOT 分析矩阵(如表 4-1 所示)，提出企业发展战略。

表 4-1 水上旅游企业 SWOT 分析矩阵

		机会(O) 1.政策支持 2.经济发展 3.消费需求 4.收入增长	威胁(T) 1.经济衰退 2.不利于企业的政策 3.人才供应 4.游客要求的提高
外部环境			
内部环境	优势(S) 1.人力资源 2.财务资源 3.营销技术 4.设备水平	SO 战略	ST 战略
	劣势(W) 1.成本 2.人力、财务、技术等方面的劣势	WO 战略	WT 战略

4.4.3 环境的管理

环境的管理主要体现在组织对外部环境的管理。根据外部环境的变化程度，可将环境分为动态环境和稳定环境两类。根据环境的复杂程度环境又可分为复杂环境和简单环境。由环境的变化程度和复杂程度可形成4种典型的环境，如表4-2所示。

表4-2　组织环境分类①

环境动态		变化程度	
		稳定	动态
复杂程度	简单	稳定、可预测的环境 影响因素较少 环境影响因素变化不大 环境因素容易了解	动态、可预测的环境 环境的影响因素较少 在不断变化之中 环境因素比较容易掌握
	复杂	不稳定、复杂的环境 环境影响因素较多 环境因素基本保持不变 掌握环境因素较难	动态、复杂的环境 环境影响因素多且处于不断变化之中 掌握环境因素困难

1.相对稳定和复杂的环境

有些组织外部环境比较复杂，但相对比较稳定。这些组织宏观和行业环境影响因素较多但变化都比较慢。处于这种环境的组织一般应采取分权的形式，同时也要加强组织内部各个方面的协调。

2.相对稳定而又简单的环境

有些组织外部环境比较简单，且相对比较稳定，这种组织可通过集中控制和严格的纪律与规章制度及采用标准化和程序化的方式来使组织正常运转。

3.动态而又复杂的环境

有些组织环境比较复杂而且又常常发生变化，对于此环境中的企业应采用分权的组织形式，充分发挥各个方面的积极性与主动性。

4.动态而又简单的环境

有些组织外部环境比较简单，但却经常发生变化。这种企业一方面要加强组织内的规范化管理，另一方面要使组织在某一方面能有较强的适应能力。

另外，对于一个水上旅游企业来说，一方面，必须适应外部的环境条件，因为这些组织必须根据外部环境能够提供什么，以及外部环境需要组织提供什么来决定自己的生产和发展。为此，企业必须认识和了解环境，特别是要研究未来环境的变化趋势和变化规律，以提高组织对未来环境变化的适应能力和应变能力。另一方面，企业必须为自身创造和选择一个良好的外部环境。虽然短期内环境不可改变，但随着企业的发展，企业的经营活动得到社会的认可，这就会促使环境朝着越来越有利于企业的方向发展。例如，某些新立法的出现。

---

① 许庆瑞.管理学[M].北京:高等教育出版社,1997:67.

思考题

1. 什么是水上旅游管理环境,它有哪些特点?
2. 水上旅游企业如何有效管理其所处环境?
3. 以黄浦江沿岸一家游船公司或其他水上旅游企业为例,描述它所面临的外部环境、行业环境、内部环境。
4. 试分析国家政策对三亚水上旅游发展的作用。

 案例分析

广州市珠江水上旅游开发SWOT分析

一、广州珠江水上旅游开发的优势

1. 良好的自然条件

珠江是我国南方最大的河系,珠江广州段处于南亚热带地区,气候适宜,水流平稳,河网发达。珠江在广州市区南北分流,形成内外前后航道,河流以环状形式绕城区而过所形成的独特岭南水乡景观,是广州市特有的水上旅游资源,为开展水上旅游提供了良好的自然条件。

2. 优越的区位经济条件

珠江横贯广州,从城市中心区(荔湾、芳村)开始到新城区(南沙)结束,流经白云、越秀(含原东山区)、天河、海珠、黄埔、番禺等城区,沿途既有历史文化名城、现代都市风貌,又有岭南特色的水乡风情,具有良好的城市塑水性和旅游可进入性。同时依托经济发达的珠江三角洲,旅游客源市场广阔。

3. 丰富的旅游资源

珠江在广州市区河段共82.55公里,水域面积38.9平方公里,沿岸旅游资源丰富。根据《旅游资源分类、调查与评价》(GB/T 18972—2003)统计,珠江广州河段沿岸有旅游资源7个主类、13个亚类、34个基本类型。

(1) 近现代特色建筑。在广州市珠江沿岸有众多特色鲜明的建筑,近代建筑如沙面的西洋建筑群、西关大屋群、"广州外滩"长堤等,现代建筑如白鹅潭欧式酒吧街、白天鹅宾馆、二沙岛星海音乐厅、滨江东豪宅群等,近年新落成的琶洲国际会展中心、新电视塔、歌剧院、省博物馆、东西双塔以及海心沙亚运会开幕式场馆等建筑群更是引人注目。此外,数座跨江大桥形成了珠江上一道道亮丽的风景线。珠江沿岸犹如广州近现代建筑展览馆,记录着近现代广州建筑发展变迁的足迹。

(2) 古代和近代文物史迹。广州是有着多年历史的古都,是海上丝绸之路发祥地,也是中国近代革命的策源地之一。珠江作为广州城市发展的天然中轴线,沿岸分布有大量的史迹文物,如千年古道北京路、南越王宫署遗址、孙中山大元帅府、黄埔军校旧址、南海神庙等都是重要的历史文物,具有很高的旅游开发价值。

(3) 市井商业风情。广州自古有"千年商都"的美誉,荔湾、越秀等老城区珠江沿岸自古就是商家云集之地,如北京路商业步行街、十三行、沿江路—长堤商业街、清平中药市场以及海珠广场原交易会馆等商业网点在国内外有着很高的知名度,是国内外游客观光购物、品尝美食的好场所。

(4) 宗教寺院。随着"海上丝绸之路"的兴起与发展,西方的宗教文化源源不断地渗入广州,在珠江沿岸保留有较多有影响的宗教寺庙,如基督教堂——石室、南海神庙、番禺莲花山望海观音、南沙天后宫、珠江三塔等。

(5) 岛屿风光。珠江广州段有大小岛屿几十个,有的岛屿开发程度较高,景点较多,形成都市岛屿风光,如二沙岛上的星海音乐厅和广东美术馆,长洲岛上的黄埔军校,海心岛上的亚运会开幕式场馆,小谷围岛上的广州大学城、岭南印象园、广东科学中心等景点。有的岛屿开发程度较低,还保留有较完整的岭南原始自然风光,具有一定的新奇性和神秘性,如海鸥岛、龙穴岛、上下横档岛等。

(6) 湿地观鸟。广州市湿地面积达 47 373 公顷,其中南沙湿地位于广州的最南端、珠江出海口处,这里保持了农耕水养的产业结构,生态环境良好,目前已经开发为湿地公园。

(7) 民俗风情。广州茶楼饮茶、除夕逛花街、端午扒龙舟、南海神庙庙会、沙湾飘色、特殊的水上人家——疍民等构成了多姿多彩的岭南文化。海珠石、海印石、浮丘石的传说以及珠江三塔历史典故、珠江传说等动人的故事与传说,为沿岸景点增添不少文化内涵与历史风情。

4. 珠江水上旅游大环境有所改善

为了迎接 2010 年亚运会,广州市政府对珠江"一河两岸"进行了改造,陆续实施了"光亮工程""绿化工程""亲水工程"及沿江观光带的建设,修复、包装沿岸旅游景点,使沿岸的观赏性、可游性得到大幅度提升。同时政府加大了对珠江的污染治理,出台了《广州污水治理和河涌综合整治方案》,珠江水质有所改善。从 2002 年 7 月 1 日起,广州海事局对珠江广州段东航道人民桥到华南大桥全长 10 公里河段实施交通管制,禁止货船通行,开创了国内第一条旅游、客运、公务船专用通道,保障水上旅游航道的通畅。

二、广州珠江水上旅游开发的劣势

1. 码头布局不合理,周边配套设施不够完善,港航不分制约着珠江游的进一步发展

旅游码头是发展珠江水上旅游不可缺少的重要硬件设施。目前广州珠江河段在用客用码头有 33 个,主要分布在珠江前、后航道西段,即珠江大桥——海印大桥和珠江大桥——鹤洞大桥河段,分布密集,大部分位于老城区,新城区码头很少甚至没有,如拥有 100 多万人口的天河区至今一个码头都没有。同时,在用码头绝大部分建于上世纪 80 年代以前,是简陋的轮渡码头。虽然近几年随着广州城市的发展得到了一定的建设,但作为开展水上旅游专用景观码头所需的周边停车场、接驳公交车站、购物广场、娱乐设施等配套设施仍不够完善。

市客轮公司目前在用的轮渡客用码头有 29 个,占全市客用码头总量的 80% 以上;广州港务局拥有 4 个客用码头;蓝海豚游船公司没有自己的码头,只能租用其他公司的码头作停泊上客之用。码头垄断、港航不分,导致码头资源的使用率下降,影响了水上旅游市场准入的公平性,珠江水上旅游开发所需的市场资金大量流失。

2. "珠江游"产品单一、老化,产品和线路设计缺乏创新,旅游市场供过于求

"珠江游"开发至今,主要是以珠江夜游为主,出现"夜游一头热"的现象,游览线路基本

锁定在白鹅潭到广州大桥,多年来缺少新的变化。在旅游形式上,珠江夜游尚停留在看灯、看桥、看商品楼的阶段,主要依赖于"一江两岸"的光亮工程,属于形式较单一的观光产品。在线路组织上,游船与公交车、自行车之间缺少联动,没有将旅游点线面有机结合。在服务上,游船的外形、档次、功能、餐饮等方面难以满足市场不同层次的需求。

"珠江游"多家游轮公司经营产品重复,市场竞争大。以2008年为例,根据游轮公司经营数据统计,当年"珠江游"人数约为35万,如果按每天一艘船一个航次计算,客位上座率仅为3%。摆脱对"光亮工程"的过分依赖,充分挖掘"珠江游"的文化旅游资源,是发展珠江水上旅游必须解决的问题。

3.珠江水质与水上旅游开发要求还存在一定差距

虽然珠江整治取得了一定的效果,珠江广州河段水质基本恢复到V类,但目前水面保洁范围仅约20公里,珠江的水体颜色和气味等方面距离游客所要求的标准还存在一定距离。2008年"珠江游"网上问卷调查结果显示,53.3%的游客认为目前"珠江游"存在水质方面的不足,珠江目前的水质状况仍然影响着珠江水上游的质量。

三、广州珠江水上旅游开发的机遇

1.随着人民生活方式的改变,旅游成为一种新的消费方式

近年来,我国旅游业保持平稳快速发展。2014年全国国内游人数达361 100万人次,比上年增长10.70%;国内旅游收入30 311亿元,比上年增长15.36%。2012年全国城镇居民人均可支配收入24 564.7元,比上年增长8.8%。珠江三角洲城镇居民人均可支配收入高达36 379元。良好的经济发展形势、居民旅游消费观念的转变,都将为水上旅游的发展提供了坚实的市场基础。

2.新的休假制度和高铁时代带来新的机遇

2008年起,我国实行新的休假制度,长假与中短假相结合,中短线路旅游成为民众假期出行的热点。2009年底武广高铁正式通车,"武广经济带""3小时生活圈"变成现实,杭广、贵广、南广、广深港铁路客运专线和广珠城际铁路等高速铁路也将相继建成。交通时间缩短可吸引更多游客来广州旅游,珠江水上游作为广州游的品牌产品,也必将迎来新的发展机遇。

3.珠江水上游将成为广州城市旅游新名片

《珠江三角洲地区改革发展规划纲要》明确提出要将广州打造成为亚太地区具有重要影响力的国际旅游目的地和游客集散地,同时随着2010年亚运会的到来,广州城市建设进入新的发展阶段,珠江两岸作为重点整治区域,沿岸景观大为改观。

珠江水上游是近年广州旅游发展的重点,广州市大力推进以"水"为主体的珠江游深度开发,打造"岭南印象水城"。随着广州在国内外知名度的不断提升,广州的城市旅游新"名片"——珠江水上游将为越来越多的旅游者所认识,为广州水上旅游业的发展带来契机。

四、广州珠江水上旅游开发的挑战

1."珠江游"管理体制错综复杂,不利于水上旅游的开发与管理

由于水体管理的复杂性,珠江水上旅游业务同时受交通、建设、港务、航务、船检、航道、海事、规划等多个部门的监督与管理,多家政府职能部门尚未形成部门统一协调的制度,存

在管理空白地带和多头管理问题,不利于珠江水上游的发展。

2.市场宣传与推广力度不够,品牌形象难以树立

珠江水上游开发时间长,虽有一定的知名度,但由于缺乏足够的市场宣传与推广,游客购买旅游产品的欲望没有得到有效激发。抽样调查结果表明,"珠江夜游"本市游客占42%,国内其他地区游客较少;在游客的年龄结构中,以25~44岁的中青年游客为主;在游客的职业构成中,企事业单位管理人员所占比例较高,达29%。在知晓"珠江游"途径的选择中,主要是"朋友推荐",达48%,而选择"媒体、媒介宣传"的比例较小。可见,没有大力的市场宣传与推广,珠江水上游难以成为真正意义上的广州旅游品牌。

3.面临经营成本增加、市场份额流失的风险

抽样调查发现,珠江夜游虽有相当大的知名度,但愿意选择乘坐的比例却不高,其中一个重要原因是人们认为价格太贵,与游船提供的产品和服务不符。目前珠江夜游的价格在25~130元之间不等,65.5%的受访者认为30元以下的票价最愿意接受,愿意付70元以上票价的只有少数人。由此可见,价格仍然是影响珠江水上游人数的一大因素。近年来,随着国际油价上涨以及人工成本的增加,游轮经营成本也相应上升,如果票价上升,珠江水上游将会流失更多的市场份额。

4.珠江水上游开发不当易导致新的环境污染

珠江广州河段接纳了整个市区的工业废水和生活污水,水域生态环境比较脆弱。珠江水上游开发不当会对珠江水体及两岸造成新的环境污染,影响水上旅游的可持续发展。

[资料来源:周柳.广州市珠江水上旅游开发SWOT分析[J].广州城市职业学院学报,2010,4(4):26-30.]

结合案例思考以下问题:

(1)分析某个地域开展水上旅游的环境时,常常可以采用哪些环境分析方法?

(2)根据案例资料总结广州市开展水上旅游活动面临的主要问题有哪些?

(3)运用SWOT分析方法为广州市开展水上旅游活动提出相应的策略。

第5章

水上旅游业

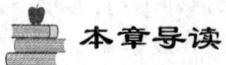 本章导读

世界几大邮轮品牌鉴赏

1. 皇家加勒比国际邮轮"海洋魅丽"号——总吨位：225 000 吨，载客量：6360 人，首航日期：2010 年。作为世界上最大的邮轮，"海洋魅丽"号是一个新的世界纪录的缔造者，与其姊妹船"海洋绿洲"号一起位列全球最大、最具创意的邮轮。"海洋魅丽"号邮轮将陆地上的社区概念移植到这艘豪华邮轮上，将邮轮划分为中央公园、欢乐城、皇家大道、游泳池和运动区、海上水疗和健身中心、娱乐世界及青少年活动区 7 个主题区域，满足了不同年龄、不同类型游客的度假需求。"海洋魅丽"号邮轮与陆地上的城市一样，商店、餐馆、游乐场、剧场、高尔夫球场等生活娱乐设施一应俱全。

2. 歌诗达"太平洋"号——总吨位：114 500 吨，载客量：3780 人，首航日期：2009 年。它是一艘音乐之船，跳动着的音符将快乐和激情带到船上的每一个角落，踏上船舷的刹那间，让您的心情一起跳舞吧。F1 赛车模拟器让您体验速度的激情，配有玻璃屋顶和夜间影院的壮观甲板让您在星空里遨游，贯通三层甲板的影剧院配有独享技术，将给您视觉和听觉的完美享受。在 Samsara Spa 中，您将在东方典礼的优雅氛围中体验最完全的身心放松。除此之外，5 个餐厅供应来自世界各地的美食，让您吃不停。13 个风格迥异的酒吧让您在音乐的伴随下得到彻底的放松。达 6000 平方米的健身中心、DISCO 舞厅、水上滑梯、网吧、图书馆、购物中心等一系列设施让您的海上假期精彩纷呈。您将在歌诗达"太平洋"号邮轮上度过难忘的美好时光，每当伴您假日的音乐再次响起，就能一遍又一遍地重温这次美妙的旅行。

3. 丽星邮轮公司"处女星"号邮轮——总吨位：76 800 吨，载客量：1870 人，首航日期：1999 年。"处女星"号邮轮是丽星邮轮公司家族中最为耀眼的邮轮明星，重达 76 800 吨及 13 层高的"处女星"号邮轮，展现亚洲人亲切的好客热忱，将带领您遨游安达曼海和马六甲海峡。您将造访一个拥有阳光普照的洁净沙滩、神秘的岛屿以及饶富文化的美丽新世界。敞开心胸，尽情徜徉在白净沙滩的海洋景致里，沉浸在闪闪发亮的水波中；抑或是造访奇特而有趣的集市，尽情购物并且遍尝当地美味佳肴。

4. 美国嘉年华邮轮集团公司所属公主邮轮"红宝石公主"号——总吨位：113 000 吨，载客量：3080 人，首航日期：2008 年。"红宝石公主"号邮轮上一流的设备，将会令您眼前一

亮。它兼具现代及华丽,拥有意式中庭和将近 900 间的阳台舱房。环绕拱廊式中庭的有国际餐厅、美酒海鲜吧及牛排海鲜馆。您可以在星空下体验露天电影院,或是在私人阳台上一边饱览加勒比海的美景,一边享用顶级的阳台餐饮。美国嘉年华邮轮集团公司(Carnival Corporation & PLC)成立于 1965 年,公司总部设于美国洛杉矶。目前船队拥有 17 艘世界级邮轮,其中 9 艘邮轮超过 10 万吨以上,居世界七大船队前三名。2004 年之前,公主船队就拥有超过 30 000 个床位,年度载客量 120 万人次。公主邮轮提供 100 多款 7 天至 72 天不等的行程选择,航程遍及七大洲,造访 270 多个港口。

5.1 水上旅游业的概念

5.1.1 旅游业的含义

广义的旅游业是指以旅游资源为凭借(依托),以旅游设施为条件,为人们的旅行游览提供服务,从中取得经济收益的所有行业和部门,包括旅馆业、旅行社业、交通运输业、邮电通信、餐饮、银行、轻工业和商业等。

从需求角度出发,旅游业就是以旅游消费者为服务对象,为其旅游活动的开展创造便利条件并提供其所需商品和服务的综合性产业。

5.1.2 水上旅游业的含义

水上旅游业就是以水上旅游消费者为服务对象,为其旅游活动的开展创造便利条件并提供其所需商品和服务的综合性产业。

5.1.3 水上旅游业的性质

水上旅游业具有以下 7 个方面的性质:
第一,产业定性的双重性(文化性和经济性);
第二,产品生产的组合性;
第三,产业范围的宽泛性;
第四,产业结构的层次性;
第五,产业关系的关联性;
第六,产业空间的聚集性;
第七,发展进程的跨越性。

5.1.4 水上旅游业的布局特点

水上旅游业布局具有以下 3 个特点:

第一,宏观分布的点网性;第二,中观布局的圈层性;第三,微观选址的节点性。

5.2 水上旅游业的构成

5.2.1 旅游业的构成

1.传统旅游业的构成

(1)"三大支柱"观点

基于旅游者消费开支在相关经济部门间的主要流向,人们认为旅游业主要是由旅行社部门、交通客运部门和以饭店为代表的住宿部门所构成,称之为旅游业"三大支柱"观点。

(2)"五大部门"观点

从一个国家或地区的旅游业发展,特别是从旅游目的地市场营销的角度去认识,旅游业主要是由五大部分所组成,即除了旅行社部门、交通客运部门和住宿接待部门之外,还应该包括以旅游景点为代表的游览场所经营部门以及各级旅游管理组织,称之为旅游业"五大部门"观点。

2.旅游业的构成要素

旅游业的构成要素包括旅游观赏娱乐业、餐饮住宿业、旅行社业、交通通信业和旅游购物品经营业。其中,旅游观赏娱乐业是旅游产业的核心,旅行社业是旅游产业中最活跃的部分。

5.2.2 水上旅游业的构成

水上旅游业作为旅游业的一部分,除具备一般旅游业的构成要素,还有其自身的要求,主要体现在载体、环境和依托3个方面。

第一,载体:邮轮、游船、游艇(俗称"三游")。

第二,环境:水体水域与游憩氛围。

第三,依托:港口(码头、客运站)。

5.3 水上旅游企业

5.3.1 水上旅游企业的概念和特点

1.水上旅游企业的概念

企业是指各种生产要素的所有者为了追求自身的利益,自主经营,自负盈亏,独立承担法律责任,通过契约方式而组成的经济组织。它是社会经济制度的微观基础,是生产要素转化为现实生产力的载体。

旅游企业是指利用各种资源,从事旅游服务经营活动的、营利性的、独立的经济实体。

水上旅游企业,是指自主经营、自负盈亏地从事水上旅游经营活动,向社会提供水上旅游产品和服务的经济组织。

2. 水上旅游企业的特点

(1)旅游企业的特点

旅游企业除具有一般企业的共性外,还具有自身特点:

第一,旅游企业的服务性(服务含量高)。

第二,旅游企业的多样化(包含各种各样的企业组织类型)。

第三,旅游企业的涉外性(旅游企业面对的国际市场化程度高)。

第四,旅游企业与消费市场紧密相连(生产、消费的同时性)。

第五,旅游企业面对多样化的客源市场。

(2)水上旅游企业的特点

与一般旅游企业相比,水上旅游企业具有以下特点:

第一,对经济、政策的依赖性高。

第二,生产经营的风险性更大。

第三,生产性成本较大。

第四,安全性要求更高。

第五,企业形式的多样性。

第六,生产产品的高端性。

3. 水上旅游企业的组成

水上旅游企业包括水上旅游景区、"三游"企业、水上旅游管理机构和水上旅游教育机构等。其中,水上旅游景区是最主要部分。

(1)旅游景区

旅游景区是具有美学、科学和历史价值的各类自然景观和人文景观的地域空间载体,它能够激发人们旅游的兴趣和需求,为人们提供参观、游览、度假、康乐、科研等产品和服务。

(2)旅游景点

广义地讲,任何一个可供旅游者或来访游客参观游览或开展其他休闲活动的场所都可以称为旅游景点。严格地讲,旅游景点是面向所有大众开放的游览景点或游人参观点。在国际旅游学术界,有人将其定义为"专为来访公众参观、游乐和增长知识而设立和管理的长久性休闲活动场所"。

(3)风景名胜区

《风景名胜区管理暂行条例》将风景名胜区定义为:"凡具有观赏、文化或科学价值,自然景物、人文景物比较集中,环境优美,具有一定规模和范围,可供人们游览、休息或进行科学、文化活动的地区。"

(4)旅游区

《旅游区(点)质量等级的划分与评定》将旅游区定义为:"经县级以上(含县级)行政管

理部门批准成立,有统一管理机构,范围明确,具有参观、游览、度假、康乐、求知等功能,并提供相应旅游服务设施的独立单位。包括旅游景区、景点、主题公园、度假区、保护区、风景区、森林公园、动物园、植物园、博物馆、美术馆等。"旅游景区是旅游业的重要组成部分,但由于景区的概念包含或交叉了世界遗产、风景名胜区、自然保护区、国家森林公园、旅游度假区等多个名词概念,所以很难归纳出一个能被大众普遍接受的定义。

(5)水上旅游景区

根据上述解释,水上旅游景区可以概括为以水资源为依托的旅游区域,包括海洋和滨海旅游景区(景点)、江河流域景区(景点)、湖泊旅游区(景点)、泉涌旅游区(景点)等。

5.3.2 水上旅游的发展概况

1. 国际水上旅游的发展概况

(1)国际邮轮产业发展情况

邮轮产业是指以邮轮为核心,以海上观光旅游为具体内容,由交通运输、船舶制造、港口服务、旅游观光、餐饮、购物、银行保险等行业组合而成的复合型产业。

第一,全球邮轮产业总体特征。

全球邮轮产业仍属于当今世界休闲产业中增长最为令人心动的行业门类。自1990年以来,邮轮乘客达到惊人的7.4%的年平均增长率。当前世界邮轮市场的总体需求还在不断攀升。多样化的邮轮旅游产品不断出现以应对复杂的市场需求:新的邮轮目的地不断得到开发,邮轮的设计概念不断更新,船上和岸上活动越来越新奇,邮轮航线不断出现新的主题,邮轮也建造得越来越巨大。

第二,邮轮基本营运方式与内容。

作为旅游的一种形式,邮轮的基本营运方式是以邮轮为运作平台,以邮轮母港为依托,以航线和节点(停靠港)为运行支撑,通过组合式旅游产品的销售和高品位的船上服务作为其主要收益来源。邮轮的经营内容以船上和船下为分界点,分为岸上活动和海上活动。

海上活动通常包括船上休闲娱乐、文化活动、健身、食宿等内容,此类活动的费用一般进入邮轮船票,无须另外付费。同时,船上设有超过100项的付费服务项目,包括电子游戏、美容美发、特色餐厅、酒吧、剧院、会议室、购物中心、赌场等。

岸上活动主要是乘客的消费。岸上旅游活动与一般的观光旅游的经济活动基本相同,例如:餐饮、住宿、观光、购物以及游客集疏运等。对岸上旅游景点而言,邮轮是运送乘客的一种交通工具,岸上的旅游景点并不针对邮轮乘客提供特殊服务。

第三,几大邮轮公司概况。

美国嘉年华邮轮集团公司。嘉年华邮轮以"Fun Ship"(快乐游轮)作为主要的产品诉求来区别丽星邮轮等竞争对手,现在已经发展成为全球第一的超级豪华邮轮公司,拥有28 000名船员和5000名员工,被业界誉为"邮轮之王"。作为美国上市公司,嘉年华邮轮集团为世界各地的游客提供最好的服务。嘉年华下属公主邮轮(Princess Cruises)、荷美邮轮(Holland America)、歌诗达邮轮(Costa Cruise Line)、冠达邮轮(Cunard Line,其前身白星邮轮拥有"泰坦尼克"号邮轮)、世朋邮轮以及风之颂邮轮等。嘉年华邮轮集团现有24艘8～

12万吨大型豪华邮轮(即将变为25艘),这也是迄今为止最为庞大的豪华邮轮船队。船队全年在欧洲、加勒比海、地中海、墨西哥、巴哈马航行运营;而季节性航线则有阿拉斯加、夏威夷、巴拿马运河、加拿大海域航线等。其船队优势在于它多样化的休闲设施,装潢新颖、宽敞的客舱。邮轮上的秀场节目与娱乐设施应有尽有,让旅客在船上宛如天天参加嘉年华盛会。

皇家加勒比国际邮轮公司。皇家加勒比邮轮有限公司(全球第二大邮轮运营商)在全球范围内经营邮轮度假产品,旗下拥有皇家加勒比国际邮轮、精致邮轮、精钻邮轮、Pullmantur、CDF、TUI邮轮六大品牌。公司目前拥有各品牌总共41艘豪华游轮(另有4艘在建)。同时公司也在世界范围内运行多样化的航线,并提供覆盖七大洲大约460个目的地的陆地游度假产品。自1968年成立至今,皇家加勒比国际邮轮始终保持行业领先地位,并建造了两艘全球最大的邮轮——"海洋绿洲"号(Oasis of the Seas)和"海洋魅丽"号(Allure of the Seas)。这两艘姊妹船的总吨位均为22.5万吨,是世界最大、最具创意的邮轮。"海洋绿洲"号与"海洋魅丽"号将全新的"社区"理念引入邮轮,把邮轮空间划分为中央公园、百达汇欢乐城、皇家大道、游泳池和运动区、海上水疗和健身中心、娱乐世界和青少年活动区7个主题区域,以满足不同类型游客的度假需求。

丽星邮轮公司。丽星邮轮(Star Cruises)是全世界第三大的邮轮公司,主要是以亚太地区作为经营领域,规模上仅次于嘉年华公司(Carnival Corporation & plc)与皇家加勒比(Royal Caribbean)。除了核心企业的丽星邮轮之外,该公司还拥有挪威邮轮(Norwegian Cruise Line,NCL)及其子公司NCL美国(NCL America)半数的股权,使得成立于1993年的丽星邮轮拥有一个20艘已投入服务的邮轮所组成的船队,提供逾41 850个标准床位。整个集团的航线遍及亚太区、南北美洲、夏威夷、加勒比海、阿拉斯加、欧洲、地中海、百慕大及南极。

歌诗达邮轮公司。歌诗达邮轮(Costa Cruise Lines),起源于1860年的Costa家族,名字源自始创人贾西莫。歌诗达先生(Giacomo Costa)有着悠久而辉煌的历史。以"意大利风情(Cruising Italian Style)"为品牌定位的意大利歌诗达邮轮公司是欧洲地区最大的邮轮公司。歌诗达邮轮集团总部设于热那亚,是意大利最大的旅游集团,也是欧洲第一大的邮轮公司。2011年,歌诗达邮轮总共接待了230万游客,收入为31亿元。歌诗达邮轮集团经营三大独立品牌,包括歌诗达邮轮、AIDA邮轮和Iberocruceros。歌诗达邮轮集团拥有欧洲最大的邮轮规模:现役共26艘邮轮,总载客量约为67 000人。现今,歌诗达拥有欧洲大陆最大的船队:旗下共拥有14艘在役邮轮,可载客量高达40 000人次。另有1艘邮轮已于2014年10月加入船队。如今,歌诗达拥有15艘邮轮,总载客量已达到45 000人次。

(2)国际游船产业发展情况

第一,世界游船旅游业发展简况。

目前世界内河旅游业发展迅速,前景看好。自20世纪80年代以来,世界游船业以每年7.6%的速度递增。最具代表性的有德国莱茵河观光、俄罗斯伏尔加河游、埃及的尼罗河游、美国的密西西比河休闲游和中国的长江游轮游。

国外著名游览船有:法国巴黎塞纳河游船、英国泰晤士河游船、德国莱茵河游船、美国密西西比河游船、荷兰阿姆斯特丹游船、西班牙瓦伦西亚游船、澳大利亚悉尼海湾游船、加拿大圣劳伦斯河游船、意大利威尼斯贡都拉游船。

第二，国际著名游船公司简介。

法国巴黎塞纳河游船。Paterur-Mouches 公司是塞纳河上经营游船规模最大的公司，拥有 13 艘游船。每年的 4~10 月是旅游旺季，其间，仅 Paterur-Mouches 公司就接待游客 120 万人次。以此推算，塞纳河每年接待游客有 1000 多万人次。巴黎游船公司是塞纳河船舶旅游行业的先驱。该公司根据不同消费人群的需求向广大游客提供不同级别的游船服务。公司服务项目的具体介绍被译为 13 种不同的语言和文字，中文就是其中的一种。服务项目总共可分为 6 种。

英国泰晤士河游船。泰晤士河的城市游船公司（City Cruises plc）是泰晤士河游客服务的主要运营商，每年为约 75 万名游客提供观光、轮渡和租赁服务。公司作为传统结构产业的发展关键已经得到巩固。河上的主要观光航道是威斯敏斯特和伦敦塔之间的航道。伦敦 Catamaran Cruisers 游船公司以经营小水线面船为特色，其总体优点在于船型宽大舒适，运营的经济性佳，船体自重较小，最多只有两层甲板（受到泰晤士河上桥梁净高的影响），保证了游船有足够的用餐、休闲娱乐空间，使游客享受到舒适一流的游览环境氛围。该公司的"Symphony"号观光游船重点在观光市场经营泰晤士河晚餐巡游和周日午餐巡游，均有乐队表演和舞厅娱乐。船长 55.8 米（184 英尺），船宽 10.0 米（33 英尺），共有 308 个客位，其中主要区域可载客 236 人，套间可容纳 72 人。"Naticia"号游船上的每一座位均靠窗，保证了良好的视线范围，甲板中间是表演娱乐场所。船长 34.14 米（112 英尺），船宽 8.55 米（28 英尺），底层甲板可载客 96 人，上层甲板载客 84 人，共载客 180 人。该公司传统游船的客位容量在 150~230 人之间。

德国莱茵河游船。莱茵河的游船旅行业务，主要是 KD 公司在运作。KD 公司全称是 Koeln-Duesseldorf，公司在这两个城市之间修建了很多码头。游览莱茵河可以在任意一个码头上船，在任意一个码头下船，就像坐公共汽车一样方便。由于路程比较长，所以只能选择最为精华的一段。整条航线中的大热之选是：吕德斯海姆（Rudesheim）至科布伦兹（Koblenz）。该段游览线路被联合国列为了世界文化遗产，在 60 公里的距离中大概有 30 座城堡，是德国境内城堡出现率最高的路段。如果从科布伦兹（Koblenz）逆流而上需要 6 个小时，反之从吕德斯海姆（Rudesheim）顺流而下，只需要 2 个半小时。此外还分淡季和旺季。科隆-杜塞尔多夫德国莱茵游船公司是莱茵河上客运市场领军，它在 180 多年的时间里将游客送往莱茵河、美茵河与莫泽尔河沿岸最美丽的目的地。科隆-杜塞尔多夫游船公司同时也是最古老的德国股份公司，在世界内河航运线上具有最丰富的经验。它作为唯一的船运公司每天穿行于科隆和美茵茨之间的莱茵河上。科隆-杜塞尔多夫游船公司一共拥有 14 条现代化的观光船，可以为游客提供一流的享受。科隆-杜塞尔多夫游船公司作为高质量的航运商积累了将近 200 年的经验，极其重视服务质量。

美国游览船。密西西比河游览船主要由新奥尔良汽船公司（The New Orleans Steamboat Company）运作，主要提供两类船型：正宗的汽轮（船名 NATCHEZ，产品为晚餐爵士和港湾游船）和现代新奥尔良河轮（船名 JOHN JAMES AUDUBON，在水族馆和奥德邦动物园之间巡航)。纽约水上巴士公司于上世纪 50 年代开始营运,共有 8 艘巴士船,其中 6 艘 74 座,还有两艘 149 座。共营运 7 条线路 14 个停靠站,其中纽约市区 13 个。还经营有水上巴士标志的纪念品商店。

(3)国际游艇产业发展情况

游艇业是一个内涵很大的概念。由于游艇业必须达到一定规模才能获得良好的经济效益,有关专家指出,在我国游艇产业发展的初期,让行业依赖自身投入显然难以完成产业品牌的打造和整体竞争力的提升,因此对游艇产业的发展给予一定的政策和资金支持是十分必要的。

第一,游艇业的产业特点。

游艇业对经济发展具有极大的拉动作用,最突出的是产业链长、配套环节多、迂回生产方式复杂、集中密集度高。发展游艇业将为海洋经济带来巨大的商机。

第二,游艇俱乐部已经形成 3 种经营运作模式。

不同类型的游艇俱乐部,往往有其特定的市场运作规律。游艇俱乐部的经营模式主要以面向运动、休闲和商务等目的的较为普遍。

运动娱乐型游艇俱乐部。此类俱乐部的游艇多为中小型游艇,这类游艇以速度作为卖点,而且价格较低,主要满足运动娱乐的需要,因此对年轻人很有吸引力。俱乐部的经营以团体包租、按时收费为模式,中国台湾许多的游艇俱乐部就是这样,通过吸引会员加入,组织度假、娱乐休闲服务活动开展业务,提供的活动包括水上训练活动、游艇驾照培训、结婚周年、时装秀(fashion show)、同学餐会、生日 Party、套装旅游、朋友聚会等。

休闲型游艇俱乐部。面向家庭市场,为家庭度假、聚会、垂钓休闲等提供服务。在海域、海岸线条件优越的英国、意大利、法国、美国等欧美国家,这类俱乐部较为普遍。游艇长度一般以 30 英尺到 45 英尺为主,俱乐部以烘托家庭氛围为卖点。由于许多家庭拥有自己的游艇,所以其服务模式以提供配套服务作为主要内容,如泊车、代为管理游艇泊位、加油、海面救援、办理船舶证照、游艇翻新和修理等。在中国香港,许多游艇俱乐部船主兼会员,平时雇用长期的看护船的水手,或者聘用船长代为驾船并负责平时的维修保养和联络工作,每到假日全家大小呼朋唤友上游艇到外海休闲,选择平静水域停船下锚,放下小艇、摩托艇,或是戏水,或是上岸游玩用餐。

商务型游艇俱乐部。主要面向公司法人、高层白领、社会显贵阶层服务,一般提供综合性较强的娱乐休闲设施,包括豪华酒店、会议包租、高尔夫球场、健身、温泉等。绝大多数的豪华游艇俱乐部只对本部会员开放,而要想成为会员,需要先缴纳会费。俱乐部提供专业船长、日常保养、高档餐饮、娱乐等服务。这类游艇一般都是大尺寸的游艇,艇内装潢豪华、设施考究、服务精细,属于豪华档次游艇,一般为中上阶层人士、企业集团董事、富豪购买或租用,满足商务、会议、谈判、高层聚会、小型派对等需要。

2.中国水上旅游的发展概况

(1)我国邮轮产业发展情况

第一,产业规模与布局。

我国邮轮产业起步于 20 世纪 80 年代,受到国际邮轮市场因素推动,近些年我国邮轮产业获得快速发展。

2015年中国大陆全年共接待国际邮轮629艘次(是2005年接待40艘次的6倍多),其中母港航次为539艘次,全年邮轮出入境游客接待量约248万人次。

中国沿海已经初步形成三大邮轮港口群,即依托长江三角洲和环渤海湾形成的东北亚邮轮港口群,依托珠江三角洲和环北部湾形成的东南亚邮轮港口群,依托海峡西岸和台湾岛形成的(台湾)海峡两岸邮轮港口群。

目前我国邮轮航线主要有上海、天津等地至日韩航线,厦门、三亚等地至越南等东南亚航线,以及我国南部沿海港口开往香港、台湾等地的海峡航线。

第二,我国邮轮产业发展阶段。

2006—2010年:以邮轮到港服务为主体的起步阶段;

2010—2015年:邮轮到港服务和公民出境服务并举的阶段;

2016年以后:中国邮轮经济发展成熟阶段。

第三,我国邮轮产业链发展的机遇与挑战。

机遇:邮轮业高收益,国内游客成为庞大的邮轮客源,产业政策利好,邮轮港口建设等硬件条件逐步完善,国际邮轮市场东移。

挑战:产业体系建设有待深入推进,产业发展基础环境亟待系统构建,产业发展缺乏制度性保障,产业人才培养仍为短板之一,邮轮经营管理专才几近空白。

第四,促进我国邮轮业发展的指导意见。

指导思想:放眼世界、立足国情,充分利用我国现阶段的优势条件,以服务外轮为起点,坚持市场化、产业化和社会化的方向,加强政府引导作用和扶持力度,逐步完善有关法律法规和综合配套政策,统筹规划,先易后难,协调发展;在邮轮码头布局、产业发展、政策配套以及人才培养、邮轮设计与建造等方面边探索、边总结、边改进,循序渐进,逐步完善,实现我国邮轮业又好又快发展。

发展原则:市场主导和政府扶持相结合,自主发展和对外合作相结合(吸引国际资本参与经营和管理,探索适合国情的邮轮业发展模式),突出重点和协调发展相结合(具备优势的沿海港口适当改善设施,注重邮轮码头的区域布局;邮轮产业链的各环节间也应有所侧重),探索创新和规范发展相结合(破解发展难题,开拓创新,探索适合我国国情的邮轮业发展道路,进一步加快有关法律法规建设,逐步完善相关政策并加强制度规范)。

发展目标:以初期服务外轮为起点,积极吸引国际邮轮靠岸;选择具备优势条件的港口城市开展试点,加强相关基础设施建设,逐步进入邮轮业国际网络;立足我国国情,注重培育国内消费人群和消费市场,积极开展设计与建造关键技术研究,逐步形成邮轮自主设计与建造能力;完善相关法律法规,逐步构建邮轮运输发展市场体系。

主要任务:近期,以邮轮到港服务为切入点。东部沿海地区具优势、经验较多的港口城市,如上海、厦门、三亚、天津、青岛、大连、宁波、广州、北海等,可适度改善基础设施,吸引国际邮轮靠岸,按一定机制研究出台多方面配套优惠政策;其他沿海港口城市可视市场需求开展相关接待和前期研究工作,合理定位;同时,积极培育国内消费人群和消费市场,适时推动我国公民乘国际邮轮出境旅游。远期,在各地积极探索的基础上,调整、完善相关法律法规和涉及市场准入、经营管理等方面的具体政策；技术引进、合作和自主创新相结合，加大科研投入和技术储备，逐步形成我国邮轮设计与建造能力；加强自有船队建设和专门人才培养，深化内地与香港、台湾的合作，在我国大陆沿海有条件的地区逐步建设形成几个邮轮母港，逐步延伸产业链条和服务范围，健全邮轮产业体系。

(2) 我国游船产业发展情况

中国游船旅游主要区域有三峡游船市场、漓江游船市场、黄浦江游船市场、珠江游船市场、京城水系旅游、京杭运河旅游、其他游船市场。代表如下：

现在的长江上共有涉外游轮近60艘，全年可提供80万至100万个客位，另有50多艘以接待国内游客为主的客轮兼游轮。长江游船总资产近50亿元，共有游轮企业30多家。著名的有长江黄金系列游轮、长江海外游船、东方皇家游船、中国皇家公主舰队、中国龙船队、美国维多利亚舰队、神州之星游船、世纪游轮舰队、总统系列邮轮等。

黄浦江水上旅游群雄割据，旅游企业的竞争有愈演愈烈之势。目前主要有浦江游览、水上巴士、上海亿人、中海服务、上海强生、上海东方明珠、上海东方国际、中信游轮、上海海事局9家企事业单位从事黄浦江水上旅游。现阶段黄浦江游船旅游游览路线主要分为常规航线和世博航线，常规航线为码头—杨浦大桥方向—环球金融中心—金茂大厦—香格里拉大酒店—上海国际会议中心—南浦大桥方向—东方明珠—上海湾国际客运中心—外白渡桥—上海人民英雄纪念碑—和平饭店—海关大楼—上海浦东发展银行—外滩天文台等景点—返回码头，世博航线为码头—世博水域—环球金融中心—金茂大厦—香格里拉大酒店—上海国际会议中心—东方明珠—上海湾国际客运中心—外白渡桥—上海人民英雄纪念碑—和平饭店—海关大楼—上海浦东发展银行—外滩天文台—南浦大桥—卢浦大桥等景点—返回码头。黄浦江游船旅游主题主要有晚餐游船、婚庆典礼、商务会议、观光游览等。

 知识链接

上海名信游船有限公司

上海名信游船有限公司是专业从事上海水上旅游客运业务的现代服务企业。2010年以来，经过公司各级不懈努力，在经营业绩等方面取得了较好的成绩，名列行业前茅，获得了社会有关方面的好评。

2010年上海世博会举办期间，公司旗下的"名鑫、名信3、名信5"3艘游船是上海市侨办"华侨、华人回家看世博活动"的唯一一家游船企业签约和指定单位，出色地完成了世博各种接待任务，成绩斐然，获得了上海世博局和上海侨办的特别嘉奖。

公司目前拥有5艘国内一流的新型豪华游船，游船层高3层、载客300人；游船的一层为多功能厅，宽敞明亮；二层设有豪华客厅和酒吧；三层为阳光观景平台。简洁、新颖的船舶外观，豪华、典雅的内饰，既满足了以黄浦江游览观光为主的普通游客需求，也是水上婚礼、商务宴请等船餐、包船活动的理想场所，曾吸引了国际影星文特奥斯·米勒、世界小姐中国赛区50强等著名重量级人物上船举办活动。

（资料来源：王梅.水上旅游业又好又快地发展——访上海名信游船有限公司执行董事谢祖枝[J].城市公用事业,2013(5).）

(3) 我国游艇产业发展情况

近十几年国内经济发生翻天覆地的变化，人们生活水平也发生质的改变，经济特区的经济发展基本达到发达国家的水平，沿海地区经济后来者居上，消费观念、生活方式也逐渐发生变化，追求闲情逸致的生活质量。

当前，在中国人的眼里，游艇能显示身份和实力，拥有私家游艇就是拥有财富的象征。资料显示，为了满足"贵族"阶层的需求，目前全国各地成立了多个大大小小的游艇俱乐部，上规模、有档次仅有6家左右，而且大多集中在东南部沿海和长三角地区。游艇俱乐部一般采用会员制，收取会费，向会员提供游艇租售、维修养护、驾驶培训、领航开航及配套休闲娱乐等服务。以华东地区目前颇有影响的太湖水星俱乐部为例，会员分为个人会员及公司会员两种，交纳年费后就可享受俱乐部的全套服务。会员也可购买俱乐部游艇，并使用内部泊位，由俱乐部专人负责保养，也可向俱乐部租赁游艇使用。随着游艇休闲的兴起，各地已纷纷开始重视和规划游艇业，兴建各类专用码头。

随着中国国民经济的高速发展，中国人的消费能力、观念、内容和形式都在发生变化，对船艇的需求也将会越来越多，水上健身运动、水上高速客运、水上休闲等将会越来越多地走进人们的生活中，这些必然会促进中国游艇代理业的发展。根据以往消费结构与经济发展水平的适应性，可以预测，国内市场游艇需求的高潮将很快到来。"中国人游艇梦被点燃"已成现实！

国内已建成运营的较大型游艇俱乐部有：

第一，苏州水星游艇俱乐部。

坐落在苏州太湖国家旅游度假区。这是一个具有国际水准的水上豪华游艇俱乐部。它拥有自行生产的世界著名品牌的游艇和一座144个泊位的一流码头以及高级完善的配套服务设施、热情周到的服务，处处洋溢着浓浓的西方情调，给人一种全新的休闲体验。俱乐部除了拥有数十种类型的豪华游艇、房艇外，还有许多专用设施，如中西餐厅、酒吧、25米室内室外的游泳池、冲浪池、桑拿、健身房、迷你超市、游艺室、儿童游艺设备、阅览室、多功能厅、游艇及设备展示厅、草地排球、会员专用停车场、会员快艇驾驶培训中心、桌球房等。俱乐部有丰富多彩的水上运动，如滑水、膝板、水上冲浪圈、钓鱼、游泳等。

第二，深圳浪骑游艇俱乐部。

坐落在深圳东部海岸，占地、占海面积16万平方米，建筑物有会所大楼、全封闭的会员会所、274个游艇泊位、400个干船舱和游艇维修车间及设施等。会所大楼建筑面积13 700平方米，内设海图室、购物商场、会议室、豪华海景客房、中餐厅、西餐厅、酒吧、露天烧烤场、观海台和系统化海上模拟训练仪等设施。

第三，大梅沙国际游艇俱乐部。

总投资13.7亿元人民币，规划中俱乐部主会所占地20 000平方米，建筑面积8000平方米，海域使用面积18万平方米，浮式游艇码头泊位260个，防波堤总长1050米（含邮轮码头

304米)。

第四,北海国际游艇俱乐部。

规划面积10.7公顷(包括海域和陆域),投资1.25亿元兴建。俱乐部由俱乐部会员大厦、琴状多功能厅、月亮岛、中心公园以及游艇停泊港池5部分组成。俱乐部将在世界范围内招收会员,预计将拥有船艇250艘,其中大型豪华游艇20艘、中型豪华游艇40艘、小型豪华游艇60艘等。

第五,青岛银海游艇俱乐部。

拥有陆域面积75 000平方米,水域面积87 000平方米,项目总投资3亿元人民币。俱乐部码头按照国际标准建设,设有366个专业游艇泊位,全部码头设施采用国际第三代产品由西班牙AISTER公司制造安装。目前一期130个泊位已经于2005年6月底展现在世人面前。俱乐部码头设施齐全,拥有一流的充电、供水、加油、起吊、修船设备和干船坞,同时还设有帆船训练基地、帆船下水坡道、海上搜救直升飞机起降场等设施。陆域设有俱乐部会所、游艇驾驶培训学校、健身会馆、不同风格的俱乐部、宾馆、歌厅、咖啡厅、酒吧、钓鱼场、美容中心、办公和运动员洋房等配套设施,为俱乐部会员及各国运动员提供一处配套设施齐全的专业化海上运动休闲服务场所。

第六,厦门香山游艇俱乐部。

总用海面积在701 097.8平方米以内,其中填海部分约11万平方米、防波堤和护岸用海面积7万平方米、高桩平台约7万平方米。土地现状为海域,土地用途为商业、办公、俱乐部及其他。项目地上总建筑面积为18.9万平方米,其中俱乐部为83 000平方米,商务办公建筑面积为55 000平方米,商业建筑面积18 000平方米,游艇俱乐部17 000平方米,游艇销售训练中心及候船室建筑面积13 000平方米,其他公共设施建筑面积3000平方米。东围堰为曲线形,拟规划为海滨摩托艇活动区。在香山脚下配套建设高层星级俱乐部和高端写字楼,200个会员别墅(不占用建筑面积)建在港池的内围堰上,系独具特色的水上别墅。港池内设有约450个游艇泊位。另外,沿环岛路及东、南海岸线必须对公众开放,留出公共步行道,步行道宽为10~20米;沿环岛路建筑分散布置,控制沿路建筑的长度。项目建成后,将成为国内目前最大的游艇码头及厦门市首个集休闲、健身、旅游、办公、购物为一体的高档综合旅游景区。项目的工程造价预计超过人民币15亿元。其中,项目填海、围堰、防波堤、高桩平台等基础工程的造价经国家海洋局第三研究所概算为人民币5.7亿元,上部工程(不含二次装修)造价概算约为人民币7亿元。预计项目总投资约为3亿美元。

第七,北京长城游艇俱乐部。

建有浮动的码头6条,游艇泊位320个。浮动码头规格分为大型和中型游艇。提供包括出航服务(配置船长、船员、陪护人员服务)、救援服务、驳船服务、大风防范服务、出航气象资料服务、安全与气象警戒服务,以及摩托艇、潜水服、救生装置等项服务。

第八,南京银河游艇俱乐部。

南京银河游艇俱乐部位于下关2号码头,毗邻扬子江畔,与阅江楼相映衬。集餐饮、休闲娱乐、游艇综合服务于一体,其主体建筑长80米,宽12米,有效建筑使用面积2400平方米,共设四层。它外观豪华气派,内饰典雅温馨,是一所高品位、高享受的休闲会馆。俱乐部目前拥有各类世界名艇,以供销售、租赁、观光之使用;拥有游艇停泊位,并有专业技师为客户提供一整套的售后服务。

第九,其他著名的游艇俱乐部。

国内其他著名的游艇俱乐部还有:大连星海湾游艇俱乐部、北戴河游艇俱乐部、上海东晶湾游艇俱乐部、杭州运河游艇俱乐部、广州莱茵游艇俱乐部等等。

由于游艇俱乐部集合了城市形象、旅游观光、休闲度假的功能,各地政府大力扶持。

总之,水上旅游业是联系水上旅游主体和客体的媒介要素,在水上旅游发展中起着不可低估的作用。水上旅游企业是从事水上旅游经营活动,向社会提供水上旅游产品和服务的经济组织,尤其是新兴业态的水上"三游"企业,具有良好的发展前景,应该加以重视和管理。

思考题

1. 如何理解水上旅游业的概念及构成?
2. 试进行我国水上旅游业发展空间布局的合理性分析。
3. 国际水上旅游业发展趋势怎样?
4. 以上海地区为例,陈述在休闲和体验经济背景下水上旅游业发展模式。

案例分析

国外特色湖泊旅游成功案例

我国湖泊众多,面积在1~1000平方公里的中小型湖泊有2800余个。随着时间的推移,湖泊周围聚集了众多的城镇或村镇,而其中许多湖泊近十余年也被开发成湖泊旅游度假区。目前我国大多湖泊旅游开发以观光旅游为主,仍处在发展初期,开发过程中都存在着一个共同的弱点:淡旺季节的游客量变化十分明显;旅游产品多集中为水上产品,特色不突出,产品单一粗放。同时,周边城镇或村镇在湖泊旅游开发中扮演次要角色,仅承担住宿接待、餐饮等基础功能,缺乏完善的旅游服务配套设施,湖泊旅游市场整体竞争力弱,游客停留时间普遍较短。这样的现象如果继续下去将不利于湖泊旅游的持续发展。

以具有较高知名度、纬度都在北纬45°以上的苏黎世湖和班芙国家公园这两个度假胜地作为案例进行研究。北纬45°与我国的乌鲁木齐和长春市的位置相当,这两个湖泊度假区所处的纬度都较高,常年水温比我国大部分湖泊的水温相对较低。在国内,这类湖泊不适宜开展过多的水上活动,旅游度假很难展开。但这两个度假区对游客仍有很强的吸引力,四季游客往来不断,无明显的淡旺季之分。以下从旅游产品开发、湖泊与周边城镇的关系等方面进行分析和研究。

1.苏黎世湖案例

苏黎世湖(Lake Zurich)位于瑞士最大的城市苏黎世南端,北纬47°15′0″,东经8°41′0″,面积88平方公里,湖水水质清澈,是绝佳的游泳场所。苏黎世湖周围有很多美丽的小镇,东北岸有拉珀斯维尔(Rapperswill)、美伦(Meilen),南岸有塔尔维尔(Thalwil)、贺根(Horgen)

等。其中,拉珀斯维尔(Rapperswill)地处苏黎世湖(Zurich See)和上湖(Ober See)的分界处,人口125 942人,是个弥漫着中世纪风情的小镇。贺根(Horgen)是一个以新石器时代考古发现闻名的瑞士中部小镇,小镇有18 300名居民。

从表5-1中可以看出这两个城镇旅游开发的具体情况。

表5-1 拉珀斯维尔和贺根旅游开发比较

名称	拉珀斯维尔(Rapperswill)	贺根(Horgen)
地理位置	苏黎世湖东岸	苏黎世湖南岸
水上产品	游船、游泳、帆船、皮划艇等	游船、游泳、帆船、皮划艇等
陆地产品	参观海港、城堡博物馆、波兰博物馆、马戏博物馆和国家马戏大剧院、Schlossberg 城堡、城镇广场;山地自行车、露营、湖边漫步、远足;儿童动物园、鹿园	参观贺根煤矿、贺根本地博物馆、Naturzentrum Sihlwald 自然博物馆、Residential and Porcelain 博物馆;贺根新教徒教堂;湖滨漫步、徒步旅行、野餐
特色活动与节庆	玫瑰花园和盲人玫瑰园,很多新婚夫妇来此度蜜月;LateNight 节	参观贺根博物馆内新石器时代的考古发现
交通条件	火车、游船等。镇内有便利的公交系统,30分钟便可到达苏黎世	便利的A3汽车高速公路、2个火车站
接待设施	10家旅店、1家青年旅社、4家私人旅店、5家假日公寓;餐馆可提供瑞士、意大利和泰国菜	提供各种豪华式和商务式酒店;20多家餐厅可为游客烹饪世界各地的美食
2008年游客量	3.56万人在小镇内住宿一夜或一夜以上。夏季每日有1万~1.5万游客	过夜游客2.5万人

2.班芙国家公园案例

班芙国家公园(Banff National Park)位于北纬51°10′0″,东经115°33′0″,面积6560平方公里,是加拿大第一个国家公园,全球第三个国家公园。夏季时,游客中有42%来自加拿大(23%来自加拿大阿尔伯塔省),35%来自美国,20%来自于欧洲。

路易斯湖(Lake Louise)是班芙公园的精华,是每个游客的必游之地。路易斯湖长2.4公里,宽0.5公里。路易斯湖地区冬季寒冷,夏季凉爽宜人,一年中适宜在水上活动的时间较短,因此未开发较多的水上旅游产品,游客主要沿路易斯湖周边徒步或骑马游览,少量游客泛舟湖面。此外,在班芙国家公园还有一些景观优美但水温较低的湖泊,如Lake Peyto、Lake Bow、Lake Herberr等,这些湖泊没有开发过多旅游产品,仅供游客观赏。

建立于1883年的班芙镇位于班芙国家公园的中心区,距离路易斯湖54公里,镇内居民9069人。班芙镇是国家公园内的观光的重镇,游客以此为停留地,到周边景区游览。小镇内集中了众多的文化机构,随处可见出售琳琅满目商品的店铺、风味餐馆。

由于游客太多,在国家公园边缘发展了另一个旅游镇——坎莫尔(Canmore)镇,小镇永久居民约为12 005人。班芙镇和坎莫尔镇的距离为25公里,两镇之间由高速路连接,车程

15分钟。两个小镇在旅游功能上形成互补,前者是国家公园内部的旅游接待中心,后者为公园外部的旅游服务中心。班芙镇严格控制各项建设,坎莫尔镇则相对宽松,这使其分担了更多的旅游服务功能,并且住宿便宜,约60%的游客在此住宿。

从表5-2中可以看出这两个城镇旅游开发的具体情况。

表5-2 班芙和坎莫尔旅游开发比较

名称	班芙(Banff)	坎莫尔(Canmore)
地理位置	处于硫黄山、凯斯凯山、诺奎山和路得山之间	班芙国家公园东侧
水上产品	独木舟、漂流	独立航行、垂钓、水上探险
陆地产品	Whyte博物馆、Buffalo Nations Luxton博物馆、洞穴盆地自然历史遗迹、众多的艺术长廊、温泉、滑雪、徒步旅行、马车观光、山地自行车、高尔夫、滑冰公园、观赏野生动物、自驾车旅行;室内设施:保龄球、游泳池、室内溜冰场、攀缘壁	Canmore地球科学中心博物馆;夏季:攀缘、山地自行车、野营、三姐妹高尔夫、冰原旅游;冬季:狗拉雪橇、滑板滑雪
空中产品	缆车	缆车、Flying Trapeze
特色活动与节庆	始于1889年的班芙印第安节;始于1976年的班芙冬季狂欢节;班芙中心举办的班芙山地电影节	每年12月的国际攀冰节、24小时山地自行车赛、滑雪马拉松、矿工团圆日、民间音乐节等
交通条件	贯穿班芙国家公园的公路;公交车、无轨电车;班芙小型机场距离班芙镇3.1公里	贯穿班芙国家公园的公路;加拿大和平铁路
接待设施	39家宾馆、40个B&B、120个餐馆、200多个商店。班芙泉城堡饭店有505个房间。路易斯湖城堡酒店有515间客房	有118年历史的Canmore旅馆、435家私人旅店和假日旅馆、50家餐馆
2008年游客量	年游客量为400万人次	年游客量为117.53万人次

[资料来源:车震宇,田潇然,郑文.从国外案例思考滨湖城镇建设与湖泊旅游的关系[J].生态经济,2010(2):97-101.]

结合案例思考以下问题:

(1)案例中2个湖泊度假区稳步发展的共性特点是什么?

(2)案例资料中的经验对我们发展湖泊旅游有哪些启示?

第6章 水上旅游管理组织

 **本章导读**

为加强水上旅游客运管理,保障游客和水上旅游客运经营者的合法权益,促进水上旅游客运事业发展,厦门市人民政府根据《中华人民共和国水路运输管理条例》及其他有关法律、法规规定,结合本市实际,制定并公布了《厦门市水上旅游客运管理办法》,并决定自2008年4月1日起施行。

厦门市水上旅游客运管理办法共含25条条款,条款规定适用本办法的单位为本市所辖适航水域利用船舶运载旅客从事旅游客运经营活动的企业,厦门港口行政部门是市水路运输行政主管部门,负责本办法的组织实施。旅游、水利、海洋、海事、公安边防等有关行政管理部门依法在各自职责范围内对水上旅游客运进行管理。条款要求水上旅游客运事业发展必须制定规划并报市人民政府批准后实施。水上旅游客运企业的开业、变更、增减运力和停业,应当依照国家有关规定办理相应手续。水上旅游客运船舶应当按照依法核定的经营水域、航线从事相应的运载服务。条例还就水上旅游客运市场的规范化管理和服务、水上旅游安全管理等提出了系列要求,对水上旅游客运经营活动的监督检查也提出相应办法等。可见,发展水上旅游必须设立相应的组织,确定职责,并建立一系列管理制度和办法等。

6.1 旅游组织的设立与职能

6.1.1 国际旅游组织的设立与职能

一般而言,旅游管理组织可以分为旅游行政管理组织和旅游行业管理组织。旅游行政管理组织通过对旅游进行组织、领导、指导、监督和协调等一系列活动,行使管理职能,实现对旅游发展进行宏观管理和调控的目的。旅游行业管理组织则通过加强行业间的协作,协调企业的经营管理,从而扩大行业影响,理顺行业竞争秩序,提高行业的信誉和效益。

1. 旅游行政管理组织及其主要职能

虽然各国的旅游管理体制不尽相同，但世界各国为了旅游业的顺利发展，几乎都设有全国性的旅游行政管理组织，这便是国家旅游组织（NTO 或 NTA）。

按照世界旅游组织的定义，国家旅游行政管理组织（National Tourism Administration，NTA）是指在最高层次上承担旅游业行政管理职能的中央政府机构，或有权直接干预旅游部门的中央政府机构或国家政府内所有干预旅游部门的管理机构。就一般情况而言，国家旅游行政管理组织通常就是这个国家的国家旅游组织。纵观世界各国情况，国家旅游组织设立形式大体可以分为三种：由国家政府直接设立，并且在编制上作为国家政府的一个部门或机构；经国家承认，代表国家政府执行全国性旅游行政事务的半官方组织；经政府承认，代表国家行使旅游行政管理职能的民间组织。

尽管各国的国家旅游行政管理机构在组织形式、组织职权、组织地位等方面各有不同，但都是代表国家政府行使其对该国的旅游业的管理，直接或间接地执行国家发布和制定旅游法规和政策的职能。

2. 旅游行业管理组织及其主要职能

旅游行业管理组织可以分为三大类：一类是国际性旅游行业组织；一类是地区间旅游行业组织；一类是各国内部的旅游行业组织。它们都有明确的组织宗旨和组织机构，有效地在国际间、地区间、各国旅游行业和政府间起到连接、沟通的作用。主要的世界旅游行业组织有：世界旅游组织、太平洋亚洲协会（PATA）、国际旅游科学专家协会（ALEST）等。

旅游行业管理组织的主要职能是负责收集和分析旅游数据，定期向成员提供统计资料、研究报告，制定旅游公约、宣言、规则、范本，研究旅游政策等。

6.1.2 我国旅游组织的设立及其职能

我国旅游管理组织主要是以我国国家旅游局为主，各省（直辖市、自治区）旅游管理组织为辅，旅游行业协会积极配合的模式。

1. 国家旅游行政管理组织及其职能

我国国务院在 1985 年批转国家旅游局《关于当前旅游体制改革几个问题的报告》中指出："国家旅游局作为国务院的职能部门，要面向全行业，统管全国旅游事业。各省、自治区、直辖市可根据国际、国内旅游发展的需要设置旅游局，经管本地的旅游工作。"至今，全国大陆地区各省、自治区、直辖市均设有旅游局或旅游管理委员会，其行政辖区内的很多地区也都根据旅游业需要设立了相应的旅游行政管理机构。

中华人民共和国国家旅游局（简称"国家旅游局"）是国务院主管旅游工作的直属机构。国家旅游局的主要职能是：统筹协调国内旅游业发展，制定发展政策、规划和标准，起草相关法律法规草案和规章并监督实施，指导地方旅游工作；组织国家旅游整体形象的对外宣传和重大推广活动；组织旅游资源的普查、规划、开发和相关保护工作；指导重点旅游区域、旅游目的地和旅游线路的规划开发；监测旅游经济运行，负责旅游统计及行业信息发布；承担规范旅游市场秩序、监督管理服务质量、维护旅游消费者和经营者合法权益的责任；规范旅游企业和从业人员的经营和服务行为；组织拟订旅游区、旅游设施、旅游服务、旅游产品等方面的标准并组织实施;负责旅游安全的综合协调和监督管理,指导应急救援工作;推动旅游国际交流与合作,承担与国际旅游组织合作的相关事宜;制定出国旅游和边境旅游政策并组织实施,依法审批我国境内设立的旅游机构,审批出国(境)旅游、边境旅游;会同有关部门制定赴港澳台旅游政策并组织实施,指导对港澳台旅游市场推广工作;制定并组织实施旅游人才规划,指导旅游培训工作等(详见国家旅游局网站 http://www.cnta.gov.cn)。

各个省(直辖市、自治区)的旅游管理组织主要是负责其行政区域范围内的旅游业管理工作。在未设立专职旅游行政机构的县、市,则在其上级政府旅游行政部门的指导下,一般由地方人民政府为主导,各个职能部门如交通局、公安局、法院、卫生局和其他相关机构为辅助,相关的行业协会组成旅游开发机构。

2.我国旅游行业协会及其职能

目前,我国全国性的旅游行业协会主要有:中国旅游协会、中国旅行社协会、中国旅游饭店业协会、中国旅游车船协会等等,其职能主要是遵照国家的法律法规和有关政策,代表和维护全行业的共同利益和会员的合法权益,开展活动,为会员服务,为行业服务,为政府服务,在政府和会员之间发挥桥梁纽带作用,促进我国旅游业的持续、快速、健康发展。

在地方层次上,我国各省、自治区、直辖市中大都成立有各种名称不一的旅游协会。这些地方性旅游协会的成员中,既有团体成员,也有其他部门单位、旅游科研单位以及旅游教育机构。这些协会在性质上也都属于非营利性的社会组织或民间团体,但在工作开展上接受当地旅游行政组织的指导。

6.2 水上旅游管理组织与职能

水上旅游管理组织是指从事水上旅游管理活动的旅游行政管理组织和旅游行业管理组织。包括专门从事水上旅游管理事务的组织和兼有水上旅游管理事务的管理组织。

世界许多国家的滨水或滨海的城市都十分注重滨水带的建设和水上旅游开发,依托水景旅游来展现城市风貌。如巴黎塞纳河、伦敦泰晤士河,开发的水上旅游项目已经成为该城市的一道独特风景线,不仅产生了良好的经济效益,而且成为整个城市形象的有机组成部分。由于各国的体制不同,政府对水上旅游的管理也有所不同。

6.2.1 世界水上旅游管理机构及职能

世界上经济发达的国家,国民收入水平较高,旅游业不作为国家的支柱产业,独立的旅游行政管理机构设立较少,旅游业通常归由国家经济事务部、商业部、贸易部等掌管。如美国的国家旅游行政管理机构原来设立在国家商业部之下,后来被取消,目前商业部中仅有几个专人负责旅游行政管理工作。而水上旅游开发管理多隶属于旅游行政管理部门或者是水上旅游行业协会。

在美国,国家海洋和大气管理局(NOAA)下设的海洋及滨海资源管理办公室(OCRM)是负责全国滨海地区综合管理工作的专职机构,主要通过经济资助(1999 财政年度共拨款

5700万美元)、协调、提供技术支持和信息等手段,担负起对沿海33个州滨海地区改进计划CZEP(Coastal Zone Enhancement Program)的建立和实施进行指导、监督和审批的职责,以提升国家的滨海管理目标,维持并加强各州及地方政府的管理能力。

法国巴黎游船与码头实行分离管理。码头由巴黎港务局管理,水上浮台等由租用码头的游船公司投资建设。码头或配有停车场,或在临河马路上划停车线,供旅游车辆停放。塞纳河的整治、管理职责也由巴黎港务局承担。其费用来源有三:一是政府拨款;二是政府划地给巴黎港务局,该局将地直接建设使用或租赁,使其产生经济效益;三是收取管理费,如收取船舶停泊费、码头使用费等等。港务局每年创造的效益,部分用作港务局的正常运作,部分用作塞纳河的管理,不足部分由政府补贴。

迪拜湾的水上管理体制一分为二,水上巴士、水上的士由公路交通管理局管理,旅游船归旅游局负责管理。据悉,目前迪拜正在筹备成立统一的水上管理机构。迪拜的岸线、码头均归王室所有,游船、游艇停靠需要支付一定的费用。水上出租车由经营户向政府承包经营,一般承包期限为一年,承包者需交纳公共安全和公共服务管理费。

各国在水上旅游方面都采取了企业运作、政府监管的模式,政府只在岸线养护、水上安全、行业监管、码头建设等方面履行规划、管理和建设的职能,而具体经营活动都由企业承担。

6.2.2 世界水上旅游行业协会及其职能

现在世界的五大滨海旅游带(北美地区、中北美加勒比海地区、地中海地区、东欧黑海地区和亚太地区)是水上旅游最为发达的地区,虽然世界各地的水上旅游行业协会名称不一,但其形式及主要职能大致相同,1975年在北美地区成立的国际巡游公司协会(Cruise Lines International Association, CLIA)是其主要代表。这是一个营销性和贸易促进性组织,由24个主要水上游船公司组成(见表6-1),服务于北美地区,拥有的游轮超过110艘。1984年中期,联邦海事委员会(Federal Maritime Commission, FMC)将其他的行业组织合并到CLIA,从此CLIA成为巡游业中唯一的营销组织,并于2006年合并了国际巡游公司理事会(International Council of Cruise Lines, ICCL)。目前CLIA代表着巡游业的97%,2.1万个旅行代理公司附属于它,并以CLIA的名义经营,CLIA授权这些代理公司提供度假服务。

CLIA一直致力于把重点放在行业安全、公众健康、环境保护的责任、医疗设施、旅客安全保护和立法等活动上,满足水上巡游行业对发展水上交通工具和促进水上游览事业发展的需要,致力于参与游船业的管理和政策制定过程,以创建一个安全、可靠和健康的巡游环境。它的任务是提供教育和培训,促进水上巡游事业的发展,宣传水上巡游产品的价值、需求和利润。

1. CLIA的主要职能

CLIA具有以下5项职能:

第一,确保巡游业为乘客和船员提供一个安全、可靠和健康的船上环境;

第二,最小化减少船舶业务对环境、海洋生物和目的地的负面影响;

第三,坚持监管举措和管理措施,努力改进海洋政策和程序;

第四,创建一个监管的环境,促进持续增长的行业;
第五,提供可靠、廉价和愉快的巡游体验。

2.CLIA 主要机构设置

CLIA 主要的机构是建立在华盛顿哥伦比亚特区的卫星办公室,主要成员是劳德代尔堡总部工作人员和专家以及在全美各地的培训队。由成员的代理人组成的董事会选举出主席一名,主席可以连任 2 年。一些小组委员会担任 CLIA 的指导委员会及工作人员,主要负责市场营销、安全、环境、公共关系、人力资源、技术进步和其他方面。

表 6-1 国际巡游公司协会会员

国际巡游公司协会会员	
美国邮轮公司 American Cruise Line	挪威邮轮公司 Norwegian Cruise Line
蓝海之星邮轮公司 Azamara Cruise Lines, Inc.	海洋邮轮公司 Oceania Cruises, Inc.
嘉年华邮轮公司 Carnival Cruise Lines	包罗高更邮轮公司 Paul Gauguin Cruises
名人邮轮公司 Celebrity Cruises, Inc.	海洋珍珠号邮轮公司 PearlSeas Cruises
AMA 邮轮公司 AMA Waterways	公主邮轮公司 Princess Cruises
歌诗达邮轮公司 Costa Cruise Lines	丽晶七海邮轮公司 Regent Seven Seas Cruises
水晶邮轮公司 Crystal Cruises	皇家加勒比国际邮轮集团 Royal Caribbean International
库纳德邮轮公司 Cunard Line	Seabourn 邮轮公司 Seabourn Cruise Line
Hurtigruten 邮轮公司 Hurtigruten, Inc	海之梦游艇俱乐部 Seadream Yacht Club
迪士尼邮轮公司 Disney Cruise Line	银海邮轮有限公司 Silversea Cruises Ltd.
美国 MSC 邮轮公司 MSC Cruises USA	Uniworld River 邮轮公司 Uniworld River Cruises
荷美邮轮公司 Holland America Line	风之星邮轮公司 Windstar Cruises

6.2.3 我国水上旅游管理机构及职能

1. 水上旅游行政管理机构

水上旅游是旅游业的一个新兴领域,近几年随经济的快速发展迅速发展。因此,水上旅游行业目前在中国尚未有一个全国性的行政管理机构,但在地方层次上,一些滨水城市已经设立水上旅游的行政主管部门,基本都隶属于交通运输部门。例如厦门市港口行政部门是该市水路运输行政主管部门,主管该市水上旅游客运事业,其所属的水路运输管理机构具体负责水上旅游客运管理工作,旅游、水利、海洋、海事、公安边防等有关行政管理部门依法在各自职责范围内对水上旅游客运进行管理。黄浦江的水上旅游客运业行政管理部门是上海市交通运输和港口管理局。上海市航务管理处,上海港码头管理中心、上海港港政管理中心分别按照各自管理职责及分工行使港航行政管理和监督职能。各地市为促进当地旅游业的发展,对水上旅游都出台了一些相应的政策规划,如厦门、青岛等城市已经出台了《水上旅游客运管理办法》,上海已经出台《上海水上旅游客运发展规划》,杭州、大连、苏州等也都有相应的水上旅游规划或办法出台。相信不久的将来,全国性的水上旅游行政管理机构会建立起来。

2. 水上旅游行业管理机构

我国水上旅游行业管理机构主要是我国邮轮游艇协会和各区域的水上旅游行业协会。以上海市为例,上海市水上旅游行业协会有上海市旅游协会水上旅游分会和上海邮轮游船游艇业行业协会。

上海市旅游行业协会水上旅游分会成立于2006年4月,是上海市旅游行业协会的分支机构,不具有独立的法人资格,在协会的统一领导和管理下开展工作,现有会员单位12家。水上旅游分会设主任(会长)一名,副主任(副会长)若干名。主任(会长)、副主任(副会长)由会员单位民主推荐,报协会批准后产生,或者由协会理事会决定任免。分会在主任(会长)会议领导下,设立秘书处(办公室),具体负责本分会的日常事务工作。秘书处(办公室)的专职工作人员可以由协会指派,也可以由分会聘免。

水上旅游分会主要职能有:

第一,向会员单位宣传、贯彻和传达政府有关发展水上旅游的方针政策、法律法规;向政府反映会员要求,提出政策性建议。

第二,制定行业自律公约,建立价格协调机制,督促会员单位诚信、守法经营,树立良好职业道德,维护水上旅游市场秩序。

第三,协调会员之间、会员与行业外单位之间的关系,维护会员的合法权益。

第四,向政府有关部门提供会员单位的资金(资本)运作、经营管理、劳动组织、分配制度等方面的情况,协助政府搞好行业管理。

第五,向会员单位提供国内外水上旅游的信息和行业发展动态,提供技术咨询服务。

第六,组织开展有关的技术、业务培训和行业技能比赛评比活动。

第七,参与制定水上旅游的行业标准、质量规范标准、服务标准和技术操作规程。

第八,加强行业区域合作、交流,组织会员单位管理人员的国内外考察活动。

第九，根据授权，开展行业统计、调研工作。

第十，承办协会委托的其他事项。

上海邮轮游船游艇业行业协会成立于 2005 年 6 月 27 号。随着上海黄浦江功能定位调整，传统的水上常规客运正在向休闲旅游转变，邮轮游船游艇业在上海快速兴起，但由于目前的政策法规尚不足以规范整个行业，政府和行业内企业都急需一个能够协调行业发展的组织，上海邮轮游船游艇业行业协会应运而生。

作为邮轮游船游艇业行业内全国首家成立的协会，该协会由上海市申江两岸开发建设投资(集团)有限公司、上海交运(集团)公司、上海盛融国际游船有限公司、上海金茂国际游船有限公司和上海吴淞口开发有限公司等 10 家本市企业共同发起筹建。协会的业务范围包括邮轮游船游艇、码头及相关辅助性业务的市场研究、政策咨询、项目研究、信息交流、技术培训、业务协调和对外合作等。目前已明确加入上海邮轮游船游艇业行业协会的企业达 31 家，这 31 家企业的 2008 年总销售额为 6.5 亿元。

我国水上旅游行业发展方兴未艾，作为一项具备巨大发展潜力和发展前景的行业，与国际水上旅游行业发展相比，我国在硬件设置、服务水平和专业研究方面仍然有很多需要改进和发展的方面，面临巨大的挑战。

阅读材料

贵州安顺：政府主导深化旅游业发展

安顺市是贵州省旅游业发展最早和最快的地区之一，拥有包括黄果树、龙宫在内的丰富的旅游资源。近年来，安顺市旅游发展规模迅速扩大。据安顺市委常委、常务副市长杨梦龙介绍，2008 年，安顺市接待游客达 1120 万人次，是 2000 年 121 万人次的 9.2 倍；全年旅游总收入达到 82 亿元，是 2000 年 2.7 亿元的 30 倍。

但是，缺乏优质的旅游产品是制约安顺旅游业发展的重要原因。旅游产品种类单一，大多数旅行社都在经营"安顺一日游""黄果树半日游"等产品，游客紧紧停留在观光的层面上，"这浪费了安顺的旅游资源，游客到安顺如果仅观光而不消费，安顺就没有得到应有的旅游经济效益。"安顺市旅游发展局的一位负责人说。

相关部门未能就旅游业的发展形成联动效应也是制约安顺经济发展的原因之一。由于各方面未能形成科学的协调机制，致使缺乏对安顺旅游的整体布局、整体形象的策划和宣传，各景区、旅游企业各自为战，在市场开拓、形象推介、产品打造等方面不能形成合力，未能从整体层面打造一个代表安顺旅游形象的"综合旅游区"。此外，还存在对旅游业的资金投入和政策扶持不够、城市旅游服务功能严重不足、旅游人才队伍建设不能满足需要等问题。

针对在调研中发现的一系列问题，安顺市政府有的放矢，制定了一套以政府为主导的新的旅游发展规划，以图在经济危机中逆流而进，推动安顺旅游业的跨越式发展。

为确保安顺市旅游业发展战略的顺利实施，安顺市政府还建立了市级旅游业发展的专项资金，专门用于旅游业规划、旅游设施建设、对外宣传促销、奖励扶持旅游企业和旅游市场秩序整治等。

同时，安顺市还把旅游业发展纳入了政府绩效考核之中。实行旅游业目标考核责任制，以奖惩形式来引导各县区、各行业对旅游业发展高度重视，以确保政府主导旅游发展战略的顺利实施。

此外，安顺相关部门加强了对各景区、宾馆、饭店等机构的监管，并着力提高各相关环节的服务质量，力图让安顺旅游业完成从"观光型"向"消费型"的转变。政府宏观的调控必不可少，但政府还需要积极引导社会资金和企业进入旅游产品的开发、旅游服务业当中来。

6.3　水上旅游管理模式

模式是指某种事物的结构特征与存在形式，经营管理模式指在经营管理中所采用的基本思想和方式，是指一种成型的、能供人们直接参考运用的完整的经营管理体系，通过这套体系来发现和解决经营管理过程中的问题，规范经营管理手段，完善经营管理机制，实现既定目标。

6.3.1　水上旅游企业经营管理模式

企业经营管理模式是指在企业经营管理的实践中，管理者根据企业价值观，组织、指挥、激励和控制员工的方式，是企业管理系统化指导与控制方法的综合，是管理者领导风格和企业激励机制间的有机结合。它通过将企业的人、财、物、信息等资源高质量、低成本地快速转换成为市场所需要的产品和服务，使有限的资源发挥更大的效益，以实现企业经营管理的目标。

水上旅游企业经营管理模式是指水上旅游企业在市场经济条件下，为实现其经营发展目标，根据企业的价值观，组织资源和员工从事经营活动的基本框架和方式。

具体以游船为例，水上旅游企业经营活动就是用不同的游船向旅客提供观光巡游、晚餐巡游和歌舞巡游，也可根据游客需要安排午餐巡游和下午茶巡游，游船还可以出租给私人专用。此外，河岸两边还有一些停泊着的餐厅船，每天都对外营业。同时所有游船也都可以为各类庆典、会议和聚会提供服务。管理活动则是通过对游船、服务及人力资源的管理来实现。

1. 游船管理

典型的水上旅游企业与其他企业的不同之处之一在于其本身所具有的亲水性，即必须通过经营游船来获得利润。因此，水上旅游企业的管理中的游船的管理就显得特别重要。

我国将海上航行的游轮称为"邮轮"，而将内河长江上航行的大型轮船称为"游轮"。本节所讲的游船管理即指这两类游船。

以长江游船为例，长江游船的管理机构不同于海上邮轮。长江游船实行的是酒店经理负责制，经理负责游船经营管理事务，船长仅负责航行、游船机械设备维修保养和游船安全。这主要是因为长江河道情况复杂，礁石、险滩、峡谷河道较多，河水变化无常，游船航运满意度。

3.人力资源管理

水上旅游企业竞争力的高低不仅表现在硬件设备的差别上,更多的是体现在经营管理水平与服务质量的高低上,而这些软件的差别归根结底是人才实力的体现。因此,水上旅游企业人力资源管理是增强企业竞争力的一个手段。

水上旅游企业人力资源管理,是指运用现代科学技术和管理理论,对水上旅游人力资源的取得、整合、调控与开发,以及保持和利用等方面所进行的一系列管理活动,以实现企业的目标。水上旅游企业人力资源管理的内涵是以人的价值观为中心,为处理人与人、人与工作、人与企业以及人与环境的互动关系而采取的一系列的开发与管理活动。

具体来讲,水上旅游企业人力资源管理的基本内容与范畴主要包括以下几个方面:

(1)水上旅游企业人力资源规划

通过制定这一规划,一方面保证水上旅游人力资源管理活动与企业的战略方向和目标相一致,制定有关人力资源政策;另一方面水上旅游人力资源规划通过预测未来的人力资源需求及供应情况,使人力资源供求达到平衡,同时,保证人力资源管理活动的各个环节互相协调,避免互相冲突,提高劳动效率,以实现企业目标。

(2)工作分析与职位设计

工作分析是水上旅游人力资源管理工作的基础。通过工作分析,根据不同的工作内容,设计不同的职位,规定每个职位应承担的职责和具有的工作条件等。这样可以使水上旅游企业吸引和保持合格的员工,做到事得其人,人尽其才,物尽其用,从而提高工作效率。

(3)员工的招聘与甄选

根据人力资源规划和实际需要,通过合适的媒介发布招聘信息和要求,采用科学的方法,从应聘者中挑选适当的人选。选拔的程序主要包括:填写申请表、面谈、测试及审查应聘者的资历,对重要岗位的人员还考核其实际工作能力等。如果应聘者能顺利通过一系列的选拔程序,而企业决定录用后,便将新聘员工安置在适当的岗位上使用。要注意人事互相配合,才能达到事得其人、人尽其才的效果。

(4)员工职业生涯开发

这是根据员工个人性格、气质、能力、兴趣、价值观等特点,同时结合水上旅游企业的需要,为员工制订一个事业发展的计划,并为之不断开发员工的潜能。如根据员工特点和旅游企业实际,既可以为他们设计旅游职业经理人的发展道路,也可以为他们设计成长为水上旅游服务明星、服务"金钥匙"之路。

(5)培训与开发

通过培训提高员工个人、群体和整个企业的知识、能力、工作态度和工作绩效,进一步开发员工的智力潜能。水上旅游企业的培训与开发要强调针对性原则,即根据不同员工的技术水平和素质差异采用不同的训练方式和训练内容,培养他们完成任务所需要的知识、技术、能力和工作态度,进一步开发员工的潜能;同时,还可以进行交叉岗位培训,帮助他们胜任现职工作和将来的职务。

(6)绩效考核

要特别小心,依赖长期积累的经验,船长往往无暇顾及游船上的经营管理,主要负责行运安全。长江游船上的船长通常是长江上最优秀的船长,经过严格的考核和晋升程序,确保长江游船行船安全。长江游船载客人数不多,一般在150人以内。游船管理体制比较简单,在给客人开的情况介绍会中会向客人介绍船长、总经理、游船导游以及餐厅、客房、娱乐部的经理和厨师长。

而海上邮轮实行的是船长负责制。邮轮一般分为3个部门:

第一,甲板部:船长、大副、二副、三副、报务主任、报务员、水手长(水头)、木匠、水手等;

第二,轮机部:轮机长(老轨)、大管轮(二轨)、二管轮(三轨)、三管轮(四轨)、电机员、机工长(机头)、铜匠、机工(有时叫"加油");

第三,事务部:政委(仅国有企业设有)、大厨、(船员多增设二厨)、服务生。另外如果有实习生(卡带),会分到甲板部或轮机部,实习结束转做水手或机工(加油)。

船长是船舶最高领导,轮机长是船舶技术总负责人。

根据国际海事组织(IMO)的最新规定,逐步取消报务与电机员,分别由驾驶员与轮机员兼任。船舶值班:每4小时一班,每天上班2次,分别由大副、二副、三副、大管轮、二管轮和三管轮轮值。

2.服务管理

水上旅游产品从根本属性上看是服务性产品。旅游者在购买了水上旅游产品的同时也就购买了水上旅游服务。水上旅游服务涉及到旅游者吃、住、行、游、购、娱的各个方面。要向旅游者提供一种印象深刻、身心愉悦的旅行经历,水上旅游企业必须重视自身的服务质量的管理。

水上旅游服务质量是指服务的效用及其满足游客需要的程度。企业眼中的服务质量和顾客眼中的服务质量是有差别的,既符合企业制定的服务标准又能满足顾客需要的服务才是优质的服务。

水上旅游服务质量是一个整体概念,是由水上旅游服务过程中的各种要素综合构成的。因此水上旅游服务质量可以分解为:水上旅游服务设施和设备的质量、服务环境质量、实物产品质量、劳务活动质量。

设施、设备是提供水上旅游服务的基础,是企业服务的有形展示,它们必须符合企业的等级规格。服务环境是满足顾客精神享受需要的重要方面,良好的服务环境能够带给旅游者舒适、愉悦、安全、清洁的心理感受。服务环境的质量主要表现为服务设施和服务场所的装饰布置、环境布局、空间结构、灯光气氛、色调情趣、清洁卫生和外观形象等方面的质量。实物产品质量是满足游客物质消费需求的重要体现。其内容包括饮食产品的质量和满足游客购物需要的商品的质量。劳务服务质量是指以直接劳动形式创造出的使用价值的质量。其内容包括服务提供者的仪表仪容、言行举止、服务态度和技能、礼貌修养、职业道德、服务方式、规范和效率。这是服务质量最主要的表现形式,也是最本质的内容表现。

旅游服务的对象是游客,游客是否满意才是服务质量评判的标准。水上旅游企业要以大多数游客满意的服务作为标准,实施优质的服务管理,从提供标准的水上旅游服务设施和设备,到改善服务环境和实物产品的质量,再到不断改进劳务活动的质量来提高游客的员工绩效考核是根据工作的范围及职责,考核员工是否履行了应尽的责任,评定他们工作的效果与效率,作为决定加薪或升职的依据。同时,可以鉴定员工缺点,而决定他该接受某些训练或监督。绩效考核应做到实事求是,公平合理,这不仅关系到员工的个人利益,而且也影响到企业整体的效益。

(7) 薪酬制度

根据员工的工作绩效的大小和优劣,企业给予不同的薪酬和福利。这是应用最广的激励方法。薪酬水平高低不仅决定企业所能招聘员工的素质和挽留人才的能力,并且对企业整体士气有很大的影响。员工福利与保障对员工来说也是相当重要的。员工福利与保障的范围包括:带薪休假、房屋津贴、购买保险、医疗保障、合理安排工作与休息及文娱活动等。建立一个公平而可行的薪酬制度是人力资源管理工作最重要的一环。

(8) 劳资关系

劳资关系主要研究水上旅游企业中所有者、经营者与员工之间的关系,解决员工在工作中所发生的各种矛盾与冲突,保持企业运行的协调一致和高效率。水上旅游劳资关系可以通过企业的相关政策、旅游行业管理规定以及《劳动法》《劳动合同法》等政策法规加以协调与解决。

6.3.2 水上旅游行业协会管理方式

水上旅游业是一个涉及面广、关联带动作用强的综合性产业,其发展既能带动其他第三产业甚至工业、农业的发展,又受制于这些产业。水上旅游业本身的综合性使其涉及国民经济的多个部门,为了给水上旅游产品的生产者、经营者提供一个公平的竞争环境,提高水上旅游业的整体服务质量和全行业的经济效益,因此,实施旅游业的全行业管理是十分必要的。行业协会即是行业管理主体之一,它既是政府管理职能的延伸,又是行业整体利益的代表,因此,行业协会的实质是介于政府和企业之间的市场中介性组织。完整的行业管理主体应当是政府的行业管理机构与市场自发形成的行业管理组织的有机结合。这是因为,市场自然形成的行业管理组织虽然有活力,但缺乏权威性;而政府的行业管理机构虽然有权威,但难以兼顾每一个具体行业的实际情况,缺乏应对市场竞争所必需的灵活性。水上旅游行业协会就是这样一个行业管理组织。

水上旅游行业协会管理就是面对涉及水上旅游业的若干部门,针对水上旅游产品的质量,通过一系列水上旅游业管理政策、相关法规等的实施来建立起确保所有水上旅游产品的生产者、经营者均能在一个公平竞争的市场规则下运行的机制,并据此监督和维护市场秩序,规范企业行为,以便提高行业的服务质量和增进行业的经济效益。

1. 水上旅游行业协会管理的对象和主体

水上旅游行业管理是针对所有参与旅游产品的规划、设计、生产、销售的各类行为而进行的,包括与水上旅游产品经营紧密关联的前向或后向产业部门。因此,水上旅游行业协会管理的对象是参加了行业协会的从事水上旅游经营或服务的所有企业、单位或个人。如中国交通运输协会邮轮游艇分会的会员包括国内外从事游艇设计、制造、销售以及配件服务的企业;游艇港口及码头、游艇俱乐部;游艇(帆船)比赛组织机构;从事邮轮和游艇咨询、培训、科研、教育、出版、会展等的单位;邮轮港口、邮轮公司;从事邮轮服务的船舶代理公司、船舶管理公司、供应公司、劳务输出公司、公关公司;从事邮轮服务的旅行社、旅游公司;从事邮轮、游艇管理的政府机构及个人。

水上旅游行业管理可以从几个层面来理解,水上旅游业一是根据国家的相关法律法规来约束水上旅游经营者的行为,如根据《企业法》《反不正当竞争法》等基本法规来规范所有水上旅游企业或提供水上旅游产品的企业的行为;二是根据一系列国家标准(包括直接为水上旅游业服务的国家标准或间接为水上旅游业服务的国家标准)来实施对水上旅游产品或相关服务的监督和质量控制;三是根据国家旅游行政主管部门颁布的各项水上旅游行业标准来对所有的水上旅游产品供应商、服务商进行规范管理。

2. 水上旅游行业协会管理的基础和方式

(1)水上旅游行业协会管理基础

水上旅游行业管理的基础是4种资源:体制性资源、政策性资源、信息性资源和市场性资源。从发展的趋势看,体制性资源和政策性资源始终存在,但所发挥的作用将会逐步弱化;而市场性资源和信息性资源则会越来越多,所发挥的作用也将越来越大。利用得好,这两种资源也会产生权威性,而且,这种权威性是企业认同的,能够发挥更有效的作用。

(2)旅游行业管理的方式

水上旅游行业协会管理是通过间接管理来实现的,即通过培育市场,建立市场规则,运用行政、法律等手段,维护市场秩序,规范企业行为。间接管理并不意味着管理机构不与企业发生关系,而是不与企业形成直接的所有权关系、经营权关系,不干扰企业合法的自主经营决策与经营活动,但要引导企业决策和规范企业行为。

3. 水上旅游行业协会管理的内容

根据国家技术监督局关于对旅游行业标准归口管理范围的批复精神,从国家旅游局落实国务院"三定"方案时对质量规范与管理的职能划分中,我们可以看出,水上旅游行业协会管理的主要内容集中在以下三个方面:

(1)宏观管理、市场治理引导和综合

通过制定全国及跨区域的水上旅游发展长期规划、中期规划,指导各地区水上旅游发展规划的制定,引导全行业的投资和经营方向;通过国家宏观产业政策,结合国家区域经济发展政策,合理布局水上旅游生产力,引导各地水上旅游开发和市场发育,调节水上旅游市场,使之保持一种动态的平衡关系;通过贯彻执行国家的政策法规以及制定若干行业规范、标准等,调节水上旅游市场运行机制,规范经营主体的行为,组建旅游执法队伍,进行有效监督。

(2)行业服务的微观管理

进行旅游地的整体形象推广,组织水上旅游企业进行旅游产品的促销;收集、整理及发布行业信息,为水上旅游经营者、投资商提供行业发展动态、行业经营状况等方面的信息咨询、投资咨询及经营活动咨询服务等;为国家水上旅游政策的调整、新政策措施的制定提供行业咨询意见,为国家水上旅游发展产业政策的制定提供依据;协调各专业市场的建立,为水上旅游产品的经营者、旅游者和其他水上旅游相关部门提供市场对接服务。

(3)沟通与组织

建立起水上旅游经营商、地方政府及旅游者之间的正常沟通渠道；指导和协调下级行业管理部门的工作，加强旅游行业的跨行业联系与合作；加强行业的国际交往与联系，建立国际合作机制；积极与旅游业的相关行业沟通，为制定促进旅游业发展的宏观政策服务。

6.4 水上旅游管理内容

前面章节对水上旅游企业的概念进行了界定，指自主经营、自负盈亏地从事水上旅游经营活动，向社会提供水上旅游产品和服务的经济组织。因此，水上旅游管理就是对水上旅游经营活动进行计划、组织、指挥、协调和控制的综合性动态活动全过程。

6.4.1 水上旅游企业管理

1. 水上旅游企业管理的特征

（1）安全性

水上旅游离不开水及乘坐的载体船只，这就决定了水上旅游企业管理具有安全性的特征。水上旅游企业管理的安全性包括软硬件两方面，软件是水上旅游安全组织管理运作的规则制度和方法，硬件则是水上旅游安全设备。企业只有结合好这两方面才能在水上旅游活动中确保游客的生命财产安全。

（2）综合性

水上旅游业是一个集食、住、行、游、购、娱于一体的综合性经济产业。为了满足旅游者的各种需求，客观上要求饮食、住宿、交通、文化娱乐、景点以及旅游纪念品和其他日用商品生产与销售等综合设施来保证，即必须组成一个综合性的旅游服务系统。这一综合性的客观要求，就决定了水上旅游企业管理具有综合性的特点。

（3）管理手段的多样性

旅游者来自不同的国家和地区，带着不同的目的，存在性格、年龄、情趣和爱好的不同。因此，水上旅游企业管理活动要满足每一位旅游者的要求必须采用多样化的管理手段。另外，水上旅游企业的管理活动要同时与国内国际两个旅游市场发生联系，而每个市场又有许多不同的细分市场。因此，水上旅游企业要对每一个细分市场进行有针对性的管理。这样又加大了水上旅游企业管理手段的多样性。

（4）季节性

由于季节的变化，气候对水上旅游者出行的影响很大，另外居民集中的休假时间也使水上旅游活动的淡旺季明显，故旅游企业管理活动必须按季节及时地进行调整。例如，旅游淡季到来时，营销力度加强，管理上应注重成本的控制；而旺季到来时，营销力度较弱，而强调服务质量的管理。

（5）波动性

由于水上旅游活动也会受国内外政治、经济、文化、外交以及汇率变动、恐怖事件、自然灾害、疾病流行等多种因素的影响，因此，水上旅游企业管理活动也表现出较强的波动性。

2.水上旅游企业管理的内容

国外一些学者将企业管理基本要素概括为"七个 M"：

第一，人事(Men)：包括职工的招聘、培训、考核、奖惩、升降、任免；

第二，金钱(Money)：包括筹资、预算控制、成本、财务分析、资本营运等；

第三，方法(Methods)：包括战略经营、计划、决策、质量管理、作业研究、工作设计等；

第四，机器(Machines)：包括企业布局、工作环境、工艺装备、设施等；

第五，物料(Material)：包括材料的采购、运输、储存、验收等；

第六，市场(Market)：包括市场需求预测、生产决策以及价格和销售策略制定等；

第七，工作精神(Morale)：包括提高工作效率，把职工的热情、兴趣、志向引导到生产上，发挥人的积极性和创造性。

水上旅游企业具备企业的一切特征，故管理过程和内容同样涉及诸多方面，包括：水上旅游企业战略管理、组织与制度管理、营销与公共关系管理、人力资源管理、财务管理、信息与风险管理、危机管理、企业文化管理等。由于一些内容由专门的章节介绍，本节仅就水上旅游企业文化建设展开讨论。

3.水上旅游企业文化建设

（1）水上旅游企业文化的表象

第一，游船企业文化。

现代水上旅游业产生于 20 世纪 60 年代，航空业的发展使得邮轮客运市场急剧缩小，邮轮运营商迫于竞争的压力，不得不寻找新的经营方式，因而开发出提供舒适设施和优良服务的邮轮，专门进行邮轮休闲旅游。世界著名邮轮公司也相继在这个时候诞生。随着游客对现代邮轮认识的不断加深、邮轮旅游产品的不断丰富，还有人们对邮轮旅游需求的不断增加，邮轮旅游市场得到了极大的拓展，邮轮旅游也逐渐发展成为一种文化。由于邮轮旅游产品的种类越来越繁多，市场竞争也愈演愈激烈。经过激烈的市场竞争，游船公司不断重组兼并，产生了目前世界最大的三家游船公司：美国嘉年华游船公司，皇家加勒比国际航运公司和丽星游船公司。

邮轮产业是一项高端旅游业务，三大游船公司都强调通过完善和先进的邮轮设施以及周全而细致的服务带给游客贵族式的奢华体验，所不同的是美国嘉年华游船公司是通过完善和先进的邮轮设施以及周全而细致的服务带给游客前所未有的快乐体验。"快乐之舟"是嘉年华邮轮带给游客的真正含义。豪华的超五星级享受、闪烁的霓虹灯、流光溢彩的环境，那就是嘉年华带给游客的一切。皇家加勒比国际航运公司定位于安全和先进的邮轮设施带给游客冒险刺激的体验和周全而细致的服务。丽星邮轮则以乘客的安全、健康及舒适，以及悠闲和奢华相结合的体验为重点。

第二，港口企业文化。

企业文化的内涵极其丰富，而众多航运企业各有自己的价值观念或企业精神，其核心内容可以概括为：实业救国，敢为人先；诚实守信，艰苦创业；重视教育，科技为先；服务社会，关注民生。

码头文化是伴随着港口相继对外开放之后出现的。这种码头文化不仅是一种企业文化,更是一种行业文化。

近代长江码头文化的内容非常庞杂,人们对此有着不同的理解,有的甚至将码头文化与行帮文化、袍哥文化、痞子文化、市井文化、平民文化或租界文化、商埠文化等各种形态的文化混为一谈。应当说,近代长江码头文化带有强烈的时代特征,具有积极和消极双重作用,其基本特点是封闭、落后与开放、创新几种不同特质的并存。近代长江码头文化既保留了城市码头文化原有的属性,又吸收了西方近代某些文化的营养,形成了半殖民地条件下的特殊码头文化。上海的洋场文化、武汉的通衢文化、重庆的棒棒文化都反映了这一时期长江码头文化的特征。

具体来讲长江码头文化具有如下特征:

一是包容性。长江近代码头文化的包容性是与轮船运输、港口吞吐的大生产方式相适应的。一些因水而生的码头城市容纳百川,气势恢宏。"大上海""大武汉"这样的港口城市所具有的博大气势,正是这一时期码头文化包容性的生动体现。

二是开放性。自港口开放通商之后,华洋杂处,东西并存,码头上洋风弥漫,市井中洋货充盈。码头工人的生产方式有所改变,一些新的文化生活方式如演文明戏、看电影开始在码头工人中流行。他们对国外的了解逐步加深,封闭的观念逐渐被开放的观念所取代。

三是创新性。地处内河的武汉港1863年后曾一度雄踞全国港口第二位,后长期与沿海的上海、广州、天津并称为中国四大外贸港口。港口发展的内在动力在创新。例如,武汉港20世纪30年代取消工头制,由地方政府直接管理码头,这是港口史上一次有益的尝试。九江港也进行了若干制度创新,如颁布第一个港章,设立第一个航政机构等。创新带来了港口面貌的变化,1937年九江港拥有"水旱码头"72个,其中中外大公司的较正规码头10座。创新为沿江港口注入了持续发展的强大动力。

第三,水上旅游景区企业文化。

人类的生命、人类的文明都起源于水边,与水结缘不仅是人类生存的需要,从某种程度上也反映了人们天生的亲水性。在长期的人类活动发展过程中,以水为载体的娱乐活动源远流长。屈原的《九歌》中的《湘君》《河伯》等,就描述了古代大型水上祭祀和娱乐活动。唐宋以来,水戏、水傀儡亦很盛行。传统节日端午节里的划龙舟、吃粽子,亦与水有关。端午节本是我国古代南方少数民族的一个龙图腾族举行族祭的节日,民间则以纪念诗人屈原这种说法流传最广。梁吴均在《续齐谐记》里曾记载:"楚大夫屈原遭谗不用,是日(五月初五)投汨罗江死,楚人哀之,乃以舟拯救。端阳竞渡,乃遗俗也。"明朝以后,划龙舟更加盛行,不仅宫廷竞渡,民间各地亦万人空巷,场面极为壮观。

到了现代,人们天生的亲水性仍未改变,龙舟竞赛、划船等传统活动依然在继续,有的已逐渐发展成为体育运动竞技项目,如中国安康龙舟节,每年都吸引着各地的龙舟队伍参赛。

近年来,漂流项目比较流行,特别是在南方一些气候、水质、环境比较好的地区。福建的武夷山漂流选择闽江源头崇阳溪,全程以"领略大自然野趣,感受武夷文化底蕴"为主要特色,岸边怪石嶙峋,古木参天;筏下溪流湍急,一波三折;溪中鹅卵石清晰可见,"水至清,山至美,鱼至多"。另外,更有迎风扑面,夹着绿野芳香的清新空气,令人心旷神怡,整个一幅天然山水画,游人仿佛置身画中,天然意境,美不胜收。

海滨地区,集游泳、滑水、驾艇、划船、冲浪等多种海上运动项目于一体,日益成为人们休闲度假的理想去处。地中海海滨、加勒比海滨、美国迈阿密海滩、夏威夷华基基海滩、泰国芭提雅海滩、印度尼西亚巴厘岛等地,是世界上著名的海滨旅游地。

在一些主题公园或水上公园中,水上探险、滑水冲浪等水上活动经久不衰,魅力四射。如常州中华恐龙园中的"穿越侏罗纪"项目,集知识、趣味、探险于一体,整个穿越过程中以水为载体,游人乘坐木船,经过原始森林、爆发的火山、神秘恐龙、雨雪冰冻等景观,最后在意想不到中,小木船连人从18米高的高处呼啸而下,惊险刺激。

在企业意识中,为了让其产品(旅游文化资源)产生永久效益,就要为维持和保护文化资源付出巨大的努力。尤其是依托自然和历史文化遗产发展旅游事业,由于遗产的唯一性及其在人类历史发展中的历史作用,因此受到人们的广泛关注,保护遗产不仅是全人类的责任,更是旅游企业发展事业的责任和基础。水上旅游景区要依托自然和历史文化遗产发展旅游事业,保护好水景文化,服务好顾客,取得经济、社会和环境效益的和谐共存。

(2)水上旅游企业文化的建设

水上旅游企业文化建设是一项长期的复杂的系统工程,它与企业的生产经营活动紧密联系在一起,是一个循序渐进的动态过程。它需要在经营企业的过程中去探索、创造、培养和发展。

第一,提供人性化服务。人性化服务强调旅游企业文化建设的各个环节必须从满足人的需要出发。旅游服务是水上旅游企业的灵魂,而服务质量是水上旅游企业的基石。对旅游者提供良好的服务本身就是一种吸引力,恶劣的服务质量则犹如"逐客令"。旅游者购买的究竟是什么?旅游者外出旅游,购买的是一次"经历"或"体验"。如果他(她)得到了一次轻松、愉快、舒适和不虚此行的经历,这次旅游消费的金钱、时间和体力就可以说是物有所值;反之则是不值。而旅游者的经历是全方位的,不仅仅是景点和服务设施,很显然,是整个旅游经历的全过程,而在经历的全过程、全方位的体验中,服务质量是游客感受和评价的关键因素。因此,我国的旅游企业要加强服务意识,提高服务质量,让服务成为品牌产品,去吸引客源。水上旅游企业文化建设体现了一种人文关怀,它要求企业必须树立以人为本的管理理念,努力培养忠诚的员工队伍和相对稳定的顾客群体,依靠这个团体实现企业的可持续发展。一方面,水上旅游企业文化建设就是要以旅游者的需求为出发点,设计出新颖别致,更富参与性、知识性、趣味性的活动,让旅游者轻松愉快地玩起来、笑起来。高质量的产品加上一流的服务,让游客感到满意,有回家的感觉,游客就能成为自觉、不自觉的义务宣传员、推销员。反之,那就是水上旅游企业为自己培养了一位反面宣传员。因此,让游客满意应当成为水上旅游企业追求的最高目标。另一方面,在企业内部,要培养员工正确的价值观和团队意识,要给自己所有员工营造一种宽松愉悦的工作气氛,让他们的能力在这个氛围里得到最大限度的展示,让他们的理想在这个环境里尽可能地实现。

第二,建设诚信文化。诚信是水上旅游企业持续发展的保证,是旅游经营之本。诚实守信既是中华民族优秀文化传统之精髓,也是市场经济条件下企业行为的金科玉律。中国传统道德和市场经济规则都要求企业要以诚信作为基础,提倡合作双赢的良性竞争。诚信是旅游市场经济人格化的体现,旅游购物的雷同性、旅游服务的综合性、生产和消费的同步性等自身特点使得诚信对顾客心理甚至旅游购物的质量有着更为直接的影响。在激烈的市场竞争中,以真诚守信树立良好形象,打造信誉品牌,是企业竞争制胜的法宝。

　　第三,重视水上旅游的文化内涵。旅游是一种增进旅游者的文化知识、提高文化素质的、轻松而又愉快的活动。在水上旅游中文化内容是非常丰富的,包括历史与现实,文学艺术和科学技术,日常生活中的文化、饮食、衣着服饰、举止、谈吐、待人接物、人情风俗……水上旅游企业应该把水上旅游的文化内涵做全面系统的阐发,并具体运用到企业经营管理的各个要素、各个环节当中。在当今国际化环境下,国际文化交流日益频繁,有些文化需要保持地方特色,但对异国异域文化首先需要有包容性的态度,然后再对其作出正确的判断,吸收精华。我国的水上旅游企业也应该利用外国旅游者来我国旅游的机会,向外国游客展示我国的优秀文化和民族风情。

　　第四,实施绿色管理。提出这一观点的目的是为了避免资源的浪费和生态环境的破坏,保护传统文化免受侵蚀。实施绿色管理首先要做到绿色经营,也就是要对水上旅游全过程的管理必须做到绿色环保,对游客流量实行有意识的控制调节和引导分流,注重安全、秩序、质量、效益四统一,注重经济效益、社会效益双丰收。其次是提倡生态旅游观。生态旅游观提倡:一是注重体验的质量,提供游客高质量的游赏服务;二是注重资源的质量,即搞好当地自然环境和文化资源、自然生态和人文生态的保护和呈现;三注重收获的质量,提高当地居民收入水平和生活质量,带动当地发展。

6.4.2　水上旅游行业管理

1. 水上旅游标准化管理

（1）标准化的分类与等级

　　随着科学技术的进步和社会生产的日益现代化、国际化,标准的作用越来越被广泛地认识,标准已经发展成为种类繁多的复杂体系。为了不同的目的,可以从不同的角度对标准进行分类。

　　按照标准发生作用的范围或标准审批发布权限,我国的各类标准可以分为国家标准、地方标准、行业标准和企业标准四类。根据我国《标准化法》的规定,国家标准是指全国统一的技术要求。行业标准是在全国某个行业范围内统一的技术要求。地方标准是指某省、自治区、直辖市区域内统一的产品安全、卫生要求。企业标准是在企业内部实施的技术要求。

　　按照标准生产的约束力,国家标准和行业标准又分为强制性标准和推荐性标准。顾名思义,强制性标准是法律法规规定强制执行的标准,推荐性标准是国家鼓励采用的标准。

　　按照标准在标准体系中的地位和作用,可以分为基础标准和一般标准。基础标准是指在一定范围内普遍使用的有指导意义的标准,是制定其他各类标准的依据。为了突出基础标准地位,相对于基础标准的其他各类标准称为一般标准。

　　按照标准的性质分类,标准又可以分为技术标准、管理标准、工作标准。技术标准是对标准化领域中需要协调统一的技术特征加以规定所制定的标准。管理标准是管理机构为行使管理职能而制定的具有特定管理功能的标准。工作标准是对标准领域中需要协调统一的各类工作人员工作事项所制定的标准。

总之,标准是对重复性概念和事物所做的统一的规定,在一定范围内以追求有序为目的。标准化是为了科学规范社会化行为。一个行业的行业标准完善程度、先进程度以及标准化工作的开展程度,也是衡量这个行业是否成熟、是否先进的重要标志。

根据水上旅游业的自身产业特点和行业发展需要,我国水上旅游业标准体系是以国家标准、行业标准为支柱,企业标准为基础,推荐性标准为指导,管理标准为重点,服务质量标准为主体,多层次、多方面的服务标准体系。

(2)水上旅游标准化的内涵

近年来,随着经济全球化和国家贸易的发展,服务领域标准化工作已成为新的热点。服务设施、方法、技能、质量等方面都已成为标准化工作的对象。在水上旅游业中各类旅游设备和旅游接待服务活动,都具有重复性和可检验性,具备制定标准、利用标准进行规范和统一的基础。

水上旅游标准化是对水上旅游企业的生产、经营、服务、管理等活动中的重复性事物和概念,通过制定标准、贯彻实施标准和对标准实施情况进行监督检查,以求得全行业高效、健康、有序的发展。由于标准化的对象是社会经济活动中重复性的事物和概念,因此,水上旅游标准化的对象也只能是水上旅游业的食、住、行、游、购、娱六大环节中带有普遍性和重复性的事物和概念。

水上旅游标准化工作的根本目的就是通过制定标准、实施标准和对标准实施监督检查,加强管理,规范市场,提高质量,增进效益,促进水上旅游业的全面发展。

水上旅游标准化工作的基本内容是制定标准、实施标准和对标准实施的监督检查。所以,水上旅游标准化的基本内容也就是组织制定和实施水上旅游业的国家标准和行业标准,指导水上旅游企业制定和实施企业标准,并对国家标准和行业标准的实施情况进行跟踪、督促。

(3)水上旅游标准化的现状和发展

国际上水上旅游业发达国家,对水上旅游业服务活动的各个方面、各个环节都建立起了一套严格有效的服务规范和要求,有的已经成为全行业遵循的标准。如世界游船协会的游船星级评定标准,在国际社会中产生了一定的影响,为我国水上旅游标准的制定提供了经验。

我国的旅游标准化管理工作,是在旅游业大发展的形势下起步的。1987年首次颁布实施涉外旅游星级饭店评定标准,标志着中国旅游业标准化建设的开始。由于各级政府和旅游行政管理部门的高度重视以及广大旅游企业的积极参与,十几年来,旅游标准化工作呈现出快速、高效、持续发展的势头。截至2008年12月,已经颁布了18项旅游标准,其中国家标准11项、行业标准7项,是世界上制定和颁布旅游标准最多的国家。其中涉及水上旅游标准化的规定有《内河旅游船星级的划分与评定》《导游服务质量》《旅游资源分类、调查和评价》《旅游服务基础术语》等。由于水上旅游业是旅游业的分支,并且属于新兴行业,所以除了一些关于旅游业的标准适用外,并未有全国统一的标准。滨水地市的水上行业协会也在建设之中,相信不久的将来,水上旅游标准化工作会进入正轨,会有更多的水上旅游标准出台。

2.水上旅游相关法律法规

(1)水上旅游立法的发展

市场经济是信用经济、规范经济,更是法治经济,建设规范的水上旅游法治体系,是水上旅游业发展的基础和重要保障。中国国家旅游局于1985年设置了旅游法制工作机构,负责旅游法规的制定、贯彻和监督检查工作。1988年为处理日益繁重的旅游法制建设事务,正式建立了政策法规司。1989年国家旅游局发布了《国家旅游局法规、规章制定的发布办法》,但迄今为止,现有的旅游法律体系还很不完备,只有国务院颁布的《旅行社管理条例》《导游人员管理条例》,以及由国务院批准、国家旅游局和公安部联合颁布的《中国公民出境旅游暂行管理办法》等少数行政法规,涉及到水上旅游的相关法律法规自然更少。这些法规,在立法层次上还没有对国家发展旅游业的原则和措施作出根本性的规定,也没有对旅游业所涉及的各方面的关系作出有效的约束和调整。但水上旅游活动是一种综合性的社会现象,水上旅游法律法规涉及的面相当广泛,既体现在由全国人大、国务院、地方政府专门制定的关于旅游管理方面的法律和法规中,也存在于宪法及其他法律规范中。

(2)水上旅游法律体系

随着我国旅游业的迅速发展,我国的旅游法制建设日益完善。水上旅游业是新兴行业,水上旅游立法建设还没有相应地跟上步伐,但我国政府已出台了多项新举措促邮轮游艇产业发展。交通运输部于2009年10月中旬正式发布公告,明确外国籍邮轮经特案批准,可在华开展多点挂靠业务。今后交通运输部还将采取多项措施促进中国邮轮经济发展。海关总署拟将邮轮监管办法向有关部门申报为2010年度一类立法项目,以明确海关对邮轮监管的具体模式及操作程序和要求,简化邮轮通关手续。公安部出入境管理局出台了方便中外邮轮旅客出入境边防检查的四条新措施:允许随邮轮入境后在国内停靠港口均不登陆的旅客免办入出境手续;随邮轮入出境的外国籍旅客凭船方提供的旅客名单免填入、出境登记卡;邮轮多点挂靠时,随船出境的旅客可在邮轮停靠的国内港口登陆观光,但必须随船出境,随船入境的旅客在入境港办妥入境手续后,可在国内的任一停靠港离船;简化多点挂靠时的旅客检查手续,邮轮在国内港口停靠期间,允许旅客持加盖了边检机关有效印章的本人出入境证件资料页复印件及邮轮电子身份卡多次上下船舶。

水上旅游业是旅游业的分支,旅游业的相关法律法规也适用水上旅游业。我国的水上旅游法律体系涉及六个方面的法律和法规(见表6-2):

第一,涉及水上旅游的国家法律。国家大法中涉及旅游方面的内容很多,如水上旅游企业及其经营者必须遵守的《公司法》《价格法》《反不正当竞争法》《海关法》《出入境管理办法》等,国家大法对旅游业的发展起着决定性的作用。

第二,旅游法。旅游法是调整旅游活动领域内产生的各种社会关系的法律规范的总称。旅游发展相对成熟的国家,都建立了旅游综合法。我国已于2013年10月1日正式颁布并实施《中华人民共和国旅游法》。《中华人民共和国旅游法(草案)》(以下简称《旅游法》"草案")早于2012年8月27日首次提交全国人大常委会审议,经过三次审议通过,终于出台。《旅游法》的实施，有利于进一步规范旅游市场，保障旅游业又好又快地发展。

第三，旅游行政法规。目前，《旅行社管理条例》《导游人员管理条例》等作为国务院法规已经出台之外，《旅游住宿业管理条例》已经立项，正在起草和制定之中。《旅游资源开发和管理条例》《旅游景区（点）管理条例》《旅游电子商务管理条例》等诸多方面的管理法规也在酝酿之中。

第四，地方性旅游管理法规。随着我国水上旅游业的深入发展，各地纷纷开始制定地方性旅游法规。四川、山东、福建、甘肃、江苏、黑龙江、浙江等省及广州市出台的省或市的《旅游业管理条例》，为水上旅游业发展保驾护航。这些新出台的地方性法规，注重从实际出发，把改革开放以来经过实践证明行之有效的、长期稳定的基本方针政策完整化、法制化，将政策上升为法律，成为一致遵循的行业规范。

第五，旅游部门规章。为加强旅游宏观管理，中国国家旅游局和相关部门出台了一系列规章，如《导游人员等级考核评定管理办法（试行）》《导游人员管理实施办法》《设立外商控股、外商独资旅行社暂行规定》《出境旅游领队人员管理办法》《旅游发展规划管理办法》《旅游规划设计单位资质认定暂行办法》等。

第六，其他部门的相关法规。其他部门的相关法规包括全国人民代表大会和国务院颁布的法规和文件、其他相关部门的有关法律和规章，以及省、自治区、直辖市颁布的法规、文件。全国人民代表大会、国务院颁布的法规和文件主要有：1982年通过的《中华人民共和国文物保护法》、1985年国务院发布的《风景名胜区管理暂行条例》、1994年国务院通过的《中华人民共和国自然保护区条例》，全国人大常委会通过的《中华人民共和国外国人入境出境管理法》《中华人民共和国公民出境入境管理法》《中华人民共和国保险法》。此外，《野生动物保护条例》《野生植物保护条例》等法规文件中也有与旅游景点景区管理工作有关的内容和条款。其他相关部门的有关法律和规章涉及范围广泛，与水上旅游有关的主要有：1983年国家建设环境保护部的《关于加强历史文化名城规划工作的几点建议》，1995年国家环境保护局、国家旅游局、建设部、林业部、国家文物局联合发布的《关于加强旅游区环境保护工作的通知》，中国人民保险公司和国家旅游局发布的《关于旅行社接待外国旅游者和华侨、港、澳、台同胞实行投保旅行社旅客责任险的通知》，工商管理行政总局发布的《关于加强旅游参观点市场管理的通知》等。省、自治区、直辖市这一层面颁布的法规、文件数量多，针对性强。以上海为例，为了规范上海水上旅游市场，有关部门出台的仅资源保护方面的法规，就有1983年6月的《关于维护本市公园、风景游览区、绿化地带公共秩序和安全的通告》、1994年的《上海市公园管理条例》、1985年4月的《黄浦江上游水源保护条例》等。

表6-2 旅游业相关的法律法规

序号	法规名称	法规分类	起始时间
1-1	旅行社管理条例	旅游经营管理	1996年10月15日
1-2	旅行社管理条例实施细则	旅游经营管理	1996年11月28日

第6章 水上旅游管理组织

续表

序号	法规名称	法规分类	起始时间
1-3	设立外商控股、外商独资旅行社暂行规定	旅游经营管理	2003年07月12日
1-4	旅游统计管理办法	旅游经营管理	1998年05月15日
1-5	风景名胜区管理暂行条例	旅游经营管理	1985年06月07日
2-1	旅行社经理资格认证管理规定	旅游从业人员管理	1997年05月08日
2-2	出境旅游领队人员管理办法	旅游从业人员管理	2002年10月28日
2-3	关于严格禁止在旅游业务中私自收受回扣和收取小费的规定	旅游从业人员管理	1987年08月17日
2-4	导游证管理办法	旅游从业人员管理	2002年04月01日
2-5	导游服务质量	旅游从业人员管理	
2-6	导游人员管理实施办法	旅游从业人员管理	2002年01月01日
2-7	导游人员管理条例	旅游从业人员管理	1999年10月01日
3-1	中国公民出国旅游管理办法	出入境旅游管理	2002年07月01日
3-2	中华人民共和国出境入境边防检查条例	出入境旅游管理	1995年09月01日
3-3	中华人民共和国公民出境入境管理法实施细则	出入境旅游管理	1994年07月15日
3-4	边境旅游暂行管理办法	出入境旅游管理	1998年04月07日
4-1	重大旅游安全事故处理程序试行办法	旅游安全管理	1993年04月15日
4-2	重大旅游安全事故报告制度试行办法	旅游安全管理	1993年04月15日
4-3	旅游安全管理暂行办法实施细则	旅游安全管理	1994年03月01日
4-4	旅游安全管理暂行办法	旅游安全管理	1990年03月01日
4-5	旅行社投保旅行社责任保险规定	旅游安全管理	2001年09月01日
5-1	最高人民法院关于执行旅行社质量保证金问题的通知	旅游质量管理	2001年01月08日
5-2	旅行社质量保证金赔偿暂行办法	旅游质量管理	1997年03月27日
5-3	旅行社质量保证金暂行规定实施细则	旅游质量管理	1995年01月01日
5-4	旅行社质量保证金暂行规定	旅游质量管理	1995年01月01日
5-5	旅游投诉暂行规定	旅游质量管理	1991年10月01日
5-6	国内旅游组团合同范本	旅游质量管理	
6-1	中华人民共和国合同法	相关政策法规	1999年10月1日

续表

序号	法规名称	法规分类	起始时间
6-2	中华人民共和国行政许可法	相关政策法规	2004年7月1日
6-3	中华人民共和国道路交通安全法	相关政策法规	2004年05月01日
6-4	中华人民共和国食品卫生法	相关政策法规	1995年10月30日
6-5	中华人民共和国行政处罚法	相关政策法规	1996年10月1日
6-6	中华人民共和国行政诉讼法	相关政策法规	1990年10月01日
6-7	道路交通事故处理办法	相关政策法规	1992年01月01日
6-8	中华人民共和国消费者权益保护法	相关政策法规	1994年01月01日

思考题

1. 国家旅游组织设立形式有哪几种？世界五大滨海旅游带国家有什么不同？
2. 你认为我国水上旅游企业要加强哪几方面的管理？
3. 我国水上旅游行业协会的作用如何，是否起到了应有的作用？水上旅游行业协会是否起到了应有的作用，谈谈你的看法？
4. 论述如何建设水上旅游企业文化。

 案例分析

上海强生水上旅游有限公司管理模式

上海强生水上旅游有限公司成立于2001年，是由上海强生集团所属强生旅游公司、上海强生国际旅游有限责任公司和上海石洞口煤气制气有限公司所属上海海石实业公司共同合资组建的，主要从事上海黄浦江水上旅游观光游览业务。公司历经10年磨砺，目前已拥有"强生号""玫瑰公主号""翡翠公主号"和"蓝黛公主号"四艘豪华游船。公司一直秉承"五个一流"（游船品质创一流、游船产品创一流、服务质量创一流、管理效益创一流、安全运营创一流）的企业创办宗旨，力求打造黄浦江上一流的游船企业，将强生控股百年的优质信誉延展至水上行业。

2007年公司在行业中率先启用"SMS安全管理体系"对运营船舶进行管理，完成了企业升级的第一步。为迎合市场变化，公司根据不同的客户需求，制定了一系列独具特色的游船产品，依托蜚声海外的浦江两岸美景、豪华内敛的高品质游船以及科学严谨的管理和服务在业内博得了"花嫁喜船""商务快船""水上餐厅"和"狂欢之城"等一系列美名。其独具匠心的水上游船婚礼"玫瑰婚典"更是备受客户青睐，享誉沪上。2010年世博会期间，"翡翠公主号"和"蓝黛公主号"游船接待了包括芬兰总统哈洛宁在内的世界各地贵宾，圆满完成世博水上交通的任务，获得社会各界的认可与好评。

1.强生游船

该公司第一艘游船冠名为"强生号",是二级游览观光船,外观较新颖,内部设施比较先进、功能比较齐全。游船船体为钢质,上层建筑为玻璃钢。底层是机舱、工作人员休息室和仓库。一层是多功能厅、客厅和驾驶室。旋形楼梯通向二层,二层是贵宾室、丽景厅和室外观光平台。室内观光场所均采用大面积观光玻璃窗,观光视野较开阔。室内观光是封闭式的。船上设有空调系统,让游客在十分舒适的环境中游览黄浦江。

"玫瑰公主"号是强生集团斥资千万打造的又一艘集休闲、娱乐、商务观光于一体的豪华游轮。游轮底层设有棋牌室、KTV包房、游戏房、健身房等。主甲板为大厅,可乘载350人,可用于会务、婚庆等。二层甲板有回廊与大厅相通,前后共设VIP包房六间,二间中式、二间西式、一间日式、一间现代派的。顶层甲板为驾驶室,中部为小卖部和无线网吧,后部为露天观光平台。游船适用于内河航行旅游、观光和休闲,必要时也可作为客运之需。还可以接待不同层次的国际、国内旅游团体和观光散客,更适宜于会务、商务等特需功能。"玫瑰公主号"以其华丽的外观、豪华的装饰,博得"花嫁喜船""商务快船""水上餐厅"和"狂欢之城"的美名,并在2007年被授予"2006年上海港航企业文明客船"称号。

以"强生号"为例,该船的管理主要是由船经理统一管理,游船主要可以划分为餐饮部、船航部和后勤部,餐饮部主要工作是对游船旅客的餐饮服务,船航部的主要工作是对游船的驾驶和游船的安全管理,后勤部的主要工作是对游船的餐饮和能源的供应和补给。这种管理结构划分的标准主要是以部门的职能为主,属于职能型的企业管理模式。职能化管理模式形成的管理体系是一套金字塔形的层级命令控制体系。

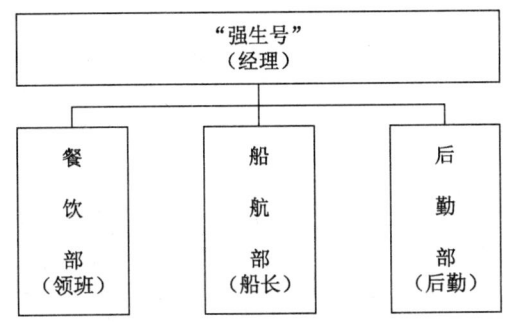

图1 "强生号"管理组织结构

2.强生集团概况与组织结构

上海强生集团创业于1919年,80多年历经沧桑,矢志不渝,终于乘中国改革大潮展翅腾飞。

20多年的改革发展,使企业的规模和实力不断壮大。经营领域由单一的出租汽车业扩展到城市客运业、房地产业、汽车服务业和内外贸易业。公司成长为拥有63个成员企业、47亿元资产的综合性集团型企业,为上海的国企改革树立了成功的示范。

强生集团公司股权结构见下图:

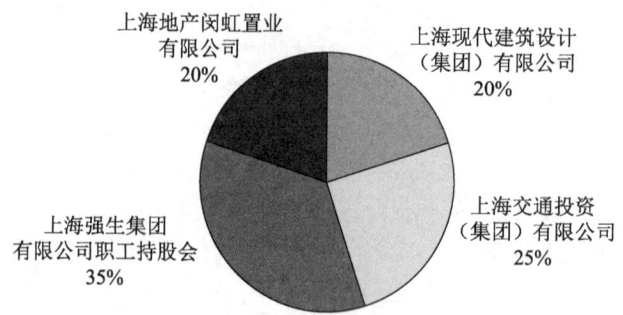

图2 强生集团公司股权结构

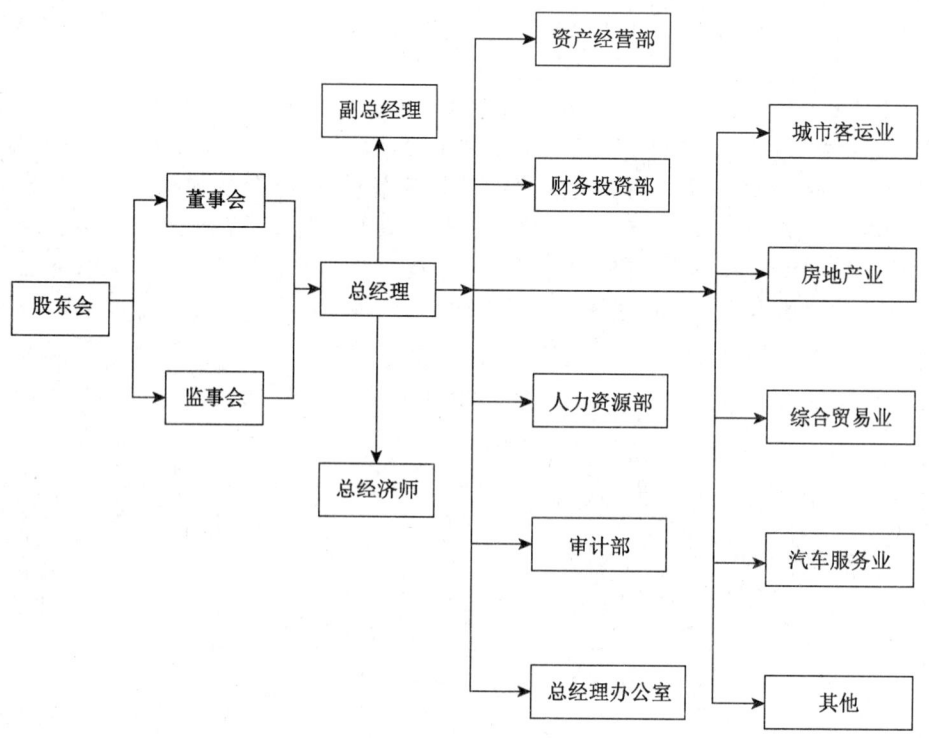

图3 强生集团公司组织结构

3.强生的企业文化

强生集团建立了企业文化长廊,展示企业发展历程中有意义的、值得纪念的事情,以弘扬强生的企业精神。并且强生拥有自己的行为规范、文明用语和服务承诺。在强生企业内部,集团会选出强生劳模和先进分子,给予物质和精神上的奖励。

附:强生行为规范

文明礼貌——

是企业对每一位员工的最起码要求。

每个员工都应通过自己的言行和举止,显示出高度的文明和文化素养。

员工代表公司形象。公司期望每个员工在各种场合都能:注重个人仪表,讲究衣冠整洁;注意文明用语,提倡和蔼、热情和谦虚;遵守公共秩序和讲究工作环境整洁。

勤奋高效——

是现代企业制度对每一位员工的要求。

"为了您的将来,抓紧学习和奋斗"。每个员工都应努力学习,不断提高自身素质。公司期望每个员工都能:摒弃旧观念,树立新观念,增长新知识,在所在的岗位上不断创新,不断改进,高效工作和运转,不断适应现代企业制度工作要求和节奏。

胸怀大志——

是企业崇尚一流、敢争第一的志向。每个员工都要有近期目标和长期目标,每个干部都要有立大业、干大事的雄心壮志。要有聪明才智,也要胸怀大志,要创一流品牌企业,就要有敢于进入国内外市场一争高低的雄心壮志。忠实履行公司的目标是每个员工神圣的义务,每个员工应对自身的行为负责,每个员工都应努力工作。

开拓创新——

是企业发奋图强的标志。

每个员工都应显示出优秀的团队精神,敢想、敢干、敢为天下先,共同合作、集思广益、友好坦诚、开拓创新。

每个员工不会因敢于工作、敢于创新而受到责备,每个员工都应把问题或错误看成研究和提高的机会,每个员工都应确立这样一种观念:避免问题的发生比解决问题更有价值。

争创一流——

是企业解放思想、转变观念、适应市场经济确立的新观念。公司要求每个员工自觉培养良好的性格特征,树立良好的个人形象。每个员工都应不断改进和完善自己正在履行的行为,自觉接受最高标准,努力追求,不断进取,争创一流业绩。

社会公德——

每个员工都应遵守国家法律和法规,员工的一切行为必须符合中华人民共和国法律之规定。

结合案例思考以下问题:

(1)简述强生水上旅游公司的管理模式。

(2)该公司的管理模式有哪些优缺点?

(3)结合国内外案例,谈谈水上旅游公司管理模式的发展趋势。

第7章 水上旅游决策与计划管理

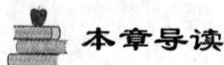
本章导读

1978年诺贝尔经济学奖获得者赫伯特·西蒙(Herbert A.Simon)先生曾经提出:管理即决策,决策贯穿在整个管理过程当中,可见决策在管理中的重要地位。水上旅游业(水上旅游企业)在发展过程中经常会面临一些新情况和新问题,如行业(企业)发展战略的调整、宏观环境和微观环境的变化等,这就需要行业(企业)树立新的战略理念,制定新的经营目标,并围绕目标做出行动方案。行动方案必须是在若干个方案中进行筛选,得出最优方案才能确保目标的顺利实现。在企业经营管理活动中,决策和计划的关系最为直接,决策是计划的灵魂,计划是决策的结果和具体化;决策是整个管理工作的前提,计划是为实现决策目标而对各生产要素进行筹划和安排。另外,对于区域旅游业发展而言,规划是必不可少的一项工作,它既呈现出计划的功能,又表现出决策的作用。因此,决策、计划和规划是区域水上旅游业(企业)管理工作重要的环节,是不可或缺的管理手段。

7.1 水上旅游决策管理

7.1.1 水上旅游决策管理概述

1.决策的概念

所谓决策,即决策者为了实现目标而制订若干个可供选择的方案,并选择一个满意方案的分析、判断过程。

水上旅游决策,可指水上旅游管理决策者以其知识、经验、掌握的信息为依据,遵循决策的原理原则,采用科学的方法,确定组织未来的行动目标,并从两个以上可能实现目标的行动方案中选择一个较为满意的方案的分析、判断过程。这可以从三个方面来理解:

第一,决策是为了解决未来的问题,实现一定的目标。首先要树立决策的目标,没有目标就无从决策。

第二,决策要在两个以上的可行方案中进行优选决定,没有两个以上的可行方案不能决策。

第三,最终选定的方案是一个合理的满意方案。

2. 决策管理的类型

第一,依据决策性质分类可分为常规型决策和非常规型决策;

第二,依据决策条件分类可分为确定型决策、非确定型决策和风险型决策;

第三,依据决策时间分类可分为长期决策和短期决策;

第四,依据决策层次分类可分为高层决策和基层决策;

第五,依据目标数量分类可分为多目标决策和单目标决策。

3. 决策管理的程序

(1) 确定问题

没有问题就无所谓决策,决策首先必须明确提出所要解决的问题。问题可以理解为在现有条件下,应该可以达到的理想状况和现实状况之间的差距。相关专家指出,目前中国水上旅游业处于最好的发展时期,全国水上旅游业规模不断壮大,质量日益提升,但与国外水上旅游企业相比,还未能形成国际知名品牌,存在规模不大、效益不高、质量不佳、联合不够四大问题。

(2) 明确目标

问题提出后必须明确问题能否解决、解决的程序以及结果要达到什么要求,也就是决策的目标。决策要求有明确而具体的决策目标,若决策的目标是模糊的,甚至是模棱两可的,则无法以目标为标准评价方案,更无从选择方案。决策目标是指在一定的环境和条件下,根据预测所能希望得到的结果,这是以后判定和选择方案的依据和标准。目标的确定要根据组织的总目标进行综合平衡,组织的价值准则对目标的确定起着重要的影响作用。在决策过程中,往往会同时遇到各种问题,使决策目标可能不止一个而是多个,有的甚至是互相矛盾的,给决策带来困难。

(3) 拟订方案

决策也可以说对解决问题的种种行动方案进行选择的过程,但如果不能将各种可行方案找到,选择的余地就很少了,也就难以保证决策的质量。

决策要求有两个以上的备选方案,以便比较选择。必须要有可供选择的方案,否则决策可能就是错误的。人们总结出两条规则:一是在没有不同意见前,不要做出决策;二是如果看来只有一种行事方法,那么这种方法可能是错误的。

(4) 评价与选择方案

每个实现目标的可行方案,都会对目标的实现发挥某种积极的作用和影响,也会产生消极的作用和影响,必须对每个可行方案进行可行性研究。可行性研究是决策的重要环节。决策方案不但必须在技术上可行,而且应当考虑社会、政治、道德等各方面的因素,还要是决策结果的副作用缩小到可以允许的范围。方案的评价首先需要建立一套有助于指导和检验、判断正确性的决策准则。决策准则一般包括目标达成度、成本代价、可行性等。决策的选择应充分考虑各种可能的限制因素和条件,特别应重视各种方案可能带来的后果。

(5)方案执行与反馈

决策在执行过程中首先应当制订一个实施的方案,包括宣布决策、解释决策、分配实施决策所涉及的资源和任务等。在决策执行过程中必须进行有效的控制和监督,对决策执行过程中的结果必须进行及时的反馈,这样才能发现问题,及时地纠正偏差。

4.决策的方法

(1)定性决策法

定性决策法是指决策者根据已知的情况和资料,直接利用个人的知识、经验和组织规章进行决策。定性决策法灵活、方便、通用性大,容易被一般管理者接受,而且特别适合于非常规决策,同时还有利于调动专家的积极性,提高他们的工作能力。其局限性表现为:由于它是建立在专家个人直观的基础上,缺乏严格论证,易产生主观性,而且还容易受决策组织者个人倾向的影响。

第一,头脑风暴法。头脑风暴法又可分为直接头脑风暴法(通常简称为头脑风暴法)和质疑头脑风暴法(也称反头脑风暴法)。前者是指专家群体决策尽可能激发创造性,产生尽可能多的设想方法;后者则是对前者提出的设想、方案逐一质疑,分析其现实可行性的方法。

第二,德尔菲法。德尔菲法依据系统的程序,采用匿名发表意见的方式,即专家之间不得互相讨论,不发生横向联系,只能与调查人员发生关系,通过多轮次调查专家对问卷所提问题的看法,经过反复征询、归纳、修改,最后汇总成专家基本一致的看法,作为预测的结果,供决策者进行决策。

(2)程序化决策方法

程序化决策方法主要用于处理反复出现的问题,如公文传递、设备使用等,可以帮助管理者更快地处理日常事务,节省时间和精力。其缺点是可能会减少发现处理问题更好的方法的机会,而且政策、规章制度、程序一旦建立,即使有更好的方法,人们也必须按照去做,这就显得比较僵化。

(3)经验型决策方法

经验型决策方法就是决策者凭自己的经验进行决策。凭个人的经验来进行决策有时会出现重大的失误,但在一定情况下,如信息资料不完整、问题复杂、涉及大量不可预知的因素,为了避免出现重大的失误,导致严重的后果,利用经验进行预测时可以采用渐进式决策方法。

7.1.2 水上旅游产业决策

1.决策目的

一般来讲,决策的目的是为了确定产业发展方向。例如,1986国务院决定将旅游业纳入国民经济和社会发展计划,正式确立其在国民经济中的地位。1992年中央明确提出,旅游业是第三产业中的重点产业,列为积极发展的新兴产业序列的第一位。1998年,中央经济工作会议提出将旅游业作为国民经济新的增长点。2009年,旅游业被确立为国民经济的战略性支柱产业。这些重点决策的实施实现了我国旅游业从"事业型"到"产业型"的顺利转变。再如,2005年,上海提出发展水上旅游、打造"东方水都"旅游形象、实现上海旅游水陆比翼齐飞、打造都市型旅游完整产品格局的宏伟战略设想,对上海水上旅游业的发展确立了战略地位。

2. 决策内容

决策的内容主要表现为两类:一是发展战略的制定;二是发展策略的提出。我国旅游业发展30年来,制定了若干发展战略和策略。例如:我国在"八五"和"九五"旅游发展规划中主要体现的是适度超前发展战略,对当时我国旅游业的发展起到了积极的推动作用。"九五"开始提出可持续发展战略。"十一五"规划中布局旅游业发展新形势,再次提出大力发展旅游业,并将三大市场的发展策略变为"全面发展国内旅游,积极发展入境旅游,规范发展出境旅游"等。另外,为了对外宣传我国的旅游形象和推介旅游产品,每年设计一个旅游年号,并提出相应的形象口号等等。再如上海,为了配合上述宏伟设想,逐步调整城市布局,曾经对上海经济发展起到重要推动作用的滨水老港区的运输功能,由于缺陷逐渐显露,进行了系统改造。按照战略规划,上海将努力实现和增强商品和游客的集散功能、金融功能和相关的服务功能,提高物流与客流的营运质和量。目前上海国际客运码头以及上海十六铺旅游集散中心基本建成,滨水区旅游功能实现。中国在"十二五"规划中又提出了新的战略和策略。

7.1.3 水上旅游企业决策

1. 水上旅游企业决策的内容

水上旅游企业决策的内容见表7-1。

表7-1 水上旅游企业决策的内容

项目	内容
经营战略决策	为实现水上旅游企业经营的长期目标而制订的行动方案,包括经营的方向、目标、重点、措施等
经营计划决策	在编制经营计划时制订的不同方案,是为确定各项计划的指标、进度和管理措施等所做出的决策
产品开发决策	对企业产品的研究、设计、开发方向、试制、试销等所做的决定
技术引进决策	通过一定方式对引进国外先进设备、技术、管理经验和方法等所做出的决策。在水上旅游企业管理中,以开办合资企业时选择合作对象、合资方式、技术项目和如何聘请管理集团等为主
投资决策	在新建、扩建、改造旅游企业时对投资方向、投资项目、可行性分析、工程投标、投资效果等所做出的选择和决定
资源开发利用决策	以水上旅游资源开发和水上旅游娱乐企业为主,是对开发方案、开发措施、利用效果、配套设施建设等所做的选择和决策
价格决策	根据产品成本、费用、利润、税收和市场需求等,对产品定价和市场竞争中的调价等所做出的选择。它必须遵守价格政策,在国家允许的范围内选择价格机会点
成本决策	根据业务需要和降低成本的要求,对企业产品的标准成本、成本需要量、成本管理制度和成本控制措施等做出的选择

续表

项目	内容
市场销售决策	对外联方式、销售渠道、客户单位和客源机构选择,以及企业内部各种产品的销售方式、价格等所做出的决策
财务决策	对水上旅游企业资金来源、资金筹措、资金分配和使用效果考核等所做出的决策
组织人事决策	对水上旅游企业组织机构的设计、调整、人事安排、干部任免、劳动考核制度、职工奖罚等所做出的决策

2.水上旅游企业决策的原则

水上旅游企业决策是水上旅游企业经营管理的重要环节之一,对企业的发展起着重大的作用,对水上旅游业的开发也有着重大的影响。从水上旅游经济运行的过程来考察,水上旅游业发展的各个方面无不与水上旅游企业决策有着密切联系,任何一个方面的变动都会影响到企业决策,所谓牵一发而动全身。旅游产品的开发、生产和销售,旅游区域的规划,旅游资源的保护和改善都是企业决策的结果。由于水上旅游资源的有限性和投资项目经济效益的不确定性,为了确保风险达到最低,在企业做出经济决策的时候必须遵循着一定的原则,以确保项目的投资经济效益。

(1)系统性原则

一个水上旅游项目就是一个系统工程,它的投资建设会引发多个行业消费需求的增长,比如交通运输业、服务业等,且影响投资项目建设的各个因素之间是相互联系、彼此制约的。在企业做项目决策时,要充分全面地考虑到各方各面的因素,要深入调查和搜集各方面的信息,并根据已拥有的资料,对已获信息进行分析,判断拟建项目是否符合国家或地区旅游产业政策、旅游需求、市场前景、经济合理性、项目建设条件人财物及政策保障和投资总量等。

(2)效益性原则

水上旅游项目建设必须有经济效益,这样投资主体才会投入资金,这包括了长期效益和短期效益。在保证投资主体盈利的前提下,项目的实施也必须使整个水上旅游区域的投入产出得到提高,对水上旅游区域的发展有促进作用。

(3)科学性原则

水上旅游项目涉及面广,牵涉因素多,整个过程十分复杂,其中所投入的资金少则五六千万,多则数亿元,甚至是十几亿元。所以,必须在整个决策过程中秉承客观、谨慎的态度,按照一定的科学决策程序进行决策,做到先对项目可行性进行调查报告,然后才能做出决策,应杜绝"边设计,边施工,边论证,边决策"或"先决策,后论证"等违背客观规律的做法。

(4)时间性原则

俗话说"时间就是金钱",在投资者的眼中更是如此,投资资金随着时间的推移和社会再生产过程的进行,其价值是不断变化的,在不同的时间,同等数量的资金投放有不一样的价值量,错过了最佳的投资时机,就相当于是企业的损失。任何一个水上旅游项目的建设都有一定的周期性和阶段性,投资项目建设需要的资金是随着建设的进度和需要不断发生的,分布在项目建设的不同时期,各时期投放的资金具有不同的价值和不同的可比性,这种随机性使得投资时间变得尤为重要。因此在项目投资决策的过程要充分考虑其时间价值,动态地测算项目投资总额和经济效益。

(5)适应性原则

水上旅游项目的建设终归要落到一定的区域上,也就是要具体到某一片水域,因此,水上旅游企业的项目建设必须与所在地区国民经济和社会发展计划相适应,与地区水上旅游业发展阶段和水平相适应,与国家水上旅游产业宏观布局基本思路和方案相适应,能够在一定程度上促进旅游区域的经济发展和生态改善,与旅游区域的发展相辅相成。适宜于社会需求是每个投资者追求社会利益、追求长远投资利益的基本要求,无论是何种投资,只有在符合社会发展规律的基础之上才能得到应有的回报,才能推进国民经济的发展,才能促进社会进步。

3.水上旅游企业决策的方法

(1)确定型决策方法

确定型决策方法是指在拟建项目的有关数据已知或可能发生的事件能够控制的情况下,从各种方案中选择出最佳方案的决策过程。

例如:计划投资建设某个水上旅游项目,经过市场调查和可行性研究后提出三个备选方案,即新建、扩建和改建方案。现在需要对该水上旅游项目的建设方案进行决策,选择出最佳方案。有关的资料数据如表7-2所示。

表7-2 方案收益比较表

单位:万元

年收益\方案	第Ⅰ方案	第Ⅱ方案	第Ⅲ方案
自然状况	(新建)	(扩建)	(改建)
需求量较大时	3100	2000	1400
需求量一般时	1700	2600	2000
需求量较小时	1100	1400	1900

通过对以上数据的分析,可以了解三种方案在不同市场条件下的获利水平,进而做出如下决策:

当需求量较大时,由于3100>2000>1400,第Ⅰ方案的获利水平最高,因而决策者应该选择新建方案。

当需求量一般时,由于2600>2000>1700,第Ⅱ方案的获利水平最高,因而决策者应该选择扩建方案。

当需求量较小时,由于1900>1400>1100,第Ⅲ方案的获利水平最高,因而决策者应该选择改建方案。

可见，确定型决策是通过一定的量化分析，从各类方案中选择出最好的方案，这种决策的结果比较准确和肯定，决策者只需从多种方案中选出最优的一个，决策过程简单明了。

(2)非确定型决策方法

投资或建设方案的收益值在不同的自然状态下可以估算，但各方案出现的概率则难以预计，在这种情况下进行的决策称为非确定型决策。非确定型决策的选择方案有等概率法、小中取大法、大中取大法和大中取小法等。

例如：拟投资某项目，该项目建成后，其产品的市场需求量出现较大、一般和较小三种情况，由于缺乏详细、准确的资料，对各种情况出现的概率无法估计，在对拟建项目进行可行性研究后，提出了三种可供选择的方案。各方案的收益情况如表7-3所示。

第一，等概率法。假定各自然状态以相等的机会发展，求出各方案的期望值（用E表示），期望值较大者即为最优方案。

$E_1 = 1/3 \times (6200+4000-2000) = 2733$

$E_2 = 1/3 \times (7600+4700-5600) = 2233$

$E_3 = 1/3 \times (5000+2000+1400) = 2800$

表7-3 方案收益比较表

单位：万元

方案 年收益	第Ⅰ方案	第Ⅱ方案	第Ⅲ方案
自然状况	（新建）	（扩建）	（改建）
需求量较大时	6200	7600	5000
需求量一般时	4000	4700	2000
需求量较小时	-2000	-5600	1400

从计算结果得知，采用第Ⅲ方案最好，决策者应该对项目进行改建，其产品在不同的市场需求状态下可以取得较大的收益。

由于等概率法要求在一定的假定条件下，由此会对计算结果的准确性产生较大的影响，决策者最好结合其他方法全面分析后再做出最终抉择。

第二，小中取大法。即决策者持稳重、审慎的态度，在几种不确定的随机事件中，选择当市场需求量较小时收益值最大的方案作为最优方案的决策方法。

从表7-3可以看出，当市场需求量较小时，三个方案的收益值分别为-2000万元、-5600万元、1400万元，第Ⅲ个方案的收益值最大，决策者应当选择改建方案作为最优方案。

第三，大中取大法。即决策者持乐观、进取的态度，在几种不确定的随机事件中，选择当市场需求量较大时收益值最大的方案作为最优方案的决策方法。

从表7-3可以得知，当市场需求量最大时，三种方案的收益值分别为6200万元、7600

万元、5000 万元,第Ⅱ方案的收益值最大,决策者应当选择第Ⅱ方案作为最优方案,即选择扩建项目的方案。

第四,大中取小法。即决策者在几种不确定的随机事件中,选择最小损失值的方案作为最优方案的决策方法。所谓最小损失值是指在不同的市场状态下各方案损失值中的最小值,它表明,如果选错方案,决策者将会受到不同程度的损失,而采用这种方法,则可以在万一选错方案的情况下,将损失减少到最低限度。

根据表 7-3 的数据,各方案的损失值如下:
当需求量较大时:
第Ⅰ方案的损失值为:7600-6200=1400
第Ⅱ方案的损失值为:7600-7600=0
第Ⅲ方案的损失值为:7600-5000=2600
当需求量一般时:
第Ⅰ方案的损失值为:4700-4000=700
第Ⅱ方案的损失值为:4700-4700=0
第Ⅲ方案的损失值为:4700-2000=2700
当需求量较小时:
第Ⅰ方案的损失值为:1400-(-2000)=3400
第Ⅱ方案的损失值为:1400-(-5600)=7000
第Ⅲ方案的损失值为:1400-1400=0
列表显示见表 7-4。

经过计算可以得知,在最大损失值中的最小值是 5300 万元,因而选择第Ⅲ方案即改建方案为最优方案。

表 7-4 各方案损失比较表

单位:万元

损失值 \ 方案	第Ⅰ方案	第Ⅱ方案	第Ⅲ方案
自然状况	(新建)	(扩建)	(改建)
需求量较大时	1400	0	2600
需求量一般时	700	0	2700
需求量较小时	3400	7000	0
损失值中的最小值	5500	7000	5300

(3)风险决策方法

风险型决策也叫作随机型决策或概率型决策,这种决策需要具备以下条件:有两个以上的备选方案,有两个以上的市场状态,各个方案在不同市场状态下的损益可以计算出来,决策人可以估计各种市场状态发生的概率,但不能肯定其是否发生。风险型决策的过程一般是根据预测概率和收益值计算出各方案的期望收益值,其中期望收益值最大的即为最优方案。例如:某水上旅游投资项目,有三个备选方案,具体资料数据如表7-5所示。

表7-5 各方案损失比较表

单位:万元

方案 年收益	第Ⅰ方案	第Ⅱ方案	第Ⅲ方案
市场状况的概率分布	(新建)	(扩建)	(改建)
市场状况好 0.3	5000	3000	2500
市场状况中 0.5	2000	2500	3000
市场状况差 0.2	−1000	−500	0

计算各方案的期望收益值:

$E1 = 5000×0.3+2000×0.5-1000×0.2 = 2300$

$E2 = 3000×0.3+2500×0.5-500×0.2 = 2050$

$E3 = 2500×0.3+3000×0.5+0×0.2 = 2250$

在这三种方案中,第Ⅰ方案的期望收益值最大,故第Ⅰ方案为最优方案。

7.2 水上旅游计划管理

7.2.1 水上旅游计划管理概述

1.计划的概念

计划是在预见未来的基础上对实现目标的途径进行筹划安排的活动。计划是决策的结果,是以文字形式表现的决策。

水上旅游计划是指管理者根据水上旅游组织内外部的实际情况,在科学预测的基础上为实现组织目标,对未来一定时期内的工作做出安排的活动。它包括对水上旅游组织所拥有的和可能拥有的人力、物力、财力所进行的设计和谋划,找到一条合适的实现组织目标的途径。

2.计划管理的内容

计划就是预先决定做什么(What),讨论为什么要做(Why),确定何时做(When)、何地做(Where)、何人做(Who)以及如何做(How),也就是通常所说的5W1H。水上旅游计划管理具体内容如下:

(1)做什么(What)

要求明确水上旅游管理组织的使命、战略和目标,明确一定时期内组织的中心任务和工作重点。在这一环节中,首先是要对水上旅游管理组织的使命进行识别和确定,从而制定出组织的战略和目标,然后分阶段、分步骤地确定组织的工作重点。

(2)为什么要做(Why)

要求论证水上旅游管理组织的使命、战略、目标和行动计划的可行性。实践表明,在这一环节中,工作人员对组织的宗旨、战略和目标了解得越清楚,认识得越深刻,他们在计划工作中的主动性和创造性就发挥得越充分。

(3)何时做(When)

要求规定计划中各项任务的工作进度,以便进行有效的控制和对人员及物质进行合理配置。

(4)何地做(Where)

要求了解水上旅游计划管理的实施环境,规定计划的实施地点,以便合理安排计划实施的空间和布局。

(5)何人做(Who)

水上旅游计划管理不仅要明确目标,规定任务、进度和地点,还要规定应有哪个部门、哪个人来具体负责。

(6)如何做(How)

要求制定实现计划的措施以及相应的政策和规则,对人员、物资等进行合理分配和利用;对生产流程的各个环节进行平衡;对各种派生计划进行协调等。

3.计划管理的类型

计划管理的类型如下:

第一,依据表现形式可分为正式计划和非正式计划;

第二,依据时间跨度分为长期计划和短期计划;

第三,依据作用性质可分为战略计划和战术计划;

第四,依据作用对象不同变现为不同的部门计划。

4.计划管理的特征

计划管理的特征可以概括为以下五个方面:

(1)计划的目的性

计划是对未来的规划过程,但对未来泛泛的、幻想式的规划并不可能使一个企业有所成就。因此,每一个好的计划都必须有很强的目的性和针对性,都是为了贯彻组织的宗旨,实现组织的目标和战略。

(2)计划的有效性

计划的有效性是一项计划对目标的贡献程度。因为计划作为规划方案,本身并不会产生收益,一个在理论上完美无缺的计划在实施之后可能表现为企业的劳动而无功、收益不大,甚至带来负效应。因此,只有在计划实施后,才能根据计划的执行结果来衡量计划的好坏以及有效与否。

(3)计划的普遍性

计划的普遍性是指作为一项管理职能,计划存在于一切组织活动中。在旅游组织中,计划是每位管理人员的共同职能,只是计划的特点和范围会因为管理人员的层次、职权的不同而不同,如高层管理人员负责制订水上旅游企业的战略性计划,基层管理人员完成服务计划等。

(4)计划的经济性

计划的经济性也就是说计划工作要讲究效率。计划效率是指实现目标所获得的利益与执行计划过程中所有耗损之和的比率。周密的计划有助于目标的实现,但获得周密的计划需要付出很大的代价,如市场调查、分析等费用。如果一个计划能够达成既定目标,但是在计划实施过程中付出了太高的或是不必要的代价,那么这个计划的效率就很低,就是不经济的,那就不是一个好计划。

(5)计划的稳定性和弹性

计划必须具有一定的稳定性,避免朝令夕改,令人不知所措。但是,计划也必须具有一定的弹性,即必须有适应弹性的变化、修正行动方案的余地。计划的弹性越大,则因未来意外因素而引起的损失就越小。但是计划的弹性是要付出代价的,代价的大小取决于计划方案未来意外风险的大小。但不论环境如何变化,管理者都要有相应的对策确保最终目标的实现。因此,在制订计划之初,就应该为未来可能的意外留有余地。在计划执行之后,还要定期追踪计划的执行情况,如果发现预测与实际不符时,应及时修改行动方案,以达成原定目标。

7.2.2 水上旅游产业计划

1. 水上旅游产业计划的编制要求

第一,水上旅游产业计划编制要以国家相关法定法规为前提,必须考虑到国家和地区社会经济发展战略,并以此作为编制的依据。另外,还需考虑当地水上旅游业发展方针、政策和相关法规,编制的水上旅游计划应当与城市总体计划、土地利用计划相适应,与其他相关计划相协调,确保水上旅游计划不会与地方经济发展方针政策相冲突。

第二,水上旅游产业计划编制要坚持以水上旅游市场为导向,以旅游资源为基础,以旅游产品为主体,经济、社会和环境效益可持续发展的指导方针。

第三,水上旅游计划要突出特色,充分发挥旅游吸引力,将"水"这个特殊的卖点发挥充分。并且应当尽量避免不合理重复建设,加强对旅游资源的保护,减少对旅游资源的浪费。

第四,水上旅游计划编制鼓励采用先进方法和技术,尽可能地减少人力物力的浪费,减少不必要的重复劳动和资源浪费。编制过程中应当将多种方案进行对比参考,并征求各有关行政管理部门的意见,尤其是当地居民的意见,以做到全面客观。

第五,水上旅游计划编制工作所采用的勘察、测量方法与图件、资料,要符合相关国家标准和技术规范。

第六,水上旅游计划技术指标应当适应旅游业发展的长远需要,具有适度超前性。

第七,水上旅游计划编制人员所涉猎的知识领域应当非常广泛和专业,虽然不可能具备所有可能涉及的知识和经验,但是基本的旅游、经济、资源、环境、城市计划和建筑方面应当有所涉猎。

2. 水上旅游产业计划的编制程序

(1) 任务确定阶段

第一,委托方确定编制单位。委托方应根据国家旅游行政主管部门对旅游计划设计单位资质认定的有关规定确定旅游计划编制单位。

第二,制订项目计划书。委托方应制订项目计划书并与计划编制单位签订旅游计划编制合同。

(2) 前期准备阶段

第一,政策法规研究。对国家和本地旅游及相关政策、法规进行系统的研究,以此为前提来进行水上旅游计划的编制。

第二,旅游资源调查。对计划区内的旅游资源进行全面调查、详细分析,尽可能地将所有的资源都考虑在内,在此基础上编制水上旅游计划。

第三,旅游客源市场分析。对计划区的游客来源、数量、分布、目的、偏好、停留时间和消费水平进行全面的分析,在此基础上估计未来游客的总量和消费水平。

第四,项目可行性分析。

(3) 计划编制阶段

第一,确定计划区主题,此后所有的计划编制都以确定好的主题展开。

第二,确立计划分期及各分期目标。

第三,提出旅游产品及设施的开发思路和空间布局。

第四,确立重点旅游开发项目。

第五,形成计划区的旅游发展战略,并提出计划实施的措施、方案和步骤。

第六,撰写计划文本、说明和附件的草案。

(4) 征求意见阶段

计划草案完成以后,应当征求社会各方面的意见,以求达到完美并符合大部分人的需求,在此基础上对计划草案进行修改、完善。

3. 水上旅游产业计划的编制原则

(1) 把握计划主要对实施提供指导作用

水上旅游计划不可能全部都具有可实施性,主要还是在宏观上对水上旅游的开发以及计划进行思想、方向上的指导和控制。同时,也并不意味着水上旅游计划开发都得按照计划来做,这不切实际,因为任何一个计划都不可能是完美的,不可能所有的方面、所有的意外突发状况都考虑在内,应当在工作实践中加以修改、完善和调整。

(2) 坚持把注重可实施性贯穿于计划编制工作过程中

水上旅游计划应当将可实施性贯穿其始终,并根据这一需要尽可能多的进行实地勘察,收集尽可能多的资料,尽量与相关部门进行沟通,以求编制出来的计划更加贴近实际,因为计划最终最重要的目标就是将计划实施,并为水上旅游开发计划提供一定的指导。

4. 水上旅游产业计划编制的管理

(1) 建立水上旅游计划编制的全面质量管理体系

20世纪50年代,美国的质量管理大师阿曼德·费根堡姆(Armand Vallin Feigenbaum)

在《全面质量管理》一书中提出,全面质量管理是以质量为中心,以全员参与为基础,以最经济的方式让顾客、社区群众和成员持续满足的一种质量管理模式。

第一,水上旅游计划编制的全过程质量管理。水上旅游计划的编制是一个非常复杂的过程,过程中有许多的环节,每个环节都有其不同的重点,而且有许多因素都影响着计划的编制。在编制过程中,要运用多种手段和方法来保证高质量,才能有更加完美的水上旅游计划。

第二,水上旅游计划编制的全员质量管理。参与水上旅游计划编制的成员包括计划单位管理者、标书评审团、计划课题组、开题论证者、中期检查者、成果评审团等等,每一个人都会或多或少参与到计划的编制中,也就或多或少影响到计划的质量,这就要求全部参与人员都对计划编制充分发挥其职能,进行主动积极的创新,以求编制出更完美无缺的计划。

第三,水上旅游计划编制的全要素质量管理。全要素质量管理是对影响计划编制工作的全部可控制的要素(如编制质量标准、编制经费、编制进程等)实施直接或间接的目标管理。

(2)加强和完善水上旅游计划编制质量管理的法规建设

一切计划的编制都必须以国家相关法律法规为前提,所以把旅游计划纳入法制管理的轨道是现代旅游业的必然要求。

7.2.3 水上旅游企业计划

1. 水上旅游企业计划编制的前提

编制计划的前提条件如下:

第一,外部条件和内部条件。

第二,可控条件和不可控条件。

第三,定量条件和定性条件。

2. 水上旅游企业计划编制的程序

(1)估量机会

估量机会是指在实际的计划工作开始之前,一定要对组织的优势和核心竞争力有充分的了解和清楚的认识,根据组织的实际情况审视其在变动的环境中的发展机遇,扬长避短,把握机会,适应变化,为确定组织目标提供有效的支持。对机会进行估量是在实际的工作计划制订前就着手进行的,它是计划工作的一个真正起点。

(2)确定工作目标

确定工作目标,即在估量机会的基础上,为组织及其所附属的下级单位确定计划工作的目标。目标是组织行动的出发点和归宿,确定目标是计划工作中首要的、核心的内容。确定组织目标,也就是要明确计划工作所服务的组织目标是什么,并对其进行注释,同时还要阐明和分析该目标的价值,并制定相应的衡量标准。要说明预期的成果是什么,指明要完成哪些工作,重点应放在哪里,用战略、政策、程序、预算和规则所形成的网络去完成什么任务。

(3)确定计划的前提条件

计划的前提条件就是计划的假定条件,它是执行计划的预期环境。计划方案的实施环境是编制计划时难以确定的,是一个不可能准确确定的因素,但它对计划方案的实施效果却有极其重大的影响。因此,在计划工作中必须要对组织未来的内外环境和所具备的条件进行分析和预测,清楚地认识到计划执行过程中可能面临的有利条件和不利条件,并根据综合判断的结果给出一个假设性的前提条件,也就是计划执行时的预期环境。影响这一预期环境的因素很多,有可控的,也有不可控的。这就要求我们在拟定计划方案时必须明确方案实施的前提条件。

（4）拟订备选方案

计划目标能否顺利实现,主要取决于计划方案。一般来说,组织实现其目标的途径不止一条,可能存在着多个方案可供选择,但通常只能选择其中一个进行实施。因此,我们必须集思广益、开拓进取、群策群力、大胆创新,主动发掘各种有效的途径和可行的方案,并对这些途径做出透彻的描述,尽量避免遗漏好的方案或选错方案,然后对所有的方案进行初步的筛选,保留其中最有效的、最值得保留的方案做备选,以供重点研究、评价、分析和比较。

（5）评价备选方案

管理者必须以客观、科学的态度来对待每一个备选方案,要根据确定的组织目标和前提条件,对每一个备选方案进行全面、彻底的分析和比较。

（6）选定方案

选定方案是在备选方案评价结果的基础上进行方案相互间的分析、比较,然后做出最后的抉择。这一步骤是制订计划的关键。应该指出的是,为了使计划具有一定的灵活性,以利于在多变的环境下能有效地指导今后的工作,也许最终会选择两个甚至两个以上的实施方案。

（7）拟订派生计划

虽然选定了方案,但到此时计划仍不能说是完整的,还应该指导和帮助各个部门来制订支持组织整体行动计划的派生计划方案,如组织的融资计划、生产计划、采购计划、安全计划等。另外,事物的发展有可能超过正式计划的预期,为保证企业经营活动的万无一失,通常还要针对一些不确定因素制定备用或应急计划,使企业的计划工作更加完善。

（8）编制预算

计划工作的最后一步是编制预算,即将行动计划数字化、货币化。把工作计划转化为预算,可以对工作计划进行有效的控制,也可以作为衡量工作计划质量的一个重要标准。

在实际工作中,这八个步骤并不一定要全部做到,也不一定非要按照这个顺序来制订计划,应根据具体情况确定哪些步骤需要,哪些步骤可以省略,哪些步骤可以同时进行。

7.3　水上旅游规划

7.3.1　水上旅游发展规划

1.水上旅游业发展规划的概念

首先,规划是对未来的状态所进行的一种设想和构想,以找到达到不同情境所采取的不同策略。这种设想以及所要达到的目标必须通过人们的努力,并且采取必要的行动才能实现。规划是一个连续的操作过程,已达到某一个目标或平衡几个目标。规划与不同的主题搭配则形成不同的内涵,如区域规划、城市规划、社会经济发展规划、园林规划、环境保护规划、教育规划、风景区规划等等。每个行业、每个部门又从自己的实际工作出发编制发展规划。

旅游规划是规划的一种,旅游规划是对未来旅游发展状况的构想和安排,以追求最佳的经济效益、社会效益和环境效益。

其次,水上旅游是以独具特色的水系资源为依托,结合当地历史、文化、水文化、水景观以及经济的综合发展水平,以水系为纽带,为满足人们休闲、游憩和旅游而开展的水上观光、水上度假、水文化体验、历史文化体验、水上活动参与、水上探险等活动的一种体验旅游方式。

水上旅游业发展规划是旅游规划的一支,即水上旅游业发展规划是以水上旅游市场变化和发展为出发点,以水上旅游项目设计为重点,按照国民经济发展要求和当地水上旅游业发展基础对水上旅游消费要素及相关产业进行科学安排和部署。

2.水上旅游业发展规划的原则

水上旅游业发展规划的原则是指水上旅游业发展规划过程中所遵循的指导思想和行为准则。尽管水上旅游资源在性质、价值、数量和空间分布等方面与一般旅游资源存在差异,开发方式也不尽相同,但水上旅游业发展规划仍有一定的基本原则可循。

(1)整体性原则

整个水上旅游业发展规划是一个系统,任何一个环节的失败都有可能导致整个规划的失败。水上旅游业是一个产业群体,和社会、经济、环境的关系十分密切,产业中各部分之间、产业与环境之间存在着相互联系、相互制约的关系。整体性原则要求水上旅游业发展规划与区域的社会经济发展规划和水上旅游总体规划的目标和要求相一致。水上旅游业发展规划应顺应社会的发展,不能盲目超前,应与有关部门和单位的规划相协调。

(2)效益原则

水上旅游业发展规划的效益原则是指旅游规划必须考虑如何以较小的投入取得较大的收益,保证旅游规划效益的最大化。投资者投入资金的目的就是盈利,这是他们的出发点和归宿。没有效益的规划是没有任何意义的,追求效益也是规划人员参与工作的动力。

水上旅游业发展规划是一种经济活动,能够为企业带来丰厚的收益,也能够促进国民经济的发展。但是水上旅游业发展规划的实施会耗费很多人力物力和财力,如果规划不周详,会导致资源的浪费,得不偿失,还会使企业遭受很大的负面影响,风险较大。

(3)时效原则

旅游时效是指旅游规划时机和效果之间的关系,水上旅游业发展规划方案的价值将随着时间的推移而变化。时效性原则要求在进行水上旅游业发展规划过程中要把握好时机,重视整体效果,尤其是处理好时机与效果之间的关系。要尽可能地缩短规划到实施之间的距离,以减少不必要的成本支出。

(4)可行性原则

水上旅游业发展规划应立足于实际,与当前社会发展相适应,不能超前规划,以可行性为前提。而且为了降低风险,任何一个项目都必须在投资之前都对其可行性进行分析,分析规划方案可能产生的收益、效果、危害情况和风险程度,综合考虑各个方面的利害得失。任何一个水上旅游业发展规划项目都是建立在以最低投入得到最高收益的期望基础之上,所以必须对其经济性进行可行性分析,看是否该规划能够达到最优效果。任何一个项目都必须以科学的理论作为指导,不能脱离实际,必须严格按照规划程序进行创造性思维和科学构造。而且必须符合法律法规的要求,要经过一定的合法程序和审批手续。

(5)可持续原则

水上旅游业发展规划不仅仅关系到水上旅游企业的经济效益,而且对国民经济、旅游区域的生态都有着影响。水上旅游业发展规划必须坚持可持续原则,合理开发利用水上旅游区域的旅游资源,在保证满足旅游者需求的同时,实现旅游业的可持续发展。

(6)独特性原则

水上旅游业发展规划不应该墨守成规、因循守旧,而应该立足于其具有特色的旅游文化来开发不一样的水上旅游项目,标新立异,独树一帜。特色是水上旅游开发的灵魂,是水上旅游产品生命力的体现,没有了特色就没有了效益,也就失去了水上旅游业发展规划的意义,所以,绝不能拾人牙慧,而要突出自己的特色。没有特色难以形成强大的旅游吸引力,难以吸引游客的眼球,也就不能激发人们的旅游动机。多一分特色就多一分竞争力,从一定程度上来讲,有特色就有效益,就有发展。

创新是这个时代的主题,新兴事物出现时往往能吸引无数人的眼球,从而为投资者带来丰厚的利益,也促进国民经济增长和社会进步。但是复制别人的创意是愚蠢的,当一个创意第一次被使用时,它会为企业带来可观的利益,但是,第二次被使用时,带来的利益就相对减少,一次一次地重复下去,甚至还会让企业亏损。所以,水上旅游业发展规划一定要有一个极具个性的鲜明的主题,以此为中心来开发整个水上旅游区域的项目,而这个主题就是实施该项规划的水上旅游地区或水上旅游企业组织形象战略的灵魂和精髓,并且能够根据这个主题将之与其他水上旅游地区或水上旅游企业区分开来,建立属于自己的品牌。

3.水上旅游业发展规划的内容

特殊的资源环境决定了水上旅游是一项综合的、涉及多个行业的经济活动,水上旅游的开发与规划需要考虑环境、社会、经济等多种因素,是一个复杂的系统工程。从水上旅游的特点来说,水上旅游业发展规划的主要内容包括以下几个方面:

(1)水上旅游资源规划

水上旅游单单依靠水面资源是不够的,它还包括水环境下长期沉淀的水文化、自然景观、人文景观,这些都是水上旅游规划可以利用的资源。这些资源有着不同的吸引力,其开发也各有各的特色,因此要对水上旅游资源进行科学的、合理的组合规划。

(2)水上旅游产品规划

水上旅游产品是水上旅游业盈利的一个非常重要的方面,它包括非常之广泛,但是要发挥创新精神,开发出个性化的产品才能吸引游客的注意力,才能带动区域旅游经济的发展。水上旅游产品得到良好发展,能大大促进区域旅游经济的发展,带动国民经济进步。而且,水上旅游产品还具有非常重要的纪念价值。

(3)水上旅游项目规划

水上旅游项目规划是推动水上旅游业发展的重要举措,对整个水上旅游项目的整体调控和合理布局,有利于抑制水上旅游项目的重复建设,提高水上旅游项目的竞争力和寿命,促进水上旅游健康、科学地发展。

(4)水上旅游形象规划

水上旅游形象规划都有一个独具特色的主题,以此来打造属于自己的独特吸引力。一个成功的旅游形象就是一面旗帜,也是旅游景区产生持久吸引力的关键所在。"桂林山水甲天下""不到长城非好汉"等鲜明的旅游形象都对旅游地的发展起着不可替代的作用。

阅读材料

上海市旅游业发展"十二五"规划(节选)

加快旅游业发展,建设世界著名旅游城市,是上海建设"四个中心"和社会主义现代化国际大都市的主要任务之一。发展旅游业将有效带动上海经济增长和产业结构调整,有力提升上海城市国际形象和影响力,更好地落实"创新驱动,转型发展"战略。根据《中国旅游业"十二五"发展规划纲要》和《上海市国民经济和社会发展第十二个五年规划纲要》,编制本规划。

一、空间布局和重点项目

"十二五"期间,上海旅游业的空间布局要充分体现旅游功能集聚、业态亮点塑造、区县旅游特色、资源整合与区域联动,凸显上海著名旅游城市的整体形象,并推动重点领域集聚发展,加快推进重点项目建设。

(一)构筑都市旅游新空间

要整合优化存量资源,打造新兴旅游集聚区域,将旅游业发展与城市化的进程相结合,至"十二五"期末,基本形成与世界著名旅游城市相匹配的"一圈、四区、三带、一岛"旅游业发展新格局。

(二)优化旅游新兴业态空间布局

随着旅游业与相关产业的不断融合,会展旅游、红色旅游、乡村旅游、邮轮旅游、工业旅游、旅游装备制造业等新兴业态正在逐步成为旅游业发展新的动力,"十二五"期间要进一步拓展和优化旅游新兴业态的空间布局,努力打造都市旅游新亮点。

1.会展旅游布局

到"十二五"末,着力完善基础设施、提高接待能力、规范服务质量,构筑"一带、三区、六组团"的会展旅游发展格局。

"一带"是指延安路旅游会展集聚带,由人民广场惠民公益会展片区、南京西路两侧精品时尚会展片区和新虹桥商务会展片区三大片区组成。

"三区"指以浦东新国际博览中心为核心的大型国际会展集聚区、以三林世博园区为核心的高端会展集聚区、以大虹桥商务区为核心的商务会展集聚区。

"六组团"是指浦东陆家嘴商务会议旅游组团、浦东临港国际展贸旅游组团、徐汇漕河泾旅游会展装备制造组团、嘉定安亭汽车专业会展旅游组团、松江佘山休闲会议组团和崇明明珠湖度假会议旅游组团。

2. 邮轮旅游布局

邮轮旅游要依托虹口区北外滩的上海港国际客运中心和宝山区吴淞口等邮轮码头，进一步完善旅游服务设施，优势互补，合作共赢，加速邮轮旅游发展。

——北外滩

北外滩上海港国际客运中心在进一步完善周边环境建设和旅游服务设施建设的基础上，积极尝试多元化经营，重点打造集国际标准邮轮码头、国际游轮客运服务、国际邮轮主题会展、都市旅游服务咨询等功能为一体的上海邮轮旅游核心功能区，形成世界邮轮公司总部、邮轮旅行社和高星级宾馆集聚区。

——吴淞口

吴淞口邮轮码头在进一步完善该区域的港口基础设施配套和商业、娱乐设施配套的基础上，重点打造集邮轮、国内游船、游艇为一体的"三游（邮）"组合港，同时，争取邮轮产业相关政策突破，推进宝山上海国际邮轮综合改革示范区建设，将其建设为上海重要的豪华邮轮旅游基地和高端滨水休闲旅游空间。

3. 红色旅游布局

"十二五"期间，红色旅游着力形成浦西、浦东交相辉映的发展格局。

——浦西区域

依托浦西的革命遗迹、名人故居、革命历史纪念馆、烈士陵园四大系列红色旅游景点，打造浦西传统红色旅游精品，反映上海的革命历史和发展成就。

——浦东区域

依托浦东的世博园、陆家嘴地区等反映浦东改革开放伟大成就的景点，打造具有时代特征的红色旅游产品。

4. 乡村旅游布局

按照加快城乡一体化进程的要求，努力打造乡村旅游东南、西南、北部、西部、崇明五大旅游板块。

东南板块依托浦东新区的现代农业基地、新农村建设和城乡一体化试点，重点发展古镇旅游、本土五彩乡情文化体验、社会主义新农村风采展示、现代生态高效农业休闲观光，及桃花节、鲜花港等农业节庆旅游等。

西南板块依托金山区、奉贤区（乡村度假与滨海游乐旅游区）独特的沿海旅游资源和特色乡村风貌，争取打造成为杭州湾北岸乡村黄金旅游带，重点发展形成以观赏农业为主、休闲农庄为辅的休闲旅游市场。

西部板块依托青浦区、松江区、闵行区（山水游憩与休闲度假旅游区）范围内的"一江、一湖、一山"（黄浦江、淀山湖、佘山）等自然风景资源，及特色农业生产资源，积极发展以水文化、湖文化、渔文化等为特色的海派乡村文化和现代生态田园风光旅游、特色乡村民俗风情旅游、自然风景观光旅游。

北部板块依托宝山区、嘉定区（生态休闲与产业体验旅游区）长江口独特生态和现代农业产业园，打造河口现代农业和现代服务观光旅游带。

崇明板块依托生态岛乡村旅游区的生态优势和湿地资源,大力发展"农家乐"休闲旅游。

5.工业旅游布局

依托上海悠久的民族工业发展历史和丰富的工业旅游资源,初步形成弓箭形产业转型融合旅游示范地带、六大现代工业旅游基地。

——弓箭形产业转型融合旅游示范地带

由浦西地区内环线与黄浦江形成的半环形围合廊道以及苏州河沿岸的集聚轴共同构成,呈现弓箭形态,是产业转型升级、产业相互融合的示范地带。

——六大现代工业旅游基地

由本市重点支持发展的北部精品钢材产业旅游基地、东部微电子产业旅游基地、东南部装备产业旅游基地、南部石油化工产业旅游基地、西部汽车产业旅游基地、东北部船舶制造工业旅游基地六大产业基地共同构成。

6.五大旅游装备制造基地布局

依托上海现有的产业基础,以提升自主研发、设计能力为核心,完善产业链条,加快老产业的转型,促进船舶、汽车等产业与旅游融合,促进邮轮、游艇、旅行房车制造业的快速发展。"十二五"期间,着力打造奉贤游艇基地、嘉定汽车文化和汽车旅游服务基地、闵行房车旅行车制造基地、杨浦旅游装备研发基地、长兴岛船务检验基地五大旅游装备制造业基地。

7.3.2 水上旅游景区规划

1.水上旅游景区规划的概念

旅游区是表现社会经济、文化历史和自然环境统一的旅游地域单元。水上旅游景区规划是指以水上旅游景区为对象,根据水上旅游景区的资源特点和其他有关的自然、社会、经济条件,所进行的有关开发、保护、管理等内容的布局、设计与安排。其目的是使水上旅游景区的开发与管理能够有计划、有步骤、合理、科学地进行。水上旅游景区规划是水上旅游实现可持续发展的基本条件之一,是对当地水上旅游资源进行合理开发和有效保护的依据。

2.水上旅游景区规划的原则

(1)可持续发展原则

可持续发展是当今资源开发的主流及核心,主要包括三个方面的内容:自然生态可持续、社会文化可持续和经济发展可持续。旅游可持续发展建立在自然生态、社会文化和区域经济共同实现和谐发展的基础之上。旅游资源开发必须坚持"严格保护,统一管理,合理发展,永续利用"的工作方针,协调好资源保护与开发的关系,达到社会效益、经济效益和环境效益的统一。

(2)市场导向原则

以客源市场需求来确定景区旅游开发方向,迎合现代旅游者崇尚自我、回归自然的趋势,注重旅游产品功能定位与市场预测,并具有一定的超前量,使旅游产品有较长的生命周期。

（3）个性化原则

在水上旅游景区规划上强调个性特色，追求唯我独有，满足游客猎奇求异心理。

（4）可操作原则

在理论上以高起点的战略研究用于指导资源开发，以保证规划实施的连续一致性。在实践中，通过对功能分区、政策措施和开发时序三个方面的合理安排，保证规划的可操作性。

（5）功能互补原则

通过分析、对比景区旅游资源差异性，规划力求与所在旅游区发展战略相衔接，同周边地区旅游资源互享、客源互流、产品互补，避免项目重复设置与资源浪费。

3.水上旅游景区规划的内容

（1）确定旅游区性质及主题形象

旅游区域性质的确定是决定区域利用功能、开发保护方向的前提，只有首先对区域的性质有一个正确的认识，才能立体地选择与布置各种水上旅游活动的内容或项目，确定各种设施的种类和布局，并为旅游区域保护工作的开展提供科学依据。而且水上旅游区域的性质一经确定，可以突出区域的旅游资源和景观特色。因此，对旅游区域性质的确定和描述主要是对资源特色、功能、级别进行定位。旅游区域的主题形象是指在旅游区域建设和旅游者旅游活动过程中被不断展示和体现出来的一种理念和价值观念。为了成功地在目标市场开展营销活动，旅游区域必须与竞争者相区别，或在顾客心目中明确定位，即创造和管理一个独特鲜明和具有号召力的景区形象。比如，海南的主题形象定位为"碧海连天远，琼崖尽是春""寻梦海南岛，作客诗画中""畅游海南，回归自然"。

（2）旅游区总体布局与功能分区

旅游区功能分区是依据旅游开发地的资源分布、土地利用、项目设计等状况而对区域空间进行系统划分的过程，是对旅游地经济要素的统筹安排和布置。旅游空间结构是指旅游经济客体在空间中相互作用所形成的空间聚集程度及聚集状态，基本上由城市旅游目的地区域、城市旅游客源地市场、旅游节点、城市旅游区、城市旅游循环路线及旅游区域入口六大基本要素构成。总体布局决定旅游地的内部结构，会对旅游地景观、交通路线组织等产生深远的影响。

（3）游憩项目策划与重点项目规划

游憩项目作为一种缓冲区，可以配置野营、划船、越野、观景点等项目，让游客在旅游观光之余享受到一些娱乐。水上旅游企业应将大部分的人力物力投放到重点项目规划中，让重点规划项目成为旅游区域的标志性旅游景点，成为旅游者心中的标识。

（4）确定游客容量与旅游用地范围

人口容量包括当地居民容量、服务人员容量和游人容量三大类。旅游是个季节性的活动，游客容量随着旅游淡旺季的变动而变动，但是，用地范围并不会因此更改。

（5）近期项目的投资估算与效益分析

在水上旅游项目策划中，项目的投资估算是进行经济效益分析的前提条件，也是在策划阶段对项目投资总额进行初步控制的重要参考指标。旅游区域资源开发和旅游活动的开展会给当地经济、社会和环境造成很大的影响，因此投资项目的效益分析是项目投资的重要前期工作。

> 📖 **阅读材料**

湖南湘江的水上旅游体系

湖南湘江规划布局以湘江为纽带联成一个完整的水上旅游体系,形成三个主要景观功能片区。三个主要景观功能分区包括:

1. 以橘子洲为中心的"山水洲城"景观核心区

该区包括橘子洲、柳叶洲、傅家洲等洲岛。规划为以展现"山水洲城"城市特色为目的、以历史文化内涵为依托、以生态建设和环境保护为对策的文化休闲型的生态航母,以"路漫漫其修远兮,吾将上下而求索"湖湘文化核心为主题,主体形象概括为"乾坤日月浮""晴天垂素练,彩袖接浮云"。

主要旅游景点有:屈原湘楚文化广场、贾谊国际文化交流中心、朱张名人会所、洞庭茶苑、白鹤生态岛(柳叶洲)、名橘园、潇湘民俗文庙、白沙水榭、楚天泳池、芦苇生态岛(傅家洲)、水上儿童游乐园等。

2. 以兴马洲为中心的"山岛沙滩自然风光及水上体育活动"景观功能区

该区包括兴马洲、巴溪洲、鹅洲等洲岛。规划为以"亲近自然"为目的、以"嬉戏于自然中"的水上体育运动为主要功能的运动型洲岛,以"山市晴岚,浪遏飞舟"为主题,主体形象概括为"明丽灿烂,自然风景,身归山水,神和造化"。

以"返璞归真,回归自然"为目的,以"乡村体验和野外生存"的完全生态型洲岛作为其功能定位,以"碧波荡漾,芳草萋萋;白雾茫茫,柳林依依;炊烟袅袅,裙袖翩翩"的世外桃源作为旅游的主题。

主要旅游项目有:冲浪划水、骑马射箭、沙滩排球、越野单车、水上飞机、蹦极攀岩、登山庙会等。

3. 以月亮岛为中心的"洲岛休闲野营探险"自然景观功能区

该区包括月亮岛、香炉洲等洲岛。规划为以"返璞归真,回归自然"为目的,以乡村体验和野外生存为主要功能,以美丽的自然风光为特色的完全生态型洲岛,以"采菊东篱下,悠然得造化"作为旅游的主题,主体形象概括为"蒹葭苍苍,白露为霜;蒹葭萋萋,白露未晞;蒹葭采采,白露未已"。

主要旅游景点有:湖洲远望、渔歌唱晚、碧波竞渡、斜阳牧归、乡村体验、徒手围猎、野外生存训练等。

思考题

1. 什么是水上旅游规划?它的内容有哪些?
2. 什么是项目可行性分析?它的内容有哪些?
3. 水上旅游决策和计划对水上旅游管理有何作用?
4. 对黄浦江旅游景区布局提点个人见解。

 案例分析

引导案例：上海发展邮轮经济的规划

0. 引言

邮轮产业是国际港口大都市和国际旅游城市的重要组成部分。上海建设国际航运中心和世界著名旅游城市都将邮轮产业的发展作为了重要抓手。近些年来，上海邮轮经济呈现快速发展势头，国际邮轮市场东移、出境旅游增长迅猛以及旅游需求高端化发展趋势为上海邮轮旅游业的发展提供了良好机遇。"十二五"是上海市发展邮轮经济的重要历史机遇期。抓住机遇，协同并进，加快上海发展邮轮经济，是贯彻落实《国务院关于推进上海加快发展现代服务业和先进制造业建设国际金融中心和国际航运中心的意见》《国务院关于加快发展旅游业的意见》和《国家发展改革委关于促进我国邮轮业发展的指导意见》的重要工作任务。

中国地跨东北亚和东南亚两个大区，不仅是亚洲夏季邮轮航线的重要的起始港和目的地，也是冬季邮轮航线的重要停靠点，同时还是全球环游世界航线的必经之地。中国独特的东方文化、丰富的旅游资源和潜力巨大的客源市场使其成为亚洲邮轮市场的核心组成部分。中国主要沿海经济发达城市的人均 GDP 已达到中等发达国家水平，已具备了邮轮旅游强有力的经济基础，高速增长的中国经济逐渐成为中国邮轮经济快速发展的强大动力。中国有着其他国家难以比拟的巨大客源市场输出能力。对中国消费者而言，邮轮旅游是一种新型的高端海洋旅游产品，近些年全球三大邮轮集团旗下邮轮相继开辟了由中国港口出发的东北亚和东南亚新航线；对国际游客而言，通过邮轮旅游可以丰富他们的旅游经历，东方文化的魅力加上新兴的邮轮旅游方式，使访问中国的国际邮轮数量不断增加。中国越来越多的港口城市相继对邮轮经济发展产生浓厚兴趣，中国邮轮市场越来越受到国内外旅游业界的重视，邮轮旅游正成为中国白领阶层新的休闲度假方式。据业界预测，中国邮轮旅游即将进入爆发式增长时期。邮轮经济的中国时代已经到来！

1. 制定上海邮轮产业规划，为发展描绘壮美蓝图

上海市旅游局受市政府的委托制定起草《上海市邮轮产业"十二五"发展规划》，这在上海邮轮产业的发展历程中是第一次。而由政府主导，以规划的形式纳入到政府主体工作之中，这在全国乃至国际上也是领先的，凸显了上海市政府对邮轮产业的高度重视。规划到"十二五"期末，将上海建设成为东亚地区邮轮枢纽港和亚太地区继新加坡、中国香港之后的三大邮轮中心之一。到"十二五"期末，力争实现5艘至8艘邮轮以上海为母港基地，邮轮母港旅客发送能力达到30万至50万人次，出入境邮轮及邮轮旅客分别实现500艘次与100万至120万人次的规模，邮轮产业对上海直接经济贡献达到50亿至80亿元，总体经济贡献达到150亿至200亿元规模。拥有豪华邮轮的关键技术储备并初步掌握豪华邮轮的自主设计及装备制造能力。上海本土母港邮轮与本土注册邮轮公司实现零的突破。

2. 完善上海城市基础设施，为邮轮经济发展创造良好条件

上海进一步完善立体交通网络。浦东国际机场第二航站楼、第三跑道建成使用大大增加了国际游客运输能力，虹桥交通枢纽的建成更是彰显了上海国际化、综合立体大交通的

发展格局。沪杭、沪宁高铁的投入使用，使上海进一步突破了行政区域的局限，与长三角形成了同城化发展格局，世界上的第六大城市群已经初步成型。

虹口北外滩上海港国际客运中心经过2年多的运转已经成熟，其接待设施国际一流，接纳能力充足，成为上海国际邮轮母港建设和邮轮经济发展的前沿阵地。吴淞口国际邮轮港主体工程已经竣工，世博前夕完成了大型邮轮的接待工作。吴淞口邮轮港的建成将形成以黄浦江口为轴心的上海邮轮游船观光旅游圈，并与长三角周边城市共建沿江沿海旅游观光圈。"东方之睛"与"一滴水"交相辉映，优势互补，共同推动上海国际邮轮组合母港的形成。

3. 吸引市场经营主体进驻上海，推动邮轮旅游市场迅猛发展

世界三大邮轮集团———嘉年华邮轮、皇家加勒比邮轮和丽星邮轮均已在上海设立分支机构和企业。自2006年7月意大利歌诗达邮轮公司"爱兰歌娜号"在上海开出中国真正意义上的第一艘母港邮轮以来，上海邮轮旅游市场步入快速发展轨道，接待环境日益改善，市场规模增长迅猛，邮轮综合效益明显提升。2015年，上海港国际客运中心共接待母港邮轮320艘次，访问港邮轮24艘次，共计出入境旅客数量164.5万人次。

4. 设置邮轮教育专业，培养邮轮产业人才

邮轮专业人才的匮乏一直是阻碍中国邮轮产业发展的瓶颈问题。2009年6月26日，上海市旅游局、虹口区人民政府与上海工程技术大学共同建立了"上海国际邮轮经济研究中心"和"上海国际邮轮人才培养基地"。上海工程技术大学的旅游管理（邮轮经济）专业则经过调整，正式招收邮轮专业的本科生，填补了豪华邮轮产业人才培养的空白。上海旅游高等专科学校也于今年开始了酒店管理（邮轮乘务）专业的培训，培养具有现代国际邮轮管理与服务技能的应用型专业人才。今天上海市旅游培训中心还将代表上海的培训机构与亚洲邮轮协会就邮轮人才培养、人力资源培训事宜签署协议，这都将有力地推动上海邮轮产业的发展。

结合案例思考以下问题：

(1) 上海发展邮轮旅游的基础有哪些？

(2) 上海邮轮旅游规划对上海发展邮轮旅游有何意义？

(3) 展望未来，上海的邮轮旅游发展定位如何？

第8章

水上旅游营销管理

本章导读

近年来，广西柳州围绕市区的"百里柳江"做好水上运动文章。从2008年F1摩托艇世界锦标赛中国大奖赛，到2009年、2010年举办由F1摩托艇世界锦标赛、水上摩托世界锦标赛、中美滑水明星对抗赛组成的"世界水上极速运动大赛"，再到2011年、2012年举办由世界水上极速运动大赛、柳州名人帆船邀请赛、柳州国际高空跳水邀请赛等八大文化项目、十二大体育项目组成的"柳州国际水上狂欢节"，柳州以水上运动为载体，深入挖掘水文化的内涵，大力拓展水文化的外延，通过诸多引人注目的国内、国际水上赛事活动，提高了城市知名度、美誉度，同时也使得柳州近年来倾力打造的"水上娱乐运动之都"招牌更为闪亮。

为了迎接各地蜂拥而至前来参加狂欢节、观看精彩赛事的旅客，南宁铁路局柳州站及时担当起运输服务的主角，他们紧紧把握市场的脉搏，结合每一次重大水上赛事，利用各种媒体广泛宣传车站列车车次和到发时间，帮助广大旅客了解列车车次和列车时刻，为观看赛事的游客增加了出行选择。他们还派出营销小组登乘各个方向的列车进行市场调研，根据旅客的意见和建议及时推出便民利民的服务新举措，不断丰富客运产品种类。

在各种水上活动、赛事举行期间，柳州站还专门制订了客运组织预案，通过增设窗口、不间断售票等方式，为旅客提供便捷的购票服务。他们抽派人员到进站口、站台、购票厅等地点，做好旅客上下车组织、安全防护工作，引导旅客有序购票、候车、进站，保证旅客顺利出行。

与此同时，柳州站还实行"首问首诉负责制"，规定车站工作人员对接到的旅客的所有询问和投诉，作为第一受问人，必须一管到底，用正确、热情、周到的服务，负责接待、解决旅客的问题，给旅客最满意的答复。他们还成立了党、团员志愿者服务队，为旅客提供交通转乘、食宿和民风民俗等方面的咨询、引导服务，让旅客在观看精彩赛事之余，畅游"风情柳州""百里柳江"的各处胜景。

8.1 水上旅游营销概述

8.1.1 水上旅游市场营销的相关概念

1. 市场营销相关概念

(1) 市场

在经济学中,市场是买方与卖方交换关系的总和,它是站在第三者角度去研究市场;而现代市场营销是站在企业的立场,从企业的角度去观察市场、解释市场。在市场营销学中,市场是指具有特定需要和欲望,愿意并能够通过交换来满足这种需要或欲望的全部潜在顾客,是某种商品所有实际和潜在的购买者的集合。

所有市场=消费者+购买欲望+购买力。

(2) 需要、欲望和需求

在市场营销中,需要、欲望和需求是3个紧密相关又有所区别的概念,其区别见表8-1。

表 8-1 需要、欲望和需求的区别

需要	需要是指感到某种缺乏而力求获得满足的心理倾向。这些需要不是企业创造的,而是人作为一种生物有机体的与生俱来的要求,是维持一个人生存的最基本的需要。例如,人渴了就要喝水,饿了就会想要食物,等等
欲望	欲望是指想要获得基本需要的具体物质形态。欲望的无穷无尽源自于欲望是一种选择,在人们饿的时候,需要的仅仅是能够喂饱自己的食物,但是人的欲望就是你选择的食物多种多样,所以说人的欲望是永远不能满足的
需求	需求是建立在具有一定的购买力的基础上的,指能够购买并且愿意购买某个具体产品的愿望。需求是企业关注的重点,因为人的需要和欲望都不能形成直接的购买行为,只有当人们具有这种需求的时候,才能促使消费行为的发生。当一个市场需求旺盛的时候,就可以说这个市场潜力很大

(3) 产品

产品包括有形和无形的,是满足顾客需求的物体。有形产品是为顾客提供服务的载体,无形产品是一种服务。市场营销者销售有形产品或者服务是为了满足顾客的需求,但是如果只注意自身产品而忽视顾客的需求,就会产生"营销近视症"。

2. 水上旅游市场营销相关概念

市场营销、旅游市场营销和水上旅游市场营销3个概念由大而小,其基本含义见表8-2。

表8-2 市场营销、旅游市场营销和水上旅游市场营销的含义

市场营销	以满足人类各种需要和欲望为目的,是通过市场把潜在的交换变为现实交换的活动,它是个人和集体通过创造并同别人交换产品和价值,以获得其所需所欲之物的一种社会活动
旅游市场营销	旅游经济个体对旅游产品和服务的设计、定价、促销和分销的计划和执行过程,来实现达到经济个体目标的交换
水上旅游市场营销	它是旅游经济个体在旅游活动中选择依托于水资源的一种旅行形式。在市场营销过程中注重以"水"为卖点,建立企业的竞争优势,利用各种营销方式来得到消费者的认可和青睐

水上旅游市场营销的主要目的一般包括广泛地传播水上旅游理念;吸引更多的水上旅游者在旅游地停留并购买尽可能多的水上旅游产品;吸引更多的潜在旅游者将水上旅游地作为自己的首选,创造大量的客流量;分析本地区的客源市场,开发特殊市场,扩展水上旅游产品;分割出目标市场并研究其特点,以与相应的水上旅游产品相配置,并制定具体的营销计划。

8.1.2 水上旅游市场的特征

水上旅游市场作为旅游市场的一个子市场,具有旅游市场的一般特性,即整体性、季节性、波动性。而作为与水、水上交通工具、水体景观有着密切联系的新兴旅游市场,水上旅游市场又表现出一些不同于传统旅游的特殊性。

1. 趋热性

相对于传统的旅游而言,水上旅游的发展历程很短,纵观全球也不过几十年的历史。特别是对于中国来说,水上旅游是个全新的旅游项目,人们天生的猎奇心理使得水上旅游一旦被大众认知,一定会带来市场的极速膨胀,这种膨胀可以定义为水上旅游市场的趋热性。

2. 休闲健康性

人与生俱来的"亲水性"使得对"水"的体验有着不可抗拒的力量,水不但能够给旅游者带来超越自然的体验,还具有健身养心的作用。尤其是在城市人们压力越来越大的时候,水上旅游可以帮助人们消除日常生活中的压力,所以说水上旅游具有休闲健康性。

3. 安全系数高要求性

水上旅游活动得以顺利进行的首要条件是安全。水上旅游需求对国际政治环境的变化特别敏感,当旅游目的地发生社会动荡或与客源国关系紧张时,旅游者会出于安全的考虑,放弃旅游计划或转向其他旅游目的地。

4. 中高消费性

水上旅游,特别是水上旅游中最具代表性的"三游"旅游属于高层次的精神需求,其消费水平比传统旅游高出一个档次。一般而言,人均GDP在1000美元左右产生旅游需求,而只有当人均GDP达到4000美元以上,才会产生水上旅游需求。在我国,一些经济较为发达的沿海城市如上海、宁波、厦门已具备水上旅游的消费水平,因此我国水上旅游市场主要集

中在这些城市。

8.1.3　水上旅游市场营销的特征

水上旅游市场营销相对于一般产品的市场营销和传统的旅游市场营销有着其独有的特性。水上旅游市场营销的特点表现在以下六个方面：

1. 高度重视对水质的管理

水上旅游分为景区观光和船舶游行。景区的水域观光离不开对水资源进行管理，作为水上旅游的卖点和特色，旅游者需要的不仅是清澈的水质，而且是独具特色、别具一格的风景，如很多天然形成的瀑布、趵突泉等等，这些以水的形态来吸引消费者前往的目的地必须重视管理水资源。

2. 对旅游者采取主动管理

水上旅游产业是一个新兴的产业，尚属于投入期，面对的市场是大部分还处于潜伏期的消费者，有消费欲望却不是很坚定，旅游企业必须密切关注消费者的个性、旅游动机和行为，有的放矢地使用营销策略，引导消费的方向。

3. 全力做好信息双向传递

信息的传递是一个双向的过程，不仅仅是企业向游客传递信息，还包括游客向企业传递信息。但是市场营销是站在消费者的角度，帮助企业提供满足消费者需求的产品，所以信息的收集和传播都应是企业尽全力而做的事情。而且，水上旅游是高层次的消费，例如，邮轮旅游一般要提前几个月订船票，这就使得消费者的机会成本非常高，所以，密切地跟踪顾客的消费行为、把握市场的信息非常重要。

4. 更加依赖多部门的合作

水上旅游是同时涉及食、住、行、游、购、娱六大因素的旅游活动，但是不同旅游者的需求并不一样。这就决定了水上旅游产品是由各单项服务产品组合而成的综合性产品，缺少其中任何一个部门的产品都难以构成整体水上旅游产品。

5. 更加重视公司内部营销

旅游产业作为第三产业，服务的重要性不言而喻，但是水上旅游除滨水城市的观光游，主要的旅游形式是船舶游，包括游船、邮轮和游艇。因为地域的局限性，很多游船公司和邮轮公司把人员服务作为赢得竞争优势的重点，除了建立服务的标准和规范外，更多的是要求人员"用心"服务使得旅游者满意。

6. 使用多样性的分销渠道

旅游企业不像生产企业那样通过物流把产品从工厂运送到游客手中，而是借助一系列独立的中间商，或者利用各种信息载体、各种信息渠道，或是把生产、零售和消费地点连接在一起推广产品。

8.2　水上旅游市场的营销战略

企业的战略营销要求企业从长远的角度去考虑问题，这些问题很大程度上关系到企业的基本责任,并且相对于实际行动而言更关注长远目标和计划。战略营销注重在合适的时间里为合适的市场提供合适的产品,企业在确保自己产品质量的情况下需要对市场进行选择,所以根据企业制定战略的目的把市场营销战略分为市场细分战略、目标市场选择战略和市场定位战略。

8.2.1 水上旅游市场细分战略

1. 水上旅游市场细分的概念

水上旅游市场细分就是把市场细分的一般方法和理论用于水上旅游市场上,根据消费者消费旅游产品的行为特征来划分市场,从而选择旅游目标市场的过程。

水上旅游消费者也有需求的多样性,例如,邮轮和游船的旅游方式就很不一样,选择邮轮旅行的顾客更看重的是休闲娱乐,而选择游船的游客则更青睐于水上的风光。任何一个水上旅游经营主体,无论它有多大,资源多丰富,产品种类多齐全,资金实力多雄厚,都不可能提供满足整个水上旅游市场全部需求的水上旅游产品。但旅游市场营销又要求最大限度地满足水上旅游者的旅游消费需求,这就要在对整体水上旅游市场细分的基础上,按照自身的资源优势确定目标市场,进行市场定位,针对目标市场的消费需求和行为特点,制定市场营销策略。

2. 水上旅游市场细分的作用

(1) 有利于企业发现新的市场机会

水上旅游市场是一个服务性占主导特质的市场,这就要求提供旅游产品或者服务的企业尽可能贴近消费者,发现消费者的现有需求甚至潜在需求。只有这样,企业才能把有限的资源以及核心竞争力放在这个市场上,才能更完美地满足该市场上顾客的需求,获得竞争优势。

(2) 有利于企业调整水上旅游营销策略

虽然水上旅游市场是一个新兴的市场,但是由于尚没有企业建立进入壁垒,企业随时面临着有足够资金的竞争者的加入。水上旅游市场细分可以使得企业有足够多的精力来关注市场的变化,以便随时制定适宜的营销策略,满足消费者不断变化的需求。

(3) 有利于企业优化水上旅游资源配置

世界上没有任何一家企业可以满足市场上所有顾客的各种需求,旅游市场是一个综合性的市场,旅游市场上所涉及的产品和服务繁多且复杂,这是一般的产品市场上所没有的特点。水上旅游企业只有进行市场细分,才能在这个需求繁多的市场上使得顾客满意最大化。

3. 水上旅游市场细分的原则

有效的市场细分必须遵循下面4个原则:

(1) 可衡量性原则

即水上旅游细分市场的规模、购买潜力、顾客潜在人数以及需求大致可以估计。

(2) 可进入性原则

即企业可以进入这个市场,可以在细分市场上满足消费者对于水上旅游产品和服务的需求。

（3）可营利性原则

企业获得的利益的增长是企业生存的基础,任何一家企业要是不能在细分的市场上获得盈利,那么所有的过程都是徒劳的。

（4）可区分性原则

每个细分市场都是根据一定的标准和特点来界定和划分的,如果不能让消费者感受到市场的差异,那么这种市场的细分也是毫无意义的。

4.水上旅游市场细分的依据

水上旅游市场细分的主要依据见表8-3。

表8-3　水上旅游市场的细分依据

地理细分	企业将水上旅游市场按照一定的地理位置划分细分市场,比如说洲、国家、省、市等等,选择一个或者几个拥有水资源的地理区域来开展营销活动
人口细分	人口细分是按照年龄、性别、家庭、收入和职业等来进行市场划分。水上旅游从很早的时候就融入到各种旅游活动之中,所以不一样特征的人对于水上旅游的需求也不一样,企业必须善于发现不同人群的消费偏好。例如年轻人比较偏好刺激的水上活动,像蹦极和滑板等;老年人则倾向于欣赏大自然赋予的水域风光,来修身养性和陶冶情操
心理细分	企业根据旅游者的社会阶层和生活方式以及个性特征将市场划分为不同的细分市场。处于同一社会阶层的人往往具有相同的价值观和消费观,而相同的生活方式也会导致类似的消费行为,个性特征也是影响消费的重要因素。例如很多具有冒险精神的年轻人都倾向独自行;谨慎小心的人却比较喜欢环境比较优雅的休闲活动
行为细分	行为变量有很多种,像购买时机、追求的利益、购买率、忠诚度、购买的准备阶段和态度等。不同的行为方式导致不同的消费方式,例如很多人选择在法定假日外出旅游,也有一些人避开旅游旺季旅行;有些人一年计划外出旅游一次,有些人计划外出旅行两次或者更多。行为细分更加准确地反映顾客对旅游产品和服务的需求,这将更有利于企业确定目标市场

8.2.2　水上旅游市场选择战略

1.水上旅游目标市场的定义

水上旅游目标市场是指企业欲向其提供水上旅游产品和服务的市场。企业对已经划分好的每个细分市场进行对比、分析,按照选定的标准和条件,将自己的资源集中在少数几个市场上,以便获得顾客满意和竞争优势。

2.选择水上旅游目标市场的方法

通过不同的细分方法进行市场细分,企业可能会发现几个比较中意的市场,但是企业往往不会选择所有市场去满足这些市场的所有需求,而是根据自身情况相对地选择几个子市场。

(1)市场集中化

选择这种方法的水上旅游企业往往拥有足够满足这一市场的资源及优势,否则很容易被对手打败而一蹶不振;也可能是有些企业在资源有限的情况下把这个市场作为利益增长的支点,慢慢地扩大自己的规模和影响力。

(2)产品专业化

很多拥有自然资源优势的企业常常采取这种方式选择目标市场,例如千岛湖、黄浦江等有名的水上旅游景点。这些旅游企业在有效的营销手段下可以建立起旅游市场上的顾客忠诚度和品牌形象,这些无形资产是很多旅游企业可望而不可即的。

(3)市场专业化

这是指水上旅游企业专门为满足某个旅游者群体需求所提供的各种产品和服务。例如有些奢华的邮轮公司专门为某一社会阶层的人提供他们想要的一切服务,只需支付高昂的船票费用就足够了。

(4)选择专业化

企业有时候面临着多个可盈利的细分市场,并且拥有满足这几个细分市场的所有条件和资源,这种最大限度覆盖市场的方法往往是很多企业的优先选择。

(5)市场全面化

水上旅游企业将整个水上旅游市场作为目标市场,生产和提供各种水上旅游产品和服务来满足所有消费群体需要和欲望。这种模式就是市场全面化,往往都是一些大型和巨型旅游集团所为。

3.选择水上旅游目标市场的影响因素

一般来讲,影响目标市场选择的客观因素有以下几种:

(1)企业自身的资源

企业的资源一般包括人员、资金、管理水平、产品和营销组合能力及人际关系等等,企业的资源对于目标市场的选择有着决定性的作用。巧妇难为无米之炊,如果企业没有满足目标市场所需要的资源,只能眼睁睁地看着机会被别人所利用。

(2)市场的竞争状况

企业不能一味地只关注自身的条件是否能够满足目标市场,还必须考虑竞争对手的强度和竞争方法。如果竞争对手强大,那么企业最好选择对手不感兴趣或者关注度较小的市场作为目标市场。

(3)目标市场的发展趋势

旅游市场有地理集中性的特点,旅游消费者有趋热性的特点。企业不单单要看现存的目标市场的规模和竞争状况,有远见的企业更注重的是市场未来的发展趋势和状态,如果一个市场已经渐近饱和或者消费者已经不再感到新鲜,企业就必须权衡投入这个市场的成本和收益。虽然我国的水上旅游市场是游船形式主导,但是更加国际化和具有代表性的是慢慢崭露头角的邮轮市场,企业必须时刻关注市场的变动,预测市场的发展方向。

4. 水上旅游目标市场营销战略的类型

在企业选择了目标市场之后,就必须确定目标市场的战略,一般来说,目标市场战略有3种:无差异性营销战略、差异性营销战略和集中性营销战略(见表8-4)。

表8-4　水上旅游目标市场营销战略的类型

无差异性营销战略	企业对于每一个目标市场的产品和服务、价格、营销组合都是一致的,企业不考虑每个市场内部水上旅游者的需求差异,用同质的产品满足所有消费者的需求
差异性营销战略	在不同的目标市场上,针对消费群体特征以及购买行为的不同,在产品和服务方式、价格以及相应的促销方面都有相应的改变,以适应每个子市场的需要
集中性营销战略	企业往往选择一个或者几个性质相似的子市场,集中资源,为选定的目标市场的消费者提供其所需的产品和服务

8.2.3　水上旅游市场定位战略

1. 水上旅游市场定位的概念

水上旅游市场定位就是水上旅游企业在水上旅游者心目中建立某一特定的地位而设计自己的旅游产品和营销组合的行为。水上旅游市场定位的核心就是努力实现水上旅游产品的差异化与水上旅游市场形象差异化,引导、培育消费者的需求偏好,建立品牌忠诚度,强化和巩固旅游地、旅游场所和旅游企业在旅游者心目中的地位。

市场定位不是一蹴而就的,企业要在市场定位方案最终形成之前做详细的市场分析,选择自身的竞争优势。企业进行市场定位的过程往往经过以下几个步骤:

(1)进行市场调研、分析,发现消费者特征

信息收集是所有企业决策的基础,每个市场都有同质性和差异性,旅游企业不可能针对每个消费者设计不同的产品和营销方式,所以企业必须确定一些标准来进行市场的划分,这些标准就是影响消费者消费水上旅游产品的主要因素。根据这些因素,企业可以判断自身是否拥有满足消费者需求的能力,只有在满足的前提下,企业才有可能实施进一步的行动。

(2)对竞争进行分析,确定自身的竞争优势

在一个市场规模相对较大的情况下,往往很多企业都拥有向可盈利的目标市场提供优质产品和服务的能力。这时候企业就必须分析竞争对手的实力,对自己本身所具备的一切资源进行对比、分析,找到相对于竞争对手更占优势的方面,比如说更优秀的营销人员、更健全的营销渠道、更坚定的品牌形象和价值,等等。

(3)显示独特的竞争优势,进行市场定位

当企业进行对比、分析,找到自己的核心竞争优势之后,接下来要做的就是一个"外显"

的过程了。比如说,当一家旅行社拥有比其他竞争对手更加丰富和优秀的旅游资源以后,就可以设计多条旅行线路满足消费者的需求,在消费者心目中留下一个比其他旅行社拥有更多可供选择的产品的形象,这就是一种基于服务的市场定位。

2. 水上旅游市场定位的意义

水上旅游产品的市场定位决定其有效营销组合的制定。由于水上旅游产品的特殊性,进行有效的市场定位,树立产品和服务的特色和形象是非常重要的。市场定位的作用有以下几方面:

(1)有利于企业有针对性地开展营销活动

市场定位是在市场细分的基础上进行的,所以经过科学的市场细分和目标市场选择,企业便可以对各细分市场中水上旅游者的消费需求和市场竞争状况加以充分比较,掌握各细分市场中旅游者的需求满足程度,以及自身的优势与劣势。有针对性的营销措施可以提高营销效率、效益,为企业创造竞争优势。

(2)强化企业和产品在旅游者心中的形象

水上旅游市场定位突出了企业和旅游产品的个性和特征,从而塑造出独特的市场形象。水上旅游市场定位是一个持续性的过程,旅游者的认知、选择和比较都强化了企业和所经历的旅游地在他们心目中的地位。

(3)有利于企业挖掘目标市场的潜力

通过市场营销定位,水上旅游市场的范围更加清楚与明确,反馈变得迅速敏捷,企业可以据此来开展集中有效的营销活动并且可以充分发掘市场的潜力。

(4)帮助避免企业间的恶性竞争

有效的市场定位不仅可以使得企业集中资源获得竞争优势,而且可以有效区分各个细分市场的产品和服务的差异性,避免自己的产品混乱和恶性竞争的产生。同时,企业在面对竞争者时,也可以根据自身定位的不同而避免正面交锋,达到一个和平共处的状态。

3. 水上旅游市场定位的方式

(1)初次定位

水上旅游产品进入新市场的时候,企业为了满足某一特定的消费群体的需要,采用所有的市场营销组合来获得竞争优势和特色,并为目标群体接受的过程。

(2)避强定位

当企业意识到自己无力与竞争者抗衡时,则远离竞争者,根据自己的条件及相对优势,突出宣传自己的与众不同,满足市场上尚未被竞争对手发掘的需求,这就是避强定位。避强定位的优点是能迅速在市场上站稳脚跟,并在旅游者心中尽快树立起形象。这种方式风险小,成功率比较高,常常为多数企业采用。但是这也意味着该企业必须放弃某个最佳的市场位置,很可能使旅游企业处于最差的市场位置。

(3)迎头定位

企业一般具有与竞争者相当或者更强于竞争者的资源时往往采用迎头定位。实行迎头定位的优点是可能进入最佳的市场,并且在最佳市场上获得最大份额,从而带来巨大收益。但是其缺点是风险较大。

（4）重新定位

企业通过改变产品或者服务的特色等手段，改变目标顾客对自身的认识，塑造新的形象。企业采取重新定位的情况有几种可能：一是大量的竞争者进入导致企业的市场占有率下降；二是旅游者的偏好发生了改变，迫使企业不得不重新定位。

8.3 水上旅游市场的营销策略

8.3.1 水上旅游产品营销策略

1. 水上旅游产品生命周期策略

产品市场生命周期是指产品从正式投放市场到最后被淘汰退出市场的全过程。在市场经营过程中，任何产品都有一个产生、发展到被淘汰的过程。研究产品市场生命周期对于分析水上旅游产品在市场中的地位和发展趋势，及时开发新产品，淘汰过时产品，以及有针对性地制定正确的产品策略有重要意义。

（1）水上旅游产品生命周期的划分

水上旅游产品市场生命周期大致可分为投入期、成长期、成熟期和衰退期4个阶段。一条旅游线路、一个旅游活动项目、一个旅游景点都将经历由兴至衰的过程，存在着生命周期的变化。这里所说的生命周期不是指水上旅游这一旅游形式会衰退，而是指具体的某项水上旅游产品。某种水上旅游活动衰退后，经过重新开发又会恢复活力，进入新一轮的生命周期，这里只是对水上旅游产品生命周期的一般描述。因为还存在有些水上旅游产品生命周期的变异。如有的旅游产品在投入期就出现衰退现象，被迫退出市场；有的水上旅游产品投入市场后，一直处于持续缓慢增长状态，直接达到成熟期；有的水上旅游产品则经过漫长的投入期后才进入成长期等，尤其是很多海滨城市的建设中水上旅游产品。这主要是由于水上旅游产品在市场上的发展变化，受到各种主、客观条件以及宏观、微观因素的影响，特别是各种旅游营销活动的影响。

（2）各时期相应的营销策略

水上旅游企业在生命周期的各个阶段的营销策略见表8-5。

表8-5 水上旅游企业生命周期各阶段的营销策略

投入期	产品刚刚进入市场，还未被消费者所熟悉，要进行大量的广告宣传，促销费用很大，销售数量少，在此阶段不仅可能无利，甚至还会亏损。水上旅游经营者应采取措施尽可能迅速地为目标市场接受，缩短产品的投入期。如可以通过制定低价格，支出大量促销费用，达到迅速打入市场、占有最大市场份额的目的；可以通过制定高价格，支出少量促销费用，达到获得更多利润的目的
成长期	产品被市场迅速接受，旅游收入上升，成本下降，利润大量增加。由于这时水上旅游产品开始畅销，有利润，有关竞争主体纷纷仿效，市场上开始出现竞争趋势。此时，应努力提高产品质量，增加产品特色，提高知名度，培育产品品牌

续表

成熟期	产品已被大多数的潜在旅游者所消费,市场需求量渐趋饱和,旅游收入基本稳定,竞争激烈,利润开始下降。在此期间应集中改善产品质量、提高服务水平,并根据市场需求设计和开发能够满足旅游者需求的新产品、新的服务方式,开创新市场。在价格方面应实行优惠,运用多种定价技巧以保持原有市场和吸引新的细分市场
衰退期	水上旅游新产品进入市场,正在逐渐代替老产品,接待人数或旅游收入日益下降,利润迅速减少,甚至出现亏损。应该把促销的重点放在有利润的产品项目或旅游线路上,价格上保持原价或降价以争取游客,抑制旅游收入的大幅度下降,大力降低营销费用。积极发展新产品,有步骤地撤退老产品,对老产品进行调整改造,使新老产品顺利交替,最大限度地获取旅游收入

2.水上旅游产品组合策略

水上旅游产品组合包括水上旅游产品广度、深度和关联度三个因素(见表8-6)。

表8-6 水上旅游产品组合的相关因素

水上旅游产品广度	开发和经营的旅游产品系列的数目,如观光旅游、度假、疗养、漂流、航海旅游等就是不同的产品线
水上旅游产品深度	是指每种产品系列中不同等级、规格的产品的多少,即产品线中所包含旅游项目的多少,或者同一条航行线路中的单项产品的数量
水上旅游产品关联度	是指各个产品线之间,在满足旅游者需求、开发条件、分销渠道或其他方面存在的相关程度

水上旅游产品组合的广度、深度及其关联度,既要受到所拥有的资源条件的限制,同时也要受到市场需求情况和竞争条件的限制,因此,水上旅游产品经营者对其产品组合的决策有多种选择:一是产品系列专业型组合策略,即只经营一种类型的旅游产品来满足多个目标市场的同一类需要。如只提供观光旅游产品,并将此产品推向国内、国际各市场。二是特殊产品专业型产品组合策略,即向某一特定市场提供其所需旅游产品的市场专业型产品组合策略,或者针对不同目标市场的需求提供不同的旅游产品的特殊产品的产品组合策略。三是全线全面型产品组合策略,即经营多种产品线,并推向多个不同的市场的产品组合策略。

8.3.2 水上旅游的价格策略

水上旅游产品的价格就是对所获得有形产品和无形服务的货币衡量。旅游者为了满足食、住、行、游、购、娱的需求,就必须支付一定的费用来购买旅游产品,这些支付的费用就是旅游产品的价格。

1.水上旅游产品定价的影响因素

水上旅游产品定价的影响因素包括可控因素和不可控因素,见表8-7。

表 8-7 水上旅游产品定价的影响因素

可控因素(内部因素)		不可控因素(外部因素)	
企业目标	一是以生存为目标 二是以扩大市场占有率为目标 三是以取得最大利润为目标	市场需求	一般来说,供给不变,需求上升会推动价格上涨;需求下降迫使价格下跌
营销组合	定价只是企业达到营销目标的组合工具的一种,价格一定要与产品设计、分销以及促销相互协调,构成一个统一而有效的营销计划。对营销变量的决策会影响到价格决策	市场状况	市场上的经济状况、物价、汇率、竞争者产品的价格和相关的法律法规等对企业制定水上旅游产品价格有着很大的影响。比如,当经济处于繁荣的状况时,水上旅游产品较为旺销,价格也可以适当上调;当市场不景气时,游客就会大量减少,制定较低的价格就非常有必要。水上旅游产品的价格也会随着物价的上升而上升,这是由于通货膨胀所导致的,当然还有汇率以及相关因素的影响作用
成本因素	成本是产品价格制定的基础,一般情况下是成本越高,产品的价格就越高。但是也不排除企业在特殊的时候制定的价格低于成本,如企业遇到重大危机,可是这只是企业的权宜之计,并不会长久		

2.水上旅游产品定价的方法

水上旅游产品的价格主要是由供需双方所决定的。旅游业是一个需求波动性较大的行业,价格的灵活性也较大。一般来说,市场需求因素更多地决定价格。水上旅游产品定价的方法可根据定价时的侧重考虑因素的不同,分为成本导向定价法、需求导向定价法和竞争导向定价法。

(1)成本导向定价法

成本导向定价就是以产品的成本为主要依据,综合考虑其他因素来制定价格。它在产品成本的基础上加上一定数量或比例的利润形成产品的销售价格。具体包括成本加成定价、目标收益定价和投资回收定价等方法。

(2)需求导向定价法

需求导向定价是根据旅游者对产品价值的认知和对产品的需求,综合考虑营销成本和市场竞争状态而制定或调整产品的价格。

(3)竞争导向定价法

竞争导向定价是以同类旅游产品的市场竞争状态为依据,以竞争对手的价格为基础的定价方法。

3.水上旅游产品定价的策略

水上旅游产品定价,除用科学的理论和方法指导外,由于竞争和旅游者的需要,还必须有高明的定价策略和技巧。水上旅游产品的定价策略就是根据旅游市场的具体情况,从定价目标出发,灵活运用价格手段,使其适应旅游市场的不同情况,实现最终的营销目标。

(1) 新产品定价策略

水上旅游新产品定价策略就是为新产品制定基本价格的策略。旅游新产品定价时限价政策和措施少,灵活性较大,可考虑弥补旅游新产品开发成本和限制竞争等因素,有撇脂定价、满意定价和渗透定价等具体策略。

(2) 心理定价策略

旅游者尤其是对价格较为敏感的旅游者,对水上旅游产品的认可、购买,往往是通过价格因素来判断的,因而就可在定价中利用旅游者对价格的心理反应,刺激旅游者购买旅游产品。心理定价策略所考虑的不仅仅是经济因素,更多考虑的是消费者的心理因素。水上旅游产品定价中较多使用分等级定价、习惯性定价和声望定价策略。

第一,分等级定价策略。即把同一类型的水上旅游产品分为几个等级,以不同的价格吸引不同的旅游者。但在水上旅游产品分级中,级别、档次要适当,要使不同级别的产品在质量等方面有明显差别。在水上旅游线路产品中使用较多,如同一条旅游线路有豪华、经济和特价三种价格。

第二,习惯性定价策略。有些旅游产品在长期的市场竞争中,一直保持了基本稳定的价格,在消费者心目中该产品的价格已经固化,很难接受具有同样功能的产品与原产品的价格差异较大的情况。

第三,声望定价策略。这是针对"价高质必优"的消费心理,对水上旅游产品制定高价格。对质量不易鉴别、购买风险大的水上旅游产品和在行业中有较高声誉的企业可以采用。具有垄断性的水上旅游景区产品和实力强大的旅行社都可采用声望定价策略。

(3) 折扣价格策略

折扣价格在旅游市场中是一种常见的策略,比如说团体包价游。企业在交易的过程中,会对基本价格做一定的让步,直接或者间接地降低价格,争取更多的顾客,扩大市场占有率。主要方式有数量折扣和季节折扣。

第一,数量折扣。数量折扣是企业经常使用的价格策略。企业为了鼓励旅游者大量购买旅游产品而按购买数量给予一定的折扣,购买的数量越多折扣就越大。常见的形式是公司价、团体价和常客价。

第二,季节折扣。水上旅游产品的季节性很强,但是企业需要尽快把前期投入的成本收回,所以在旅游淡季中,面对客源不足和产品滞销,很多企业采取淡季折扣策略,以较低的价格吸引一部分旅游者,从而保证淡季的正常运行。

总之,水上旅游产品定价策略多种多样,除了采用以上的定价策略外,还要灵活使用地区差价、对象差价、质量差价、批零差价等特殊的价格形式以及现金折扣、数量折扣等折扣价格策略。

8.3.3 水上旅游产品营销的渠道策略

水上旅游市场营销的实质是旅游营销者采用一定的方式,以一定的价格,在一定的时间和空间,使水上旅游产品完成所有权从生产者到旅游消费者的转移。这"一定的方式"就是营销渠道问题。它是水上旅游产品的使用权从产品供给者向旅游消费者转移过程中经过的一切组织或个人所构成的流通结构,也称为分销渠道。

1.水上旅游产品营销渠道的影响因素

在进行水上旅游产品营销渠道选择时,会受到许多因素的影响和制约,要在充分考虑这些影响因素的前提下,对可供选择的营销渠道进行评估和决策。

(1)产品因素

水上旅游产品首先要考虑的因素,主要是产品的性质、种类以及档次等方面。特色水上旅游景区产品、高档或专项旅游线路产品,由于价格昂贵而市场面小,主要采用直接营销渠道或长度尽可能短的间接营销渠道;大众化低档水上旅游产品和跨国的旅游线路产品由于市场面广,以间接营销渠道为主,这样可以在较大空间范围内吸引更多的客源;季节性、时效性强的水上旅游产品一般采用短渠道。

(2)市场环境因素

影响旅游营销渠道选择的环境因素主要有旅游消费者、旅游中间商和竞争者的情况,旅游者与旅游产品之间的空间距离、旅游者的集中程度等。水上旅游市场规模大且分布广泛,宜采用既"长"又"宽"的营销渠道,借助中间商的力量去组织客源和扩大销售;目标市场小则用直销或间接短渠道。旅游者与产品空间距离较远,特别是国际市场,由于前往客源地自设网点费用高且中间商对市场了解更清楚,推销工作障碍小,一般采用长渠道;距离近则宜用短渠道。客源集中程度涉及市场区域的数量及其分布状况,这里主要指某一区域中潜在旅游市场的集中程度,若市场密集,宜借助当地零售商,营销渠道可短一些、直接一些;若某一地理区域内客源市场比较分散,渠道就应该长一些、宽一些,宜同该地区旅游批发商建立业务联系,再由批发商去组织零售商或利用自己的销售网点进行广泛布点,组织更多游客。如果旅游者购买量少次多,就利用旅游中间商来销售;购买频率次数少而量大则尽量少用中间商,采用较短的渠道进行销售。

(3)中间商因素

旅游中间商的素质和业务领域也是渠道选择的重要因素。中间商的实力、目标市场、经营目标、经营状况、声誉和合作意愿等都会影响营销渠道的选择。如果需要高质量的产品和服务来满足目标群体,就必须由具备高水平服务或设备的中间商进行销售。零售商的实力较强,经营规模较大,企业就可以直接通过零售商进行产品销售。但是在邮轮市场上,中国目前还不具备自己的邮轮,所以国外的邮轮在我国都是进行有资格的旅行社代理销售。

(4)竞争因素

由于水上旅游产品开发经营者越来越多,竞争日趋激烈,所以,水上旅游产品在选择营销渠道时,还要分析主要竞争对手的营销渠道体系,以增强竞争力或避免正面冲突。根据产品的实际情况,选择与竞争者相同或相似的营销渠道以争夺市场,或避免与竞争者使用相同渠道以吸引不同的目标市场。

(5)企业自身因素

水上旅游产品组合的广度和深度、营销主体的规模和营销实力等都会影响渠道的选择。水上旅游产品组合面太窄,产品单一,就不能很好地适应零售商和旅游者多样的需求,就要通过批发商进行营销;产品组合面较广、较深,产品线多,就易适应旅游者和零售商的需要,采用的营销渠道就可短一些、直接一些。规模大、资金雄厚的旅游企业选择营销渠道的空间较大,灵活性也强。营销实力强则可主要依靠自身力量开展旅游产品的营销活动,渠道会短一些。

(6)环境和政策因素

一个国家在旅游方面的政策和经济、自然环境对营销渠道选择的影响很大。我国对经营旅游线路产品的旅行社的分类,基本上就对营销渠道进行了限定。如果旅游客源国的旅游政策不允许外国中间商直接招徕游客,那就只能采用间接渠道。若水上旅游产品所在自然区域可进入性强、区位好,可采用短渠道,否则,只能采用较长的营销渠道。

2. 水上旅游产品营销渠道的主要策略

(1)水上旅游产品营销渠道的长度策略

营销渠道的长度选择分为两个层次:一是决定采用直接销售渠道还是间接销售渠道;二是如果选用间接销售渠道,那么选用有几个中间层次或环节的间接渠道为宜。

一般来说,在实际的营销活动中,要同时采用两种营销渠道。因为对近距离市场,企业自身营销能力可以达到,加之水上旅游产品生产与消费的同一性特点,则多用直接营销渠道;另外,大多数目标市场比较分散而复杂,仅凭借自身的营销力量很难建立起足够的营销网点,而借助各种类型的旅游中间商的力量,可以使营销活动的辐射空间更为广阔,以获取充足的客源。也可以分步实施,首先采用直接渠道销售,随着接待规模的扩大,自销感到力不从心时,再增加间接渠道销售;其次是先采用间接渠道销售,在成功开拓目标市场之后,再利用自己的经济实力和市场营销经验建立自己的直销网络,直接控制销售渠道,争取市场竞争中的主动权。使用直接还是间接渠道要以接待旅游者数量的要求和维护各种营销渠道所必须支付的费用来判断。如果选用间接渠道,则要对中间商在目标市场、经营规模、营销实力、偿付能力、信誉程度和合作意愿等方面进行评估,选择高质量的中间商。

在条件允许的情况下,短渠道优于长渠道,要尽量选择短渠道。因为短渠道减少了中间环节,旅游者购买的产品价格可能会便宜。同时,短渠道还加快了与旅游者之间的信息沟通,特别是有可能减少或避免过多中间环节导致的信息失真、误传等情况发生,较为有力地控制整个营销渠道的运作。

(2)水上旅游产品营销渠道的宽度策略

水上旅游产品营销渠道的宽度策略是指不同层次的营销渠道中利用同类旅游中间商数目的多少。由于目标市场情况不一,可能有多种类型和级别的营销渠道同时并存。

第一,广泛性策略。在自身实力有限的情况下,为了扩大销售而在渠道层次中尽可能多地选择旅游中间商。在主要目标市场采取密集型营销,效果往往很明显。我国绝大多数水上旅游景区、景点、旅游项目产品和大众化的水上旅游线路产品都应该采用此策略。但要考虑渠道成员服务质量问题和企业形象问题可能对企业本身的负面影响。所以,国外的旅游公司一般是通过我国的中旅、国旅等大型批零商在我国销售其旅游产品。

第二,选择性策略。在水上旅游产品的销售中根据自身的销售实力和目标市场的分布格局,只选择那些素质高、营销能力强的中间商来销售其旅游产品。对档次高、服务特殊、专业性强的水上旅游产品适宜此类渠道,他们有相应的知识,可提供针对性服务。限制性选择策略有助于树立鲜明的整体形象,提高知名度和美誉度。我国目前提供给国际市场的包价水上旅游线路产品就是采用这种渠道策略。另外,还有在一定的市场区域内仅选择一家中间商的渠道最窄的独家营销渠道选择策略,虽然它有助于调动积极性,控制力强且便于合作,但灵活性较小,不利于更多水上旅游者购买,尽量少用或用于市场总量小的目标区域。

第三,专营性策略。旅游企业在特定的市场区域内仅选择一家营销能力强、信誉出众的旅游中间商销售自己的产品,这是最窄的渠道形式。这种渠道策略加强了旅游企业对中间商在价格、服务、信誉方面的控制力,使旅游中间商的利益和风险与旅游企业联系在一起,并且通过信息的有效反馈,提高了水上旅游产品的市场竞争力。而且专营性策略可以激发中间商的积极性,但是若中间商选择不当,会使企业处于被动的状态。这种营销模式适合于奢华、高档的水上旅游。

8.3.4 水上旅游的促销策略

水上旅游产品营销者为了有效地与购买者沟通信息,可通过发布广告的形式广为传播有关旅游产品的信息,可通过各种销售促进活动传递短期刺激购买的有关信息,也可通过公共关系树立或改善产品在公众心目中的形象,还可通过推销员面对面地说服潜在购买者。这四种水上旅游产品促销方式,也就是促销组合所运用的四大促销工具,它们各自具有不同的特点和作用,使用的侧重点也各有不同。

1. 水上旅游的广告促销

水上旅游产品广告是以付费的形式利用现代媒体进行传播,达到影响旅游者行为、刺激消费者产生对水上旅游的需求、扩大销售量的一种促销方式。它是水上旅游产品营销者用付费的方式选择和制作关于旅游产品方面的信息,并由媒体发布出去,以扩大影响和知名度,树立水上旅游产品形象和增加旅游接待量或旅游收入的一种广告形式。

(1) 水上旅游广告的分类和特点

广告的媒介主要形式有互联网、相关旅游期刊、报纸、广播和电视、广告牌、印刷品广告(招贴画、地图、小册子、明信片等)和发展迅速的信息广告等类型。水上旅游产品广告是水上旅游产品促销中的一种最重要方式。

它作为一种高度大众化的旅游产品信息传播方式,主要特点是:

第一,传播面广,效率高,迅速铺开,连续、重复地多次进行高渗透的信息刺激;

第二,表现力强,通过对文字、音响及色彩的艺术化运用,利于树立被传播对象的形象;

第三,平均广告成本费用较低,但是效果难以衡量,难以形成及时购买。

(2) 相关广告的优缺点

不同的广告方式有不同的优缺点,企业必须根据各种广告方式的不同制定相应的广告组合,这样才能更有效地起到宣传作用和刺激旅游者购买的欲望(见表8-8)。

表8-8　各种类型广告的优缺点

广告类型	优点	缺点
报纸	覆盖面广,有效 成本低	表现力差,图片不生动 宣传的信息量不够大
杂志	针对性强 印刷精美,保存期长,阅读率高	时效性差,不够灵活
广播	传播迅速 灵活度高 费用低廉	保留性差 渲染力不足
电视	创新空间大 覆盖面广 冲击力强	成本高 时间短 分摊成本低
户外	渗透性强,视觉效果强,打动性强	目标受众有限
互联网	迅速、准确、信息量大 可以网上即时作答,与顾客双向沟通 视听结合,打动性强	缺乏主动性,目标受众不明确 易让人反感,缺乏信任感
手机	针对性强,效率高 成本低	覆盖面小,信息量不足 易被人忽略

2.水上旅游的人员推销

水上旅游人员推销属于直接促销,推销人员不通过任何中间环节,同旅游者面对面进行洽谈,向他们直接介绍水上旅游产品和服务,解答旅游者的询问,从而说服旅游者采取购买行为。水上旅游人员的推销方式包括:

(1)上门推销

企业的销售人员带上想要推销的水上旅游产品的宣传画册和相关资料,主动走访客户的推销方式。这种方式特别适合新型的水上旅游产品的推广。但是销售人员预先必须准确地确定好目标消费群体,否则面对并无此需求或者无购买力的群体只会收效甚微。上门推销的方式最能够稳定与旅游者之间的关系,让旅游者的心理满足感更强。

(2)营业推销

旅游业是一条产业链,这条链上的每一环节与旅游者接触的人都可能成为水上旅游产品的推销者,当顾客有疑惑的时候,利用谈话的机会向旅游者展示产品和服务,最大限度地为企业做宣传,这种间接意义上的推销就是营业推销。

(3)会议推销

营销人员利用各种会议介绍和宣传本企业的旅游产品和服务,称之为会议推销,比如新闻发布会、交流会和推销会等。这种方式的特点就是群体集中,接触面广,成交量大,推销阻力弱,影响大。

水上旅游产品的人员推销主要是要做好销售队伍的设计(如确定销售队伍的目标、推销的策略以及队伍的结构、规模、报酬等)和销售队伍的管理(如招聘、挑选、培训推销人员和对推销人员的指导、激励、考评等)两项工作。

3.水上旅游的公共关系

旅游公共关系是指旅游地和旅游企业为了获得消费者的信任感,树立旅游地和旅游企业的形象,用各种公共关系等非直接宣传的方式所进行的宣传活动。水上旅游产品的公共关系是通过信息沟通,发展与社会、公众之间的良好关系,建立、维护、改善或改变水上旅游产品的形象,营造有利的经营环境和经营态势的一系列措施和行动。它的活动包括:一是争取对企业有利的宣传报告会;二是帮助本企业与有关各界的公众建立和保持良好的关系;三是树立和保持良好的企业形象;四是消除和处理对企业不利的谣言和事件。

4.水上旅游的营业推广

旅游营业推广是指旅游地或旅游企业在某一特定时期与空间范围内通过刺激和鼓励目标顾客,使其对旅游地和旅游企业的销售活动产生有利促进或响应,从而对产品有强烈的购买欲望和要求。水上旅游产品营业推广也叫销售促进,它是临时的或短期的、带有馈赠或奖励性质的促销方法,诱导旅游者购买某一特定类型的水上旅游产品。它能把旅游者直接引向产品和临时改变旅游者的购买习惯,但有效期短,组织工作量大而影响面较窄。它一般用来促使旅游者试用产品,劝诱试用者再购买,增加短期旅游消费和对抗竞争,同时还能促进相关其他产品的销售。不过,其营业推广的作用是有限的,它不能建立旅游者对水上旅游产品的信任和忠诚,不能拯救一个即将被市场淘汰的产品类型,也不能改变一个市场定位不当的水上旅游产品的命运。

(1)水上旅游的营业推广的方式

水上旅游的营业推广有三种方式:

第一,刺激旅游者购买欲望的营业推广;

第二,促使中间商努力销售的营业推广;

第三,针对销售人员的营业推广。

对旅游者进行营业推广的目的在于吸引新顾客,抓住老顾客,扩大市场占有率。相关的方式有免费赠送纪念品、宣传品或实物礼品,赠送优惠券、礼品券,进行抽奖促销等。针对旅游中间商的营业推广目的是扩大和增加水上旅游产品与旅游者之间的联系渠道,可以对中间商让利,给予推广津贴,提供宣传品,联合开展广告活动和举办贸易展览等。对旅游推销人员的销售促进活动在于调动推销人员的促销积极性,如让利、销售集会和销售竞赛等。

(2)水上旅游的营业推广程序

旅游的营业推广必须按照规范而又科学的程序进行,依赖于工作中的各个步骤完成。一般来说,推广的程序包括:

第一,水上旅游市场的分析、预测。旅游市场情况的分析和预测是保证营业推广正确、科学的前提。结合市场的调查,进一步分析目标旅游者及其需求,了解他们的消费心理和动向,研究主要竞争者的促销策略。水上旅游是一种新兴的旅游方式,对于蓄势待发的中国市场而言,水上旅游是一种全新的旅游项目,人们的猎奇心态是促使水上旅游产品迅速被接受的主要动力。最典型的事例就是2010年上海世博会的成功举办给上海的水上旅游市场带来的增长,数据显示,2008年上海水上旅游市场为100 000人次,而到2009年数据增长至132 000人次,世博会给水上旅游市场带来的增长率高达54%~72%。

第二,确定营业推广目标。确定水上旅游推广目标就是要回答"向谁推广"和"推广什么"两个问题。所以营业推广的目标一定要依据促销对象的变化而变化,针对不同的促销对象,确定不同的旅游营业推广特定目标。例如,针对旅游者来说,目标可以确定为刺激和劝诱新旅游者购买本产品,也可以是鼓励老客户重复购买;对于中间商来说,可以是稳定中间商继续代理,也可以是在短期内促成销售量的急剧上升;对于销售人员来说,目标可以是刺激和调动他们的积极性,也可以确定为提高他们的销售水平和技巧。

第三,选择营业推广方式。达到一个目标通常有很多种方式可供选择,水上旅游推广方式多种多样,一般来说,一个营业推广目标既可以由一种营业推广方式来实现,也可以有多种推广方式相配合使用。

第四,制订营业推广方案。一项完整的旅游营业推广方案通常应该包括市场调查报告、销售目标体系、进入市场的时机、确定销售计划和销售方式、人员培训、推广成本预算、执行控制等等。企业在制订推广方案的时候应该重点考虑推广的时机、刺激目标群体的规模和分配好预算。

第五,执行和控制营业推广活动过程。水上旅游营业推广的执行必须要按照方案来进行,面对方案执行过程中出现的各种问题都应该注意收集、分析和向上汇报,以便及时调整策略并加以控制。因此,水上旅游的营业推广方案要尽可能计划周密,估计到实施中可能产生的一切问题,事先做好准备和安排。

第六,评估推广效果。旅游地和企业在营业推广活动实施后进行事后评估,是旅游企业营业推广活动的一项重要的工作,旅游目的地和企业可以从中总结经验和不足,为下一阶段工作提供有价值的依据。

知识链接

国外水上旅游网络营销平台的经验

国外水上旅游企业,尤其是国际著名邮船港口和邮船公司在全球网络营销服务中的一些经验值得国内借鉴。

第一,完善服务体系。国际邮船协会(CLIA)以及迈阿密邮船港口的网站提供丰富的下载资源,包括邮船产业概况、邮船公司概况、船队和线路、邮船市场研究报告、行业新闻和活动动态等内容。CLIA致力于维护和保护环境,制定邮船排污标准,强调企业的生态意识、社会责任,制定服务质量体系标准,列明互相监督的机构组织。CLIA的网站提供在线培训及网络视频讲座。

第二,细分目标群体。皇家加勒比、嘉年华、Ocean Village 等邮船公司对目标群体进行细分,将游客按"第一次""已经预订""未预订"划分为不同的群体,并为之提供不同的服务以满足不同层次游客的需求。

第三,明确操作流程。歌诗达等邮船公司提供自定义航线业务,其网站提供一系列邮船度假相关服务,包括办理登船手续、预先运送行李、代办旅行签证、预订船上各类活动和岸上旅行等。详细的流程介绍和在线交易为游客节省很多时间。

[资料来源:高爽,张璟.长三角水上旅游网络营销平台的构建[J].水运管理,2010,32(5):22-24.]

8.4 水上旅游营销理念的创新

8.4.1 后营销理论的相关概述

1.后营销的研究领域

后营销理论最早是由美国经营学家保罗·索尔曼提出的,指企业销售商品和服务后以维持顾客为目标所进行的一系列营销活动。后营销以"维持性"(retention)为基本特征,通过维系顾客,了解和满足顾客的需求,培养一批对企业服务高度满意、对企业产品高度忠诚的长期和终身顾客,以较低的营销成本、较高的营销效率创造良好的企业经营绩效;倡导在竞争激烈、市场饱和的情况下,维持现有顾客比争取新顾客更重要、更容易、成本更低、效果更佳。

后营销理论的应用领域有两方面:一方面是维系顾客领域,维系顾客主要是通过向顾客提供具有更多价值的产品和服务,提高顾客感知到的价值,求得顾客的满意和忠诚,来实现产品的重复购买和增量购买;另一方面是创造顾客领域,通过对现实顾客的价值的实现,使其对公司的产品给出好的评价,然后通过这些满意顾客的口碑推荐,实现对其他顾客及潜在顾客的销售。

2.后营销价值的构成维度

后营销价值构成分为增值价值、潜在价值、非货币价值和保持价值四个维度。

(1)顾客增值价值

顾客增值价值是指未来顾客购买行为将给企业带来的利润值。顾客增值价值主要与顾客重复购买、增量购买的可能性与大小有关。

重复购买是指当顾客购买的产品或服务的使用价值耗尽时,顾客向同一企业再次购买同类产品或替代品的行为。顾客增量购买的大小主要取决于企业与顾客交易的业务量占其总业务量的比例。若该比例越小,则顾客增量购买的可能性就会越大。如果顾客已经把100%的业务给了企业,理论上就没有增量购买的余地了。

(2)顾客潜在价值

顾客潜在价值是指顾客对任何一个同业务领域内的企业可能带来的收益。该价值独立于企业之外,对任何一个企业而言都是无差别的。当顾客与企业发生交易时,企业通过努力使顾客的部分潜在价值转化为现实价值,转化为当前价值。对顾客的潜在价值的评估,主要从顾客自身的属性特征方面考虑,可归类为顾客现状和顾客预期成长两大类。

(3)顾客非货币价值

除货币价值外,积极的顾客还能为企业创造一系列的非货币价值,主要有创新价值、推荐价值和市场信息传播价值。

创新价值是指顾客参与企业新产品开发、提供新产品设想以及帮助测试新产品等。顾客的创新价值可以使企业更加贴近市场需求,并且推动企业不断革新。对创新价值而言,评价主要考虑顾客参与创新数量和质量。

推荐价值是指当顾客对企业产品或服务满意时,会将企业的产品或服务推荐给其他潜在顾客。顾客的推荐行为可以提升企业声望并且为企业带来新的顾客,而且,通常推荐来的新顾客相比其他来源的新顾客,忠诚度较高且获取成本较低。对推荐价值而言,评估主要考虑推荐的新顾客的质量、数量。

顾客传播信息价值是指顾客为企业传播相关产品和服务的信息,由于顾客在市场上直接面对各公司的同类产品与服务,因此,他们能比公司更敏锐地获得信息,如果顾客肯为公司提供这些信息,将有助于公司更有效地应对市场竞争。对顾客传播信息价值的评估主要考虑顾客提供信息的数量和质量。

(4)顾客保持价值

顾客保持价值是指企业与顾客保持一种长期交易关系的预期价值。顾客与企业保持交易的关系越长久,双方交易费用成本越低,发生交易的可能性就会越高,顾客对企业的价值贡献也会越大。

8.4.2 体验营销模式的相关概述

旅游者的经济、文化、社会等背景不同,其体验是复杂的,更是多种多样的,但可以分成不同的形式,且各都有自己所固有而又独特的结构和过程。这些体验形式是经由特定的体验媒介所创造出来的,能达到有效的营销目的。伯恩德·H.施密特将这些不同的体验形式称为 SEMs 模块(Strategic Experiential Modules,SEMs),即战略体验模块,以此来形成体验式营销的构架。战略体验模块就是把消费者的感官(Sense)、感受(Feel)、思维(Think)、行动(Act)、关系(Relate)等要素融为一体,不同的营销模块运用不同的营销手段,进而达到各自的营销目的,实现产品或者服务的高效营销(见图 8-1)。

感官营销通过刺激视觉、听觉和嗅觉等知觉建立旅游者在感官上的体验,以引发旅游者的美感或兴奋;感受营销通过一定的情景营造有影响力的氛围,利用事件、人物等情感刺激物影响旅游者的情绪和情感,创造旅游者的情感体验;思维营销通过引起旅游者的关注、勾起记忆、引导学习等方式,引发旅游者的创造性思维,使之获得认识和解决问题的体验;行动营销通过改善或改变旅游者的生理活动、生活方式等,旨在创造新的行为方式或生活方式的体验;关系营销是把旅游者个体与某品牌所体现出的广泛的社会和文化背景相联系,从而创造旅游者的社会性身份,以满足旅游者自我提升的愿望、文化群体的归属及其社会认同的需要。

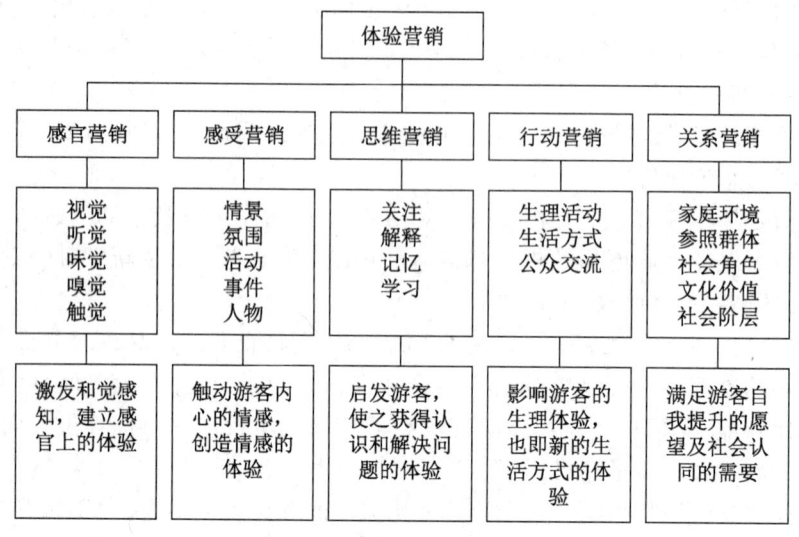

图 8-1 体验式营销模式结构

8.4.3 基于顾客价值空间模式的水上旅游模式

顾客价值空间模型最早由班瓦利·米托、贾格迪胥·赫兹提出。该模型将顾客价值分为绩效、价格和个性化(Performance、Price、Personalization)三个子空间,每个子空间内又进行了拓展,将其细分为很多价值要素。国内学者张明立教授在班瓦利·米托、贾格迪胥·赫兹模型的基础上作了修正,将顾客价值的子空间扩展为产品价值、个性化价值、服务价值和成本价值,并对每个子空间的价值要素进行了拓展。它们存在着以下公式所示的函数关系式。

$$CV = f(P, I, S, C)$$

式中,CV——顾客价值;P——产品价值;I——个性化价值;S——服务价值;C——成本价值。如图 8-2 所示。

图 8-2 所示的模型把顾客价值分成四个子空间并且细分了次一级的构成要素。其中,服务价值包括现场服务、咨询培训;个性化价值包含容易接近、快速回应和培养关系三个次级要素;产品价值则由质量、创新和品牌三个因素组成;成本价值则包括合理价格和超值价格两个因素,因而顾客价值实际是由 10 个次级要素构成的。

这一模型的优点在于将顾客价值需求分类细化,便于企业细分顾客需求,更有针对性地开展市场营销活动。

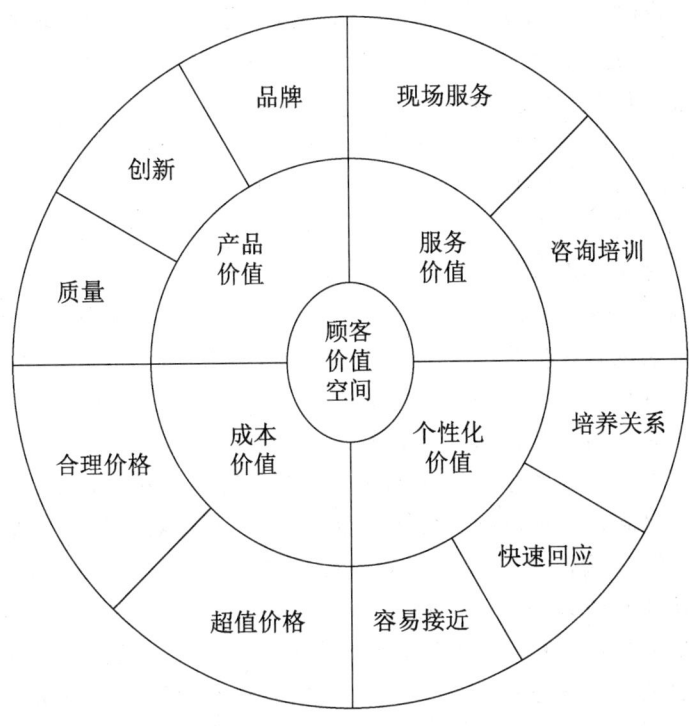

图 8-2 顾客价值空间模型

思考题

1. 谈谈对水上旅游营销环境分析的重要意义。
2. 试分析基于顾客价值空间模型的水上旅游营销模式。
3. 简述水上旅游体验式营销模式的组成结构。
4. 举例讨论后营销理论在水上旅游营销中的应用前景。

 案例分析

"韩流"旅游宣传对我国水上旅游营销的启示

《纽约时报》公布的调查游客 2010 年必去的 31 个旅游胜地中,韩国首尔排名第三。韩国的"韩流"也吹得东北亚地区的游客对韩国文化、韩国娱乐产生了极大的旅游兴趣,游客趋之若鹜。近年,韩国旅游部门也加大了文化的推广力度,把"韩流"向多样化发展。"韩流"包括的内容十分广泛,从最初韩国的歌曲、音乐、戏剧、舞蹈、电影、电视剧、足球,进一步扩展到韩国的游戏、服装、化妆品、餐饮、电子产品和汽车等各个领域。"韩流"的影响是巨大的,人们从"韩流"中了解韩国的文化,发现了韩国的产品,产生了好感,很多人选择了韩国作为旅游目的地。

据《新京报》和新浪网合作的一项调查"'韩剧启示录'联合调查"显示,76.77%的中国人会因为对韩剧的喜欢而去韩国旅游,这无疑是一个很大的市场份额。

一、"韩流"旅游宣传方式之独特

1. 济州岛——借"韩流"东风,韩国政府趁热打造一流国际旅游岛

济州岛的国际化过程同"韩流"兴起基本上是同步的。韩国很多影视剧都选景济州岛,济州岛又将这些摄影地开发成旅游商品,很多中日游客都是通过韩剧对济州岛的风情风景产生了好奇和好感才慕名而来的。

在济州特别自治道官方网站的景点介绍里,很清晰地将电视剧和电影的拍摄地作为一个单独的重头戏主题列出来供访客查阅,不仅介绍各个景点的影视拍摄现场,图文并茂,甚至还介绍历史剧的人物、社会、历史背景和文化传统以及拍摄时期发生的小趣闻和故事,当地旅游部门尽可能地保留原始的拍摄实景地供游客观光满足好奇心。首先,济州岛政府在2006年确定当年为"济州岛旅游年",并把这个韩国最南部的岛屿建设成为东北亚旅游胜地,曾有3500人出席在体育场举行的宣誓大会,知名艺人还被任命为亲善大使。为使"济州岛旅游年"与风靡亚洲的"韩流"接轨,济州岛政府将建立"韩流形象组织",并组织各种国际活动以宣传济州岛的旅游、休闲和民俗生活。另外,济州岛旅游局通过日本和中国等国的电视、广播、互联网以及户外媒体等加大对济州岛旅游观光的宣传力度,并在许多国家设立济州岛派出机构以统一筹划济州岛旅游宣传,邀请各国记者到济州岛观光体验;济州岛还向成功吸引游客到济州岛旅游的旅行社提供资金支持和人头奖励。

韩国政府在许多国际会议场合和利用各种机会宣传济州岛,济州岛举行了很多首脑会谈和国际会议。例如,朝核问题四方会谈就是在济州岛首倡的,联合国环保会议(UNEP)、韩国与东盟领导人峰会以及亚洲开发银行(ADB)总会等都曾在济州岛举行;韩国与一些国际政要的会晤也常安排在济州岛。这都提升了济州岛的知名度和旅游观光吸引度。

当地旅游部门一直不断强化硬件和软件建设,不仅架构了四通八达的公路、海路和国际航空交通网,而且着眼于挖掘和开发特色观光资源,建起了各种主题公园,如济州香草园、金宁迷路公园、小人国、泰迪熊博物馆等等,甚至还有"性主题公园"这个有争议不乏噱头的景点。这里还推出了"101个济州体验观光项目",把济州岛的旅游重点从"看的旅游"转移至"体验旅游",如潜水艇体验游、海女体验和各种庆典活动等。而且,济州岛没有一座排放污染的工厂,许多工厂都是利用当地的特色水果生产巧克力和化妆品等绿色产品,就是垃圾也要仔细分类再利用。其旅游宣传借"韩流"的东风,再加上政府推动做到了近乎完美。

2. 乘汉江游船,观沿岸"韩剧"经典景区

在韩剧中经常可以听到汉江边"汝矣岛"这个地名,汝矣岛附近有不少电视台,拍摄电视剧时都将外景设在了岛上。3年前的一部韩国历史上最高票房的电影《汉江怪物》也曾占据了当时中国各大院线的票房第一,这无疑又为汉江沿岸和汉江江上旅游做了强有力的宣传。

从杨花至蚕室有6艘游船终年无休地往返于汉江上,蚕室奥林匹克运动场是举办1988年汉城奥运会的地方,也是众多韩国明星举办演唱会的地方。向往韩国娱乐文化、去看韩

国明星演唱会的年轻人同时也会过夜旅游,不仅提升了汉江的旅游形象知名度,也拉动了酒店和汉江水上旅游的经济增长。韩国旅游发展局与各国旅游界合作,积极支持首演旅游商品的企划和销售。这样的演唱会旅游线路比比皆是,韩国明星在亚洲年轻阶层的游客中的影响力和说服力不可小觑,它不仅为韩国文化娱乐做了极好的宣传,同时也强化了韩国的旅游形象定位。

另外,汉江的游船上经常有一些表演和娱乐活动,比如2007年,《布里斯托探险队》开发商韩国 Goorm Interactive 公司把游船改造成海盗船,并邀请200名玩家进行了"想象中的海盗船出现在汉江"相关活动。为刻画《布里斯托探险队》探险特点,此活动委任韩国登山高手严弘吉为广告大使,还进行了 COSPLAY 等精彩活动。

3.海云台——火热灾难片的实景地、鼎鼎有名的海滨浴场

2009年度韩国票房最高的电影《海云台》使这个韩国南部的旅游胜地、"韩国八景"之一的海云台名声大噪,带动了当地的浴场、温泉市场。电影本身也展现了夏季数以百万的人们来海云台海滨浴场度假的情景,拍摄出的美丽景观令人神往,而海云台所在的城市釜山每年都会举办釜山国际电影节等活动。

这些由电影、电视剧取景地作为旅游主题的项目是韩国旅游的热门,当地用当红的影视拍摄基地作为旅游景点,被吸引去的中国游客数不胜数,形成良好口碑。

二、韩国水上旅游营销的特点

1.竭尽所能地开发利用影视文化水资源

韩剧中滨水的外景地主要以剧组自建外景地为主,也包括一些自然外景地。在一部剧集拍摄结束之后,这些自建的滨水外景地不会被拆毁,而是按拍摄时的原始场景尽可能完整地保存下来,并将剧情故事所发生的地点、位置明确地标示出来,有的甚至还会展出一些拍摄该剧时的场景照片,连带周边的相关景点也一一详细介绍。

2.积极而有效的水上旅游营销,有效借用明星宣传效应

政府主导、明星参与、目标市场明确的海外宣传攻势是"韩流"旅游招徕海外游客的一个非常行之有效的营销策略。韩国政府和电视台及影视娱乐制造公司共同打造了一大批具有国际影响力的著名影视明星。在影视剧海外播出期间,则派出在当地最有号召力和吸引力的相关著名演员亲自到该地区宣传,并频频出席媒体、电视台的大型活动,或者选拔剧中人气旺的演员作为当年的旅游大使,在推介电视剧的同时也为韩剧旅游创造了强大的宣传声势,这必然会使相当数量的当地人对韩国商品或赴韩旅游产生兴趣。搜索韩国汉江、济州岛、海云台等旅游的很多官方网站,就有对此地关联的影视剧或明星活动等的详细介绍和优美的图片说明。这些得益于"韩国旅游"的景观、文化,反过来又促进了对"韩国目的地旅游"品牌的塑造。

3.选用先进的传媒方式进行旅游宣传

要想达到更好的宣传推广效果,必须要与时俱进,充分利用信息化时代的高科技传媒宣传方式如网络或手机平台、户外媒体等。韩国拍摄的以"韩国炫动之旅"为主题的宣传片("韩国炫动之旅"是韩国旅游发展局2007年特别打造的世界级旅游品牌)之 MIROCLE 首尔篇,开始就介绍了韩国首尔的清溪川复原工程的奇迹(穿越首尔的清溪川曾经是一条汇

集城市污水的地下"臭水沟",2005年9月,耗资巨大的"复原工程"终于让这条古老的河流死而复生。如今,清溪川已成为首尔的一张城市名片),随即清晰地展示给大家一个城市生态河流沿岸公园。紧接着,在对汉江的介绍中,介绍者在影像中亲自登上游船,以生动的远景、近景拍摄方式,介绍了沿岸的建筑和桥,给人以身临其境的感觉,使人不仅对"汉江奇迹"啧啧称赞,也对两岸风光叹为观止。韩国类似这样的宣传片数不胜数,各大主题旅游宣传片和各大节庆庆典旅游宣传片的拍摄密密麻麻,当然其中也不乏"韩流"明星的参与。这样的宣传片在中国的网络上、地铁和公交移动电视等户外传媒、电视甚至手机报上循环播放,给人留下了深刻的印象。

三、我国水上旅游宣传方面存在的不足

1.政府部门保护水域取景地环境措施失当

电影《无极》剧组在云南香格里拉碧沽天池拍摄后,垃圾遍地都是,天池里被打了一百多个桩,天池边禁伐区的一片高山杜鹃被推平,用沙石和树干填出一条简陋的公路,一个混凝土钢架怪物耸立湖边,一座破败木桥将天池劈成了两半。《无极》"毁水",祸在当地政府趋利思维,只想借陈凯歌等人的知名度提高本地知名度,打"影视旅游牌",片面认为只要能带来经济效益,能扩大影响就好,没有保护当地优美的水域资源,以致造成了严重的后果。影视剧组破坏自然生态的事故时有发生,还有如《神雕侠侣》在九寨沟拍摄时毁坏了神仙池钙化堤等事件。连当地旅游资源和生态环境都被破坏,更别提保持取景地的原貌用作当地旅游宣传了。这些影视旅游资源特别是与水有关的旅游资源,其独特观赏性是在自然天成的美丽环境条件下结合附加的影视、节庆、文化的宣传等看点才形成的,所以如果摄制组在水上旅游景点造成一丝一毫的生态破坏,哪怕损失旅游宣传的机会,当地政府也要坚决说不。比如2007年,针对《印象·西湖》被指破坏生态环境,杭州市委、市政府坚持"对环境只能优化,不能有丝毫破坏",导演组从环保角度考虑,反复修改构思,多处忍痛割爱。最后,该区块不仅恢复了建设前的原貌,而且比原来的环境更加优美了。

2.缺乏细分的水上旅游宣传,"名人效应"运用不够,旅游吸引力不足

以黄浦江为例,沪上知名度高的名人比比皆是,无论是娱乐文艺界还是文学界、体育界等,都涌现出一批批的明星,可黄浦江的真正意义上的"代言人""宣传大使"却几乎没有,有名的宣传片也几乎没有。黄浦江游览宣传只能跟着上海的城市宣传片露一点点儿脸,沾一点儿姚明、刘翔的光。同时,也缺乏主题性的观光旅游,对游客的吸引力不大。

[资料来源:龚媛媛."韩流"旅游宣传对我国水上旅游营销的启示[J].经济论坛,2011(3):181-184.]

结合案例思考以下问题:

(1)水上旅游产品营销有何特点?

(2)根据案例总结韩国水上旅游营销的主要策略有哪些。

(3)借鉴韩国的经验,我国水上旅游营销方面可以采取哪些策略?

第 9 章　水上旅游人力资源管理

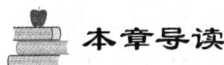 **本章导读**

　　人力资源是水上旅游企业最基本、最重要、最宝贵的资源,只有人,才能使用和控制企业的其他资源,达到企业的预期目标。因此,现代企业管理者认为,一切管理工作都应以人力资源的管理为根本。但是,目前许多企业在人力资源使用和管理中常出现如下问题:员工稳定性差,人才出现严重流失;考核重点与实际工作存在脱节,绩效管理流于形式;激励重点不突出,薪酬与个人贡献无法匹配,员工不公平感突出;员工薪酬增长只能依靠职务晋升,或薪酬增长预期超出企业承受能力;岗位职责界定不清,人员冗缺不均,难以满足岗位要求;人员招聘、选拔工作缺乏科学、规范运作,不能在结构上满足用人需求。

9.1　水上旅游人力资源管理概述

9.1.1　水上旅游人力资源的相关概念

　　人力资源一词最早是由当代著名的管理学家彼得·德鲁克(Peter F.Drucker)于1954年在其《管理的实践》一书中提出的,他指出:"和其他所有资源相比较而言,唯一的区别就是它是人",认为人力资源拥有其他所有资源没有的素质,即"协调能力、融合能力、判断力和想象力"。但是我们都知道,"人"是一个复杂的概念,对于企业来讲,人力资源的实质是能够为企业创造价值,这些价值的创造就是人们对以上协调能力、融合能力、判断力和想象力的运用。

　　从行为学角度出发,人力资源是指储存在人体内,能按质量、速度等要求完成一定工作的体能和智能资源(由人的感知、气质、兴趣、动机、态度、能力等个人素质、知识和技能构成)。

　　人力资源管理就是通过招聘、甄选、培训、报酬等相关的活动满足组织当前以及未来对于人力的需求,达到组织既定的目标。人力资源管理分为六个模块:人员招聘和培训管理、岗位设计和培训、薪酬管理、绩效管理、劳动关系管理以及人力资源规划。

水上旅游人力资源管理就是管理者通过一系列活动满足水上旅游企业对于人力的需求，或者说恰当地运用现代管理学中的计划、组织、领导、控制等职能，对水上旅游企业的人力资源进行有效的开发、利用和激励，使其得到最优化的组合和发挥其最大限度积极性的一种全面管理。

9.1.2 水上旅游人力资源管理的意义

人力资源真的能够为企业赢得竞争优势吗？人力资源真的能够为企业赢得利润吗？

无论是从西方发达国家还是中国最近发展起来的人力资源管理历程来看，人力资源管理都被企业看作是微不足道的。即使在现在也有很多人认为人力资源就是企业的成本、企业的负担，而没有把人力资源看作是能够为企业带来收益、利润的资本。同时，人事部门也同样是被看成是辅助其他部门而存在的。但是，现在越来越多的企业发现，除了人才，企业所有的资源技术都是能够被复制的，所以真正决定胜负的就是企业的人才储备。

尤其是在旅游行业里面，对人才的渴求显得尤为重要。旅游行业是一个劳动密集型的行业，员工和顾客高度接触，低质量的员工和流动率大的员工队伍对企业来说都是致命的伤害。人力资源对企业的作用在于以下三个方面。

1. 实现企业的目标

企业所有的活动都是为了实现企业的目标，这个目标可以是市场份额最大化、长期利润最大化、股东收益最大化等等。但是，所有这些目标的实现都是企业的员工一起努力工作的结果。人力资源管理的目标也是为了实现企业的最终目标，它能够提高员工的价值，强化企业的整体价值的创造能力。

2. 保证适时雇佣到合格员工

企业的活动是不断进行的，一旦有岗位空缺，就会导致工作的无法进行，所以人力资源管理能够保证员工的供应。

3. 塑造良好的企业形象

企业的员工可以为企业做宣传，打造出企业的良好形象。高素质的员工使得企业的品牌性更加突出，也能够吸引更多、更优秀的员工加入，在社会上赢得好口碑。

9.2 水上旅游人力资源管理的构成要素

人力资源管理活动由公司内部许多有着内在联系的活动构成，人力资源的管理活动可以归纳为以下几点：

9.2.1 职位分析和设计

职位分析就是水上旅游企业根据实际工作情况，对企业中各项工作的内容、特征、规范、要求、流程，以及完成此项工作所需要员工的素质、知识、技能等进行研究和描述的过程，是水上旅游企业人力资源管理的最基础工作。

1. 职位分析的作用

通过职位分析,可以了解到企业所需缺少的人才,以及人才所应该具备的专业素质和品质。通常职位分析的结果是形成职位说明书和职位规范书,企业根据职位说明书和职位规范书来制订招聘计划。比如说,邮轮企业在招聘船上的服务生的时候要求服务生具有良好的英语沟通能力,但是在一般的酒店招聘服务生的时候,就会没有这个要求。

职位分析对企业起着至关重要的作用,是企业人力资源管理一系列活动的开端,好的开始是成功的一半。职位说明书对企业在招聘人才的时候起着指导的作用,具体的作用有以下几点:

(1) 制订人力资源的计划

水上旅游企业对于每一个岗位都有不同的要求,企业制订人力资源计划的时候就要依据各个岗位的不同需求来制订。在旅游行业竞争日益激烈的今天,技术的进步、顾客需求的变化都呈现加快的趋势,水上旅游企业在制订人力资源计划时,必须给予重视。

(2) 招聘和选拔合适的员工

如果招聘者不知道企业招聘员工的要求的话,那将会变得漫无目的和无效率。不好的员工不但不会给企业带来利益,有时甚至会使企业蒙受损失。比如,如果员工使得一个顾客极度不满意,所带来的结果往往是很多潜在顾客的流失。

(3) 开发企业的人力资源

如果职位规范书上面的要求是现在员工经过培训能够达到的,那么企业可以制订相关的培训计划,这样不但可以满足员工个人发展的需要,还可以帮助企业节省一笔招聘费用。

(4) 准确考评员工的绩效

职位说明书使得企业清楚地了解工作目标,这样为绩效管理建立相关的绩效标准,为绩效考评工作的实施提供依据,减少因绩效考评引起的员工不满。

(5) 规划员工职业生涯

员工通过职位分析的结果可以看到自己的不足,从而根据自身的工作特长和兴趣制定自己的职业发展规划;同时,企业也可以帮助员工一起制定员工的职业生涯规划,和本公司的战略结合起来,有利于员工队伍的稳定。

2. 职位设计的内容

职位设计又称为工作分析,是确定完成各项工作所需技能、责任和知识的系统过程。它是一种重要而普通的人力资源管理技术;作为全面了解一项职位的管理活动,它是对该项职位的工作内容和职务规范(任职资格)的描述、研究过程,即制定职务说明和职务规范的系统过程。因此,职位设计应包括职务分析、职务说明书与职务规范三个方面的内容。

职务分析是现代人力资源管理所有职能,即人力资源获取、整合、保持与激励、控制与调整、开发等职能工作的基础和前提,只有做好了职务分析与设计工作,才能据此有效完成现代人力资源管理工作。职务分析的目的是为了解决员工完成工作的内容、时间、地点、方法、动因、工具和条件等重要的问题。因此当首次正式引进职位分析时,当产生新的职位时,当工作由于新技术、新方法的产生而发生重要变化时,或职位性质发生变化时就需要进行职位分析。

职位说明书是在职务分析的基础上提供的一份有关任务、职责、活动、条件等职位特性方面的信息的书面描述。

职位规范是全面反映该职位对从业人员的品质、特点、技能以及工作背景或经历等方面要求的书面文件。

9.2.2 人力资源规划

水上旅游企业人力资源规划是指企业为了实现企业的战略和目标，评估企业现有人力资源的优势和劣势，分析影响企业内外部环境的各种因素，预测人力资源的需求以及劳动力市场的供给情况而制定的相应政策和措施，它使企业能够及时获得所需要的人力资源，同时使员工与企业一同成长和发展。

水上旅游企业是劳动密集型企业，企业中人员数量比较多，构成成分比较复杂。对于水上旅游企业自身来说，它对人才的需求也随着企业和行业的变化而不断地变化。

1. 水上旅游企业人力资源规划的含义

水上旅游企业人力资源规划主要包括三方面的含义。

(1) 适应不断发展的内外环境的需要

企业面临的内外部环境是不断变化的，这就要求企业的员工也要不断适应环境的变化。水上旅游企业必须具备相适应的人力资源才能不断地得以发展。

(2) 规划包括企业内外部人力资源

进行内部员工规划是企业必要的工作，而对外部的人力市场进行引导也是企业长远的战略。水上旅游是一个新兴的行业，并不被大众所熟知，所以，有时候难免有人才脱节的现象出现。规划外部的人力资源就是企业面临的巨大挑战之一，选择相应的院校合作培养新型人才是企业的选择之一。

(3) 规划是一项全方位的系统工程

人力资源规划并不是单单只针对人员的规划，有时候企业面临着必须改革的局面，所以通过人力资源规划完善企业的组织架构也是一项重要的内容。

2. 水上旅游企业人力资源规划的作用

水上旅游企业人力资源规划对企业起至关重要的作用，具体可以表现为以下几点：

第一，是水上旅游企业战略规划的重要组成部分；

第二，有效的人力资源规划满足水上旅游企业发展对人力资源的需求；

第三，人力资源规划有助于调动旅游企业员工的主动性和创造性；

第四，合理的人力资源规划可以帮助水上旅游企业降低人力资源成本；

第五，人力资源规划是水上旅游企业人力资源管理的基础。

3. 水上旅游企业人力资源规划的影响因素

(1) 水上旅游企业管理者的管理理念

管理者的理念之所以会影响人力资源规划往往是和企业的生存目标相关联的，有的企业的目标是盈利，有的企业的目标是维持现状，有的企业的目标是获得最大的市场份额或者好的企业形象。当企业的目标是沿着向上或者积极的一面时，人力资源规划就经常带有长远性;反之,则往往只要尽本分的员工即可。

(2)水上旅游企业组织形式的变化

组织形式是直接影响人力资源规划的一个因素,因为一般都是企业设定好的岗位出现空缺才会招聘员工。当企业的组织形式发生改变的时候,对人才的需求也变得不一样。

(3)水上旅游企业员工素质的变化

员工素质高的企业往往在进行人力资源规划的时候考虑到这一点,并且将其作为选拔员工的一项重要指标。因为员工的素质不一样,所以对人才要求也不一样。

9.2.3 员工招聘和选拔

招聘是指水上旅游企业根据人力资源计划和工作分析的结果,结合水上旅游企业的经营状况,及时、充足地吸引具备这些素质的个人补充空缺职位的过程。

1. 招聘的构成

(1)招募

企业招募新员工的途径通常有以下两种:

第一,内部选拔。当水上旅游企业内部职位发生空缺时,应首先考虑在现有的企业从业人员中调剂解决,解决不了再进行外部招募工作。内部选拔又分为内部提升和内部调用两种形式。

第二,外部招募。外部招募一般分为以下几种来源:人员推荐、职业介绍机构与人才交流市场、求职者登记、应届生毕业、公开招募。

(2)甄选

甄选是确保企业人力招聘意义的关键。企业按照自身所设定的标准对求职者进行选拔活动,这是实现企业生存的根本。

(3)录用

对于满足条件的人才,企业会与其签订录用合同,不过在此阶段之前,一般都会有试用阶段。

(4)评估

最后就是对人才进行评估。

2. 招聘的影响因素

(1)国家政策法规

政府对组织的薪酬调节包括直接调节和间接调节两种。直接调节是指国家通过法律形式,如劳动法、最低工资法等法律规定,影响薪酬标准的制定。组织薪酬的制定必须遵循合法的原则,遵守国家和地方的有关法规政策。间接调节是指政府通过财政政策、价格政策以及产业政策等对组织的薪酬水平产生影响。不同时期国家的政策会有所不同,有时要刺激消费,有时要抑制通货膨胀,甚至冻结工资。

(2)劳动力市场供给状况

当劳动力供过于求(买方市场)时,员工可以接受较低的薪酬水平;当劳动力供不应求(卖方市场)时,组织就要提高员工的薪酬水平。

（3）竞争对手的状况

本地区、本行业的其他组织，尤其是竞争对手的薪酬水平对组织确定员工薪酬水平的影响很大。如大城市普遍薪酬较高，故很多人去大城市求职。一般情况下，组织总是在财力允许的条件下，将薪酬水平制定在不低于同行业的平均水平，以免引起员工的不满并使组织的薪酬具有一定的竞争力；同时也不能将薪酬水平制定得高于同行业平均水平太多，以免引起同行业的不满。

（4）企业自身的发展状况

企业的支付能力直接影响员工的薪酬水平。一般来说，实力雄厚的大公司和那些经营状况较佳的企业，倾向于提供高于平均薪酬水平的工资；反之，规模较小或处境不景气的企业，则薪酬水平可能会定得较低。但是，经济实力仅能确定所能支付薪酬的上限，在确定组织的薪酬水平时，组织还要综合考虑其他因素。

知识链接

新加坡丽星邮轮2013年招聘丽星邮轮服务员

招聘俱乐部（CLUB）工作人员和酒店部门（HOTEL）工作人员，具体要求如下：

一、酒店部门（Hotel）待遇和要求

1. 薪水

（1）前场工作人员（FOH）：USD428～USD525。

（2）后场工作人员（BOH）：USD350～USD350。

（3）各级厨师（COOK）：USD500～USD1400（人民币3250～9100元），视技能和经验而定。

（4）英语老师（English Teacher）：USD700。

（5）其他部门人员：USD300～USD1100。

2. 要求

（1）18～25周岁，男女不限，身体健康；男性身高170cm以上，女性160cm以上。

（2）至少具有一年3星级以上酒店方面的工作经验；如果是在校学生，应尽可能提供酒店或相关行业实习经验或勤工俭学的经历；相关工作经验需在报名材料上详细注明；娱乐部员工需有音乐方面的特长，能歌善舞或会演奏乐器，性格外向；英语老师有教师相关工作经验，为英语等相关专业毕业生；护士需要卫校毕业，有相关证书。

（3）前场工作人员要求相貌端庄，有亲和力，英文流利，有良好沟通能力，熟悉计算机操作，会其他语言或广东话者优先。

（4）后场工作人员要求能够适应英文工作环境，能吃苦耐劳，具有敬业精神。

3. 招聘岗位

前台/门童/餐饮部服务生/餐饮部领班、经理/厨师/娱乐部员工/客房部服务生/公共区域清洁工/健身房工作人员/幼儿看护员/调酒师/美容美发师/人事助理/活动中心接待员/免税店销售员/出入境协管/护士等岗位。

二、俱乐部(Club)待遇和要求

收银员(Club Cage Cashier Apprentice);General Staff Apprentice;保安(Security Guard)。

1.薪水

USD430。

2.招聘员工条件

(1)年龄:18~26岁;相貌气质佳。

(2)身高:男性1.72m以上,女性1.64m以上;身材匀称。

(3)矫正视力:1.0以上,无色盲、色弱。

(4)高中以上学历。

(5)英语流利,懂广东话者优先。

(6)有较强的心算能力。

(7)手和手臂、脸上没有伤疤,没有文身和明晰的痣。

(8)保安要求有酒店相关工作经验或退役军人优先(6~7条不做要求)。

备注:有心脏病、传染病、高血压和家族病史以及文身或身体有较明显疤痕者请勿报名。

三、船上生活环境和福利

1.住:免费住宿,2~6人一间,独立卫生间、24小时热水、中央空调。

2.吃:免费的丰富的自助餐。

3.穿:免费统一服装(质地优良),并提供免费洗衣服务。

4.用:日常生活用品。可自带笔记本电脑免费登录互联网。

5.免费提供丰富的休闲娱乐活动场所。

6.游泳池、棋牌室、KTV、篮球、排球、乒乓球、网球、健身房等。

四、合同期

10个月为一个合同,合同期满后船员可回国休假1~2个月,续约船员回国后及时报告公司,公司将安排船员再次上船工作。

五、报名资料

英文简历,身份证或户籍证明复印件,毕业证书复印件,2寸正面照、5寸近期生活照各2张。

(资料来源:http://www.douban.com/group/topic/37366417/?)

9.2.4 绩效管理

员工的绩效不仅是其工作的结果,还是其工作过程中表现出来的技能和态度。员工的绩效是受多种因素影响的,既有员工的个体因素,如知识、技能、价值观和家庭背景等,也有水上旅游企业的因素,如企业的规章制度、激励机制、工作地点等。

水上旅游企业对员工的绩效考评,是指对员工在工作过程中所表现出来的与水上旅游企业经营目标相关的工作业绩、工作能力和工作态度的考评。

1. 水上旅游企业绩效管理的原则

（1）真实性原则

绩效标准不应定得过高或过低，一般情况下，以多数员工都能达到的水平为评估的合格分值较为恰当，而评估中的优秀分则应是通过一定的努力才可以达到的，从而对其产生激励作用。

（2）服务性原则

应最大限度地让被评估者积极参与制定绩效标准，充分发挥其主观能动性，以获取其最大的支持和理解。

（3）责任性原则

绩效标准随外部环境而变化，当影响员工工作的各项因素发生变化时，绩效标准也应随之改变。

（4）简单化原则

绩效标准应当明确、具体，对工作的数量、质量以及工作的态度、业绩的好坏等指标应尽量具体化、定量化，实在难以定量化、具体化的部分，则订立任务完成程序表，设定达成的明确期限。

2. 水上旅游企业绩效管理的作用

（1）更好地进行员工管理

绩效管理可以让企业及时发现员工存在的问题，避免问题扩大化。

（2）为员工培训提供依据

培训是企业不可避免的一项任务，绩效管理可以为企业进行员工培训提供依据。

（3）有助于建立公平的薪酬管理体系

企业应建立公平的薪酬管理体系。而绩效管理为企业进行薪酬管理提供帮助。

（4）为员工的岗位变动提供依据

有奖有罚才是企业管理好员工的有效方法。企业员工的换岗、晋升、辞退等需要以绩效考评结果为依据。

9.2.5　薪酬管理

1. 薪酬管理的概念

薪酬是指员工从企业那里得到的各种直接薪酬和间接薪酬，直接薪酬包括基本薪酬和激励薪酬，间接薪酬则是指企业给员工提供的各种福利的总和。

薪酬管理是指企业在经营战略和发展规划的指导下，综合考虑内外部各种因素的影响，确定自身的薪酬水平、薪酬结构和薪酬形式，并进行薪酬调整和薪酬控制的整个过程。

薪酬水平是指企业内部各类职位以及企业整体平均薪酬的高低状况，反映了企业支付薪酬的外部竞争性。

薪酬结构是指企业内部各个职位之间的薪酬的相互关系，反映了企业支付薪酬的内部一致性。

薪酬形式是指在员工和企业总体薪酬中不同类型的薪酬的组合方式。

薪酬调整是指企业根据内外部各种因素的变化,对薪酬、薪酬结构和薪酬形式进行相应的变动。

薪酬控制是指企业对制定的薪酬进行测算和监控,以维持正常的薪酬成本开支,避免给企业带来过重的财务负担。

2. 薪酬管理的内容

第一,确定薪酬管理目标。

第二,选择薪酬策略。

第三,制订薪酬计划。

第四,调整薪酬结构。

3. 薪酬管理的作用

第一,吸引和留住员工。

第二,激发员工的最大潜能。

第三,优化组织结构。

4. 薪酬管理的新思路

宽带薪酬始于20世纪90年代,是作为一种与企业组织扁平化、流程再造等新的管理战略与理念相配套的新型薪酬结构而出现的。所谓"宽带薪酬设计",就是在组织内用少数跨度较大的工资范围来代替原有数量较多的工资级别的跨度范围,将原来十几甚至二十几、三十几个薪酬等级压缩成几个级别,取消原来狭窄的工资级别带来的工作间明显的等级差别。但同时将每一个薪酬级别所对应的薪酬浮动范围拉大,从而形成一种新的薪酬管理系统及操作流程。宽带中的"带"意指工资级别,宽带则指工资浮动范围比较大。与之对应的则是窄带薪酬管理模式,即工资浮动范围小,级别较多。目前国内很多企业实行的都是窄带薪酬管理模式。

9.2.6 员工培训

1. 员工培训的目的

员工培训有两种目的:一种是入职培训;另外一种就是培训开发。员工刚开始上岗的时候,一般对企业的流程、工作的事项都不清楚,所以入职培训是必要的。培训开发则是提高员工的个人能力以满足工作需要。企业把培训视作是一种投资,当企业所拥有的人员的能力和素质越高的时候,给企业带来的效益也就越大。

比如,为了减少海上旅游安全事故,三亚海事等多部门在2013年8月30日举行水上救生培训班,从急救技术、水上救生技术等多方面,对游艇船员和相关从业人员进行知识和技能培训。近年来,随着三亚游艇行业的迅猛发展,海上活动越来越频繁,海上旅游安全存在诸多隐患,游艇行业及海上旅游的事故发生率呈上升趋势。由于从业人员素质参差不齐,大多数人没有接受系统培训,缺乏必要的救生、急救技能,无法将事故损失降到最低。据悉,本次培训主要有急救技术培训,包括心肺复苏、四项技术(止血、包扎、骨折的固定、伤员的搬运)以及水上救生技术(泳池内救生技术和海上救生技术)。

2.员工培训的方法

培训通常有两种方式:一种是授课法;另外一种是实践法。

授课法包括:课上授课;学徒培训;网络授课;辅导培训。

实践法包括:案例分析;工作轮换;角色扮演;工作模拟。

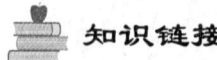 **知识链接**

千岛湖景区 1200 余名水上从业人员接受安全知识培训

2008年4月,千岛湖景区综合管理处会同淳安县海事处在西园山庄举办2008年千岛湖景区游船艇旅游从业人员培训班。1200余名游船艇、伯爵号游轮旅游从业人员分五批进行水上交通安全、餐饮卫生、服务标准等技能要求的培训。培训人员通过"游客心理""游船餐饮卫生规范""景区旅游管理""水上治安和交通运输管理"等专业课程的学习和结业考试,取得"水路旅游从业人员服务资格证"。

通过培训,进一步强化了水上旅游从业人员的安全意识和责任意识,为创建平安千岛湖打下了扎实的基础,把大家的认识统一到县委、县政府"以湖兴县,旅游强县"的发展战略上,统一到党的十七大"科学发展观"上来。

(资料来源:千岛湖旅游网 2008-04-14 16:10:21)

9.2.7 劳动关系管理

劳动关系是指劳动力使用者与劳动者之间在实现劳动过程中所结成的一种社会经济利益关系。劳动关系所涉及的主要内容包括:员工同企业在劳动用工、工作时间、休息休假、劳动报酬、劳保福利、劳动培训以及裁员下岗等方面所发生的权利、义务关系。

1.劳动关系的主要内容

劳动关系的主体:员工的权利和义务、企业的权利和义务。

劳动关系的客体:劳动时间、劳动报酬、安全卫生、劳动纪律、福利保障、教育培训、劳动环境等。

2.劳动安全和劳动保护

劳动安全是工作过程中伤亡事故的防止和消除、员工生命安全的保障、繁重体力劳动的减轻,以及生产设备的保护。

劳动保护是企业保护员工在劳动过程的安全和健康所采取的各种技术措施和组织措施的总和,所以劳动保护又称作"员工安全与健康管理"。

劳动保护的基本任务有:

第一,保证安全生产。

第二,实现劳逸结合。

第三,对女员工实行特殊保护。

第四,限制工作的时间。

3. 劳动关系管理的相关制度

劳动关系管理是指用人单位根据国家法律、法规,并根据本单位实际情况,在组织劳动和进行劳动管理过程中的办法、规则的总和。其内容主要包括:安全生产责任制度;劳动保护措施;安全生产培训制度;安全生产检查制度;伤亡事故处理报告制度。

9.3 水上旅游人力资源管理的步骤和方法

9.3.1 需求预测

1. 职位分析

在做职位分析时,应当按照以下6个步骤来进行:

第一,确定职位分析信息的用途。

第二,搜集与职位有关的背景信息。背景信息主要包括组织图和工作流程图。组织图用来确定每一职位同相关职位的纵横关系和信息流向,工作流程图则提供了与职务有关的更为详细的信息。

第三,选择有代表性的职位进行分析。

第四,搜集职务分析所需的信息。

第五,同承担工作的人共同审查所搜集到的职务信息。

第六,编写职务说明书和职务规范。这是用来确定组织内部从事特定工作所需技能、职责和知识的一个系统流程。通过职位分析可以知道工作中需要完成的任务,这对确定企业所需要的人才起到规范、限定的作用。

水上旅游企业区别于一般旅游企业的地方在于,它是以"三游产业"为主导,因为水上旅游的船舶依附的关系,对于水上人才的需求较大,这在邮轮旅游方面表现得最为明显,因为一般的国际邮轮旅游都需要船员在海上漂泊数月,这样对于懂航线、懂外语、懂水性的船员要求较高,而船长和轮机长之类岗位的要求更高。

2. 劳动力分析

劳动力分析主要是按照供求关系来分析,步骤为:

第一,分析劳动力市场供给状况。

第二,分析劳动力是否符合企业所需要求。

第三,分析企业是否可以对现存的劳动力进行培训达到企业要求。

不可否认,各种劳动力市场的人才都相对匮乏,这主要是因为人才和企业需求往往脱节的原因所致。在水上旅游企业中,由于水上的特性,所要求的劳动力更加特殊,所以企业在有针对性地挑选人才的时候要注重分析劳动力市场,如果市场上相关人才供过于求的时候,可以适当降低企业的成本招揽适合的人才,但是一旦劳动力市场供不应求的时候,花重金或者其他的代价招到所需的人才就是企业至关重要的任务了。不过由于水上旅游行业的特殊性,市场上人才都是供不应求的,所以企业通常到开设特色专业的高校招揽人才,比如上海海事大学和大连海事大学等。

9.3.2　计划制订

1.职位设计

最简单的说法，就是把职位进行分层、分类。职位设计往往分为以下几个步骤：

（1）职位的横向设计

横向设计的概念就是根据职位的工作性质和特征把企业的职能分成几大块，比如企业的财务、市场、销售和人力方面。

（2）职位的纵向设计

纵向设计就是层级关系的设计了，即安排谁是主管谁是员工等等，否则企业将成一盘散沙。其实企业的职位一般都是事先设定好的，然后按岗索人。在多年的经营模式或者行业特性下，每个企业都会有其特定的职位设计模式，比如说有些企业就是按照传统的层级关系来设计，这样有利于管理，避免多头领导带来的弊端；有的企业按照职能结构来设计岗位，这样虽然可能有多头领导，但是在大型企业中这种职位设计模式往往更受欢迎，在这种职位设计模式中，信息流通往往更加快捷。比如在邮轮上，在遭遇危机时刻时，所有人都必须无条件服从于船长。

（3）制定职位说明书

根据职位分类的结果，制定各类职位的岗位规范即职位说明书，并以此作为各项人力资源管理工作的依据。

（4）建立职位分类图表

职位分类图表用以说明企业各类职位的分布及其配置状况，为企业员工的分类管理提供依据。

2.人力资源规划

人力资源规划的步骤是：

第一，分析现存人力资源状况。

第二，预测未来人力需求。

第三，制订相关的培训计划。

规划是对企业的一个长远战略的支持，因为企业必须发展壮大才有生存的空间。有很多人才达到企业所需的标准时需要很长时间的一个培训，因为各行各业有所不同，企业的文化也有所不同，有很多管理者在别的行业或许是个人才，到了另外一个行业却未必吃香，因为他和企业有一个磨合的过程。对于水上旅游企业而言，必须注重对船员的水上培训，包括相关的技能、语言和必要的企业理念和文化的培训。

9.3.3　计划执行

1.员工的招聘

（1）员工招聘的程序

员工招聘的程序如下：

第一,发布信息。
第二,面试。
第三,筛选。
第四,试用。
第五,签订协议。

(2)员工招聘的途径

企业的招聘途径分为对内和对外招聘。

第一,对内招聘。对内招聘是企业激励员工的一种有效的方法。考察员工是否具有提升的资格,确定提升候选人。确定提升候选人是搞好提升工作的基础。考察一个员工是否具有提升资格,必须严格按照"才、职相称的原则"。通常包括以下四个方面:一是个人才能;二是个人品德;三是个人的工作表现;四是个人的工作年限。

第二,对外招聘。对外招聘是向企业灌输新鲜血液的有效方式和手段。饭店外部招聘的程序通常分为准备筹划、宣传报名、全面考核和择优录取四个阶段。

2.员工的培训

根据企业所要求的标准,有针对性地对员工进行培训是企业投资的一项重大内容。由于即使是从外部招聘,企业也往往面临着要对员工进行培训的情况,所以很多企业往往选择培训老员工,起到一个自我能力发展的激励作用,使企业凝聚人心,吸引更多有抱负的人加入。

3.员工的绩效评估

(1)选择绩效评估的主体

评估的主体主要有:直接上级、直接下属、同事、本人、公众。企业应该按照不同的职位性质来选择不同的评价主体,比如对普通员工的评价一般选择直接上级评价或者同事评价;对高层的评价就选择下属和公众评价,甚至本人评价。

(2)选择绩效评估的方法

绩效评估指标是对被评估者绩效的数量和质量进行考评的准则和依据。一般来说,要使评估指标科学合理,就必须依据绩效评估的基本原则,首先对所设计的绩效指标进行论证,使其具有一定的科学依据;然后再运用绩效指标体系设计方法,进行指标分析并修正;最后确定绩效评估的指标体系。绩效评估指标的编制方法一般有以下几种:

第一,工作分析法。即通过科学的方法收集工作信息,并通过分析与综合所搜集的工作信息找出主要工作因素。

第二,个案研究法。即通过选取若干具有代表性的人物、事件或岗位的典型绩效特征进行研究,来确定绩效评估的指标体系。

第三,问卷调查法。即设计者将所要调查的内容设计在一张调查表上,写好填表说明和要求,以问卷的方式分发给有关人员填写,收集和征求不同人员意见。

第四,专题访谈法。即研究者通过与部门主管、人力资源部门管理人员、某职务人员等进行广泛交谈,用口头沟通的方式直接获取有关信息的研究方法。

第五,多元分析法。即在广泛的分析调查和收集资料的基础上,采用因素分析和聚类分析等方法，从较多数量的初选指标中找出关键性的指标以及各种岗位人员绩效情况的基本结构，以此作为绩效评估的指标。

（3）实行绩效评估

由于绩效评估结果往往与各种物质与非物质利益挂钩，绩效评估若实施不当，则可能引起各种利益冲突和内部矛盾，甚至影响公共部门的效率。因此，如何正确实施绩效评估，避免绩效评估流于形式，充分发挥其正面影响，成为不容忽视的问题。由于在实施绩效评估的过程中总是不可避免地存在各种各样的人为因素，使得评估的公正性、客观性在一定程度上受到影响，因此，主管必须尽可能地避免在绩效评估过程中可能出现的种种偏差。

9.3.4　效果反馈

针对绩效评价效果的处理措施主要有以下三类：岗位的变动、人员的变动和制度的变动。

1. 岗位的变动

有时候企业招进来的人不一定适合现在的岗位，或者并不能发挥员工最大的潜能，所以在一段时间的考察、反馈之后，就有必要更换其岗位。

2. 人员的变动

人员的变动有时候是新员工的引进，有时候又是员工的解聘。企业面对的是外界的一个动态的环境，可以说企业的人才需要永远不会有满足的时候，当企业扩大时、当企业发展时，新员工的进入都是必不可少的。与此同时，有些员工表现得并不让企业满意，这样可在合同期满后或者在合法的流程内将员工解聘。

3. 制度的变动

人力资源管理虽说是对员工管理的过程，但是有时候不可避免地暴露出企业的问题，当一个企业的制度太过于迂腐、僵化的时候，就必须对其进行改革，否则无论多好的人力资源都不能拯救一个企业。例如，当企业的薪酬结构太过于苛刻、不能起到有效的激励作用，而外界环境又面临着人才供不应求的状况时，不改变薪资结构就很难挽留住人才。

9.3.5　员工激励

1. 激励的概念

指激发人的动机，使人产生内在的动力，并朝着一定的目标行动的心理活动过程，也就是调动人的积极性的过程。

2. 激励的作用

第一，可以调动员工积极性。

第二，可以形成团队精神。

第三，可以提高服务质量。

第四，可以提高管理水平。

3. 激励的方式

第一，给员工以希望：工作是有前途的。

第二,给员工以机会:升迁;培训;"人在其位,位得其人"。
第三,给员工以出路:管理之路、技术之路。
第四,给员工以待遇:注重报酬的绝对值和相对值。
第五,给员工以温暖:关注、信任、理解。

思考题

1. 谈谈水上旅游人力资源管理的概念与作用。
2. 谈谈你对薪酬管理的认识。
3. 企业应如何利用激励手段来进行人力资源管理?
4. 以游船企业为例,分析其现有的人力资源配置,有无改良建议?

 案例分析

豪华邮轮服务员的心理特点分析

国际邮轮上的外派服务员是一个特殊的职业群体,主要从事国际豪华邮轮船队上的各种服务工作。邮轮服务员长期在海上漂泊,较陆岸人员更容易产生各种消极情绪,如果这种情绪没有很好的释放和正确的引导,久而久之就会形成心理问题,将造成身心健康受损、工作效率下降、人际关系冲突等种种问题,甚至走向极端,威胁着船舶安全航行和服务员生命安全。对于这些危害性,我们要有足够的认识和高度的重视。

一、工作环境因素造成的心理背景

在邮轮上工作,邮轮服务员要经受许多与常人不同的复杂因素的影响。如海上的自然环境、水文和气象的复杂变化、湿度大、风浪多;邮轮的机动性大,在不同的海域中作业,停靠不同的港口码头;邮轮的环境特殊,不但固定,且空间狭小,既有噪声、振动、颠簸、高温、空气污染,又与家庭、社会分离;生活单调,获得信息少而迟缓,新鲜食品蔬菜供应受限;邮轮工作呆板、机械,紧张度高,值班时间多而时间安排特殊,劳动强度和体力消耗大等。所有这些因素都严重影响邮轮服务员的身心健康,再加上海上作业以及随时都可发生的不可预测的各种特殊情况及事故,对豪华邮轮服务员的心理影响更是显而易见的。

二、职业带来的心理背景

国际邮轮服务员长期生活在大海这个特殊的自然环境和船舶这个特殊的人造环境中,工作和生活环境与陆地有着非常大的区别。

1. 国际邮轮的特点不利于服务员心理调节

国际邮轮的客流量集中、工作强度大,邮轮在港停泊时间长短不一,方方面面的检查频率高,进出港、接受检查、值班、清洁保养等连续工作时间长,缺乏睡眠、低质睡眠(作业噪声、时差、无规律等影响)使人疲劳,加上高度紧张的工作,容易产生烦躁、抑郁、焦虑的情绪,不利于豪华邮轮服务员心理调节。

2. 不同航线对心理的影响

对于中国外派服务员来说,亚洲航线主要集中在中国香港、马来西亚、新加坡、日本和韩国,邮轮服务员能及时通信联络,且常有机会回家,便于处理一些家庭、工作中的矛盾。新鲜丰富的伙食、及时资讯的获得也都有利于释放压力、调节心理。而欧美航线则集中在美国加勒比海域、地中海海域、红海海域和东非沿岸,海上航行时间长,异域文化差异明显,压力大,家中之事往往鞭长莫及。时差大、季节变化快、信息闭塞、伙食单调、性压抑等均不利于释放压力、调节心理。

3. 不同工作岗位对心理的影响

豪华邮轮服务员工作竞争激烈,不同工作岗位受到的重视不同,收入差别很大。客房服务员,尤其是PA服务员,压力大,工作强度大,晋升途径相对不畅,收入和受重视程度相对要低,就不容易调节心理。而餐厅、酒吧服务员则较受重视,收入也较高,容易调节心理。

4. 不同人员素质对心理的影响

接受的教育多、技术高、遵纪守法等自控能力强、整体素质好的豪华邮轮服务员心理素质相对较好。

5. 不同外界环境和邮轮氛围对心理的影响

一些邮轮海上航行时间短、靠泊时间长,服务员有机会在各港口聚餐、休闲,来自外界的诱惑多,如果船舶疏于管理,时间一长就会形成这一帮、那一派,复杂的人际关系等容易使豪华邮轮服务员心理失调。

三、邮轮服务员常见的心理问题

1. 紧张综合征与精神疲劳

豪华邮轮服务员平时工作量大,压力也大,要随时应对各种严格的安全检查,有时还会遇到突发事件。这些都需要他们付出很大的努力去适应,有时甚至超出他所能承受的适应能力,使邮轮服务员在较长时间内始终处于心理紧张的状态,从而出现反应迟缓、无所适从、惊慌失措等心理障碍。

2. 情绪波动大,并随在船工作时间的延续表现越明显

在一般情况下,外派三个月以后,有些邮轮服务员就会产生情绪不稳定、生理活动指标下降、易急躁、睡眠障碍、能力下降、对家庭思念加重、职业倦怠感明显等现象。个别服务员甚至会表现得缺乏理智,乃至为了一点鸡毛蒜皮的小事而拔刀相向、大打出手,事后又追悔莫及。还有些邮轮服务员则表现为沉默寡言、心事重重。

3. 对职业的矛盾心理

在整个职业生涯中,邮轮服务员虽然职务可以得到不断的升迁,但工作、生活的环境几乎不变。这种职业的特殊性导致不少邮轮服务员在从事邮轮业二三年以后逐步丧失原来由理想支撑的职业兴趣,甚至产生厌恶、恐惧的心理,试图离开这个职业,但又感觉没有其他基础,难以走出去,陷入了欲罢不得、欲干不愿的矛盾苦恼之中。有些邮轮服务员从邮轮上回来后就又想回去,上邮轮工作了一段时间后又产生厌倦感,寻找种种理由想回来,不仅自己十分苦恼,也影响到了邮轮的稳定和其他服务员的情绪。

四、邮轮业中国外派服务员心理调节

关心国际邮轮服务员的心理健康,需要豪华邮轮服务员自身、中介、管理机关和邮轮服务员家属的共同努力。首先邮轮服务员要学会自我调节。对自己要有一个客观的评价,要

学会转移情绪,消除怨气。还要学会自我激励,培养良好的心理应变能力和遭遇挫折的耐受力。其次各级管理机关要把好豪华邮轮服务员上船的"心理关",把豪华邮轮服务员的心理素质作为能否上船的考核依据之一。再有中介外派机构对国际邮轮服务员要给予更多的关心,及时掌握他们的思想动态和情绪变化,及时疏导和解决问题。当然邮轮服务员家属也要积极做好各种生活后勤保障工作,加强与邮轮服务员的精神和情感交流,解决国际邮轮服务员的后顾之忧。

总之,邮轮服务员自身的心理素质是关键,对此要有认识,并不断加强学习,善于交流,专心工作,培养健康的业余爱好,对各种问题要"拿得起,放得下",通过各种手段调节自己的心理状态,及时消除和转移各类消极情绪。

(案例来源:http://www.hbrc.com/rczx/shownews-2561450-14.html)

结合案例思考以下问题:

(1)邮轮服务员产生的心理问题对服务质量有何影响?

(2)从员工招聘环节来看,邮轮公司应该如何应对邮轮服务员心理问题带来的不利影响?

(3)从职业生涯规划角度而言,邮轮公司和邮轮服务员分别该如何应对邮轮服务员心理问题带来的不利影响?

第 10 章 水上旅游质量管理

本章导读

过去30年是中国旅游经济快速增长的30年,也是旅游业对外贸易迅速发展的30年。早在2000年国家旅游局就提出要用20年的时间把中国建设成为世界旅游强国的目标。如今十几年时间过去了,中国旅游业向此目标迈进了多少?与现在世界旅游强国的差距还有多大?它在国际旅游市场中的地位如何?国际竞争力是强还是弱?这些问题实质上是事关中国旅游业发展质量的根本问题。

《中国旅游业"十二五"发展规划纲要》中明确了"十二五"发展的总体思路和主要目标。在其中的"市场开发"部分,"纲要"将"提升发展质量"作为今后旅游业发展的一项重要目标。

国家旅游局长邵琪伟在2012年全国旅游工作会议上的讲话中讲到:2012年的工作总体要求:"……继续推进国务院41号文件的全面贯彻落实,着力扩大旅游消费,着力转变发展方式,着力提高发展质量,着力提升服务水平。"国家旅游局决定2012年开始研究编制《旅游质量发展纲要(2012—2020)》,以全面提升旅游业发展的质量和效益。

可见,提升旅游业发展质量工作已经成为了今后我国各级旅游部门工作的重中之重,是我国旅游业发展之"硬性指标",故也是我国水上旅游业"保质保量"发展中不可忽视的重要内容。

10.1 水上旅游质量管理概述

10.1.1 水上旅游质量以及水上旅游质量管理

1. 质量的含义

美国著名的质量管理专家朱兰(J.M.Juran)博士从顾客的角度出发,提出了产品质量就是产品的适用性,即产品在使用时能成功地满足用户需要的程度。用户对产品的基本要求就是适用,适用性恰如其分地表达了质量的内涵。

这一定义有两个方面的含义,即使用要求和满足程度。人们使用产品,总对产品质量提出一定的要求,而这些要求往往受到使用时间、使用地点、使用对象、社会环境和市场竞争等因素的影响,这些因素变化,会使人们对同一产品提出不同的质量要求。因此,质量不是一个固定不变的概念,它是动态的、变化的、发展的;它随着时间、地点、使用对象的不同而不同,随着社会的发展、技术的进步而不断更新和丰富。用户对产品的使用要求的满足程度,反映在对产品的性能、经济特性、服务特性、环境特性和心理特性等方面。因此,质量是一个综合的概念。它并不要求技术特性越高越好,而是追求诸如性能、成本、数量、交货期、服务等因素的最佳组合,即所谓的最适当。

2. 质量管理的概念

质量管理(quality management)是指确定质量方针、目标和职责,并通过质量体系中的质量策划、质量控制、质量保证和质量改进来使其实现的所有管理职能的全部活动。

质量管理先后经过了三个发展阶段,即质量检验阶段、统计质量控制阶段和全面质量管理阶段。在上世纪 50 年代以前,质量检验和统计质量控制是被广泛采用的质量管理方法,二者的特点是对生产制成品进行检测从而达到控制产品质量的目的。20 世纪 50 年代以来,随着生产力的迅速发展和科学技术的日新月异,人们对产品的质量从注重产品的一般性能发展为注重产品的耐用性、可靠性、安全性、维修性和经济性等。在生产技术和企业管理中要求运用系统的观点来研究质量问题。在管理理论上也有新的发展,突出重视人本的因素,强调依靠企业全体人员的努力来保证质量。此外,还有"保护消费者利益"运动的兴起,企业之间市场竞争越来越激烈。在这种情况下,美国 A.V.费根鲍姆于 60 年代初提出全面质量管理的概念。他提出,全面质量管理是"为了能够在最经济的水平上,并考虑到在充分满足顾客要求的条件下进行生产和提供服务,是把企业各部门在研制质量、维持质量和提高质量方面的活动构成为一体的一种有效体系"。

质量管理发展到全面质量管理,是质量管理工作的又一个大的进步。统计质量管理着重于应用统计方法控制生产过程质量,发挥预防性管理作用,从而保证产品质量。然而,产品质量的形成过程不仅与生产过程有关,还与其他许多过程、许多环节和因素相关联,这不是单纯依靠统计质量管理所能解决的。全面质量管理相对更加适应现代化大生产对质量管理整体性、综合性的客观要求,从过去限于局部性的管理进一步走向全面性、系统性的管理。

3. 水上旅游的质量

上述的质量和质量管理概念是广泛意义上的产品质量及质量管理。每个行业的产品质量和质量管理都有自身的特点,水上旅游业也不例外。所谓水上旅游,即指居民为了观光、度假、休闲、康乐、科考等的需要,离开自己生活的惯常环境,前往水域环境中(包括滨水区)开展的旅行和逗留活动从而引起的现象和关系的总和。因此,根据美国质量管理专家朱兰(J.M.Juran)博士从顾客角度出发的质量观念,我们可以进行类比认知:水上旅游质量是指水上旅游产品在使用时能成功地满足涉水旅游者需要的程度,包括物质需要和精神需要。

水上旅游产品有自身的特点,如对服务人员高度的依赖性、丰富的文化性、高度参与性和娱乐性等。人类生存空间都是围绕着水域展开,滨水区一般都是一个城市发育最早的地方,保留了丰富的城市历史文化痕迹;同时,城市滨水区也是城市中自然要素最为密集、自然过程最为丰富的地域,鱼类、鸟类、昆虫、小型动物以及各种植物均以此为生活环境和迁徙廊道,是城市中可以自我保养和更新的天然花园。此外,水上旅游产品消费时的参与度一般都高于观光旅游产品。如:海洋科考、岛礁垂钓、水上摩托车、跳水、冲浪、温泉浴、海水浴、沙滩日光浴、品尝海鲜河鲜等都需要旅游者亲力亲为才能完成。总体来说,水上旅游的质量是以一定的实物产品为载体,如船、木筏等,并以专业化的服务和操作人员为依托,为水上游客提供服务过程中适合和满足游客物质和精神需要的程度。

例如:邮轮旅游,邮轮自身以及船上的食宿、娱乐等设施和服务构成水上旅游的产品,这些产品直接影响旅游者的旅游体验。硬件设施好和服务人员素质高的邮轮公司往往更受游客青睐。此外,由于人类自身生理特点,人类不能在水中存活,因此,水上旅游者须大量地借助工具才能完成水上旅游项目。因此,水上旅游质量的内涵还包含有确保旅游者人身安全的因素。

4.水上旅游质量管理

水上旅游质量管理与一般意义上的质量管理既有共性,又有区别于其他行业的个性特质。共性之处表现在,水上旅游质量管理与一般质量管理一样,都是确定质量方针、目标和职责,并通过质量体系中的质量策划、质量控制、质量保证和质量改进来使其实现所有管理职能的全部活动;个性特质则在于水上旅游对于载体的依托使得水上旅游质量管理不仅仅是直接提供给游客服务的旅游企业和事业单位的责任,也涉及旅游产业上游企事业单位的质量管理水平。

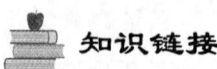
知识链接

邮轮的设计和制造

随着时代的发展,现代邮轮豪华程度越来越高,功能越来越多,工程越来越复杂,公共服务设施和娱乐设施日趋完备和丰富多彩,船上歌剧院、夜总会、自助餐厅、咖啡厅、各色酒吧、美容院、露天游泳池、儿童游乐场、购物中心、图书馆、教堂、高尔夫球场等应有尽有。如"Voyager of the Seas"号拥有的1350个座位的La Scala剧院,跨越5层甲板,完全按意大利米兰著名的同名剧院风格建造。这与常规船型完全不同,每一样功能都涉及不同专业领域,很多功能都超出了船舶专业本身,都是一项系统工程。

拿邮轮的总布置来说,它就是一项非常复杂的系统工程,需要精心筹划和细致协调,一般一家设计公司很难统揽全包。以"Voyager of the Seas"号为例,其总布置由Masa船厂集团和RCCL公司共同完成,参与协作的还有瑞典、英国、挪威和美国的十几家专业咨询公司。研制过程中提出了众多研究课题,各专业公司按其擅长的领域选择课题,签订工作合同,彼此通力合作,齐头并进,方能保证整个研制过程顺利进行。

在邮轮行业,邮轮的设计和制造与邮轮的运营是分开的。制造业主要集中在欧洲地区,而运营商主要以美国企业为主,即皇家加勒比公司和嘉年华公司。由此我们可以初步了解到,对于以顾客为中心的质量理念,邮轮产业相关的企事业单位应该同时具备水上旅游质量管理的有关理念,才能最大限度地满足游客需求,提高旅游质量。具体来说,对于邮轮运营商来说,作为与游客的直接接触者,应该更多更深入地了解游客需求,在此基础上开发多种旅游项目,并将信息传给上游企业;同时,邮轮制造商在获取游客需求信息后,在确保邮轮可靠性的前提下,更多地完成邮轮设计的创新。由此,我们可以看出,水上旅游行业的质量管理,实质上就是一种产业上下游企业以游客需求为目标的有机结合。

10.1.2 质量成本的概念在水上旅游业的应用

质量成本是指企业为了保证和提高产品或服务质量而支出的一切费用,以及因未达到产品质量标准,不能满足用户和消费者需要而产生的一切损失。质量成本一般包括:为确保要求一致而做的所有工作叫作一致成本,以及由于不符合要求而引起的全部工作叫作不一致成本,这些工作引起的成本主要包括:预防成本、鉴定成本、内部损失成本和外部损失成本。其中预防成本和鉴定成本属于一致成本;而内部损失成本和外部损失成本属于不一致成本,统称故障成本。

这个理念是由美国质量专家 A.V. 费根鲍姆在 20 世纪 50 年代提出来的。他将企业中质量预防和鉴定成本费用与产品质量不符合企业自身和顾客要求所造成的损失一并考虑,形成质量报告,为企业高层管理者了解质量问题对企业经济效益的影响,进行质量管理决策提供重要依据。质量成本是与企业绩效直接挂钩的,这就意味着最大限度地减少质量成本就是增强企业的盈利能力。

为了更好地提高水上旅游企业的经济绩效,最大限度地满足游客需求,本书认为应从以下几点做好质量成本的管理工作。

第一,加强政府调控。政府的调控对象应该是企业质量成本中的不一致成本。水上旅游一直以来都是以保障旅游者人身安全为第一要务,因此对于旅游载体(如游船、海上会展等)的建造要求很高,容不得质量缺陷。对于质量不合格的产品,政府应加大力度治理有关产品的制造企业,整顿无法完成质量达标的企事业单位,进而从源头上控制水上旅游质量问题。

第二,了解市场机制。旅游业本质上是一项全面服务游客的产业,一切以游客需求为出发点。那么,企业为了降低质量成本就必须尽可能地满足游客需求。但业界存在一个普遍的观点,即旅游作为"一次性消费",缺少所谓的"回头客",企业就不必在意消费者的需求是否被满足。事实上,这是一种对市场缺乏了解的观点。先前由于买卖双方的信息不对称,往往使得游客"吃哑巴亏"。随着信息技术的发展和旅游企业运营的透明化,游客将会掌握更多的信息,从而做出明智的消费决策。由此我们可以推测,市场机制的不断完善使得信息不对称的情况逐步得到改善,进而那些运营不规范的企业的质量成本就会因为顾客的抱怨和不满而增加,最终影响企业的经济绩效。

10.2 水上旅游质量管理体系构成

10.2.1 水上旅游质量管理体系的相关概念

1.质量管理体系概念

质量管理体系是企业内部建立的、为保证产品质量或质量目标所必需的、系统的质量活动。它根据企业特点选用若干体系要素加以组合,加强设计研制、生产、检验、销售、使用全过程的质量管理活动,并给予制度化、标准化,成为企业内部质量工作的要求和活动程序。质量管理体系共有八项原则:一是以顾客为关注焦点;二是领导作用;三是全员参与;四是过程方法;五是管理的系统方法;六是持续改进;七是基于事实的决策方法;八是与供方互利的关系。

此外,质量管理体系还应有以下特点:

第一,它是代表现代企业或政府机构思考怎样真正发挥质量的作用和如何最优地作出质量决策的一种观点;

第二,它是制定质量管理条文的框架;

第三,它是组织内部实施质量管理的基础;

第四,它是集合全面性、唯一性、预防性和动态持续性的管理体系。

2.水上旅游质量管理体系

水上旅游质量管理体系是在水上旅游企业内部建立的、为保证产品质量或质量目标所必需的、系统的质量活动。为了实现管理目标,水上旅游企业建立水上旅游质量管理体系的具体步骤如下:第一步,分析游客需求,并以此输入有效资源;第二步,根据顾客需求和现有资源,通过管理运行,发展产品战略;第三步,提高质量计划,超前地改变服务结构和尽量满足旅游者需求;第四步,在旅游目的地旅游者、旅游从业人员中建立透明的信息系统;第五步,测量所有旅游者的满意度并收集反馈,为下一轮质量提高做准备(见图10-1)。

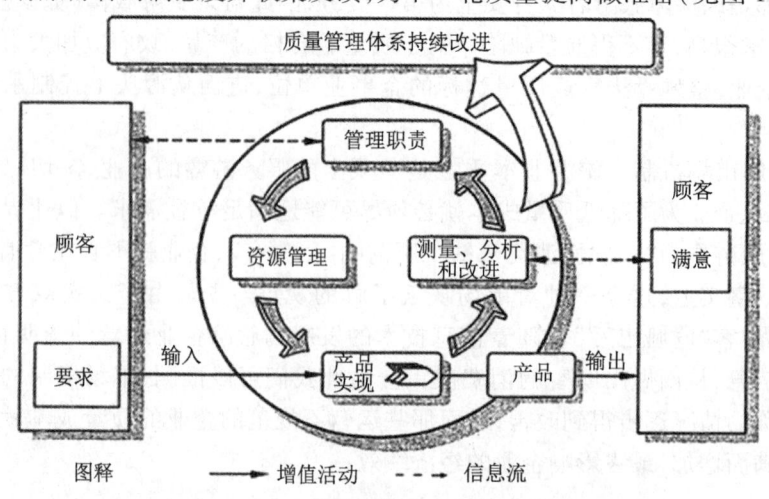

图10-1 质量管理体系持续改进

在建立水上旅游质量管理体系时应注意以下几点：

第一，运用教育培训，强调榜样作用。通过介绍质量管理和质量保证的发展及本单位的经验教训和质量体系要素（重点应讲解"管理职责"等总体要素），说明建立、完善质量体系的迫切性和重要性，明确决策层领导在质量体系建设中的关键地位和主导作用，从而带动整个企业进行质量改进。

第二，分清层次，落实规划。成立以最高管理者为组长，质量主管领导为副组长的质量体系建设领导小组（或委员会）。其主要任务包括体系建设的总体规划、制定质量方针和目标及按职能部门进行质量职能的分解。在此基础上，成立由各职能部门领导（或代表）参加的工作班子。这个工作班子一般由质量部门和计划部门的领导共同牵头，其主要任务是按照体系建设的总体规划具体组织实施。最后，成立要素工作小组，根据各职能部门的分工明确质量体系要素的责任单位。组织和责任落实后，按不同层次分别制订工作计划。

第三，明确质量方针和质量目标。质量方针体现了一个组织对质量的追求，对顾客的承诺，是职工质量行为的准则和质量工作的方向。制定质量方针的要求是：强调总方针相协调；明确应包含质量目标；充分结合组织的特点；坚决确保各级人员都能理解和坚持执行。

第四，灵活运用市场调查和旅游者反馈。现状调查和分析的目的是为了合理地选择体系要素，主要包括：一是体系情况分析。即分析本组织的质量体系情况，以便根据质量体系情况选择质量体系要素的要求。二是产品特点分析。即分析产品的技术密集程度、使用对象、产品安全特性等，以确定要素的采用程度。三是组织结构分析。分析组织的管理机构设置是否适应质量体系的需要。应建立与质量体系相适应的组织结构并确立各机构间的隶属关系、联系方法。四是分析生产设备和检测设备能否适应质量体系的有关要求。五是技术、管理和操作人员的组成、结构及水平状况的分析。六是管理基础工作情况分析。即标准化、计量、质量责任制、质量教育和质量信息等工作的分析。

10.2.2 水上旅游质量管理体系的战略目标

水上旅游质量管理体系的战略目标是创建水上旅游品牌。

1. 品牌的概念

对于品牌的定义，学术界的认识不一而足。美国市场营销学专家、"现代市场营销之父"菲利普·科特勒（Philip Kotler）的观点：品牌是一个名称、名词、符号或设计，或者是它们的组合，其目的是识别某个销售者或某群销售者的产品或劳务，并使之同竞争对手的产品和劳务区别开来。我国城市营销学家兰晓华博士的观点是，品牌是通过以上这些要素及一系列市场活动而表现出来的一种形象认知度、感觉、品质认知，以及通过这些而表现出来的客户忠诚度，总体来讲它属于一种无形资产。所以这时候品牌是作为一种无形资产出现的。不论品牌的定义如何，它们都表达了一个观点：品牌是产品与众不同的一个标签。

那么，既然品牌是一个独一无二的标签，它会给企业带来怎样的利益呢？我们可以用品牌效益模型来解释。品牌效益模型分为四个阶段：效益产生的创建期、效益产生的提升期、效益的成型期、效益的扩散期。在效益产生的创建期，投资大于回报，主要是品牌的培养,企业的经济绩效不明显,品牌的市场知名度也不高。到了效益产生的提升期,虽然品牌的投资回报率仍是负,但是已经接近盈亏平衡点,而且品牌的市场知名度也在提高,增长明显。如果品牌战略继续实施,企业就会来到效益的成型期。在这个时期,品牌的作用得到最大限度地体现:企业绩效明显提升,品牌地位达到巅峰并逐渐巩固。最后,在效益的扩散期,产品品牌已经被市场高度认可,美誉度已上升为顾客对企业文化理念的认同,顾客忠诚度持续构建。品牌的超额价值得到充分的体现,品牌效益不仅体现在产品本身,也扩散到了影响企业发展的其他方面,效益比值在大于1的基础上迅速扩大。

根据资料分析,我国大部分水上旅游品牌的创建基本处于第一阶段,即效益产生的创建期。

📖 阅读材料

海南省旅游品牌的创建

近年来,随着海南"中国热带海岛、东方度假天堂"旅游品牌的基本确立,为实现海南旅游业和旅游经济的优化升级及增长方式的转变,海南省人民政府借鉴旅游发达国家和地区的经验,参照国际惯例,制订实施了《海南国际旅游岛建设行动计划》,旨在建立与国际旅游岛相适应的旅游发展和管理的体制机制,并实行以"免签证、零关税、放航权"为主要特点的旅游对外开放政策,使海南旅游业实现"服务零距离,管理零距离,景区零距离,产品零距离",全面与国际接轨。优化旅游业发展的组织结构,引导和支持国内外大企业参与海南旅游企业的改组、改造和重组,催生一批海南知名旅游品牌,建成一批具有国际竞争力的旅游企业集团;近期制定出台海南省旅游标准体系,将旅游标准的立项、制定和实施等纳入规范化轨道;出台与国际旅游岛相适应的旅游市场规范发展的地方法规;完善旅游软环境建设,搞好全民素质教育和旅游治安环境创建等,努力营造全民参与建设国际旅游岛的社会氛围,推动海南旅游业又好又快发展。

海南"中国热带海岛、东方度假天堂"旅游品牌的建立尚处于开发阶段,政府部门大量投资,而品牌的知名度及其所带来的经济效益还未凸显。事实上,仔细阅读材料我们不难发现,不论是零关税、放航权,还是优化旅游发展的组织规划,本质上都是为了提高旅游质量、最大限度地满足游客需求的举措。海南国际旅游岛品牌的创建过程就是不断提高旅游质量的过程。

2.旅游品牌的创建

企业实施水上旅游质量管理的战略目的实际上就是创建旅游品牌。为了达成这个战略目标,本书认为应该做到以下几点:

第一,充分开发资源,不断开拓市场。对于水上旅游,广阔的水域为其资源的开发带来了无限可能。不同于陆上资源,水域的开发受空间的影响较小,而且水下资源也很有潜力。近年呼声不断强烈的"休闲旅游"是水上旅游的一个很好的市场契机。人们在休闲放松的情况下往往倾向选择有水的地方,"近水、亲水、乐水"心理已经成为人们选择休闲生活的诱因,滨江或滨海公园往往都是城市各个休闲公园中最受欢迎的。今天,水上旅游中的游船和邮轮旅游又成为了居民追捧的休闲方式。水上运动也是人们选择的娱乐活动之一。由此可见水上旅游市场的广阔。

第二,不断开阔眼界,逐渐放远眼光。水上旅游品牌的确立应通过一系列的质量管理来实现。质量管理本身就是一个长期且循序渐进的过程,需要企业有长远的眼光并给予足够的耐心。此外,开阔自身眼界,不断学习国外先进的经验也是创建水上旅游品牌的必要条件。

10.3 水上旅游服务质量管理

10.3.1 服务质量管理的概念

1.服务质量的含义

服务营销学家认为从顾客的角度来看,服务质量不仅与服务结果有关,而且还与服务过程有关。顾客实际经历的服务质量是由技术性质量和功能性质量两项内容构成的。前者是指服务结果的质量,即顾客从服务过程中所得到的东西。对于这一方面的服务质量,顾客容易感知,也便于评价。后者是指服务过程的质量,即顾客在服务过程中是如何得到的这些东西,或者说服务人员是如何提供的这些服务。显然,功能性质量很难被顾客客观地评价,它更多地取决于顾客的主观感受。因此,与技术性质量相比,功能性质量即服务过程的质量更为复杂、更难以控制。

在学术界,服务质量是一个很难界定的概念,目前还没有关于服务质量的权威表述。有学者把服务质量的核心分为三个部分:

第一,技术质量包括两部分:顾客接受的事物和"顾客接受"的方式。例如邮轮为游客提供的色香味俱全的菜肴和舒适的住宿环境;"海底世界"为观光者提供的美轮美奂的景观等等。以上这些属于技术质量的范畴,即某项服务给顾客带来的价值,包括所使用的设备和作业方法等技术层面的内容。此外,还有功能质量,它是指顾客接受服务时的心理体验和感受。例如:餐厅服务人员的服务态度;旅行社处理投诉的方式等等。服务质量是以上两者的有机结合,强调任何一方都无法成功塑造一个企业的服务质量。

第二,无论是技术质量还是功能质量都是顾客所感受的质量。顾客感受的质量与企业所感受的质量在性质上是一致的,他们借以进行质量判断的外在依据也是一致的,唯一不同的是他们的感受角度。也就是说直接影响顾客评价服务质量的因素并不是服务质量的客观性质,而是顾客认知到了的服务质量的性质。相对而言,企业和顾客对技术质量比较容易产生共识,企业相对容易把握顾客对技术质量的感受,而功能质量则更多地受到顾客主观因素的支配,很难被顾客客观地评价。因此,顾客对功能质量的认知水平就成为衡量服务质量的关键。

第三,服务质量不是一个单纯的概念,而是顾客感受和服务企业的资源及行动之间的一个互动函数。因为顾客对事物的认识依赖于事物向外传达的信息,这就为企业把握顾客的感知创造了基础,即便顾客对功能质量的认知带有主观色彩,旅游企业仍可以通过有目的地选择信息发布来影响人们的认知,从而引导顾客形成良好的服务质量评价。

2.服务质量管理

服务质量管理主要是指服务企业的质量管理,同时也包括工业企业的售后服务质量管理等内容。具体来说,我们还可以根据服务质量的两个层次——技术质量和功能质量——进行理解。也就是说,服务质量管理是实体产品方面的运营及其相关人员专业技能的管理工作。

目前,西方发达国家服务业的产值已占到了其GDP的55%左右,美国则达到了75%以上,发展中国家的平均水平也达到了40%左右。预计到2010年,发达国家的服务业产值将达到其GDP的70%。我国服务业的发展水平相对落后一些,但近年来的发展速度也很快。20世纪80年代初,我国服务业的产值仅仅占我国GDP的20%左右,2000年上升到35%。在21世纪初期,我国服务业将会以更快的速度发展。

随着我国服务业的迅速发展壮大,服务企业的质量管理也越来越受到重视。特别是我国加入WTO后,国外大量的优质的服务企业将不断涌入我国,并对我国的服务行业造成巨大的冲击。迅速加强我国服务业的质量管理,在今后激烈的世界服务经济竞争中求得生存与发展,已成为我们面临的一个紧迫的课题。

10.3.2 水上旅游服务质量管理

水上旅游活动是旅游活动的一个特殊市场,水上旅游产品是以实物产品为依托的一种无形的劳务服务产品。大多数旅游者购买的都是一系列旅游产品的组合而不是单个服务,所以他(她)在确定了旅游目的地景点的同时也必须做出住宿、餐饮、交通、娱乐等相关服务的购买计划。而虽然这些住宿、餐饮、交通、娱乐业等分别属于不同的业主,但它们的相互依赖性是客观存在的,各供应商、生产商或经销商的经营计划都是基于对旅游者数量的正确估计而制订的,并会随着季节波动、经济状况、天灾人祸等不可抗力而同步调整。拿现代物流理念解释就是它们彼此共同营造了一条供应链体系,因此要提高旅游服务产品的质量,则需要对旅游供应链上各个企业的质量进行控制,只有整个产业上下游企业总体质量提高了,才能最大限度地满足游客需求。

各水上旅游企业相互之间具有依赖性,是一条供应链体系。水上旅游业供应链的质量管理是以核心企业为主导的多企业的协同管理,核心企业不仅要对企业自身的产品设计制造过程进行质量管理,而且要对供应商、分销商等相关企业进行质量管理,从而做到对产品与服务形成全过程进行严格的管理与控制。

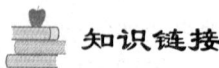
知识链接

歌诗达邮轮的顾客满意度

歌诗达邮轮起源于1860年的Costa家族,名字源自始创人贾西莫。歌诗达邮轮有着悠久而辉煌的历史。以意大利风情为品牌定位的意大利歌诗达邮轮公司是欧洲地区最大的邮轮公司。

在《南方日报》主办的"公务员最喜爱的品牌评选"活动中,商旅品牌榜的总投票量已超过 35 000 次,其中多个旅行社品牌票量接近 4000 次,品牌之间的差距明显扩大,而歌诗达邮轮仅有 252 票,满意度在所有商旅品牌中垫底。所有商旅品牌榜中,旅行社品牌的票数最多,包括广之旅、广东国旅、广东中旅等票数均接近 4000 次。此外,票量在 2000 次前后的商旅品牌还包括有南方航空、南湖国旅、中国国航、长隆集团、携程旅行网、7 天连锁酒店。境外旅游局中香港旅游局目前得票量持续上升。与得票量接近 4000 次的旅行社品牌相比,仍有品牌得票量在 300 次以下,歌诗达邮轮以 252 票垫底,为所有商旅品牌中得票量最低的品牌。有读者留言表示,歌诗达邮轮服务质量太差,实际体验远远比不上广告宣传,"坐了一次之后再也不敢坐第二次了"。

思考题

1. 水上旅游质量管理相比广义上的质量管理有何特点?
2. 结合自身所学,挑选特定的水上旅游企业,尝试构建其质量管理体系。
3. 以桂林旅游为背景,谈谈自己对水上旅游服务质量管理的认识。

 案例分析

欧洲公路游与深度游

2004 年 10 月 21 日至 11 月 4 日某旅游团进行了欧洲 11 国游,结果发现,这次旅游让他们疲于奔命,无法认真地参观欧洲丰富的历史文化遗迹和文物,领略人类文明发展的伟大内涵。许多旅游者感叹:"11 国游实质上是 11 国公路游""这是在体验用闪电战横扫欧洲。"

这个团从德国慕尼黑入境,然后乘大巴在西欧转了一大圈,行程在 5000 公里以上,在近 20 个城市停留,每天在汽车上度过的时间约占 2/3。游客起早贪黑赶路,睡眠不足,参观匆忙,于是他们形容这种旅游是"上车睡觉,下车撒尿,到了景点拍拍照"。巴黎卢浮宫藏品颇丰,文艺复兴时期绘画大师的名作以及古希腊、罗马、埃及的著名雕塑不计其数,可是在导游的催促下游客仅参观了一个多小时便不得不匆忙离开,深感无奈之极。如果有谁想在匆忙的旅途中多看几眼,多拍几张照片,拖延开车时间,就将受到导游的批评和游伴的抱怨。这群起而攻之的氛围,令人相当尴尬。团里一位摄影爱好者,在拍照后被落下没有跟上团队,十分慌乱,结果迷路,最后不得不花 40 多欧元(合人民币 400 多元)打的回住地,多花钱不说,他还遭到了众人的嘲笑。几位老年旅游者常常不得不跟年轻人比赛"竞走",令他们既身体疲惫又精神紧张。这种欧洲游就像几年前的东南亚游,当时游客的普遍心态就是"花最少的钱游最多的地方",因此欧洲 11 国 15 日游也被称为"旅游普及班",是首次去欧洲的游客的普遍选择。

实际上,真正要饱览欧洲的美景,需进行享受性的"深度游"。所谓"深度游"是指游客在一个国家、一个地区停留数天的旅游,而不是以前的"一日看尽长安花"式的简单游览。

欧洲国家小而多,去欧洲旅游最好是一次走两三个国家,争取把特色景点和城市"一网打尽",细细品味。比如沈阳多家旅行社就开通了多条欧洲深度游路线:法国8日游、德国8日游、瑞士8日游、爱尔兰8日游、法国和意大利10日旅游等。虽然只游览一到两个国家,但这些线路的报价却都很高,一般为1.5万~2万元人民币,这个价格比欧洲5国8日游8000元左右的报价和欧洲11国15日游1.3万元左右的报价还要高。

（资料来源：改编自刘传本：《欧洲游=公路游》，载《成都晚报》，2004-11；王晓：《欧洲深度游成沈城游客新宠》，载《沈阳今报》，2005-08-16。）

结合案例思考以下问题：
(1) 案例中的欧洲游的质量如何？
(2) 如何提高欧洲游的质量？
(3) 结合自己的旅游经历，举例说明旅游中常见的质量问题，并提出改进措施。

第 11 章

水上旅游信息管理

 **本章导读**

  国家旅游局局长邵琪伟在 2012 年工作报告中指出,旅游业发展信息化带动作用日趋明显,国家确立了以信息化带动旅游业向现代服务业转变的基本途径,制定发布了《中国旅游信息化"十二五"发展规划》,完成了《旅游电子商务服务技术研发与应用示范》国家科技支撑计划项目。北京、江苏、浙江、福建、湖北等省市启动了智慧旅游城市试点工作,在江苏省批准设立了首个"中国智慧旅游服务中心"。各地积极推动将智慧旅游初期成果直接应用到旅游产业要素上,一批智慧旅游景区、智慧旅游企业快速成长,旅游电子商务业务成为多数旅游企业新的盈利方式。我们要注重运用最新科技成果提升旅游服务和行业监管水平,积极推进"全国旅游团队服务管理系统"建设,转变旅游监管方式,提升监管服务水平。

11.1 水上旅游信息系统的建立

  2009 年底出台的《国务院关于加快发展旅游业的意见》提出,"以信息化为主要途径,提高旅游服务效率。积极开展旅游在线服务、网络营销、网络预订和网上支付,充分利用社会资源构建旅游数据中心、呼叫中心,全面提升旅游企业、景区和重点旅游城市的旅游信息化服务水平"。强调要"建立健全旅游信息服务平台,促进旅游信息资源共享。广播、电视、报刊、网站等公共媒体要积极开设旅游栏目,加大旅游公益宣传力度"。这为我国旅游信息化的加速发展指明了方向,提供了有力的政策支持。

11.1.1 水上旅游信息化建设的必要性

1. 实现水上旅游管理现代化的需要

  现代科技的发展,使旅游管理手段、思维方式都发生了质的变化。旅游信息化的一个重要内容就是要构建旅游信息管理系统,它不仅可以提高劳动效率、节省人力,而且可以使管理工作迅速、准确,它是实现旅游管理高技术化、最优化,并尽可能满足旅游业迅猛发展的需要的有效途径。水上旅游作为旅游业未来发展的新方向,更需要加快信息化的建设。

2. 实现水上旅游可持续发展的需要

信息技术的发展和广泛运用给水上旅游业带来了新的机遇,使水上旅游在深度、广度和高度上都有长远的发展。可持续发展是一个没有终止的进程,需要随时获取信息,做出准确的反馈和调控。因此,建立安全、规范、高效、有序的旅游信息化构架,充分发挥信息引导作用,对实现水上旅游可持续发展有着重要意义。

3. 实现水上旅游产业加速发展的需要

旅游业是一个劳动密集型和信息密集型的行业,几乎每个业务环节都与信息密切相关。但是,过去的旅游业的信息化程度低,以致旅游业的信息化建设与其对信息的高依赖性不成比例。从消费者角度来讲,从旅游活动的计划阶段开始,就需要旅游相关的信息,而旅游消费者的全程感受和满意度以及旅游活动能不能成功也在很大程度上取决于旅游组织者的信息化水平。所以,水上旅游业的发展速度在一定程度上取决于信息化程度的高低。

4. 实现水上旅游产业转型升级的需要

传统服务业向现代服务业转型。现代服务业较之传统服务业,更突出现代化的新技术、新业态和新服务方式。信息化是提升产业竞争力、推动产业升级的核心要素。

由粗放服务业向集约服务业转型。重点在于打造区域中心城市的旅游功能集聚能力,由大规模开发建设观光旅游景区(点)向建设旅游目的地转型。信息化是打破区域界限、实现旅游资源整合、塑造统一品牌形象的有效手段。

由本土服务业向国际服务业转型。高速发展的出入境旅游,需要我国旅游业尽快塑造国际形象,提高国际市场竞争力。信息化是统筹旅游营销资源、建立具备国际水平的旅游产品分销系统的重要保障。

5. 实现水上旅游智能化的需要

智能旅游,也被称为智慧旅游,就是利用云计算、互联网等新技术,通过移动互联网,借助便携的终端上网设备,主动感知旅游资源、旅游经济、旅游活动、旅游者等方面的信息,及时发布,让人们能够及时了解这些信息,及时安排和调整工作与旅游计划,从而达到对各类旅游信息的智能感知、方便利用的效果。其中,旅游信息起着最为主要的作用,所以,旅游业与信息业的融合是智能旅游(智慧旅游)发展的前提。

当前,我国水上旅游业信息化工作的重点就是贯彻实施国家的"金旅工程",全方位地建设全国旅游信息网络。"金旅工程"是国家信息化工作在旅游部门的具体体现,也是国家信息网络系统的一个组成部分。实施"金旅工程"就是要最大限度地整合国内外旅游信息资源,力争在较短时间内建设和完善政府系统办公自动化网络以及面向整个旅游市场的电子商务网络系统。

11.1.2 水上旅游信息

1. 信息

一般认为,信息是反映客观事物运动变化的、能够被人们所接受和理解的、对人类的行为决策有用的各类消息、情报、数据、指令、图像、信号等资料的总称。

2. 水上旅游信息

水上旅游信息是对水上旅游资源、水上旅游活动和水上旅游经济现象等客观事物的反映，是水上旅游企业在业务运营，以及水上旅游管理部门在水上旅游业务管理过程中采集到的，经过加工处理后对水上旅游管理决策产生影响的或者对旅游者做出水上旅游决策产生影响的各种数据的总称。

11.1.3 水上旅游信息管理系统

因为水上旅游业属于旅游业的一部分，所以水上旅游信息系统的组成和构建都参照旅游业信息系统的组成与构建。

旅游信息管理系统（TIMS）就是利用数据库、地理信息系统、现代网络技术等多种计算机技术，收集、整合各类庞杂的旅游信息，对其进行系统管理，并在此基础上根据不同的需求状况进行数据深层挖掘，以高度综合性和实用性为特点的信息管理系统。水上旅游信息管理系统就是收集、整合与水上旅游活动有关的旅游信息的系统。

TIMS 必须具有下列各项基本功能：

1. 数据输入功能

此项功能实现以多种方式采集包括地图、文字、图片、图表、视频影像、声音、动画、遥感图像等类型的旅游信息数据，并将这些数据分别纳入系统的空间数据库和属性数据库中。空间数据库中记录的是 TIMS 中各实体的空间位置信息，属性数据库中记录的是 TIMS 中各实体的客观属性，如各实体的数量或质量特征。

2. 数据管理、分析、显示及输出功能

根据所要采集数据的特征，系统可对其进行分类存储、编辑、查询检索并建立各数据之间的相关联系。其中，查询检索模块可提供属性数据查询和空间数据查询两类功能；查询内容涉及目的地查询、客源地查询、交通信息查询、旅行社查询、价格查询、政策法规查询等。系统可对属性和空间数据进行统计分析、空间分析及网络分析等，其结果将为旅游的经营、开发、管理提供服务。系统可对数据库原始数据、各种分析后的派生数据以及查询检索后的结果进行直观地显示和输出。

3. 旅游者预订服务支持功能

此功能实现客房预订、票务预订及网上支付功能，可对已实施限量游览的景点景区门票销售提供预订服务。这项功能有助于旅游电子商务的普及。

4. 经营决策支持功能

通过统计分析、空间分析及网络分析，结合反馈信息接收功能模块所获得的信息，产生现实性强、可为旅游经营决策服务的相关数据，如游客数、游客特征、游客期望、游客抱怨、客房出租率、餐馆经营、旅游商品销售等方面的数据。利用专家系统的支持，为旅游企业经营决策服务。

11.1.4 水上旅游信息管理系统的建立

水上旅游信息管理系统的建立一般包括系统规划、系统分析、系统设计、系统实施四个阶段。信息管理系统的建立是一个技术性很强的过程,本书仅介绍与管理关系最紧密的开发过程:需求分析和数据库设置。

水上旅游信息管理系统的建立首先要对用户的需求进行分析,通过以各种形式(如问卷调查、采访等)得到不同用户群的需求来设计信息系统。以下分别从游客、旅游管理者两个方面来分析系统需求分析。

1. 旅游者需求

(1)通过网络浏览旅游空间信息

旅游者对感兴趣的旅游点的各类信息最直观的认识手段莫过于通过网络环境来浏览该景区或景点的电子地图。网络作为信息时代的产物,给旅游者规划旅游计划提供了极大的方便。

(2)查询旅游资源的各类信息

在地图上定位已知旅游资源名称。

在地图上定位查询符合用户多项条件的旅游资源名称。

查询在地图上选中的或定位的某一个或多个旅游资源,进而得到其详细信息。

查询在地图上选中的或定位的某一个或多个旅游资源,进而得到其周边环境的属性和图形信息。

(3)决策功能

比如通过地图量算功能可以快速地获取两个旅游景点之间的大致距离,方便旅游者选择采用哪种交通方式到达目的地。

(4)交通信息的快速获取

旅游客源地和目的地之间公交信息、换乘信息查询。

旅游目的地附近的交通状况查询。

从游客选择的出发点到目的地采用哪种最优路径的查询。

2. 旅游管理者需求

(1)对旅游资源信息进行统一的管理

为了宏观、全面地了解旅游区的经营概况,对旅游区的发展实现合理的整体规划,必须要对其资源信息进行统一管理,过去的管理手段主要依靠报表等形式的文字记录,无论在查找信息的及时性还是数据的维护的可靠性等方面都比较差。随着 Internet 和计算机技术的普及,数据管理手段已经有了质的飞跃,采用数据库对旅游资源信息分类、进行有效的管理是旅游管理者的最佳选择。

(2)发布旅游空间信息

为了达到对旅游区的快速有效的宣传,可采用网络手段建立网站,这种手段方便、快捷、影响范围广而深。

(3)查询、研究区域旅游资源信息

管理者的查询需求与游客的查询需求基本一致。

(4)决策功能

旅游管理者需要一些功能为其决策提供支持,为一些景点选址的决策、污染源的控制决策等提供快速有效的手段。

（5）统计旅游区的整体状况

旅游区的承载力，每个月、每个季度旅游区的游客量，每个景点的访问量，游客的偏好等这些信息对于旅游管理者至关重要，通过系统功能，要快速将统计数据以图表的形式直观地呈现给旅游管理者，以方便其做出安排和调整计划。

 小案例

杭州西湖风景名胜区监管信息系统的建设

2005年，杭州西湖风景名胜区启动监管信息系统建设，并在景区管理中发挥作用。作为监管信息系统的延伸和相关系统，景区动态网络监控系统基本建设完成。景区建成监控探头288个，覆盖景区主要部位。据统计，景区公安分局利用监控系统查处各类违章行为及不文明现象1200余起，发现警情180余起，直接破获刑事案件20余起，调解纠纷86起，抓获各类违法犯罪嫌疑人74人。西湖水域船舶卫星定位管理系统建设完成。已完成西湖水域内100余条机动船卫星定位终端的安装，同时为部分手划船人员和管理人员配备了有卫星定位功能的手机。

11.1.5 水上旅游信息管理系统的内容

水上旅游信息管理系统有两个数据库：属性数据库和空间数据库。

1. 空间数据库的设计

空间数据库见表11-1。

表11-1 空间数据库

要素类别	点状要素	线状要素	面状要素
旅游目的地	旅游景点、酒店、娱乐设施、商场、医院、银行、邮局	线状旅游资源、游览路线、旅游区内的交通	旅游景区、特殊旅游区、大型娱乐场所
区域交通	交通枢纽、车站、码头、机场、加油站、汽车出租点	公路、铁路、航线、航道、街区道路	
旅行社	机构分布点、加盟景点、加盟宾馆饭店	经营产品线路	产品覆盖区域
客源地	客源市场分布图		
基础图件	行政区图、行政区内居民点分布图、旅游区自然地理图		

2.属性数据库的设计

(1)目的地自然、经济概况

内容涉及目的地地区的地貌、水文、气候、植被、土壤的类型、特征和名称等;行政区划、人口、经济发展状况、旅游企业状况;旅游业产值占第三产业的比重、旅游业从业人员的数量和素质、人均产值效益等。

(2)目的地旅游资源或产品及其利用状况

从辅助区域旅游开发、经营和管理的功能要求分析,以及从旅游者对旅游产品购买前期和购买过程中的信息需求的分析,TIMS必须能够提供丰富的有关旅游区内各种旅游资源或产品的详细信息。根据《旅游资源分类、调查与评价》国家标准(GB/T 18972—2003),结合前述的系统功能,表11-2列出了目的地旅游资源或产品属性项内容。

表11-2 目的地旅游资源属性项表

景观类别	属性
天气与气候	名称、基本类型、区位、科学价值、奇特度、适游期、景点组合情况
水域风光	名称、基本类型、规模、级别、区位、开发深度、环境容量、环境质量、科学价值、奇特度、景点组合情况
旅游商品	名称、基本类型、产地、独特性、价格、质量
人文活动	名称、基本类型、知名度、时间、地点、参与人物、意义内涵
生物景观	名称、基本类型、规模、级别、区位、开发深度、环境容量、科学价值、奇特度、景点组合情况

反映目的地旅游资源或产品利用状况的属性项应包括:游客数、游客景区滞留时间、游客平均花费、景区经营收入、利润等。

(3)目的地基础设施及其利用状况

包括宾馆饭店、康体娱乐、旅游商店、景区交通及其他一些服务设施(见表11-3)。

表11-3 目的地基础设施属性项表

设施名称	属性
宾馆饭店	名称、位置、级别、特色菜、服务项目、床位数、收费标准、联系电话
康体娱乐	娱乐中心、休闲广场等的名称、位置、营业时间、服务项目、服务规模、收费标准、联系电话
旅游商店	名称、位置、特色产品、联系电话
景区交通设施	道路类型、车辆数、交通工具类型、交通舒适度、旅游区的车站、码头、停车场、汽车修理店、加油站、汽车出租
其他设施	景区医院、药店、银行、邮局、公安报警点、失物招领中心等的名称、位置及联系电话

基础设施利用状况信息可由下列一些属性项来反映:客房出租率、宾馆饭店及商店的

营业收入、康体娱乐设施的利用率、营业收入、利润、交通营运人公里数、车辆出车率、营业收入、人均产值等。

（4）出行系统

出行系统是有关目的地和客源地之间的交通系统。反映这个系统状况的数据项内容包括交通工具名称、交通线路、行程耗时、舒适程度、车次、时间、价格、各相关车站、码头、机场、港口、停车场、加油站的名称、位置。

（5）旅行社系统

旅行社的经营服务水平对旅游业的发展有着举足轻重的影响。应包括以下字段：名称、规模、信誉、经营产品、价格、联系电话、投诉率等，此外还包括旅行社员工数、受教育程度、年接待游客数、营业收入、利润等。

（6）支持系统

支持系统主要收集与旅游相关的国家或地方的政策、法律法规、行业规范，以及有关旅游业的各类动态新闻消息。

11.2 水上旅游信息管理系统的运行管理

11.2.1 水上旅游信息管理系统的管理机构

当前我国旅游业对信息管理系统普遍存在"重开发，轻运行"的思想，所以强调运行管理十分必要。运行管理的目的是使旅游信息管理系统能够正常发挥它的作用，产生应有的效益。

1. 信息系统管理机构的设立

企业应设置同其他部门平行的、业务相对独立的信息中心，主管全企业的信息系统规划、运行维护和与其他部门的合作。企业采用这种机构设置方式的出发点是：信息系统涉及企业经营管理的各个方面和各个过程，同时，又同各业务部门的工作密切相关，必须采用统一规划、统一管理的方式。采用这种机构设置方式的优点是：信息系统管理机构同其他部门处于平级的地位，并不附属于哪一个业务部门，信息系统管理的职能更加明确，便于协调各部门的工作和从整体、长远的角度规划与管理企业的信息网络系统，在网络技术飞速发展的今天，便于企业信息资源的共享和保护。其缺点是：必须配备足够的人力资源，运行成本较高。

2. 信息系统管理机构的职能

现代信息化社会的一项重要标志就是，信息正逐渐成为企业内同人力、物力、财力资源同等重要的一种资源，在激烈竞争的水上旅游市场中，企业只有及时地获取企业内外的客源市场信息、客人消费信息并及时地利用这些信息制定正确的决策，才有可能得到生存和发展，如何对企业的信息资源实施有效的管理、保证信息资源得到充分的利用是信息系统管理机构面临的课题。在这一基础之上的具体职能有：

(1) 从战略和长远发展的角度全面地规划信息系统

随着计算机技术应用的深入和普及,企业的计算机化程度会越来越高,在企业内的各级、各类人员接受计算机应用系统的过程中,其对工作的观念会逐渐发生相应的变化,这将对传统的工作内容和组织机构提出新的挑战,企业的经营管理体系必须要适应这种变化。信息系统管理机构是企业计算机技术的代表者,必须要对这一趋势有正确的认识,将企业业务过程的长期发展观念同计算机化的信息处理技术结合起来,正确地规划出企业经营管理体系的未来,并通过有效的方式引导企业向这一方向发展。

(2) 制定与企业基本业务过程和技术水平相适应的信息系统管理制度

计算机化的信息处理技术与传统的手工作业方式大不相同,它既依赖于人的判断能力,又能够提高人的信息处理能力,帮助人们正确地制定决策,因此,必须制定约束性的制度条款,约束企业员工操作计算机系统的自由度,指导员工正确地使用系统。这些制度又要和企业的基本业务过程与员工的平均技术水平相适应。计算机毕竟是一种仅带有十分有限智能的机器设备,只有正确地操作计算机、向计算机系统中输入正确的数据,才能保证计算机系统提供正确的数据,操作计算机设备的人必须具有一定的技术水平。

(3) 负责维护系统的设备、软件和数据

管理信息系统在企业经营管理过程中会产生软件损耗、软件需要升级、数据需要更新的情况,信息系统管理机构应该负责对管理信息系统的维护与更新。

11.2.2 信息管理系统运行管理的内容

1. 系统运行情况的记录

系统运行中,必须要对系统软件、硬件及数据等的运行情况做出记录。运行情况正常、不正常与无法运行等,出现问题时要及时对发生问题的原因作详尽的记录。

2. 系统运行的日常维护

在数据或信息方面,需要日常加以维护的有备份、存档、整理及初始化等。大部分的日常维护应该由专门的软件来处理,但处理功能的选择与控制一般还是由使用人员或专业人员来完成。为安全考虑,每天操作完毕后,都要对更动过的或新增加的数据做备份。

3. 对突发事件的处理

信息系统运行中的突发事件一般是由于操作不当、计算机病毒、突然停电等引起的。当发生突发事件时,轻则影响系统正常运行,重则破坏数据,导致系统瘫痪。对发生的现象、造成的损失、引起的原因及解决方法必须作详尽的记录。

4. 做好系统文档管理

信息系统的文档是描述系统从无到有整个发展与演变过程的文字资料,包括技术文档和管理文档两大类。系统运行中必须做好各种文档的管理。

12.2.3 信息管理系统的维护

软件的特性决定了投入运行的企业信息管理系统并不像其他类型产品那样,可以经过实验、改进,再正式投入批量生产,它需要在使用中不断完善,随着管理观念的变换,也会对信息系统提出新的要求。信息系统只有适应这方面变化的要求,才能得以生存,这也是系统维护的工作。系统维护主要包括应用程序及文档的维护、数据的维护和设备的维护三个方面。

1. 对信息管理系统程序及档案的维护

应用软件维护和系统文档维护是系统维护中最重要的工作,也是工作量最大、耗时最多的一项工作。软件维护的目的是使程序及其相关的数据始终保持正确的运行状态,并根据变化了的环境情况及时地调整程序过程,使其不断得到完善。软件和系统文档的维护过程应当是有计划进行的,其过程为:

第一,根据程序运行中的问题记录或业务部门提出的修改要求提出维护要求;

第二,制订维修计划;

第三,软件维护实施;

第四,记录软件变动情况。

2. 对信息管理系统的数据维护

水上旅游企业经营过程中的各种数据是信息管理系统的基本加工对象。对于数据的维护主要通过两方面的工作实现:一是信息系统管理技术人员正确地知道操作人员的工作,保证输入系统的数据是正确的、有效的、符合程序处理要求的;二是及时、正确地备份数据和正确地保管后备数据,保证在系统出现故障时能够在最短的时间内将系统数据恢复到最新的状态。

3. 对信息管理系统的计算机设备的维护

计算机和通信网络设备是信息系统正常运行的基本保障。对于设备的日常维护和管理主要应考虑以下几方面工作:

(1) 正确操作设备

各企业业务人员的计算机操作水平不等,设备的故障往往是由于操作不当造成的,如频繁地开关计算机造成电源的损坏和减少显示器的使用寿命。因此,必须经常培训和提醒操作人员正确地操作计算机设备。

(2) 定期检查和故障修复

设备和线路的故障是不可避免的,为保证设备的正常运行,技术人员应定期地检查所有的计算机设备、外围设备、通信设备和网络路线,及时发现问题并解决,以避免在设备发生突然故障时花费太多的时间在寻找故障点上,影响了系统的工作和企业主要业务的正常开展。

(3) 设备更新

随着企业经营规模的扩大和管理水平要求的提高,信息系统的规模和技术水平也要做相应的调整,而且,任何设备都是有寿命的,不可能永久地使用下去,企业信息系统必须要做好设备更新的工作,这也是系统设备维护的一项重要工作。信息系统的管理人员应随时根据计算机和通信技术的发展情况,在企业提出设备更新的要求时,能够准确地规划出设备的更新计划,包括设备的型号、技术水平、价格、生产厂家等。

11.3 水上旅游客户信息管理

11.3.1 定义客户信息

企业了解客户的第一步是搞清楚这个阶段需要掌握哪些客户信息与资料。尽管对企业而言,尽可能多地掌握客户信息是有效进行客户信息管理的基础,但是基于资源的理论观点,每个企业所拥有和掌握的资源都是有限的,企业无法全面掌握客户的所有信息,因此需要有选择地调查、了解主要的客户信息。在界定所需要信息的范围时,企业应当遵循以下两个原则:

1. 根据自身的需求界定所需要信息的范围

这是企业在界定需要掌握的信息之前必须遵守的原则。这是因为,首先,不同的行业之间存在很大的差异,例如制造业与水上旅游业的行业环境相差很大,那么企业对客户信息的需求自然也会存在差异。其次,在相同的行业中,也存在不同规模大小的企业。对于大型企业而言,面对的是更大、更为广阔的市场,同时由于其具备雄厚的资金与实力,故可以详细地收集客户的信息与资料;而对小企业而言,由于资金、实力、资源等方面的限制,并不能大规模地收集客户信息与资料,只能获取企业最需要的部分。最后,不同的企业有不同的战略导向,即使是在相同的产业中、具有类似的规模,不同企业的战略导向也会存在差异,企业的定位也会有所不同。例如,有的水上旅游企业希望通过降低成本、降低价格来赢得顾客的青睐,而有的企业则希望通过优质的服务和高品质的产品来吸引顾客。在这些不同的战略导向指引下,企业管制的目标市场存在很大差异,客户的消费偏好和习惯也存在很大差异,企业所要掌握的客户信息与资料也大相径庭。

2. 根据客户的特点确定收集信息的范围

客户与企业的关系经历了一个类似生命周期的发展过程。处于不同阶段的客户有着不同的消费习惯,那么企业就必须根据不同的关系特点,来确定所需要了解和掌握的信息。例如,对于处于潜在获取期的客户而言,企业需要了解客户的年龄、职业、消费偏好等信息;而对于处于成熟期的客户而言,企业需要了解这些客户对企业产品和服务的意见、购买的频率与偏好以及客户对于企业的抱怨或者不满等情况。

11.3.2 客户信息类型

1. 基本信息

主要是涉及客户的基本情况,这些信息一般包括以下三个方面:

(1) 关于客户自身的基本信息

例如,姓名、性别、年龄、性格、血型、电话、传真、住址等方面的信息,这些信息对客户的消费要求与偏好有一定的影响。比如,不同年龄的消费者,对同一类产品所关注的重点差异很大。同样是帆板这个水上旅游项目,年龄大的客户关注的是这项活动是否安全,而年轻的客户关注的可能是这项活动的刺激性、娱乐性。

(2) 关于客户家庭的信息

包括：婚姻状况、是否有子女、是否与父母同住等，这些信息同样会影响客户的购买习惯。

(3) 关于客户事业的信息

包括：以往的就业情况，如以往供职单位名称、工作地点、职务、任职时间、收入、离职原因等；目前工作状况，如目前就职单位名称、地点、职务、收入、对未来事业发展计划等。客户从事的职业和担任的职务对水上旅游企业的产品设计和开发有重要影响。例如，在外资企业处于高层的客户对水上旅游服务产品的要求会很高，更注重服务的质量和档次；而对于一般职员来说，注重的则是经济实惠。

2. 心理与态度信息

此方面的信息主要是关注客户购买产品或者服务的动机是什么、客户有哪些性格特征、客户喜欢什么样的生活方式等。具体而言，主要包括以下四个方面的信息：

(1) 关于客户购买动机的信息

动机体现了客户购买产品的目的。即使是购买相同的产品，不同的客户动机也会存在差异。例如，两个中年男子，拥有同样的资金、类似的家庭生活，两个人都去购买游船旅行的船票，一个是为自己和妻子的旅行，一个是为父母提供旅行，那么这两个人对于游船旅行的服务要求就会存在差别。

(2) 关于客户个性的信息

"现代营销学之父"、美国的菲利普·科特勒(Philip Kotler)认为个性指的是一个人独特的心理特征，并且这些特征能使一个人对他所处的环境产生相对稳定和持久的反应。一个人的个性通常体现为性格特征，例如内向、外向、自信、适应能力等。研究表明个性特征对客户选择产品或服务有一定影响。

(3) 关于客户生活方式的信息

生活方式是一个人的生活模式，体现在一个人的日常生活之中。学者们和许多调研公司都致力于划分客户的生活方式。一些学者根据活动（工作、爱好、社会活动等）、兴趣（家庭、娱乐、时尚等）和观点（自我、社会问题、产品等）3个维度来区分不同的生活方式。不同的生活方式对客户选择服务产品有着不同的影响。

(4) 关于客户信念和态度的信息

客户的信念和态度决定了他们对某些品牌或者产品的感觉，以及他们对产品的态度，并由此影响他们对产品和品牌的选择。

3. 行为信息

此方面的信息涉及个人客户的购买频率、种类、金额、途径等。此类信息通常容易为企业所获取，并能够分析出对企业有价值的资料。需要注意的是，不同的水上旅游企业需要记录的客户信息存在差异。例如，旅行社企业需要记录的是客户偏爱的旅行路线、旅行频率等，而游船类企业需要记录的是客户对哪些游船上的活动更为满意，对什么标准的服务更为满意等。

此外,行为信息只能适用于现有客户,对于潜在客户,由于消费行为还没有开始,当然无法记录其消费行为。

11.3.3 收集客户信息

当企业明确了自身需要掌握的客户信息之后,第二步就是利用各种渠道和方法收集相关的客户资料与数据。在收集信息这一阶段,需要弄清楚两个方面的问题:第一,明确收集信息的途径;第二,弄清收集信息的方法。

1. 收集客户信息的途径

(1) 直接渠道

直接渠道意味着企业通过与客户的直接接触来获取所需要的客户信息与资料,其中包括:第一,与客户直接交谈或者调研,了解客户的基本信息、行为习惯等方面的资料。当企业面临客户时需要主动与客户进行交流,以便于准确、详尽地掌握客户信息。第二,在营销活动中收集客户信息,例如,许多游船企业、游艇俱乐部都开展了会员活动,以此来记录客户的基本信息以及消费习惯。此外,还有不少企业利用博览会、展销会、洽谈会等了解客户信息。第三,通过售后服务获取客户信息,即根据客户的投诉来了解客户。第四,通过网站来收集客户信息,目前,随着电子商务的日益火爆,越来越多的公司开设了专门的网站来销售产品,当客户通过网站订购产品时,不可避免地要填写相关的客户信息,此时,企业就可以获得这些客户的基本信息,并通过追踪其购买频率、内容来了解其购买行为和偏好,从而掌握更多的客户信息,这种方式是今后的主要发展趋势。

(2) 间接渠道

间接渠道是指企业并不亲自收集客户信息,而是通过查询、购买等方式从其他机构或者组织那里获取所需要的客户信息。间接渠道主要包括:第一,通过公开出版物获取客户信息,公开的出版物包括行业发展报告、统计年鉴、期刊、网络、报纸、杂志等。第二,购买专业咨询公司的报告。有许多从事市场调查或财务管理咨询业务的公司会定期收集特定客户的信息或者是对特定的行业进行分析,如,AC尼森公司是一家从事市场调研的公司,每年都会定期发布有关客户、市场方面的调研报告。

直接渠道与间接渠道各有优劣。直接渠道能够让企业尽可能地贴近客户,从自身的需求出发,更多地了解客户的需求。但是,直接渠道的成本较间接渠道要高。相反,间接渠道虽然成本较低,但是由于客户信息来自其他的组织机构,那么很有可能企业获取的数据并不完整或者不全面,不能完全满足企业的需求。因此,在实践中,不少企业会根据收集信息的目的和需求,来决定是采用直接渠道还是间接渠道,还是二者的结合。

2. 收集客户信息的方法

企业通过直接或者间接渠道收集客户信息时可以使用多种方法,这些方法主要包括:

(1) 人员访谈

人员访谈是指企业直接与客户对话,通过与客户交流来弄清客户的需求。

(2) 观察

观察法是指企业直接观察客户的行为,从中了解客户的需求。观察法可以用在客户经常性的购买行为、营销活动中。

(3) 调查问卷

企业可以通过设计结构化或者开发式问卷来了解客户信息。调查问卷包括邮寄问卷、网上调研、电子邮件、电话调研、短信等多种方式。

(4) 其他方法

除了上述的三种方法之处,企业还可以利用其他途径来收集客户信息。例如通过客户的投诉和抱怨来获取信息;对于许多二手数据,则是采用直接购买的方法来获取。

11.3.4 客户信息的管理

在过去,由于技术的限制,企业只能对掌握的信息进行简单的分析。现在,随着计算机技术的发展,企业可以利用数据仓库来管理信息,预测客户未来的行为。

1. 数据仓库体系的组成部分

(1) 数据源

数据源是数据仓库系统的基础,是整个系统的数据源泉。也就是前面提到的企业搜集和掌握的客户信息。

(2) 数据的存储与管理

数据的存储与管理是整个数据仓库系统的核心与关键。数据仓库的组织管理方式决定了它有别于传统数据库。决定采用什么产品和技术来建立数据仓库的核心,需要从数据仓库的技术特点着手分析。针对现有各业务系统的数据,进行抽取、清理,并有效集成,按照主题进行组织。数据仓库按照数据的覆盖范围可以分为企业级数据仓库和部门级数据仓库(数据集市)。

(3) OLAP 服务器

OLAP 服务器对分析需要的数据进行有效集成,按多维模型予以组织,以便进行多角度、多层次的分析,并发现趋势。其具体事项可以分为:ROLAP、MOLAP 和 HOLAP。ROLAP 基本数据和聚合数据均存放在 RDBMS 之中;MOLAP 基本数据和聚合数据均存放于多维数据库中;HOLAP 基本数据存放于 RDBMS 之中,聚合数据存放于多维数据库中。

(4) 前端工具

前端工具主要包括各种报表工具、查询工具、数据分析工具、数据挖掘工具以及各种基于数据仓库或者数据集市的应用开发工具。其中数据分析工具主要针对 OLAP 服务器,报表工具、数据挖掘工具主要针对数据仓库。

2. 利用数据仓库整合、管理信息步骤

(1) 信息的筛选、整理

企业从直接和间接渠道、利用不同方法收集的信息并不能直接为企业所用,必须要对这些信息进行分类、整理。这是因为,首先,企业所收集的信息分散在企业各个不同部门之中。来自客户抱怨等方面的信息掌握在售后服务部门,关于客户态度等方面的信息可能在企业的营销部门,有关客户购买频率等方面的信息可能在销售部门,这些处于不同部门的信息降低了整个企业掌握信息的完整性。其次,来自不同渠道的信息并不是完全准确的,在很多时候,关于同一个问题的信息可能截然相反。因此,企业必须要对掌握的信息进行筛选、整理,从中找到有价值的信息。

(2)客户信息录入

当企业完成了信息筛选、整理之后,第二步就是将掌握的信息录入到数据仓库之中。在录入信息的过程中,首先要对信息进行编码。良好的编码能够让企业员工更为方便地处理信息,同时也提高了数据的运算处理速度。其次要保证录入信息的准确性。一方面,要对信息的来源进行检查,确保信息来源的可靠性和真实性。另一方面,要保证信息录入过程的准确性,即在录入的过程中没有发生偏差。显而易见,这是一个需要投入大量人力物力的工作。确保信息录入准确性的简单办法包括:两次录入,然后对比两次录入是否存在差异,如存在差异,则表明在信息录入时发生了错误;设定取值范围,例如性别只能是0和1,如果输入2,则自动提示录入错误。

(3)客户信息的分析与整理

如果企业只是简单地把客户信息录入到数据仓库中,那么并不能发挥客户信息与数据仓库的作用。数据仓库的意义在于能够帮助企业更快、更好地分析客户信息,从中找到有价值的线索。这些作用主要体现在以下几点:

首先,数据仓库能帮助企业了解自己所有客户的基本信息,例如,了解客户的性别比例、年龄段、职业状况等基本信息。这能够让企业更清楚自己面对的到底是哪些类群的客户。

其次,数据仓库能够帮助企业分析客户行为。客户行为分析分为两个方面:整体行为分析和群体行为分析。整体行为分析用来发现企业所有客户的行为规律。但仅有整体行为分析是不够的,企业的客户千差万别,众多的客户在行为上可以划分为不同的群体,这些群体有着明显的行为特征。对企业而言,不仅要了解客户整体行为,还必须要掌握客户群体乃至客户个人的信息,以便企业协调与客户的关系。

在了解客户行为的基础上,企业应当利用数据仓库,了解客户的具体行为特征,包括:

第一,哪些人具有这样的行为?

第二,哪里的人具有这样的行为?

第三,具有这些行为的人是否对本企业忠诚?

第四,具有这些行为的人能给企业带来多少利润?

最后,数据仓库还能帮助企业分析客户行为规律。一般来说,行为规律分析至少应该包括以下功能:

第一,这些客户拥有企业的哪些产品?

第二,这些客户的购买高峰期是什么时候?

第三,这些客户的购买行为通常发生在哪里?

通过对这些客户行为进行分析,能够为企业在确定市场活动的时间、地点、合作商等方面提供确凿的依据。

总之,"十二五"时期旅游信息化迎来历史性的发展机遇。党中央国务院高度重视旅游产业及旅游信息化发展,《国务院关于加快发展旅游业的意见》中提出"将旅游业培育成国民经济的战略性支柱产业和人民群众更加满意的现代服务业"的战略目标,明确指出"以信息化为主要途径,提高旅游服务效率"。各级旅游行政管理机构充分认识到旅游信息化工作的重要性和紧迫性,并做出了具体指示和安排,为"十二五"期间旅游信息化的快速发展奠定了坚实基础。水上旅游作为旅游业日渐兴起的行业,更是要紧跟国家政策方针,积极建设水上旅游信息管理系统,为水上旅游高速发展打下坚实的基础。

思考题

1. 水上旅游信息化的必要性有哪些?
2. 信息系统管理机构的职能有哪些?
3. 收集客户信息的途径有哪些?
4. 以一水上旅游企业为例,谈谈信息化管理给企业创造的价值。

案例分析

海南旅游信息系统的构建

中国旅游业第十二个五年规划(2011—2015年)是深入贯彻落实科学发展观,将旅游业"培育成为国民经济战略性支柱产业和人民群众更加满意的现代服务业"的关键时期,是贯彻《国务院关于加快发展旅游业的意见》和《中国旅游业"十二五"发展规划纲要》指示精神、全面开展旅游信息化建设的重要阶段。

我国旅游信息化建设起步晚、基础差,多年受困于机构不完善和资金缺乏的状况。经过多年努力,旅游行业信息系统建设取得了长足进展。其中,辽宁建立了全省旅游行业网络管理工作平台、广东创建了韶关旅游信息化示范区、吉林利用网络开展"吉林八景"网上评选活动、江苏省旅游局完成办公自动化和政府阳光工程建设、湖北全面推进"湖北旅游信息服务系统"建设、湖南进一步推广诚信旅游管理系统、宁夏实现在线旅游投诉功能。2008年7月,新的北京旅游信息网上线运行,网站以电子政务、旅游资讯和旅游文化3个频道、7种语言、近200个栏目、上百个专题、数万条信息的规模,采用文字、图片、动漫、视频、链接等形式,建设了与世界城市相匹配的综合旅游服务管理平台体系。上海旅游信息化自1999年起步,先后建设开通了上海旅游政务网、上海旅游会展网、上海旅游网、上海旅游人力资源网等网站,在星级宾馆设置了通过ADSL联网的"e"点通多媒体触摸屏系统,形成了旅游信息的立体化公共服务平台。

海南省旅游信息化在"十一五"期间取得了重大发展,本节重点介绍海南省如何利用信息化促进旅游业的发展。

一、海南省旅游信息管理系统的建立

海南省委、省政府根据国家旅游局"金旅工程"总体要求,在旅游系统进行"三网一库"("三网":旅游信息网、旅游政务网和内部办公网,"一库":旅游资源信息库)建设,正式开通了海南旅游政务网、海南旅游信息网即海南金旅网和内部办公网,建立起海南旅游资源数据库。

在海南旅游政务网建立了旅游业务管理平台,整合全省旅游管理部门、行业协会和旅游企业资源,开展"政务信息""网上办公""业务管理""行业动态""旅游快讯"等应用,实现"政府—政府""政府—企业""政府—个人"综合服务与管理职能,达到提高旅游管理部门的行政效率、降低行政成本、创新旅游管理能力和服务广大游客的总体要求。

在公众旅游资讯网——阳光海南网上,充分发挥网络全天候、广覆盖的独特优势,分层次、有侧重地展示海南旅游形象和旅游资源,建立了"旅游快讯""主题旅游""热门景点""美食天地""旅游百事通""图说海南"和"信息公告"等栏目,网站开辟了中、英、俄、日、韩5种语言版面,通过大量图片和短片方式来充分展示海南的旅游资源,主要承担海南旅游形象宣传促销的任务,同时也为广大游客提供了丰富的旅游信息。

海南省旅游委遵循"统一标准,方便检索,资源共享,技术先进"的原则,制定了《海南省旅游信息采集管理办法》,与省技术监督局联合颁布旅游信息化地方标准,明确了旅游信息采集的主体、信息采集的范围和内容、信息采集的要求、信息的使用、信息采集周期与更新办法等项内容,建立旅游信息采集、上报、反馈和发布的长效机制,建立起以全省旅游信息、各市县旅游资料以及与旅游活动相关的食、住、行、游、购、娱等为主要内容的旅游信息数据库,为旅游者和与旅游相关的行业和部门提供全面的旅游信息服务。

二、海南省旅游信息管理系统的维护

为了促进海南省旅游信息化的发展,海南省建立了旅游信息化专门机构,旅游信息化工作的领导、协调和实施机制初步形成。2008年12月,经省编委会批准成立了海南省旅游发展委员会信息中心,主要负责省旅游委及旅游系统网络管理,编制、发布旅游信息,提供旅游信息咨询及服务等工作。配备财政预算管理事业编制5名,其中处级领导干部1名。2009年10月16日,海南省旅游局信息中心更名为海南省旅游发展委员会信息中心。为加强对全省旅游信息化工作的领导,成立了省旅游委旅游信息化工作领导小组,省长助理、旅游委主任任主任,副主任邓小刚牵头负责。

三、海南省旅游客户关系管理

海南省旅游信息网及阳光海南网开设了会员注册和反馈评价功能,会员注册可以收集游客的基本信息,这些信息都会收录到相关数据库中,方便了解游客的喜好和旅游潜力;反馈评价功能可以收集游客对旅游服务质量的感受,可以促进海南旅游服务质量的提升。阳光海南网还开通了新浪微博和腾讯微博官方网站,利用社交网站不仅能提升网站的关注率,也能通过微博这种时下最流行的社交方式了解游客的旅游需求;同时旅游政务网又开设了投诉邮箱,方便游客提出自己对海南旅游服务和产品的意见。

"十一五"为海南省旅游信息化建设奠定了扎实的基础,为"十二五"海南省旅游业快速发展和转型升级提供了有力保障。信息化会带动海南省旅游业向现代化、国际化服务业大步靠拢,会带领海南省旅游业迈向一个新的台阶。

结合案例思考以下问题:

(1)海南旅游信息管理系统的建设有什么特点?

(2)结合材料分析旅游信息管理系统的建设要注意哪些因素?

第 12 章

水上旅游安全管理

本章导读

2012年4月4日,在苏州太湖上一艘快艇撞上两艘货船中间的钢缆而发生意外,导致4名上海高校的大学生遇难身亡。年轻的生命随着湖水而逝,但是惨剧背后的责任与原因的追问却不会因此而停止。是驾驶员疏忽还是因为其他原因?游艇前面怎么会突然出现拖带的运输货船?为什么游客不穿救生衣乘坐游船?种种质疑的矛头都直指水上旅游安全管理存在的弊端,不得不让人们深思。

近几年来,随着国民经济持续平稳较快的发展和居民收入稳定的增加,水上旅游作为时尚休闲旅游开发的一个新亮点,正在迅速升温走红,成为旅游族的"新宠"。但是它在推动当地经济发展,并给人们带来新体验的同时,也为水上旅游埋下了许多安全隐患。频频发生的水上旅游安全事故,使人们在扼腕痛惜之余,更清楚地认识到水上旅游安全事故的不容忽视。由于我国水上旅游业尚处于发展初期,不论是理论还是实践方面,水上旅游安全管理都还不完善、成熟,因而,对水上旅游安全问题的研究已刻不容缓,且具有重大的理论和现实意义。

12.1 水上旅游安全概述

12.1.1 水上旅游安全的定义

旅游安全有广义和狭义之分,广义的旅游安全指旅游现象中的一切安全现象的总称,既包括旅游活动中各相关主体的安全现象,也包括人类活动中与旅游现象相关的安全事态和社会现象中与旅游活动相关的安全现象。而狭义的旅游安全指旅游活动中各相关主体的一切安全现象的总称。它包括旅游活动各环节中的安全现象,也包括旅游活动中涉及人、设备、环境等相关主体的安全现象。

作为旅游产品的一种形式,水上旅游安全具有一般意义上旅游安全的共性,除此之外,其安全内涵还有着其特殊背景意味。根据"水上"这一特定环境,本文仅探讨其"狭义"的旅游安全。"狭义"的水上旅游安全可指水上旅游活动中各相关主体的一切安全现象的总称,包括水上旅游者安全、水上旅游资源安全、水上旅游设施设备安全、水上旅游环境安全等。

12.1.2　水上旅游安全的表现形态

水上旅游安全问题主要表现在以下几个形态:

1.交通事故

以水上交通事故为主。水上旅游有着各种不同的载体,如以"三游"(游船、游艇、邮轮)产品为主要代表的水上旅游交通载体,会由于类似航班安排的不合理、船与船间的避让和安全距离不合理等原因,导致相撞、翻沉、起火、游客落水等水上旅游交通事故。此外,由于滨水区交通条件差、公路转弯多、坡度陡等因素,还易发生滨水区公路上的交通事故。

2.娱乐项目事故

指游客在参与一些水上娱乐项目时发生的安全事故,主要是各种竞技类,如水上摩托车、水上飞机、快艇、漂流、冲浪、潜水等,这些旅游项目新颖刺激,但本身潜藏着很大的危险性,所以特别容易引发各种摔伤、溺水等事故。

3.卫生安全事故

主要是在滨水区饮食而导致的饮食安全问题,产生的后果从一般的过敏反应到中毒甚至死亡等。在滨水区旅游过程中,很多旅游者都会品尝海鲜等水产品,一些抵抗力较差的游客吃了带有细菌的海鲜会出现类似过敏、腹泻、皮肤瘙痒等症状。

当然水上旅游安全还表现在治安犯罪、水体中凶猛或有毒动物的侵袭、自然灾害(如台风、海啸等)而引起的人身伤亡等方面。但是,本章中主要是以常见的水上交通事故和娱乐项目事故进行后续探讨。

12.1.3　水上旅游安全的特点

水上旅游安全的特点主要体现在以下几个方面:

第一,根据旅游目的地环境的不同,水上旅游可划分为水面上旅游和滨水区旅游两种形式。由于其旅游目的地的特殊性,因而水上旅游的安全性与气候条件、自然地理条件等关联性很强。

第二,水上旅游安全事故具有较强的季节性。通过对历年水上旅游事故情况的统计分析,发现事故多发期为4~8月,这几个月发生的事故往往占全年总数的2/3左右。因为这个时期正是水上旅游的旺季,且是台风、雷暴雨、大风、浓雾等恶劣天气的多发季节,往往容易导致水上旅游事故的频发。

第三,水上旅游是以水文景观为主体资源开发的一种旅游产品,涉水旅游的安全隐患多,且事故发生情况复杂、抢救难度大、人员死亡率高,在全部旅游事故中占有很大比例。

第四,水上旅游是在水域环境(包括滨水区)这一交通与通信相对不便的目的地开展的旅游活动,一旦出现安全事故,难以立即呼救,开展施救行动也较困难。

第五，水上旅游中游客活动范围广、相对分散，旅游安全不易管理和控制。

第六，水上旅游安全问题具有隐蔽性，许多安全事故具有突发性和不可预见性，而一些游客对水上旅游的安全知识、安全事故后果的认知还不多，甚至严重不足，因此常常会发生由于缺乏安全意识麻痹大意而造成安全事故。

12.1.4 水上旅游安全的形势

近半个世纪的发展，使我国水上旅游业迅速"蹿红"，但水上旅游活动中的安全问题也日益凸显，旅游安全问题时有报道：

1994年3月31日在浙江千岛湖上，3名歹徒抢劫了游客乘坐的"海瑞"号游船后，又纵火烧船灭口。船上游客连同2名导游在内的32人全部被烧死。

1999年11月24日，"大顺"客轮在从烟台到大连的途中失事，312人坠海，只有22人获救，发生了伤亡极为惨痛的一次海难。

2006年6月19日，浙江省台州市仙居县永安溪漂流发生竹筏侧倾事故，导致筏上5名自助游客落水，其中2名游客不幸溺水身亡。

2006年7月24日，大连某旅行社接待的一旅游团到海滨景区观光，部分游客不听劝阻要乘坐快艇出海游览，快艇的动力桨被海上养殖阀绳缠住导致沉船事故，造成1名游客死亡。

2011年6月25日，广西北海银滩公园浴场发生游泳溺水事故，有2人溺水身亡。

2012年4月4日，苏州太湖发生了一起游艇事故，一艘快艇撞上两艘货船中间的钢缆发生意外，导致4名上海高校的大学生遇难身亡。

随着水上旅游的发展水上旅游安全问题呈现逐年上升的态势，成为制约水上旅游业发展比较突出的问题之一。

12.2 水上旅游安全管理现状与问题

12.2.1 水上旅游安全管理的现状

水上旅游安全管理是指为了保障水上旅游者的安全（包括人身安全、财产安全、精神安全、名誉安全等），对水上旅游安全工作进行的计划、组织、协调、控制的活动。目前，水上旅游安全管理的内容涉及三个层面：宏观的行业安全管理层面、微观的水上旅游企业管理层面，及水上旅游者安全管理层面。宏观的行业安全管理层面主要体现在政策法规、信息指导、监督和控制等方面；微观的水上旅游企业层面的管理主要体现在企业内部的安全管理机构设置、规章制度、管理方式等方面；水上旅游者安全管理层面主要为旅游者自身安全认知方面。

1. 水上旅游安全的法律法规现状

政策法规是旅游安全保障系统的基础，为旅游安全提供法律依据，同时也为旅游活动的顺利进行和旅游业安全、健康、有序地发展提供有力保证。水上旅游在我国旅游业的发展中起步晚，尚处于不成熟阶段，因而目前国内还未出台专门规范水上旅游安全的法律法规，当水上旅游安全事故发生时只能援引旅游安全和水上交通安全等相关的法律法规。

（1）旅游安全相关法律法规现状

自 1990 年 2 月针对全行业旅游安全管理的《旅游安全管理暂行办法》颁布后，至今的 20 多年间，国务院、国家旅游局、公安部等相关部门制定了一系列旅游安全政策法规，按照时间顺序简要罗列如下：

《旅游安全管理暂行办法实施细则》（国家旅游局，1994 年 3 月 1 日起施行）；

《重大旅游安全事故报告制度试行办法》（国家旅游局，1993 年 4 月 15 日发布）；

《公共娱乐场所消防安全管理规定》（公安部，1995 年 1 月 26 日）；

《关于加强旅游涉外饭店安全管理，严防恶性案件发生的通知》（国家旅游局、公安部，1993 年 8 月 30 日）；

《游乐园(场)安全和服务质量》（国家技术监督局，1997 年 4 月 2 日）；

《漂流旅游安全管理暂行办法》（国家旅游局，1998 年）；

《中国公民出境旅游突发事件应急预案》（国家旅游局，2006 年）；

《关于加强旅游交通运输安全的紧急通知》（国家旅游局和国家安全生产监管局，2007 年）；

《旅游者安全保障办法》（国务院，2009 年 10 月）；

《旅游法》（国家旅游局，2013 年 10 月）；

《旅游安全管理办法》（国家旅游局，2016 年 12 月 1 日）。

其中有不少法规是随着新兴旅游活动项目、新安全问题的出现才出台的或对原有法规的适当修改。旅游安全政策法规经历了一个从无到有、从有到变的动态变化的过程，初步形成了一个相对完善的旅游安全政策法规体系。

（2）水上交通安全相关政策法规现状

水上旅游业日益兴盛的同时，其安全的形势也日益严峻，因此，国家和相关部门日益重视水上安全管理工作，陆续颁布了相关法律政策，按时间顺序罗列如下：

《中华人民共和国船舶交通管理系统安全监督管理规则》（交通部，1997 年 7 月 1 日）；

《水上安全监督行政处罚规定》（交通部[1998]7 号令）；

《水上安全监督管理体制改革实施方案》（国务院，1999 年 6 月 5 日）；

《中华人民共和国内河水上交通安全管理条例》（国务院，2002 年 8 月 1 日起实施）；

《内河旅游船星级的划分与评定》新国标（国家旅游局、国家技术质量监管局，2009 年 3 月实施）；

《中华人民共和国船员培训管理规则》（交通部，2009 年 10 月 1 日起施行）；

《中华人民共和国内河船舶船员适任考试和发证规则》（交通运输部，2011 年 1 月 1 日起施行）；

《中华人民共和国水上水下活动通航安全管理规定》（交通部，2010 年 12 月 30 日颁布，2011 年 3 月 1 日起实施）。

从上可以看出,随着时间的推移,尤其是近几年,我国水上安全管理的相关立法越来越趋向从一般管理到具体管理的转变,努力填补水上安全管理的空白,但是要形成一个完备的体系,仍需一定的时间来落实。

2. 水上旅游安全的行政管理现状

水上旅游业的安全涉及安全、交通、海事、旅游、水利、建设、技术监督等多个部门以及当地县、乡政府等各个方面,根据《中华人民共和国内河交通安全管理条例》(国务院,2002年8月1日起实施)等相关法律法规的规定,在水上旅游安全监管中遵循"职责法定,依法行政"及"谁审批、谁发证,谁主管、谁负责"的原则,即各部门在各自职责范围内负责本地区水上旅游安全监督管理工作。但由于这些职能多有交叉,甚至不明确的地方,导致这些部门一般都站在各自部门利益的立场上考虑问题,互相之间缺乏有效的沟通与合作,各行其是,且对有利的事抢着管,而对要负责任的事,互相推诿扯皮,这种多头管理和无序管理的局面极大降低了水上旅游安全管理的效率。

3. 水上旅游企业内部安全管理现状

(1) 投资主体复杂

目前,水上旅游项目设施的投资者大体有如下几种情况:一是国有性质;二是集体性质;三是合资合作;四是合伙;五是私有投资者。有的甚至是由几个农民拼凑几条竹排、木筏或皮艇就搞起了水上漂流。这种鱼龙混杂的经营主体,使得水上旅游安全隐患从源头就埋下了伏笔。

(2) 设备设施等隐患多

水上旅游经营企业(者)中大量存在着急功近利的观念,对水上旅游项目设施的安全性投入不足,麻痹大意,主要表现在以下方面:

首先,对以"三游"(游船、游艇、邮轮)产品为主要代表的水上游览设施安全管理不足。目前水上旅游业仍存在着为数众多的"三无"船舶,一些没有经过严格安全认证的低质船只以极低的成本投入了经营使用,出现这种现象的主要原因是多头管理下导致监管不力,使得许多经营企业乘机钻空。

其次,水上旅游娱乐项目缺乏科学、规范的指导。目前水上旅游区的许多娱乐项目缺乏科学、严格的规范和管理,如对游客的娱乐活动缺乏规范性的技术指导,对设施设备配备和维护缺乏科学的规划,对项目安全管理与控制缺乏科学和完善的制度管理与监督等,因而危险性较大。

再次,安全基础设施的建设和维护存在问题。由于水上旅游发展程度不一,一些水上旅游景区的路灯、栏杆都有一定程度的老化和损坏,尤其水上安全救护装备、消防器材、救生设备、安全警报装置等均未得到及时维护,甚至部分景区连起码的堤岸台阶都没有。

最后,水域、航道管理不合理。有些旅游经营单位在内河航道上设置旅游项目,由于未划定旅游专用水域,使得旅游船舶与其他船舶在同一通航水域混合航行,侵占、妨碍正常航行;有的在水库设立旅游经营场所,有的山区溪水没有得到必要的疏通、没有设置必要的航标或安全标识就开展漂流活动。这些现象都暗藏着巨大的安全隐患。2012年4月4日苏州河上酿成悲剧的主因之一就是旅游船只与货船在同一通航水域内混合航行。

(3) 法制观念和安全意识淡薄

旅游船经营大多数属于个体经营，即使是实行公司化管理的企业，由于非专业经营，安全意识也不强。对船员的业务技能、职业道德等从业资格的要求不高，更不会对船员开展培训教育，导致各种水上旅游设施的操作人员普遍都没有经过必要的安全培训，持证上岗率很低。再加上一些船员麻痹大意，还自以为是地认为自己驾船掌舵驾轻就熟，殊不知遇到紧急情况就茫然不知所措。生命至上，在人人虔诚对待的安全面前怎能来得了如此轻率！

4. 水上旅游者的安全认知现状

"亲水、近水"的心理使得人们热衷于水上旅游，而另一方面，水上旅游活动特定的地点，又决定了其活动多具有较高的危险系数，因而，许多旅游者在安全意识薄弱并缺乏水上旅游安全知识的情况下，多凭着兴趣爱好，放松对安全的重视，导致安全问题的发生。

12.2.2 水上旅游安全管理的问题

近年，安全问题不断引起人们的重视，加上相关法规政策不断完善，使得水上旅游在安全管理上取得了一定成绩，但是由于重视程度依然较低，因而，水上旅游在安全管理上依旧存在诸多问题。

1. 水上旅游安全管理法律法规体系不完善

目前国内还未出台专门规范水上旅游安全的法律法规。虽然陆续出台了一些旅游安全和水上交通安全的法律法规，但并非专门针对各种水上旅游安全事故，使得水上旅游安全管理中的许多情况无法可依。另外，随着水上旅游活动形式的增多，新开发的特殊旅游项目尚未纳入安全管理范畴。

2. 水上旅游安全管理相关部门间缺乏协调机制

水上旅游的发展处于初级阶段，国内对于水上旅游安全的管理工作认识不足。因此，目前国内还没有专门的水上旅游安全管理部门，而是归属于多部门共同管理，而各部门各司其职，只在自己的管辖范围内进行管理，没有统一的调度中心，一旦发生安全事故，各部门之间关系难以协调，就会导致出现多头管理、无序管理、管理漏洞的现象。

3. 水上旅游企业内部安全管理不足

通过前文对我国水上旅游企业安全管理的现状的分析，可发现我国水上旅游企业安全管理不足。总体体现在旅游企业内部安全管理机构不健全甚至缺失；水上旅游企业内部安全规章制度缺乏，有些形同虚设；水上旅游企业安全管理实施力度差；水上旅游企业内部安全管理系统缺失；水上旅游从业人员安全知识不够、安全意识差等问题上。

4. 水上旅游安全管理的社会力量薄弱

水上旅游安全的管理不仅在于政府、企业自身的安全管理，社会的监督也能对水上旅游安全管理工作起到很大的作用，但是目前社会力量薄弱，作用并没有得到充分发挥。主要体现在：水上旅游保险发展滞后、社会公众安全意识薄弱、教育宣传不够。

12.3　水上旅游安全管理系统及构建

水上旅游安全管理中存在的诸多问题,概括起来体现为水上旅游安全缺乏完善的管理系统。根据现代组织理论,建立完善的水上旅游安全管理系统,有利于对水上旅游安全进行全面、有效、系统的管理。

12.3.1　水上旅游安全管理系统的概念

1.水上旅游安全管理系统的定义

水上旅游安全管理系统是指为保障水上旅游者的安全,由政府构建的全面协调的综合管理系统,它由现代先进的科学技术和专业的管理人员组成。该系统可以分为水上旅游安全信息系统、水上旅游安全预警系统、水上旅游安全控制系统、水上旅游安全保障系统,这四个子系统在指挥机构的统一指导下相互沟通、紧密联系,组成高效的管理系统。

2.水上旅游安全管理系统的功能

水上旅游安全管理系统是个综合、全面、协调的管理系统,能够将水上旅游管理机构整合、统一起来,避免多头管理和无序管理的局面出现。一方面,该系统能够将全国的水上旅游安全信息集中整合,依据互联网等相关技术对水上旅游安全的状态进行监察;另一方面,根据检测到的信息,对水上旅游安全的隐患进行排查、清除,并进行全面的管理。该系统既适用于日常的监测管理,又适用于危机事故发生的处理。

12.3.2　水上旅游安全管理系统的构建

1.水上旅游安全信息系统

水上旅游信息管理系统包括水上旅游气象信息、水上旅游容量信息、水上旅游安全设施信息、水上旅游环境污染信息、水上旅游企业的运转信息及水上旅游区域的社会安全信息等数据信息库,每个数据信息库都有信息的收集和报送两个环节。信息的收集要依靠管理机构提供支持,管理机构下置的管理人员分散在水上旅游安全管理诸多部门,能够提供完善的信息服务。信息系统将收集的信息进行整合分类,存入水上旅游安全信息系统,并报送水上旅游安全预警系统,由预警系统进行分析与预测,从而划分出信息等级,进行报警服务。

2.水上旅游安全预警系统

水上旅游安全预警系统的主要任务是制定发布水上旅游安全事故预防管理的法规、条例,教授和培养水上旅游景区内从业人员、旅游者的安全意识和安全知识,提高水上旅游景区游客的安全事故的防范能力,具体工作有以下内容:

第一,在水上旅游景区内设置安全宣传栏,发放安全宣传手册;在事故频发的偏僻景区地段设置告示牌、警示牌,提醒旅游者在旅游过程中应注意的事项和出事后应当采取的紧急措施;在导游图上介绍景区的安全保障情况和游览注意事项。

第二,对进行水上旅游的游客进行普法教育、法制宣传教育,提高他们的法制观念和守法意识,特别是让他们了解本水上旅游景区安全的旅游环境和他们的切身利益的密切关系,使他们能自觉维护景区的安全环境。

第三,在水上旅游旺季到来之前,科学地进行针对性的反营销宣传活动,降低景区旺季的高峰流量,将游客数量控制在旺季时能承受的饱和范围之内,以减轻水上旅游景区内巨大的安全保障压力。

3. 水上旅游安全控制系统

水上旅游安全控制系统是由安全管理队伍以及旅游安全防控管理的一系列工作组成,具体工作有以下内容:

第一,对水上旅游景区内各种经营活动进行日常监督与管理,防止和杜绝摊主欺客、宰客情况发生。

第二,设置水上旅游景区专业保安,进行内部的治安管理,防止盗窃、酗酒、闹事等违法事件的发生,保证游客在水上旅游景区的人身财产安全。

第三,对水上旅游景区内的旅游活动进行防控和管理,制订旅游旺季疏散游客的具体方案,有组织、有计划地安排游客进行安全的旅游活动。

第四,对水上旅游景区内的旅游设施设备(如竹筏、橡皮船、游船等)进行日常安全检查和管理。

第五,对水上旅游景区内的游客的住宿安全,饮食安全进行防控、监督和管理。

4. 水上旅游安全保障系统

水上旅游安全保障系统有水上旅游景区安全管理的规章制度、景区的安全救援机构、景区的旅游安全资料、景区的旅游安全保险四部分组成。

(1)水上旅游景区安全管理的规章制度

水上旅游各景区根据国家、本地颁布的相关法规条例结合本地具体情况制定了景区安全管理的规章制度,景区安全管理机构和本区内的文化、公安、环保、旅游、工商、交通等相关部门就遵守这些规章制度相互协调,一并落实。

(2)水上旅游景区的安全救援

水上旅游景区的安全救援即指由景区和当地的医院、消防、公安和政府职能部门对水上安全事故进行快速有效的救援,要有专门的救护车、救援小组人员,要配备相关的救援设施和设备,要经常设计和演练各种救援方案,以提高救援的能力和效果。

第一,水上旅游景区安全资料和档案。依靠景区安全资料和档案对景区进行防控和管理,对水上旅游景区设施设备进行维护保养和检查记录,以保证设施安全运作。对水上旅游景区的地貌、路线、水文、气象要跟踪记录,用作防控和操作救援的依据。

第二,水上旅游景区旅游安全器材配置。一般10平方公里左右的水面必须配置交通、水面救护高速艇至少一艘(85马力YAMAH),要求10分钟内救援人员能够赶到湖面任何地点;清理巷道、水底障碍,请交通部门设立巷道航行标志和信号灯;水面所有的营业和工作船只必须按交通部和海事要求配置足额救生衣、救生圈和其他标准救生器材。

第三,水上旅游景区旅游安全保险。在水上旅游景区内,建立旅游者人身保险和财产保险制度,加强旅游保险的宣传,提倡和引导旅游者购买旅游意外保险,提高安全防范和自身旅游安全保险意识。

12.4 水上旅游危机管理概念及方法

由于内外界各种可控与不可控因素的影响,波动和危机可以说是旅游运营的常态环境,水上旅游业也不例外。近年来,我国水上旅游业方兴未艾,在快速开发过程中普遍存在的"重开发,轻管理"问题、在管理中存在的"重眼前,轻长远"的现象,为水上旅游业埋下了危机的孽根,加上其特殊的活动区域,使得水上旅游业危机更具有自身突出的一面;此外,还有外界许多不可抗拒的因素,也让水上旅游业"危机四伏"。

然而危机不可怕,可怕的是危机管理意识和机制的严重缺乏,致使各旅游主体在面对危机时往往不知所措。因而当务之急是做好水上旅游危机管理,即正确认识旅游景区面临的危机,增强危机意识,切实做好充分应对危机的准备,这样不仅有利于防范和减少水上旅游安全事故,而且有助于提升水上旅游管理水平,提高信誉和知名度,对于促进水上旅游事业的健康、快速发展具有极其重要的现实意义。

12.4.1 水上旅游危机的概念

1. 水上旅游危机的定义

旅游危机是指影响旅游者信心、妨碍旅游业正常运转的任何不曾预见的事件。其中包括那些对目的地形象的影响远甚于对基础设施的影响的诸如洪水、飓风、火灾或者火山爆发等事件,也包括对目的地的旅游吸引力产生影响的国内动荡、意外事故、犯罪、疾病等事件,甚至还包括诸如汇率的剧烈波动等经济因素。

因此,水上旅游危机是一种对水上旅游基本目标的实现构成威胁的突发性事件,是影响水上旅游者对水上旅游业的信心,并要求水上旅游各主体必须迅速做出决策的非预期性事件。

2. 水上旅游危机的分类

一般,从危机的成因,可以将旅游业危机划分为由非常规和常规事件分别引起的非常规性旅游危机和常规性旅游危机两大类。如表 12-1 所示。

表 12-1 旅游危机类型

旅游业危机成因			
非常规性	自然灾害		如地震、洪水、海啸等
	社会灾害	政治领域	如战争、冲突、恐怖袭击等
		经济领域	如金融危机、汇率波动等
		公共卫生领域	传染性疾病危机,如 SARS、流感等
		意外事故	意外事故危机,如火灾、停电断水等
常规性	恶性竞争		低价低质、恶意中伤、传播误导等
	管理失误		经营、财务、人力等方面的失误

针对水上旅游自身特点,根据危机的来源与可控程度,可将水上旅游危机分为三类,即不可控制的外部危机、可以控制的内部危机以及内外部交互作用的危机。其中,不可控的外部危机是指由于外部环境中一些不可控因素的出现,如国内外政治经济环境变化、旅游业整体形势变化、自然灾害等而导致景区的收益、经营、声誉等遭受到极大损害的危机。可控的内部危机是指在经营过程中,由于自身经营管理不善而招致的危机。而内外相互作用危机,是指内外部因素交互作用引发的危机,即由景区外部环境因素与其自身经营管理因素共同作用而引发的危机,这类危机处于可控和不可控之间。

值得一提的是,上述中的内外部并非水上旅游景区地理覆盖区域的内外部,而是针对其经营管理内容而言。这样划分的意义在于,外部危机大多属于非常规性危机,不易控制。本文主要从微观角度突出其内部危机,从可控性的角度加强水上旅游危机管理。

3.水上旅游危机的管理

水上旅游危机管理是对水上旅游突发事件的过程管理,它是全方位的、系统的管理,是对水上旅游业更长远发展的战略思考,而不是就事论事,仅仅针对某一次的危机。其目的就是要在危机发生前预防危机的发生,而在危机真正发生时采取措施减少危机所造成的危害,以及在危机发生后尽量消除危机的影响。

美国公关专家罗伯特·希斯(Robrt Heath)指出,危机管理包含着对危机事前、事中、事后的管理。据此,将水上旅游危机管理框架体系划分为三个阶段。第一阶段是危机事前管理阶段,它主要包括树立危机意识,建立危机预警系统,这是以预防为主的阶段。第二阶段是危机事件管理阶段,是当危机即将发生或者已经发生时针对现实危机进行的管理,这个阶段是以处理实际危机为主的阶段。最后一个阶段是危机事后管理阶段,也称为恢复管理阶段。主要是从危机对水上旅游目的地、企业甚至水上旅游业形象的影响中恢复过来,并进行事后经验和教训的总结,加强自身的危机管理能力,尽快使整个旅游业得到恢复。三个阶段都是非常重要的,只有相辅相成,才能真正达到防范危机,并在面对各种危机时使所受的冲击最小的目的。

12.4.2　水上旅游危机管理的方法

1.危机事前管理阶段

(1)树立旅游危机意识

加强危机管理,首要的是要增强危机意识。据统计,每年发生的各种大小危机事件,绝大多数都可归结为危机意识淡薄而造成的。因而在水上旅游业中,上到政府管理机构,下到水上旅游企业、管理者、游客都要树立"凡事预则立,不预则废"的意识,及应对危机的敏感度,严格管理,在源头上降低危机事件的发生可能。可以通过经常的、系统的危机教育来树立并提高各个主体的危机意识,且在危机教育中,不但应注重单纯技术层面上的强化,更要不断强化危机处理之前的心理建设,从而提高各水上旅游主体承受各种危机、处理各种危机的能力,建立起面对危机的必胜信念。

(2)建立水上旅游危机预警机制

它是一种将水上旅游危机扼杀于潜伏生成期的作用机制,也是当前旅游危机管理系统中所缺乏及迫切需要建立的重要机制。水上旅游危机预警系统一般由4个子系统构成,即信息收集系统、信息加工系统、决策子系统以及报警子系统。在4个子系统的支持下,水上旅游危机管理按照图12-1所示发挥预警作用。对于该系统中各个指标体系的作用原理在此就不做详细陈述。

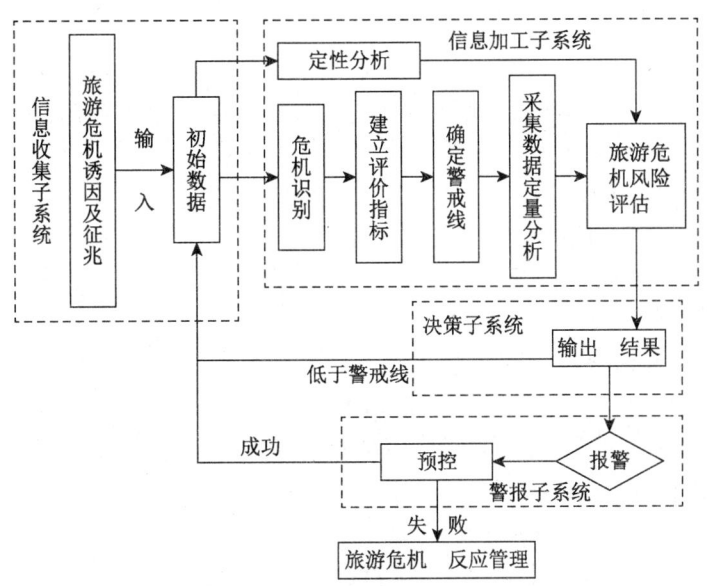

图12-1 旅游危机预警管理的作用机制

2.危机事件管理阶段

对于无法阻止其发展的危机,对目的地旅游发展造成损失是必然的。此时战略中心应为参与主体的多元化,最大可能地吸纳各种社会力量、调动各种社会资源共同应对水上旅游危机,形成社会整体的危机应对网络,来高效率、全方位地积极应对、全力挽救,最大限度地降低危机对目的地水上旅游业造成的影响。

一般而言,立体化的水上旅游危机应对网络包括以下参与主体:

第一,旅游政府部门。它是水上旅游危机应对网络的核心。它在危机应对中的主要职责是在危机发展的各个阶段制定相应的危机对策,并协调各方关系,迅速调集资源、组织实施、控制危机局面。

第二,水上旅游企业。它是危机应对决策的实施者。它在危机应对中的主要任务是:成立企业危机管理的领导机构,建立企业危机管理制度,在危机中积极进行自救。

第三,水上旅游公众。它包括旅游者和旅游从业人员。他们是突发性旅游危机事件直接威胁的对象,即直接的"受灾体"。

第四,国际资源。在全球化发展背景下,水上旅游危机的应对应该是全球化的。因此在危机应对网络中还是要吸纳国际资源,通过全球合作、利用国际力量来应对各种全球化水上旅游危机。世界旅游组织应在其中扮演协调者,沟通协调,实现高速化危机信息传递。

此外,在水上旅游危机应对网络中要确保横向与纵向两方面的沟通协调,才能实现危机信息在网络内的快速真实传递,才能使不同的管理主体在信息对称状态下主动、及时、有效地配合,共同参与危机的应对。

第一,完善协调机制,强化横向沟通。在危机应对过程中,需要政府、企业、公众分别完善各个系统内的横向协调机制,确保信息在系统内部的快速、真实传递,它是实施纵向沟通的基础。

第二,加强媒体管理,建立纵向沟通。政府是水上旅游应对网络的核心主体,信息传递经过一个从政府到社会团体、企业和公众的纵向过程。必须借助媒体,建立有效的政府—媒体—公众(游客)的纵向沟通机制,确保危机应对各方的信息对称。

3.危急事后管理阶段

在危机发生后,面对危机对区域旅游发展已经造成的损失,危机管理的战略重心是全面修复受到危机影响的目的地旅游供需机构,同时重新树立旅游形象,逐步恢复公众对目的地的旅游消费信心与信任关系。

(1)供需调整,激活旅游危机市场

由于水上旅游危机主要通过干扰旅游活力要素组合,导致目的地旅游供需市场变化,来影响目的地旅游发展,因此危机过后要恢复目的地旅游业,也要通过对供需结构的调整与优化,重新激活旅游市场。

第一,产品结构调整。危机发生后,旅游目的地首先应该从旅游供给的角度调整产品结构,创新产品形式,刺激旅游需求。为了有针对性地开展产品结构调整,需要对危机后的旅游者行为模式的变化趋势进行研究。根据危机后可能出现的旅游者消费模式设计产品,引导旅游者行为模式的变化,以促进旅游者的旅游愿望、旅游信心的恢复和旅游目的地的发展。

第二,市场结构调整。从旅游需求的角度考虑,危机可能对原有的客源市场结构造成冲击。要扩大需求,促进多元化客源市场的开拓,一是做到客源区域的空间多元化。它有利于降低发生在客源地的危机对目的地旅游业的冲击程度。二是客源需求的时间多元化。主要体现在降低旅游需求的季节性指数。过于集中的旅游需求时间会加大危机的冲击力。

(2)宣传促销,树立旅游崭新形象

通过合理的宣传促销,可以尽快消除危机的负面影响,以新形象重新占领市场。

第一,旅游形象宣传。危机发生后,一方面着手调整宣传内容,着重强调政府和地方机构是如何消除影响、确保危机不再发生,消除旅游者的恐惧心理和此前建立的不良形象。另一方面向目标市场宣传新的旅游形象,以替代在危机中受到破坏的原有形象,重新驱动旅游业。

第二,旅游重点促销。危机过后,旅游目的地应调整重点促销市场。首先要将侧重点放在对危机事件有较强"免疫力"的专门兴趣市场。同时,将促销主攻的方向集中在周边国家和地区。因为周边的居民对该国或地区的社会经济状况比较熟悉,不易受到危机负面报道的影响。

水上旅游活动置身于社会的大环境中,其经营环境所具有的综合性、依托性、敏感性与关联性,使其更为容易受到多种因素的影响。无论哪种事情发生,都会给水上旅游带来危机,而危机所造成的后果不但会损害到企业短时期内的经济利益,而且还会产生多种连锁反应,特别是可能会波及到企业的各个方面。因此,切实加强水上旅游业危机管理,建立危机管理体制是水上旅游安全管理中的重要课题。

总之,"没有安全就没有旅游"。可以说旅游安全是旅游业最敏感的神经,是旅游产业的生命线。水上旅游安全管理是一个综合庞大的系统,牵涉到上至政府国策,下至每一名普通游客。为了切实保障水上旅游安全,保障每一个游客的生命财产安全,安全管理体系中的每一个环节都不能放松,要齐抓共管,标本兼治,实现水上旅游的长治久安。

思考题

1. 简述水上旅游安全的特点和形态,并结合其他旅游方式,思考所有旅游安全的共性。
2. 结合本章所学,整理出我国水上旅游安全在理论和实践方面的发展历程。
3. 画出水上旅游安全管理体系的结构图,谈谈你对该系统的内部运行机制的思考认识,并谈谈你对该安全体系未来改进的想法。
4. 谈谈水上旅游危机管理的必要性。
5. 2012年正值"泰坦尼克号"沉没百年之际,因而水上旅游安全问题再次成为世人关注的焦点。请结合本章所学,查阅相关资料,谈谈你对100年前那次海难的认识。

案例分析

广东海事旅游部门开展"水上安全伴我游"活动

2016年6月28日上午,广东海事局与广东省旅游局在清远市举行广东省"水上旅游安全活动年"启动仪式并开展旅游安全应急救援演练,宣传普及水上旅游安全知识,提升游客水上交通安全素养和技能,防范水上旅游交通事故发生。

据了解,随着生活水平的提高,人们越来越多地参与水上旅游活动。当前,广东省各地水上风景区、城市沿江观光区、沿海海岛的水上旅游迅猛发展,大型邮轮出海、出国旅游悄然兴起,个人游艇自由行蓄势待发。据统计,广东海事局辖区登记运营的客船有1710艘,其中专门用于水上旅游的客船有230艘、9220个客位。为加强全省旅游安全应急救援体系建设,强化部门间协调联动,增强广大旅游者和旅游经营者水上交通安全防范意识,特别是做好当前正值学生暑假出游高峰的水上交通安全防范,广东海事局与广东省旅游局决定从6月30日起至12月底,开展以"水上安全伴我游"为主题的水上旅游安全年活动。

在活动启动仪式现场,来自广州、清远市的部分旅游企业、社会监督员、旅游志愿者代表进行安全文明宣誓,旅游部门向旅行社代表赠送了导游员专座套,清远市政府向清远市水上应急救助志愿队授旗,现场开展水上交通安全知识宣贯,游客群众积极学习自救求生技能以及参与水上交通与旅游安全知识抢答。

随后,清远海事局组织了贴近实战的水上应急救援演练。模拟一艘载有40人的旅游客船"粤清远客666"在下航至丁香码头对开水域时因船舶主机故障熄火失去动力,失控船舶顺水流向下游漂移,漂移过程中与桥墩发生擦碰。擦碰后,客船上3人跌落水中。"12395"报警中心接到报警,组织施救,立即通知事故水域附近的搜救志愿者队伍船只,指派"海巡09642"船协同水派快艇、航道快艇等公务船艇前往现场根据水流实际情况分区域实施地毯式搜救，另一方面与120救护中心联系，要求其派救护车到事发地点岸边协助救援。与此同时，指派"转移客船"及"船厂拖轮"船赶往事发水域，由"转移客船"进行乘客转移，乘客转移完毕后，由"船厂拖轮"将事故客船拖至安全水域锚泊。最终成功救出落水人员，船上旅客也已全部安全转移上岸，失控客船被拖带至安全水域锚泊。整个演习过程中，共有13个单位参演，出动海事船艇3艘、渔政航道公安船艇3艘、客船7艘、医疗救护车1辆，参演人员及观摩单位人员达70多人。

广东海事局庄则平副局长在致辞中表示，今天的启动仪式在清远市举办，具有特殊意义。清远市政府高度重视水上旅游交通安全，2015年，针对飞峡景区老旧旅游船安全隐患较多的情况，组织飞峡景区老旧旅游船更新改造，投入资金、配套政策，淘汰111艘老旧旅游船，保留符合安全标准的49艘旅游船，再重新建造49艘旅游船，为游客提供更加舒适、安全的水上旅游条件，对广东省水上旅游交通安全工作具有很好的示范作用。

他要求广东海事局各级单位始终将水上旅游客运安全作为监管的重中之重，在日常监管中，注意把好三个方面的关口：一是把好源头管理关，切实做好船舶检验、船员发证等工作，监督旅游船舶、船员处于适航、适任状态，并为旅游船舶创造良好的通航环境；二是把好现场检查关，切实强化重点水域、重点时段旅游船的检查，监督船方严格按照规程操作船舶，消除安全隐患；三是把好风险管控关，及时提示提醒船方各类危险信息，监督船方落实恶劣天气下的停航规定。

他提出三个方面的倡议：一是倡议各地政府积极完善水上旅游交通安全管理格局。高度重视水上旅游交通安全，在规划建设水上旅游项目时充分考虑安全生产的要求，定期组织开展旅游项目安全检查和治理，不断加强旅游安全宣传教育，协调完善突发情况处理机制。二是倡议水上旅游从业人员处理好经营与安全的关系。充分认识水上活动的特殊风险，自觉遵守水上交通安全管理法律法规，服从政府部门的管理和指挥，不断完善安全管理体系，落实安全管理责任。三是倡议广大旅游参与者也要提高安全意识，加强自我保护。在水上旅游过程中，不乘坐无牌无证船舶；在乘坐旅游船时，服从船员的指挥，按要求穿着救生衣、不集中在船舶一侧观光、严防船上坠落，等等。

受厄尔尼诺事件影响，当前广东正值汛期，雷雨、大风等强对流天气频发，容易引发山洪、溺水、坍塌等安全事件。另外，夏季涉水运动旅游项目多、范围广、风险高，加上暑期旅游高峰期即将来临，旅游安全的压力日趋严峻。通过贴近实战，进行针对性、操作性、实用性都很强的水上应急搜救演练，对进一步做好水上旅游交通安全工作很有帮助。一些游客也表示，通过参加"水上安全伴我游"活动，不仅开拓了视野，增强了对水上交通安全、安全文明出行新的认识，也提升了参与水上旅游的安全意识。

(资料来源：广东海事局，http://2ww.gdmsa.gov.cn/gd/ShowArticle.asp? ArticleID=31492)

结合案例思考以下问题：
(1)结合材料分析，广东省在加强水上旅游安全方面有哪些措施和成功经验？
(2)试分析，加强水上旅游安全需要哪几方共同参与？各有哪些相关措施？

第13章 水上旅游管理创新与发展

 本章导读

纵观邮轮的发展史，可分为"交通型"和"旅游休闲型"两个时期。19世纪中叶，它的用途非常明确，就是把来往于美洲与欧洲间的人们送到大洋彼岸，交通工具的功能十分突出。之所以称之为"邮轮"是因为政府部门时常出资帮忙维护船舶日常的保养，从而确保帮其运载信件和包裹。这一行为令一些原本只是载客的远洋船舶，摇身一变成为名副其实承运邮件的重要交通工具，"邮轮"一词便由此诞生了。

上世纪60年代，随着大型客机进入跨洋客运行列，并逐渐发展成主流交通运输工具，很多邮轮被迫停航，邮轮公司的经营纷纷陷入窘境，甚至濒临破产。经过对市场的调研发现，从之前跨大洋航线退出后改为发展局部地区旅游业务的这一部分运力，上座率不仅没有减少，反而有增长趋势，像加勒比地区、地中海地区等。航运公司进一步分析后发现，"弃船登机"的旅客大多是出差人员，而以休闲度假为目的的游客，对乘坐豪华邮轮依然情有独钟。

市场的转变使得邮轮公司不得不转型，这也就促成了现代邮轮旅游业的发展。现代邮轮都是旅游性质的，就像是流动性的五星级酒店，为游客提供一个赏心悦目的海上假期。船上不仅有来自世界各地的美食，而且酒吧、咖啡厅、电影院这类娱乐设施也一应俱全，让游客在领略海天一色景象的同时，也能享受到陆地上的便捷。另外，途中停靠的港口多是闻名遐迩的世界旅游胜地，所以游客能够真正体验到完美的邮轮生活。

当今世界已步入创新时代，任何一个产业要想获得长足发展，创新支持都是关键因素，水上旅游产业亦是如此。在实现水上旅游经济持续增长的过程中，人们一直过度依赖自然风光、历史文化等自然禀赋资源以及低水平的劳动力投入和大规模的固定资产投入，而忽视了创新在水上旅游产业发展中的积极作用。2009年世界经济论坛旅游竞争力报告显示，较低的旅游创新水平是制约中国旅游经济发展的主要因素，而实现中国旅游经济增长方式转变的途径在于依靠技术创新等内生经济要素。创新是推动旅游业技术进步、实现内生增长的重要途径。

13.1 水上旅游创新理论

13.1.1 创新的概念

创新是以新思维、新发明和新描述为特征的一种概念化过程。起源于拉丁语,原意有三层含义,第一,更新;第二,创造新的东西;第三,改变。创新是人类特有的认识能力和实践能力,是人类主观能动性的高级表现形式,是推动民族进步和社会发展的不竭动力。一个民族要想走在时代前列,就一刻也不能没有理论思维,一刻也不能停止理论创新。创新在经济、商业、技术、社会学以及建筑学这些领域的研究中有着举足轻重的分量。口语上,经常用"创新"一词来表示改革的结果。既然改革被视为经济发展的主要推动力,促进创新的因素也被视为至关重要。

从社会学角度看,创新是指人们为了发展的需要,运用已知的信息,不断突破常规,发现或产生某种新颖、独特的有社会价值或个人价值的新事物、新思想的活动。创新的本质是突破,即突破旧的思维定式、旧的常规戒律。创新活动的核心是"新",它或者是产品的结构、性能和外部特征的变革,或者是造型设计、内容的表现形式和手段的创造,或者是内容的丰富和完善。

经济学上,创新概念的起源为美籍经济学家约瑟夫·熊彼特(Joseph Alois Schumpeter)在1912年出版的《经济发展概论》。熊彼特在其著作中提出:创新是指把一种新的生产要素和生产条件的"新结合"引入生产体系。它包括五种情况:引入一种新产品,引入一种新的生产方法,开辟一个新的市场,获得原材料或半成品的一种新的供应来源。熊彼特的创新概念包含的范围很广,如涉及到技术性变化的创新及非技术性变化的组织创新。

21世纪,旅游业发展机遇多多,但旅游企业面临的竞争也越发激烈。旅游新产品的层出不穷、游客需求的经常变化、市场热点的经常性转移,也常常使得区域旅游业和旅游企业应接不暇。因此,"以变应变,以变制变,创新发展"成为旅游企业发展的必然选择,关注变化、不断创新是旅游企业可持续发展的根本动力。水上旅游企业亦是如此。

13.1.2 旅游创新理论

旅游的创新活动具有多样性和复合性特征,需要找出主线分类剥离,方能清晰呈现目前的研究现状。由于旅游创新融合了行为和技术层面的创新,涉及组织内和跨组织、跨区域的合作创新,因此本章沿"技术—服务"和"组织—制度"两条主线展开对水上旅游创新的梳理。

1. "技术—服务"创新维度分析

熊彼特在《经济发展理论》一书中指出创新是在生产体系中引入一种从未有过的生产要素新组合,是自发、间断、质的、革命性的现象,而非一般数量型的现象。他强调了个人的创造力,认为作为资本主义灵魂的企业家的职能就是创新,并将企业家精神纳入到经济领域。创新是拥有必要资源的大型或垄断型企业才能涉足的活动,科技和研发是创新的要素,生产技术的革新和生产方法的变革在资本主义经济发展过程中具有至高无上的作用,因此,制造业企业的技术创新过程、技术经济、技术范式和技术扩散等问题成为技术创新分析法的核心。随着服务业对国民经济的重要性及其自身的独特性日益显现,服务创新成为研究热点。服务本质上是一个过程,且具有"无形""不可储存""生产和消费同时""顾客参与生产过程"等特性。服务业的创新方式与制造业不同,是一种概念性和过程性的活动,创新成果表现为无形的概念、过程和标准,更具有社会属性和组织属性,较少依赖研发,主要来自于实践经验,与员工的个体活动紧密联系,而且是渐进性的,在服务和程序上的点滴改进都可以认为是创新,也就是说"创新谱"较宽。旅游创新是技术与服务创新复合产物,只是在具体问题的研究视角选取上偏重技术或服务范式而已。当然,更多的情况下旅游创新成果在服务业与制造业相互融合,服务业增强制造业,即先后进入服务效率提高、服务质量改进的服务创新阶段,如旅游电子商务、后厨流程信息化再造、全球客房预订系统等,最初技术创新提高了服务效率,从而提高了游客满意度,最终重塑了服务流程,引发了服务升级创新。

2. "组织—制度"创新维度分析

"组织—制度"维度在创新研究中是一个重要的研究维度,分别强调组织内和组织外因素。熊彼特创新理论认为企业是一个封闭系统且创新是内部关系作用的结果,组织变量是企业创新能力的关键影响因素,如组织结构设计、部门及业务单元之间的合作等等,企业内部信息流动和分配、知识创造模式等成为研究重点。这往往忽视了外部因素的作用,于是出现了制度创新学派,其观点认为创新是不同组织相互作用而不仅是企业单独运行的结果,强调主体多样性和互动性,注重系统化研究。以国家创新系统理论为例,创新研究不是一个简单的线性过程,它是企业与企业外部的研发机构、高等院校及其他企业互相作用的结果。不仅如此,政府、金融、法律、文化等因素也都是影响创新的重要变量,需要从系统整合的角度出发考虑创新效率。

至于旅游业,大多数产品中高科技应用含量较少,且创新成果极易被模仿从而遏制了创新积极性,因此,目前旅游创新现状的系统性不强,旅游企业内部创新不足,创新动力主要来自于外界力量的推动。旅游业创新系统制度化程度低,属于松散连接的系统,称之为旅游创新网络更为恰当。只有在目的地层面的旅游创新活动受国家、区域和产业等创新系统的影响,遵循一定的行为模式,才具有一定内在的系统性。旅游创新系统中学术机构、企业和公共部门之间的跨组织学习和知识交流是旅游创新网络的核心问题,而且旅游目的地应该成为"学习社群"(Learning Community)。目前芬兰、丹麦和瑞士等国已经着手构建目的地网络多元主体相互沟通的平台,力图通过目的地创新系统治理推动当地旅游业发展。

13.2　水上旅游发展趋势

中国旅游业经过30多年的发展,已取得了显著成绩。随着改革的深入,"十二五"期间,中国旅游业还将进入一个更新的发展阶段,呈现出新的发展态势,主要表现在以下几个方面:第一,旅游产业地位提升和发展环境更加优化;第二,旅游产业政策进一步的出台与旅游法的颁布将使旅游发展更加有序;第三,旅游市场发展迅猛,旅游者消费需求更加多样化,市场细分化趋势明显;第四,随着国家开发海洋计划的进一步实施和人们亲水心理的升华,水上旅游市场将更为广阔,水上旅游业产品将向更广度和深度发展,对水上旅游管理的要求也将更高。

13.2.1 水上旅游观念的发展趋势

1. 水上旅游产品的体验性需求不断增加

随着生产力和社会的发展,消费者已经不再满足于单纯的物质需要,而是更多地追求丰富的精神享受。体验经济正是顺应人们求变化的这一新趋势所产生的一种新的经济形态,这种趋势在旅游业里表现得尤为突出。旅游企业要适应时代需求并赢得市场竞争,就必须关心旅游者个性化价值的体现、心理感受、情感诉求等方面的需求,设法为旅游者提供获得上述体验的平台,而在旅游产品体验化创新方面做出大胆和有成效的探索是关键。

所谓体验,就是企业以服务为舞台,以商品为道具,激活消费者内在的心理空间的积极主动性,引起消费者心中的热烈反响,创造出让消费者难以忘怀的经历的活动。由此体验就成为一种独特的经济提供物,代表着一种新的经济产出类型。它在从产品、商品、服务、体验的角色转换中不断升值,成为一种新的价值源泉。

随着旅游者的成熟,标准化、大众化的旅游产品日渐失去市场,参与性强的个性化产品和服务越来越受欢迎。国家旅游部门近年来的调查也表明,国外旅游者对中国民族风情的兴趣要高于自然风光和名胜古迹。这充分说明了世界旅游活动的倾向在对异地风情的体验和感受上。而许多传统的观光型旅游产品在大胆做出体验化革新后,也重新焕发出无穷的魅力。如云南丽江先后开发茶马古道探秘、古城水系统揭秘、耄耋老者演绎千年丽江古乐的体验式旅游产品,成功地留住了游客,光在丽江长期定居下来的外国人就有 200 多人。还有阳朔由张艺谋导演的大型情景剧"印象刘三姐"也非常受游客的欢迎,游客普遍觉得坐在江边的草皮上看当地的群众来演绎他们先辈和他们自己的生活比坐在戏院里看专业演员演写好的剧本是两种不同风情。

2. 低碳旅游观念渗透到水上旅游产品中

在中国,"低碳经济"越来越受重视,"低碳旅游"也逐步进入人们的视野。这对于发展旅游业也提出了新的考验。发展"低碳旅游",是旅游业可持续性发展的必然要求。

"低碳旅游"概念的正式提出,最早见于 2009 年 5 月世界经济论坛"走向低碳的旅行及旅游业"的报告。低碳旅游就是倡导以低能耗、低污染为基础的绿色旅游,倡导在旅行中尽量减少碳消耗与二氧化碳的排放,也是环保旅游的深层次表现。其中包含了政府与旅行机构推出的相关环保低碳政策与低碳旅游线路、个人出行中携带环保行李、住环保旅馆、选择二氧化碳排放较低的交通工具甚至是自行车与徒步等方面。

低碳旅游,是一种低碳生活方式,应当成为我国新时期经济社会可持续发展的重要经济战略之一。一是转变现有旅游模式,倡导公共交通和混合动力汽车、电动车、自行车等低碳或无碳方式,同时也丰富旅游生活,增加旅游项目。二是扭转奢华浪费之风,强化清洁、方便、舒适的功能性,提升文化的品牌性。三是加强旅游智能化发展,提高运行效率,同时及时全面引进节能减排技术,降低碳消耗,最终形成全产业链的循环经济模式。

同时需要提出的是,低碳旅游对目前的国际旅游市场不会有太大的影响。人类大量出游是不可逆转的总趋势,不会因为一些小的改革,就轻易放弃出游的机会;飞机目前仍然是长途旅行最佳的、不可替代的交通工具;新的交通方式的开发和应用尚需时日。排除巨大的变革情况,低碳旅游对人们生活的影响是渐进的,它会涉及旅游的方方面面,其影响目前可以说是正负参半,在给旅游企业、旅游者、旅游管理部门增加环保意识的同时,也会增加一定的负担,对一些缺乏良好习惯的人还是一种约束。

13.2.2 水上旅游技术的发展趋势

1.旅游电子商务影响传统旅游企业

旅游电子商务就是以信息技术、网络技术为主体,在旅游信息库、客户信息库、电子支付的基础上运作旅游产业,构建直销与分销体系的新型商业模式,它与传统旅游产业商业模式的根本不同在于信息、产品等资源整合以及销售和服务提供等模式的巨大差别。旅游业被公认为是发展电子商务得天独厚的行业,因为电子商务的瓶颈是物流问题,而旅游业属于服务贸易,所经营的产品具有无形性、不可储藏性和信息供应量大的特点,几乎不需要物流配送环节,产品的销售过程既是信息的传递过程,也是服务的提供过程。

目前,国内具有一定旅游资讯能力的网站已有5000多家,其中专业旅游网站300余家,国内网上旅游年交易额为40亿~50亿元人民币(约6亿美元),这个数字只占整个国内旅游业市场份额的1%左右,说明旅游电子商务在整个国内旅游业的比例很低。这个数字约占所有全部互联网电子商务总量的20%,是一个相当大的比例,说明旅游电子商务在整个电子商务市场中的重要地位。同时,整个在线旅游市场的增长速度惊人,目前国内在线旅游市场的领先企业携程和e龙的年增长率均超过100%。尽管如此,携程和e龙的年销售额占整个在线旅游市场的比重还不到5%,说明整个市场的空间多么巨大。国家旅游局预计未来1~2年旅游电子商务在整个电子商务市场中的比重就将提至30%。这些数据充分说明,在线旅游服务已经成为21世纪电子商务市场最大的一块蛋糕。

电子支付是指以电子计算机及其网络为手段,将负载有特定信息的电子数据取代传统的支付工具用于资金流转,并具有实时支付效力的一种支付方式。从技术角度上看,电子支付包括"网上支付"和"离线支付"两种方式。网上支付方式包括:信用卡支付方式、电子支票支付方式、电子现金支付方式。而手机支付、一卡通、公交卡等因为采用预存款方式,并不需要与银行账号相连,因此称之为"离线支付"。旅游电子商务中应用的大多是网上支付方式。

完整的旅游电子商务一般包括信息沟通、资金支付及商品配送三个环节,缺少资金支付,商品配送难以完成。因此,网上银行所提供的电子支付手段对旅游电子商务的发展具有关键的作用,直接关系到旅游电子商务的发展前景。

在传统旅游业中,支付方式往往是通过前台支付来完成的,刚刚开始起步的旅游电子商务自然也往往采用这种方式。然而,2006年10月26日年电子客票全面推行后,旅游消费者的消费方式和消费观念开始微妙转变，促使旅游电子商务企业也开始积极考虑应对方案。在旅游电子商务中，电子支付的需求是不断扩大的。随着电子客票的推行，越来越多的旅客会从"电话订票，送票付款"的传统方式，过渡到"网上支付，实时出票"的全数字化方式。在酒店预订方面，尽管旅游者大多在前台付款，而在旅游高峰期，多数酒店都要求旅游者有信用卡担保或付定金，由此产生了电子支付的需求。与此同时，全国广泛推行的"交通一卡通"以及某些旅游景点推出的基于信息化技术的卡式门票或者数字门票，以及电子支付方式的多样化以及迅速普及，也对旅游电子商务活动中对电子支付的需求产生了一定的推动作用。

2."互联网+"引领旅游的新潮流

从游客的旅游体验，到旅游企业的营销方式，再到政府部门的旅游管理，互联网的力量已经渗透在旅游的方方面面。当你在某搜索引擎中输入"我明天的行程"，马上可以看到针对个人明天要出行的航班、酒店、火车票等信息；当你入住酒店的时候，不需要做任何付费的动作，直接拎包入住；当你想去旅游时，可以不出家门，在网上通过360°实景来虚拟地体验旅行的过程……

"旅游+互联网"的发展不仅可以为游客提供便利的体验，为旅游企业提供数据，还可以通过数据分析为旅游管理者决策提供依据，更重要的是，还可以成为旅游管理的工具。浙江省旅游局副局长许澎提到，互联网在管理方面的应用可以体现在建设产业服务平台上，比如对游客动态进行监测，他说："动态监测不仅可以提供景区流量的数据，引导游客分散旅游，还可以为景区提供客源结构数据，比如游客来自哪里、消费的情况怎么样等等。通过数据分析，我觉得能够为景区管理决策、市场营销决策提供很多科学依据。"

13.2.3 水上旅游产品的发展趋势

1.新型的水上旅游产品将层出不穷

旅游业作为一个历史悠久的产业，经历长期的开发，传统发展模式的问题开始凸显，主要表现在单一的观光游览方式受到景区容量和旅游需求多元化的制约和挑战。面对资源和市场需求的双重制约，创新成了继续发展的必由之路。

（1）放宽资源视角

旅游资源是旅游开发和旅游业持续发展的基础和生命线，但旅游资源的表现形式又是多种多样的，一些传统产品没有用到的并不一定就不是优质资源。所以，对于旅游资源的认识也需要与时俱进地放宽。

我们拿漓江景区为例进行探讨。"漓江景区"是指位于漓江国家风景名胜区内的磨盘山码头—阳朔段的50多公里的漓江水道及沿岸的相关设施和景观，与《广西年鉴1999》所述的"叠彩山—阳朔段"相比，空间范围较小。因该段游程是目前漓江游览的核心，作为漓江风景名胜区内旅游开发最成熟的部分，与其他尚处于初步发展阶段的江段相比，其产品创新尤为紧迫，但是要发现具有轰动效应的新资源已是非常的困难，所以应将资源的视角放大一些，充分利用沿江村寨、农家田园、旅游社区风情等资源，创造条件发动沿岸的居民参与旅游经营。一方面可以充分利用旅游资源，实现旅游产品多元化发展；另一方面有利于社区居民在旅游发展中受益。漓江景区沿江两岸可以形成吸引物的,不仅仅是自然风光,还包括沿江的村寨、农家,沿岸的民风民俗等,可依据漓江两岸不同江段相应的自然资源和人文资源,通过对人文资源和自然资源的整合发展以下产品:第一,以徒步游为主的野外拓展旅游、康体旅游和野营度假旅游;第二,以"农家乐"为主的乡村度假型、体验型生态游。

(2) 丰富产品类型

人类文明的发展始终受到自然环境条件的制约,自然环境条件对特定区域空间的文化形态也具有较大的影响,不同环境条件下的文化形态也各具特色。例如,农耕文化与平原地区就不一样,与工业化集聚的都市文化更是迥异。现有单一的产品模式主要是对自然山水风景资源的开发利用,尽管景区内的人文旅游资源并不突出,但仍然具有独特的开发利用价值。提及民俗旅游,人们往往想到少数民族的生活习俗,这其实是一种狭隘的旅游资源观。民俗旅游资源的开发利用有多种途径。举例来说,水上旅游景区将民俗资源进行艺术加工和提炼,给旅游者提供视听的体验享受。

(3) 开发节庆旅游产品

旅游景区企业可以通过节庆策划,将景区的山水资源优势与文体活动相结合,形成新的体验产品。

针对上文提到的漓江目前的实际情况,景区企业可以举办不同主题的旅游节庆、体育活动、民族节庆,进一步深挖山水资源潜力,以节庆赛事的形式增加旅游者的体验途径。如可利用水质优良的条件开办游泳比赛;利用山水优势开展野外生存挑战赛等极富现代气息的赛事;综合山水及地方文化资源举办龙舟赛、灯火节等具有地方特色与民族特色的节庆等。

2. 休闲旅游成为水上旅游主要形式

什么是休闲旅游?简而言之,就是以休闲为目的的旅游。它更注重旅游者的精神享受,更强调人在某一个时段内所处的文化创造、文化欣赏、文化建构的存在状态;它通过人们共有的行为、思想、感情,创造文化氛围,传递文化信息,构筑文化意境,从而达到个体身心和意志的全面和完整的发展。人们通过身体放松、竞技活动、艺术欣赏、对科学的好奇心和接触大自然等方式,丰富了生活。建立在旅游基础上的行为情趣,如休息、娱乐、或学习、交往、或欣赏大自然,都有一个共同的特点,即获得一种身心的娱乐,追求猎奇,具有丰富个性等多方面的需求。休闲旅游还特别强调人与大自然的和谐一致,增强爱护、保护自然的意识。因此,休闲旅游不同于一般的旅游,它对传统的旅游概念从内涵到外延都做了新的延伸。

发展休闲旅游可以使人们更尽情地体验休闲所带来的精神享受,领悟大自然赐予人类的馈赠。然而,休闲旅游的开展需具备多方面的要素条件,需要做好多方面的协调与沟通。总体来讲,休闲旅游的发展依赖于资源、环境、服务、管理以及支持系统五大模块要素的相互作用和协调发展。这五大模块相互作用、互为发展,构成休闲旅游发展模型(见图13-1)。

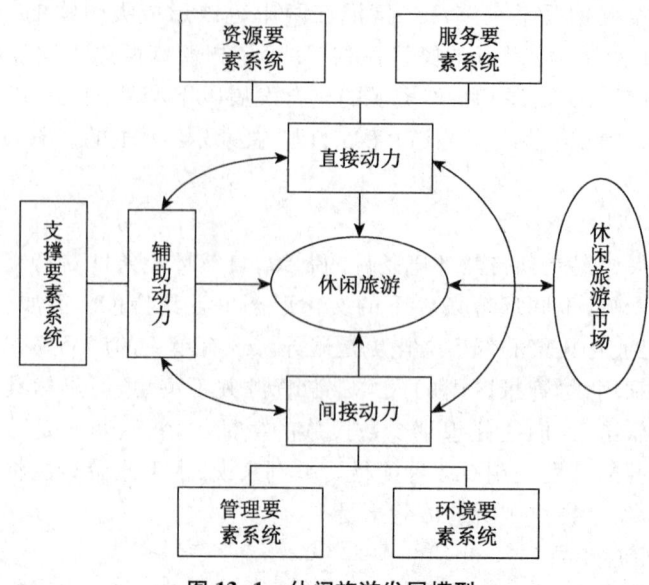

图 13-1　休闲旅游发展模型

休闲旅游发展要素相互作用，构成休闲旅游发展模型。在休闲旅游发展模型图中，主要展示了三个层次的内容：

第一，休闲旅游发展的三个动力层面：直接动力、间接动力和辅助动力。

第二，休闲旅游发展的三个动力包含的内容分别是：直接动力，主要是指休闲旅游的资源要素系统和服务要素系统；间接动力，主要指环境要素系统和管理要素系统；辅助动力，主要指休闲旅游的支撑要素系统。资源要素是休闲旅游发展的核心，它既是休闲旅游产品的外在表现形式，同时也是吸引客源市场和资金流的前提条件。休闲旅游服务要素系统是休闲旅游总体发展水平的决定因素，休闲旅游服务质量决定休闲旅游产品的经济效益。休闲产品与休闲服务互为渗透，相互支持，二者直接决定一个地方休闲旅游发展的程度。此外，资源要素系统和服务要素系统一方面构成了休闲旅游市场的吸引力，另一方面又提高了辅助动力系统的质量和内涵。休闲旅游环境要素系统是休闲旅游发展的外在因素，它包括休闲旅游地的人文环境、经济环境、生态环境等。休闲旅游管理要素系统是休闲旅游发展的协同力量，主要包括休闲旅游地的政府组织管理和旅游企业管理两大方面。休闲旅游的政府管理，主要是政府对战略方向的把握、对规划的科学制定以及对外围市场的运作等。旅游企业的经营管理也同样至关重要，休闲旅游生产各个环节的有效衔接、生产要素和环境要素的优化配置和有效利用，能有效降低成本和交易费用，从而提高产品质量和市场竞争力。休闲旅游支撑要素系统是休闲旅游发展的有力保障。支撑要素系统主要包括休闲旅游基础设施和专用设施，具体包括旅游业的三大支柱——饭店、旅行社、交通设施，也包括医疗、通信等基础设施。

第三，休闲旅游的发展要特别重视旅游地客源市场的分析，要对客源市场进行科学合理的细分、选择和定位，有针对性地服务才能更好地体现休闲度假旅游的内涵。

总之，知识经济时代的来临，将使未来的社会以史无前例的速度变化着。新技术和其他一些趋势可以使人们用于休闲的时间越来越多，休闲的中心地位将会加强，人们的休闲概念将会发生本质的变化，在经济产业结构中休闲产业的从业人员比重将会越来越大。

13.3 水上旅游产品创新

13.3.1 水上旅游产品创新内涵与视角

1. 水上旅游产品创新的内涵——新产品

任何产品都有生命周期，都会经历产品投放、产品成长、产品成熟、产品衰退的发展阶段，所以水上旅游企业必须不断开发新产品，更新和替代那些已经或即将退出市场的老产品，以适应市场需求的变化，保持销售增长和利润增长的长期稳定，维护市场份额，实现持续发展的能力。

何谓创新产品？即指将与老产品在功能、结构、技术、规格、实物、符号、服务等方面都有显著差异的产品引入企业生产经营体系的过程。它是与新技术、新设计、新潮流、新需求相联系的产品。一切新开创的产品，只要是产品整体概念中任何一部分的创新、更新，都属于新产品之列，包括对现有产品的改良、对竞争者产品的仿制、产品系列的形成以及对原有产品的重新组合。只要这些创新能给游客带来新的利益和满足都可谓新产品。

水上旅游产品的创新，指的是引入与老产品在功能、结构、技术、规格、实物、符号、服务等方面有显著差别的产品。例如，传统的水上旅游呈现以自然资源为主、人文资源为辅的特征，自然旅游资源主要以奇峰怪石众多、植被类型丰富、生物种类多样为特色，人文旅游资源主要有古镇风光、大型山水实景演出、田园风光以及当地居民的生活习俗等。根据以上所列的资源，并针对不同人群，可以有不同的产品创新。如自助游的主体是希望融入自然、注重体验感受的具有"新旅游者"需求特征的年轻人，尤以大学生及都市白领等受良好教育的人士居多。具有这类需要和价值观的人士热衷于体验，对工业化生产方式"只能看不能摸"的机动船旅游兴趣不高。"农家乐"以农业、农村、农事、农产品为发展载体，具有投资少、回收快的特点，主要面向城市里厌倦了钢筋水泥丛林的人士，开展此类活动不仅能够满足旅游者"求新、求异"的心理需要，而且"一对一"的模式更容易进行个性化服务。从社会和谐和旅游业发展的角度来看，这类产品不仅有利于景区的发展，也有利于提高景区内居民的收入，促进经济发展、社会进步，也有利于取得景区内居民对传统旅游产品的支持和对新产品的配合，并促进景区经营方和管理方同景区内居民的关系。

2. 水上旅游新产品创新视角——产业融合

产业融合是21世纪经济发展的显著特征，也是产业发展的重要趋势之一。产业融合是指不同产业或同一产业内的不同产品相互渗透、相互交叉，最终融为一体，逐步形成新的产业的动态发展过程。产业融合最初被关注的是计算机产业、通信产业和消费类电子产品产业的融合，以及电信产业、传媒产业与信息产业的融合，随后进一步扩展到更为广泛的产业范围。在这种趋势下,旅游产业与其他产业的融合发展应运而生,并成为旅游经济创新发展、可持续发展的重要推动力量。

水上旅游的产业融合是从产业视角关注水上旅游产业与其他产业间的产业边界的变化。产业融合的本质就是产业创新。大量的事实已经证明,在旅游产业与其他产业融合化发展的过程中,必然催生出大量的旅游创新。如农业与旅游业的融合,出现"农家乐""农业旅游"等新型农业旅游产品;类似地,水上旅游也有与其他产业相结合的产业创新产品。

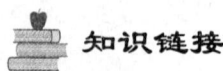知识链接

千岛湖景区

千岛湖位于浙江淳安境内(部分位于安徽歙县),是世界上岛屿最多的湖。千岛湖又叫新安江水库,是在距浙江建德市新安江镇以上4千米处建坝蓄水所致。水库上游具有明显的"湖泊效应",且有大大小小的岛屿,因此称"千岛湖";水库下游建德境内的新安江有"第二漓江"之称,江水清澈见底,不仅晨时暮间浓雾翻滚恍如仙境,且凉气袭人,是国内外休闲避暑胜地。千岛湖是修水库大坝而成的人工湖,其主要水源为安徽境内的新安江及其支流,汇水来自安徽徽州的歙县、休宁、屯溪、绩溪,以及祁门和黄山区的南部。由于上游注重环境保护,千岛湖水在中国大江大湖中位居优质水之首,被评为国家5A级旅游景区。千岛湖有13科94种形态各异的鱼类资源,有"鱼跃千岛湖"之称,正是凭借这项资源的充分利用,千岛湖实现了将渔业与旅游业的完美融合,取得了巨大的经济效益。

因此,产业融合成为水上旅游创新的重要途径之一。基于产业融合路径的旅游创新主要是指通过产业融合路径形成的旅游产业内的创新以及一切服务于旅游(活动)的创新。同时,这种产业融合路径促进水上旅游创新的发展,不仅有利于更好满足旅游者需求和企业获取更多经济收益,而且有利于企业获得旅游竞争优势,更对水上旅游产业的转型与升级有重大的推动作用,并最终实现旅游经济的可持续发展。

13.3.2 产业融合路径下旅游创新过程

不同的产业融合路径下,水上旅游创新过程存在一定的差异。但是就创新过程而言,则主要可以划分成技术推动的旅游创新过程和市场拉动的旅游创新过程两种。

1. 技术推动的旅游创新过程

技术推动的水上旅游创新过程,主要发生在基于技术渗透型产业融合路径的创新。技术作为最主要的推动力,对水上旅游企业中的产品、营销、管理、组织等产生重要变革,随着这些创新的广泛扩散,形成一定规模,成为发展模式的创新。如信息技术和产品结合形成"虚拟旅游""网络旅游"等产品创新;与营销结合形成"网络营销"等营销创新;采用管理信息系统、网络技术等创新管理方式,并形成新的组织结构——网络组织以及新型企业——在线旅游服务商等,最后发展成为"高新技术+传统业务"的新型旅游发展模式。

从19世纪中叶邮轮问世,至今已有150多年历史了。在这一历程中,邮轮从最初的"交

通型"逐渐演变成"旅游休闲型";船型的设计建造从开始的追求高航速、大运量和豪华舒适,到注重新颖、美观和娱乐多样化,再到吨位大型化;今天,邮轮的安全、环保和节能等理念更是不断变化创新。此外,随着科学技术的发展,邮轮不仅在装饰和外观上进行了精心设计,动力装置形式也发生了较大变化,从之前的汽轮机逐步扩展到柴油机和电力推进,甚至核动力等,但主流依然是汽轮机和柴油机。

2. 市场拉动的旅游创新过程

在这一过程中,市场需求是水上旅游创新的起因。它的起点就是市场机会的存在,为了更好地把握市场机会,企业开发新市场和新产品。在这一过程中,不同的融合方式存在差别。发展支持型产业融合中,主要表现为旅游企业的经营业务创新,以及新的具有旅游特性的价值服务如旅游支票、旅游保险产品等。资源利用型产业融合中,是将原有资源用于开发旅游,形成了渔业旅游、工业旅游、体育旅游等新兴旅游产品。复合利用型和替代融合型产业融合中,旅游产业与其他产业都在市场以及产品的内涵、功能、服务过程等中全面融合创新。本章导读部分所介绍的邮轮就是典型的市场拉动的旅游创新过程。

市场创新和产品创新的进一步完善和扩散,促使企业的管理体系和组织机构发生变革,形成组织创新和管理创新,最后随着这些创新的广泛扩散,形成一定规模,成为发展模式的创新。

13.3.3 未来水上旅游创新产品形态

1. 水上旅游文化产品

水上旅游业与文化产业的深度融合,提升水上旅游产品的文化内涵。

水上旅游与文化实质上是一致的,二者相辅相成,紧密联系。一方面,文化因水上旅游得以广为传播,是其发展的灵魂;水上旅游则是传承和弘扬文化的重要载体,它因文化更富魅力。水上旅游活动从本质上讲是一种文化活动,无论是水上旅游消费活动还是经营活动都具有强烈的文化性。对旅游者来说,旅游消费的实质是文化性消费,旅游者旅游的过程,即是寻求文化、购买文化、体验和消费文化的过程;水上旅游经营者不但在挖掘和生产文化、经营并销售文化,同时也在创新并弘扬当地文化。文化品位越高、独特性越强、地方民族民俗文化的氛围越浓、多样性越丰富,当地的水上旅游业就越会有广阔的发展前景。所以,水上旅游业无论是其外延还是内涵,只有突出文化特色,才能吸引游客并获得持续发展。

另一方面,水上旅游发展只有以文化为向导,才能方向明确、健康持久。水上旅游是文化推动的结果,没有文化的发展、观念的转变,就无法激发人们的旅游动机,也就不可能产生旅游活动。古今中外的历史告诉我们,时代开明、文化昌盛、经济繁荣、社会稳定,旅游就相对活跃,就能够对社会产生积极影响;反之,政治动荡、经济衰败、文化颓废,水上旅游就相对萧条,甚至停滞、倒退或者破产。因而应该把水上旅游和文化有机结合起来,实现旅游与文化融合,促进水上旅游产业提质升级为旅游文化产业,促使其又好又快发展。

2. 水上旅游信息产品

水上旅游业与信息产业的深度融合,提升水上旅游产品的便捷性。

水上旅游业是一个综合性的经济产业,为旅游者提供食、住、行、游、娱、购等多种服务。

在21世纪知识经济时代背景下，水上旅游业的发展已经显示出了知识经济发展的两大趋势，即信息化和全球化，而这两种趋势无不与信息技术和互联网的发展密切相关。信息技术革命与信息化建设正使资本经济变为信息经济并将迅速改变传统经济活动的过程和方式。作为旅游体系的各个组成部分，已不再仅是旅游景区、旅游交通、旅游宾馆饭店等简单空间个体的组合，而将是一个由计算机技术、网络技术、电子智能技术集成下的超时空的信息系统。水上旅游信息产业正具有整合旅游供给系统和旅游需求系统各方面资源的巨大能量，成为该产业快速发展的巨大推动力。

水上旅游信息产业将旅游的食、住、行、游、购、娱六大要素通过信息化高度整合在一个平台上，形成网络化产业链，进行横向扩张和纵向延伸，从而实现区域资源整合与优势互补。从产业链各参与者的业务需求入手，整合产业资源，借助新技术和信息化手段，不断创新，全面推进行业信息化，逐步构建集辅助行业管理、旅游产品分销、品牌营销为一体的全方位、多渠道、统一的综合信息应用平台。通过该平台，行业管理部门将实时掌握行业动态数据，为行政决策提供科学依据；产业链上的各企业可以借助平台优化业务流程，减少运营成本，扩展销售渠道；公众将因为行业间无缝的信息流衔接而提升其满意度，从而使得整个行业的综合竞争力得以提升。

3. 水上旅游休闲娱乐产品

水上旅游业与休闲娱乐业的高度融合，增强水上旅游产品的体验性。

科学地建设旅游娱乐设施。旅游娱乐设施是进行旅游娱乐服务产品开发的物质基础。科学地建设旅游娱乐设施的基本原则有四点：

（1）类型要多样化

旅游地的旅游娱乐设施建设一般要做到夜总会、电影院、戏剧杂艺表演场所、自娱自乐设施（卡拉OK厅等）、游乐设施、体育设施以及野外娱乐场所等的建设并举。

（2）布局要合理化

一是因地制宜、因景制宜地布局旅游娱乐设施，为开发情景交融、游娱相辅的旅游娱乐服务产品创造条件。二是将旅游娱乐设施尽量建于旅游者必经之处或必到之地。因为，旅游者在旅游过程中对旅游娱乐服务产品的消费往往具有强烈的即兴性和随意性。

（3）风格要乡土化

旅游娱乐设施的建筑风格要乡土化，即力求旅游娱乐设施的建筑风格与当地山水风景、地方民俗相协调，以使旅游娱乐设施具有浓郁的地方色彩。

（4）配置要协调化

在建设旅游娱乐设施时，可依据《旅游规划通则》（GB/T18971—2003）提出的"旅游规划指标选取指南"中的相关指标推算旅游娱乐设施的配置量，以求旅游娱乐设施配置与其他旅游设施配置大体协调。

在游客的旅游过程中，体验应该是整个活动的核心。游客在游览一些人文类景点、历史遗迹、古建筑等地方的同时，通过观看各类演出或参与各种娱乐活动使自己在工作中造成的紧张神经得以松弛，从而达到愉悦身心、放松自我的目的。娱乐体验会渗透到游客整个旅游过程中。

13.4 水上旅游管理创新

自20世纪90年代中期起,学者们开始探索其他形式的创新,如流程创新、服务创新以及战略创新等,希望藉此来理解创新如何被管理以及如何为企业的长期成功做出贡献。管理创新(Management Innovation)作为一种最新的管理实践、流程、结构或者技巧的发明与应用,有助于组织目标的实现。这种管理创新正是推动水上旅游发展的强大动力。因为国际竞争条件下的市场经济对现代水上旅游企业而言是新的机遇和挑战,这就使管理创新的管理转变显得尤为重要。

管理创新就是根据组织内外环境的要求和自身进一步发展的需要,建立新的管理制度、管理方法和管理方式,以实现组织所拥有(或能支配)的资源的优化组合,并充分调动各种资源(实质上是其所有者)的积极性,最大限度地发挥其潜力。

13.4.1 水上旅游企业管理创新举措

1. 建立系统化服务管理

建立系统化的服务管理程序,使得水上旅游企业在竞争中显示出了超强的竞争优势,并使得中小型旅游行业有了向国际化发展方向迈进的可能。系统化的服务管理要从服务的角度将传统邮轮、游艇旅游与新型探险、运动旅游的客户需求结合起来,提供全方位的服务支持。另外,系统化的服务管理要保证管理的数据化控制,以信息技术为手段对进行旅游的客户进行全面化的、精细化的管理。信息技术应该从客户进入旅游酒店开始,对客户的入住、旅游咨询、客房服务、机票和车票的订购等问题进行全面化的服务。而对在这一系列过程中出现服务问题的人员进行及时了解,使得企业的整体服务得到好评。对于企业内部的整体化管理制度而言,则要强化服务规范,明确工作标准,加强服务督导,切实做到部署到位、管理到位、服务到位、执行到位,做到目标分配量化、具体化,监督考查严格化、细致化。

2. 人力资源化竞争管理

根据旅游企业的实际情况,科学合理地设置岗位,是旅游业人力资源管理的一个重要环节。在这个过程中,为了保证每个员工和领导责任人都有积极的工作态度、认真的工作规范,应该适时引入竞争管理机制。所谓的竞争管理机制就是要在旅游企业内部实现时时竞争、处处竞争的工作氛围,借以调动工作热情,完善人力资源管理。例如:规定每个岗位的职责和任职资格及任职条件,员工录用、考核、培训、晋升等才有据可循。个体配置要求根据企业实际和岗位要求严把质量关,可采取凡进必考的办法,着力考察员工的综合素质和开发潜力。同时,对员工的平时业绩要有规范化的档案记录,保证员工的日常化管理有章可循。另外,在员工待遇上给予优厚,工资高于或持平于行业平均水平;对员工的奖励计划上,较为容易依据自身经营业绩做出决定,鼓励员工工作干劲,发挥内在潜能,创造更大的价值,取得较强的竞争力。

3. 水上旅游产业集团化国际管理

水上旅游企业的发展只有通过旅游相关产业之间信息、技术、资本、人力的互相融通，才能形成一个优势的旅游业产业群，并带动与之紧密相关的各个行业的良性发展。在产业运作方式上，从长期来看，市场化将是我国旅游业发展的主导模式。但国际金融危机爆发的本身表明，完全的市场化不可能实现经济持续健康地发展，必须要形成更为集团化的产业集群。我国水上旅游业发展的实践也证明，在一定时期内单项企业发展主导能实现产业的超常规发展，而这项产业的国际化转型升级离不开产业集团化的作用。产业集团化的发展要求旅游企业不断地扩大企业外延，实现连锁的企业管理，对分公司进行统一的管理规划，并对不同地区的旅游形式制定不同的旅游路线和旅游规模。集团化的发展同时需要政府部门的支持，要在政府支持的前提下，对各地的旅游企业进行相应的连锁合并、合作发展，使得企业的集体竞争力增强，有利于投入到国际化的竞争氛围之中。而对于企业自身发展而言必须在一定规模的基础上，集中管理，提高效率，降低成本，达到一个狭义上的"集群"，给客人一种专业化、标准化和精品化的第一印象。

13.4.2 水上旅游企业形象与创新机制

企业形象是企业精神文化的一种外在表现形式，它是社会公众与企业接触交往过程中所感受到的总体印象。这种印象是通过人体的感官传递获得的。企业形象能否真实反映企业的精神文化，以及能否被社会各界和公众舆论所理解和接受，在很大程度上取决于企业自身的主观努力。把水上旅游企业的宗旨、职业素质、产品质量、经营规模、服务特色等，通过各种方式传播给客户和社会公众，造就良好的企业形象，以提高知名度，促进客户对水上旅游企业的信任，最终推动其发展，并由此造就著名的水上旅游企业、著名的产品、著名的企业经营者。而创新机制，就是有关企业创新的各种要素以及各要素之间的动态相互关系。企业创新活动是一个循环过程，它从创新设想的产生到创新方案的形成，再到创新结果的扩散、最终市场效益的形成，既有顺序又有交叉和相互作用。

从企业的创新机制上看，面对一个不确定的世界和水上旅游产业，以及同时具有未来不可预测性、系统复杂性和发展非均衡性的企业环境，对行业本质的把握、对企业现状的认识和发展前景的预测与掌控，必然是企业创新机制的基础和平台，也是企业创新机制进行准确市场定位的出发点和落脚点。因此，为了构建水上旅游企业创新机制，我们提出以下几点思考：

1. 水上旅游企业的创新机制

全球价值链理论根源于 20 世纪 80 年代国际商业研究者提出和发展起来的价值链理论，其中，美国著名战略学家迈克尔·波特（Michael Porter）的价值链最为流行。目前，中国的市场格局是"国内市场竞争国际化，国际市场竞争国内化"，我国企业已经是全球化中的有机组成部分，其分工已经相当程度上国际化了。"站在中国本身就是全球"的角度考虑问题，已经是企业的基本功；企业创新已经不仅仅局限于企业自身，必须从企业所处的价值链来考虑企业的创新问题。只有有利于企业在全球价值链中正确定位或攀升的创新，才能证明创新是成功的。

2.创新网络的建立

科学技术的日新月异、市场环境的变幻莫测,使商业机会转瞬即逝。与此相对的却是企业创新日趋复杂,创新所需的时间越来越短,创新风险越来越高,不确定性越来越多。在这种新形势下,必须建立创新网络来应付新挑战。虽然,创新网络的具体内容可以根据实际情况进行多样探索,但是,核心要素应该包含有与国内外本行业的领先企业的合作战略联盟,发展国际创新网络,融入全球经济一体化之中;第二就是内部网络,团结协作、群体奋斗的精神是企业取得辉煌业绩的重要保证,建立内部知识、信息的交流网络,对于企业内部的活力和动力的激发不可或缺。

3.管理方式上的创新

企业在职能架构、权重配置、流程控制、运行效能、系统组织等方面影响管理的效率和竞争能力,要解决制约企业发展的机制问题,不断增强企业转型能力、抗风险能力、市场应变能力、技术创新能力。具体而言,首先是企业职能结构的优化,基本原则就是"战略决定结构",通过分析企业及其管理组织实现战略目标所必须具备的职能来确定机构。其次是管理体制的优化,管理体制以集权和分权为中心,处理企业与纵向各层次(包括子公司和分公司)关系的责权利体系。

总之,创新是发展的不竭动力。在经济全球化的大背景下,创新是水上旅游发展最好的催化剂。无论是各级政府,还是水上旅游企业,都应高度重视创新的作用,通力合作,共建水上旅游创新机制,最终开创水上旅游业更加光明的未来。

思考题

1.谈谈你对水上旅游产品创新的认识。
2.请举例说明管理创新在水上旅游企业发展中的重要作用。
3.你认为我国水上旅游企业应如何应对水上旅游发展变化的趋势?

案例分析

海洋旅游发展进入拼创新驱动的新阶段

第三届国际海洋旅游经济论坛暨2015年海南国际海洋旅游高峰论坛2015年11月28日在海南国际会议展览中心举行。国家旅游产业科技创新工程中心主任石培华在论坛上提出"海洋旅游发展进入拼创新驱动的新阶段"的观点。他认为,国家的战略要有海洋、海洋的经济和海洋强国,要在海洋经济当中找到它的增长点,而旅游的创新会起到一个很重要的作用。

海洋旅游发展进入拼创新驱动的新阶段

石培华围绕"海洋旅游的创新发展"的主题发表演讲。他认为,旅游发展从拼资源的阶段到拼资本,到了一个资源依赖到客源推动,再到创新驱动的这样的新阶段。中国未来的发展新空间新动力、新源泉又来自于海洋,海洋当中的新产业新的增长点又来自于旅游。

石培华认为,全世界好的旅游企业都满足四个因素:第一,要有金融,金融是现代经济的核心跟血液，没有运通支票运通是行不通的，美国人出行都要用运通支票；第二，要有物流配送的交通；第三，要有广阔的网络，特别是自己的物流对于客流做支撑；第四，要服务经常性、大众化天天满足大众生活。

五因素要求海洋旅游发展要靠创新驱动

石培华从五个角度分析创新驱动海洋旅游发展。第一，海洋旅游本身从产品角度来讲是科技创新的产物，如邮轮、游艇、低空水上飞机、水上运动。海洋旅游要从岸上到海上，要从滨海旅游到海上旅游一定要依托现代科技打造下的新载体。要重新构建新业态、新产品，包括潜水。现在的海洋旅游实际上是高科技支撑下的旅游创新的综合体。现在的载体主要包括邮轮串联成的海洋旅游资源，游艇形成高端度假，海岛的开发以岛为主题。

第二，海洋的保护角度也需要创新，特别是科技创新做支撑，因为海洋旅游生态极其脆弱，生态是它的生命线也是它的高压线，如何构建绿色生态低碳节能海洋旅游是我们需要解决的问题。而且全球气候变化的环境下面海洋海岛是忧患意识最强的。

第三，海洋旅游是管理的空白，我们要研究如何有效地整合海洋旅游的资源，比如说游轮母港管理体制是什么、管理体制怎样创新，这是关系海洋旅游能不能落地的一个重要的平台。

海洋旅游从体制机制、科技支撑、产品形态、管理模式、商业模式、生态环境的保护，还是从文化的创新方面，都需要一系列的创新体系来做支撑。

第四，是教育跟科技。一切的创新要以人的创新为基础，所以海南应该有海洋旅游或者海洋发展，建立海洋大学、海洋旅游大学，进行人才培养，海南应该成为海洋旅游的人才方面的特区和人才培训的一个总部的基地、一个桥头堡跟枢纽，从而形成南海的协同跟创新的高地。

第五，南海旅游应该在智慧旅游方面发展，南海旅游就是海洋旅游，很迫切需要智慧旅游、信息化，它们跟海洋经济、海洋旅游的结合空间非常广阔，所以下一步可能就是互联网如何打造智慧海洋战略。

（资料来源：中国新闻网，http://news.163.com/15/1201/20/B9PBBU3U00014JB6.html，2015-12-01）

结合案例思考以下问题：

（1）结合材料分析，水上旅游创新可以从哪些方面开展？

（2）借鉴海洋旅游创新的做法，谈谈水上旅游创新驱动因素有哪些？

参考文献

[1] CLIA CLIA Cruise Market Overview. Cruise Lines International Association [M]. New York, 2009.
[2] Robert J.Kwortnik JR.Carnival Cruise Lines Burnishing the Brand[J].Cornell Hotel and Restaurant Administration Quarterly,2006.
[3] 蔡瑜,孙爱萍.基于电子商务的旅游产业价值链构建[J].科技创业月刊,2007(1).
[4] 曹健,谢廷新.苏州休闲旅游资源整合研究[J].苏州教育学院学报,2013,30(1):59-64.
[5] 陈传明,周小虎.管理学原理[M].北京:机械工业出版社,2007:7.
[6] 陈美君,胡小猛.现代旅游信息管理系统(TIMS)的构建[J].旅游科学,2004,18(4):68-71.
[7] 崔迅,等.顾客价值链与顾客满意[M].北京:经济管理出版社.2004:53-56.
[8] 党伟祺.发展梧州水上旅游之我见[J].今日旅游,2012(12):89-91.
[9] 旦强.乐山水上旅游开发构想初探[J].扬州大学学报,2011(1):15.
[10] 董观志,等.旅游管理原理与方法[M].北京:中国旅游出版社,2005.
[11] 杜贵爱.中国海洋旅游安全管理研究[D].硕士学位论文,2010.
[12] 杜继平.浅议旅游与文化的关系[J].浙江经济,1998(6).
[13] 高爽,张璟.长三角水上旅游网络营销平台的构建[J].水运管理,2010,32(5):22-24.
[14] 龚媛媛."韩流"旅游宣传对我国水上旅游营销的启示[J].经济论坛,2011(3):181-184.
[15] 谷慧敏.旅游危机管理研究[M].天津:南开大学出版社,2007.
[16] 郭国庆.市场营销学通论(第六版)[M].北京:中国人民大学出版社,2014.
[17] 郭耀雄.贺江水上旅游安全状况的调查与思考[J].珠江水运,2002(7).
[18] 韩玉灵.旅游法教程[M].北京:旅游教育出版社,2000.
[19] 郝鑫萍.旅游景区的危机管理浅析[J].山西科技,2004(4):22.
[20] 胡爱娟.旅游企业危机管理应对策略[J].情商,2010(18):93.
[21] 黄梯云.管理信息系统(第四版)[M].北京:高等教育出版社,2009.
[22] 金祖良.旅游危机处理指南[M].杭州:浙江大学出版社,2006.
[23] 李东进,秦勇.管理学原理[M].北京:中国发展出版社,2011:3.
[24] 李隆华,等.海洋旅游学导论[M].杭州:浙江大学出版社,2005.
[25] 李娜.旅游业供应链的质量管理研究[J].广西质量监督导报,2007(6).

[26] 李锐.关于服务过程质量管理的思考[J].旅游学刊,2001,16(1).

[27] 李天元.旅游学概论[M].天津:南开大学出版社,2009:7.

[28] 李伟.国际竞争视域下旅游企业的管理创新探析[J].科技资讯,2012(4).

[29] 李燕琴,刘莉萍.夏威夷对海南国际旅游岛可持续发展的启示[J].旅游学刊,2011,26(3).

[30] 林志扬.管理学原理[M].厦门:厦门大学出版社,2009:8.

[31] 刘春玲.旅游产业危机管理与预警机制研究[M].北京:中国旅游出版社,2007.

[32] 刘曙霞.旅游商品营销创新研究[J].中国流通经济,2009(10):12-16.

[33] 刘啸.论低碳经济与低碳旅游[J].集体经济,2009(13).

[34] 刘新.不确定性的市场与企业创新机制塑造[J].商业时代,2011(2).

[35] 陆均良,沈华玉.旅游管理信息系统[M].北京:旅游教育出版社,2009.

[36] 麻学锋,张世兵,龙茂兴.旅游产业融合路径分析[J].经济地理,2010,30(4).

[37] 马刚,李洪心,杨兴凯.客户关系管理[M].大连:东北财经大学出版社,2008.

[38] 马勇,等.旅游学概论[M].北京:旅游教育出版社,1998.

[39] 明庆忠.试论旅游学研究的理论基础[J].昆明大学学报,2006(2):7-9.

[40] 潘国强,方银龙,朱国锋.海员心理健康状况评估及其结果分析[J].浙江交通职业技术学院学报,2002(3).

[41] 齐兴田,徐淑梅.我国高危险性旅游项目安全保障系统构建研究[J].佳木斯大学社会科学学报,2007,25(2).

[42] 乔勇.上海邮轮旅游营销策略探析[J].现代商贸工业,2010(1):113-114.

[43] 瞿华.服务质量管理模式与我国旅游企业质量管理创新探讨[J].石家庄经济学院学报,2009,32(3).

[44] 邵兵家.客户关系管理(第二版)[M].北京:清华大学出版社,2010.

[45] 舒肖明.国外著名滨水城市水上旅游开发的实践与经验[J].宁波大学学报(人文科学版),2008,21(3):94-96.

[46] 宋彦军.TQM.ISO9000与服务质量管理[M].北京:机械工业出版社,2005.

[47] 孙玉琴.我国水上"三游"产业发展研究文献综述[J].上海海事大学学报,2011(3):79-84.

[48] 孙玉琴,邢皖宁.休闲旅游背景下水上旅游营销模式探讨[J].企业经济,2012(5):149.

[49] 汤杏.水上旅游业安全整治之管见[J].中国水运(下半月),2011(6).

[50] 王春晓.创新理论与理论创新[J].贵州社会科学,2002(5).

[51] 王建民.聚焦旅游安全[M].北京:旅游教育出版社,2007.

[52] 王红,余力力.旅游市场营销[M].哈尔滨:哈尔滨工业大学出版社,2012.

[53] 王梅.水上旅游业又好又快的发展——访上海名信游船有限公司执行董事谢祖枝[J].城市公用事业,2013(5):18-19.

[54] 王霞,赵平,王高,刘佳.基于顾客满意和顾客忠诚关系的市场细分方法研究[J].南开管理评论,2005(8).

[55]王真慧.旅游信息系统管理[M].杭州:浙江大学出版社,2007.
[56]吴建安.市场营销学(第三版)[M].北京:高等教育出版社,2007.
[57]吴晓隽.旅游企业质量服务控制探讨[J].上海市经济管理干部学院学报,2004,2(5).
[58]吴媛媛.基于游客视角的无锡市水上旅游调查分析与对策研究[J].安徽农业科学,2011,39(36):22429-22431.
[59]习复芳.汕尾海滨度假旅游发展研究——基于休闲旅游要素分析的视角[J].惠州学院学报,2012,32(4).
[60]夏保国.旅游企业危机分析及预防[J].江汉大学学报(社会科学版),2005(3).
[61]项萌,郭德胜.漓江景区旅游产品创新构想[J].合作经济与科技,2009(5).
[62]谢春山,孙洪波.旅游学概论[M].大连:大连理工大学出版社,2011:9.
[63]许纯玲.旅游安全实务[M].北京:科学出版社,2004.
[64]薛捷.管理创新的概念内涵及其生成机制研究[J].科学学与科学技术管理,2011,32(12).
[65]严宽荣.从体验价值中提升旅游服务质量[J].经营与管理,2008(12).
[66]严澍,揭筱纹.供需视角下的非常规性旅游危机影响路径研究[J].贵州社会科学,2010,245(5).
[67]杨敏,陈娟.中国邮轮旅游市场开发问题及对策探讨[J].现代商贸工业,2009(4).
[68]杨孝伟,赵应文.管理学——原理、方法与案例[M].武汉:武汉大学出版社,2004.
[69]叶欣梁,孙瑞红.基于顾客需求的上海邮轮旅游市场开发研究[J].华东经济管理,2007(3).
[70]依绍华.旅游产品质量管理探析[J].商业时代,2006(20).
[71]詹蓉,马士华,等.服务质量管理模式的研究[J].华中科技大学学报,2002,30(7).
[72]张晨,林章林.我国水上旅游业的发展现状与对策研究[J].经济问题探索,2009(6):221-225.
[73]张广海,等.旅游管理综论[M].北京:经济管理出版社,2004.
[74]张剑.认真部署国际旅游节水上安保工作[J].珠江水运,2011(22).
[75]张进福,郑向敏.旅游安全表现形态与时空特征简析[J].桂林旅游高等专科学校学报,2001(12):36-38.
[76]张璟,纪洁.水上旅游利益相关者分析[J].中国水运,2011(10上):14-15.
[77]张千红.旅游产品体验化创新的趋势分析[J].市场周刊,2006(12).
[78]张秋芬.旅游安全隐患及其保障体系研究[J].华北科技学院学报,2005(6).
[79]张西林.旅游安全事故成因机制初探[J].经济地理,2003(7):542-546.
[80]张正博.上海发展体验经济的途径与方式研究——基于全球价值链理论的分析[J].现代企业教育,2009(9).
[81]赵金先,张立新,姜吉坤.管理学原理[M].北京:经济科学出版社,2011:8.
[82]郑向敏.旅游安全学[M].北京:中国旅游出版社,2003.
[83]郑向敏,范向丽,宋博.都市旅游安全研究[J].桂林旅游高等专科学校学报,2007.

[84] 郑向敏.我国沿海岛屿旅游发展与安全管理[J].人文地理,2007,22(4).

[85] 周贺来,王彬.旅游企业信息化管理[M].北京:中国水利水电出版社,2010.

[86] 周柳.广州市珠江水上旅游开发 SWOT 分析[J].广州城市职业学院学报,2010,4(4):26-30.

[87] 周三多,等.管理学——原理与方法[M].上海:复旦大学出版社,1998.

[88] 周勇,胡静.旅游管理信息系统[M].武汉:华中师范大学出版社,2008.

[89] 朱国锋,何存道.中国海员心理健康状况及其影响因素研究[J].中国航海,2002(3).

[90] 朱岚涛,刘颖.基于"体验经济"理论的区域旅游发展研究——以福建三明市为例[J].沿海企业与科技,2011(5).

[91] 邹统钎.旅游危机管理[M].北京:北京大学出版社,2005.

[92] 国际邮轮协会[EB/OL].http://www.cruising.org/.

[93] 皇家加勒比海邮轮集团[EB/OL].http://www.royalcaribbean.com/gohome.do.

[94] 嘉年华邮轮集团[EB/OL].http://www.carnival.com/Default.aspx.

[95] 丽星邮轮[EB/OL].http://www.starcruises.com/newweb/cn_sc/default.aspx.

[96] 上海强生水上旅游有限公司[EB/OL].http://www.qsh.com.cn.

[97] 上海市旅游行业协会水上旅游分会[EB/OL].http://lyw.sh.gov.cn/association/content/branch/branch7.htm.

[98] 上海邮轮游船游艇业行业协会[EB/OL].http://www.scsya.org/feb.asp.

[99] 世界旅游组织[EB/OL].http://www.unwto.org/.

[100] 中国国家旅游局[EB/OL].http://www.cnta.gov.cn/.

策　　划：刘彦会
责任编辑：陈　志

图书在版编目（CIP）数据

水上旅游管理／孙玉琴，甘胜军，李华编著． -- 北京：旅游教育出版社，2017.8
全国邮轮专业规划教材
ISBN 978-7-5637-3618-8

Ⅰ．①水… Ⅱ．①孙… ②甘… ③李… Ⅲ．①水上运动—旅游经济—经济管理—高等学校—教材　Ⅳ．①F590

中国版本图书馆 CIP 数据核字（2017）第 198818 号

全国邮轮专业规划教材

水上旅游管理

孙玉琴　甘胜军　李　华　编　著

出版单位	旅游教育出版社
地　　址	北京市朝阳区定福庄南里1号
邮　　编	100024
发行电话	（010）65778403 65728372 65767462（传真）
本社网址	www.tepcb.com
E-mail	tepfx@163.com
排版单位	北京旅教文化传播有限公司
印刷单位	北京艺堂印刷有限公司
经销单位	新华书店
开　　本	787毫米×1092毫米　1/16
印　　张	16.5
字　　数	306千字
版　　次	2017年8月第1版
印　　次	2017年8月第1次印刷
定　　价	32.00元

（图书如有装订差错请与发行部联系）